앞으로 5년
한국의 미래
시나리오

앞으로 5년
한국의 미래 시나리오

지은이 | 최윤식 · 최현식

1판 1쇄 발행 | 2019년 2월 20일
1판 6쇄 발행 | 2019년 4월 15일

펴낸곳 | (주)지식노마드
펴낸이 | 김중현
디자인 | 제이알컴
등록번호 |제313-2007-000148호
등록일자 | 2007. 7. 10
(04032) 서울특별시 마포구 양화로 133, 1201호(서교동, 서교타워)
전화 | 02) 323-1410
팩스 | 02) 6499-1411
홈페이지 | knomad.co.kr
이메일 | knomad@knomad.co.kr

값 25,000원

ISBN 979-11-87481-53-9   03320

앞으로 5년 한국의 미래 시나리오

·최윤식 최현식 지음·

nomad
지식노마드

현실이 진리다

필자는 새로운 책을 쓸 때마다 늘, 평소에 연구해서 구축해 놓은 4천 페이지가 넘는 미래예측 시나리오를 전체적으로 살펴본다. 먼저 큰 틀의 맥락을 살피고 책의 주제와 연관된 부분을 선정하여 집중적으로 검토한 다음, 새로운 변화나 미래 징후 또는 새로운 힘의 등장 여부를 모니터링하여 정보를 업데이트하고 예측 시나리오를 최적화한다. 그리고 나서 본격적인 원고 집필을 시작한다.

　이 책은 원고 집필에 들어가기 전까지 다른 책보다 더 많은 시간이 필요했다. 미처 생각하지 못한 다른 가능성은 없는지 시나리오를 검토하고 또 검토해보았다. 그러나 필자의 예측 시나리오를 크게 바꿀 만한 새로운 힘이나 변화의 징후는 찾을 수 없었다. 결국 가장 확률적으로 가능성이 큰 '앞으로 5년, 한국의 미래'에 대해 다음과 같은 결론을 다시 확인할 수밖에 없었다.

"2012년부터 시작된 한국경제의 위기 징후가 겉보기 숫자에 가려 잠복해 있다가 2018년부터 표면으로 드러나기 시작했다. 한국의 금융위기는 2019년 말부터 시작될 가능성이 매우 크다. 금융위기를 거쳐 '잃어버린 20년'으로 가는 한국의 미래 시나리오는 알면서도 피하기 어려운 '예견된 미래'가 되었다. 위기를 막기 위한 대비의 시간은 지났다. 이제 예견된 위기에 어떻게 대응할지에 집중해야 할 때이다."

필자는 2013년에 발간한 〈2030 대담한 미래〉라는 책을 통해 한국의 사회 및 경제, 산업 시스템이 성장의 한계에 이미 도달했음을 경고하며 정치, 경제, 산업, 사회 등의 모든 영역에 걸쳐 근본적으로 재설계하는 수준의 개혁이 없으면 앞으로 20~30년 안에 한국은 세계 경제에서 차지하는 영향력이나 경제적 몫이 지금보다 현저하게 낮아질 것이라는 예측 시나리오를 발표했다. 그 사이에 필자가 예상하지 못한 뜻밖의 변수인 브렉시트가 발생하고 트럼프가 당선되며, 한국을 위기로 몰아가는 힘의 운동 속도가 1~2년 늦춰졌다. 그러나 위기에 대비할 수 있는 천금같은 이 시간을 시스템 혁신을 위해 쓰기보다는 단기적인 미봉책으로 허비하고 말았다.

6년 전에 필자가 예측한 한국의 미래는 상당 부분 현실로 다가오고 있다. 한국 기업들은 몇몇 대기업을 제외하고는 정체되기 시작했다. 주력 산업이 중국에 추월당하고 있고, 미래산업에서는 선진국이 쳐놓은 높은 진입장벽에 가로막혀 있는 넛크래커 함정에 빠져 있다. 여

nut-cracker

기에 저출산 고령화의 진전에 따라 국민 개인의 실질 소득이나 생활의 질도 오래 전부터 정체하기 시작했다. 더 나은 미래를 만들 수 있다는 희망이 사라지고, 사회 전반에 냉소적 분위기가 퍼지고 있다. 청년과 영세상공인, 중소기업들을 중심으로 한국은 더 이상 가능성이 없는 나라로 전락하고 있다는 패배 의식도 번지고 있다.

더욱이 대외 환경도 우리에게 우호적이지 않다. 위기에서 가장 먼저 벗어난 미국은 중국을 정면으로 겨냥하여 무역전쟁을 벌이고 있다. 재선 운동에 들어간 트럼프는 중국 다음의 표적으로 한국과 일본을 정조준하고 있다. 미국의 공세를 견뎌내야 하는 중국 역시 여유가 없기 때문에 주변국을 계속 압박할 것이다. 중국의 사드 보복을 통해서 우리는 이를 뼈저리게 실감했다. 그런데 무역전쟁은 시작에 불과하다. 무역협상이 타결되더라도, 미국과 중국의 전쟁은 금융과 미래 산업에서의 패권을 둘러싸고 계속 이어질 것이며, 그 과정에서 한국은 끊임없이 양국으로부터 압력을 받게 될 것이다.

"한국이 잃어버린 10~20년에 빠지지 않기 위해서는 앞으로 10년이 매우 중요하다."

2013년에 필자는 이와 같이 호소했었다. 그로부터 6년이 흘러 위기가 눈앞으로 다가온 시점에서 더 세밀하게 분석하고, 더 다양한 가능성을 검토해서 '앞으로 5년'에 대한 미래예측을 재정리하고 이 책을 쓰게 되었다. 한국의 개인, 기업, 사회 모두에게 앞으로 5년은 21세기 전반부의 운명을 가를 수 있는 시기이기 때문이다. 먼저 〈2030 대담한 미래〉에서 분석하고 예측했던 한국의 미래에 대한 내용 중에 6년이 지난 지금 무엇이 현실이 되었고, 무엇이 달라지거나 늦춰졌는지를 평가해보려 했다. 그리고 지난 6년 동안 추가로 나타난 미래 징후를 반영하여 앞으로 5년과 그 너머의 장기적인 미래 가능성에 대해서 예측 시나리오들을 최적화했다.

이런 이유 때문에 독자는 〈2030 대담한 미래〉에서 다루었던 내용들이 이 책에 다시 등장하는 것을 종종 보게 될 것이다. 추가적인 분석과 후속 예측을 전개하기 위해 불가피한 인용이었음을 넓은 마음으로 이해해주시길 부탁드린다. (〈2030 대담한 미래〉 시리즈는 이미 절판했다) 그리고 제한된 지면에 최대한 많은 분석을 많이 담기 위해 분석 내용 중 직관적으로 쉽게 이해할 수 있는 내용은 도표와 간단한 설명만으로 마무리했다. 한국의 관점에서 세계 변화를 재해석하기 위해 필요한 경우에는 2018년에 출간한 〈부자의 시간〉과 〈앞으로 5년, 미중전쟁 시나리오〉에서 다룬 몇 가지 내용들도 한국의 관점에서 재해석하고 업데이트 하여 소개하였음을 밝혀둔다.

위기를 앞두고 우리를 둘러싼 상황은 점점 더 어려워지고 있다. 그러나 어려운 때일수록 원칙에 충실하라고 했다. 필자 역시 이 책을 쓰면서 미래를 연구하고 예측 시나리오를 발표하는 근본적인 원칙을 여러 번 되새겼다. 독자들 역시 같은 마음으로 미래를 연구하고 대비할 수 있기를 바란다.

"한국의 모든 기업이 더 성장하기 위해, 인류가 더 나은 미래를 만들기 위해, 한국의 지도자와 국민이 더 나은 선택을 하기 위해, 여러 가지 미래 가능성들을 꼼꼼히 연구하고 예측해 보아야 한다. 그래야 어제까지 우리를 괴롭혔던 근심을 해결할 근본적인 미래 해법을 찾을 수 있고 지속 가능한 미래를 만들 수 있기 때문이다."

이 책이 출간되기까지 수고해준 많은 분들께 감사를 드린다. 먼저 아시아미래인재연구소의 연구원들에게 감사의 마음을 전한다. 필자의 우직한 예측을 가감 없이 출판하게 배려해주신 지식노마드 김중현 대표께 감사의 마음을 전한다. 늘 필자 옆에서 묵묵히 버텨주고 지지해준 사랑하는 나의 아내와 아이들에게도 감사를 전한다. 필자의 예측에 관심을 기울여주고 필자의 예측이 부족하더라도 늘 좋은 조언과 격려로 도움을 주시는 독자들에게 가장 큰 감사의 인사를 전한다.

2019년 1월 캘리포니아에서

미래학자 최윤식

차례

3장 한국의 금융위기 가능성

PART 2 앞으로 20년, 한국의 미래

PART 3 한국 자산시장의 미래

ARE YOU READY IN
FINANCIAL
CRISIS

PART 1

•

앞으로 5년, 한국의 미래

1장

외부환경, 신흥국과
아시아의 부채 위기

01

일어날 일은
반드시 일어난다

"미래는 부정적으로 보면 안 된다. 긍정적으로 봐서도 안 된다. 미래는 '객관적'으로 보려고 노력해야 한다. 대신 그것이 위기이든 기회이든, 다가올 미래를 대하는 태도가 긍정적이어야 한다. 두 가지를 뒤바꾸면 미래는 재앙이 된다!"

"한국의 미래를 너무 부정적으로 보는 것 아닌가요?" 〈2030 대담한 미래〉 출간 이후부터 많이 받게 된 이 질문에 대한 나의 일관된 답변이다. 특히 위기 시나리오를 설명할 때 나는 "일어날 일은 반드시 일어난다"는 점을 강조한다. 예견된 위기는 일어나지 않는다는 말도 있지만 반만 맞는 말이다. 미래의 위기를 알리는 경고 신호가 발신되는데도 이를 무시하고 계속 질주하면 위기는 피할 수 없다.

나는 미래연구를 평생의 업業으로 삼고 산다. 필자에게 미래연구는 사명이다.

> "미래연구의 목적은 미래를 맞추는 데 있지 않다. 미래에 대한 새로운 생각을 자극하고, 미래에 발생할 수 있는 위기와 기회의 가능성을 미리 통찰해 봄으로써, 사람들이 현재의 생각과 행동을 바꾸어 '더 나은 미래'를 만들도록 돕는 일이다."

미래에 대한 연구는 예언이 아니라 예측의 영역이다. 미래연구는 팩트를 기반으로 한 미래에 대한 논리적이고 확률적인 가설추론abductive thinking의 과정이다. 또 다른 미래 가능성을 탐구하기 위해 복수의 가설추론을 전개한다. 가설추론이기에 예측이 틀릴 수 있다. '근거가 불충분할 때 결론이나 법칙을 대담하게 설정하여 문제를 해결하는 사고, 혹은 현상을 있는 그대로 관찰하면서 단서가 될 만한 것들을 찾아내서 가설을 도출해 내는 사유 논리'라는 가설추론의 정의 자체에 그 한계가 내포되어 있다. 그럼에도 불구하고 모든 과학적 연구처럼 미래연구에서 가설을 세우는 이유가 있다. 새로운 것, 미지의 것을 탐색하고 탐구하기 위한 강력한 방법이기 때문이다. 가설추론을 통해 중요한 것을 발견할 수 있고, 그것으로 인류 문명을 더 나은 미래로 인도할 수 있기 때문이다.(또한 미래학에서는 예측 시나리오를 세우고 전개해나가는 과정에서 엄밀한 과학적 태도와 방법론을 준수한다는 점에서 단순한 상상과 구별된다.)

미래예측의 목적은 정확한 예측이 아니라, 의미 있는 예측에 있다. 한치의 오차도 없어 전혀 틀리지 않는 예측이 아니라, 평균보다 더 나은 예측을 시도한다. '더 나은' 예측을 과소평가하지 말라. 평균을 넘는 '좀 더 나은' 통찰이 생존과 성공에 얼마나 큰 영향을 미치는지 우리는 생활과 역사를 통해 알 수 있다. 필자는 지난 10여 년 동안 좀 더 나은 예측을 목표로 과학적 방법론으로 연구한 결과를 발표해왔다.

- 김정은의 장기 집권 가능성
- 김정은이 집권 3년 내 장성택을 숙청할 가능성
- 2010~2012년 유럽의 금융위기 발발
- 차이메리카Chimerica의 시대가 끝나고 미중전쟁이 전개될 것
- 2014년 이건희 회장의 건강 이상을 기점으로 삼성의 1차 위기가 시작될 것
- IT기업인 펜택과 다음의 위기와 몰락
- 1차 석유전쟁으로 국제유가 30달러대 급락 후 상당기간 40~60달러대 박스권 유지할 것
- 2015년 이후 발생한 미국의 반격 프로세스: 양적완화 축소 및 중지, 기준금리 인상, 보호무역주의, 신산업 버블 형성의 단계별 진행 순서 예측
- 한국 건설과 조선 회사들의 대규모 구조조정
- 한국 부동산 시장의 3단계 변화
- 정부의 대응에도 불구하고 가계 부채가 1,400조원을 넘어 2019년에는 1,600조원까지 계속 증가할 것
- 달러당 120엔을 넘는 급격한 엔저 충격
- 2014년~2015년에 오일 포함 상품가격 하락이 시작되어 2016~2017년 무렵부터 베네수엘라 등 신흥국의 1차 금융위기 및 외환

위기 발발할 것

- 2016년 이후, 미국 제조업의 반격이 시작될 것
- 중국의 사드 보복 기간의 장기화 가능성
- 2017년 말 한국의 기준금리 인상이 시작될 것
- 생각보다 빠르게 진행될 인공지능과 자율주행자동차의 충격이 산업계를 강타할 것

앞으로 5년이
중요하다

앞으로 5년이 한국의 개인과 기업과 사회에는 결정적으로 중요한 시기가 될 것이다. 앞에서 과거 필자가 예측한 내용을 열거한 이유는 높은 적중률을 자랑하려는 것이 아니다. 앞으로 전개할 예측 시나리오를 진지하게 검토해 달라고 부탁하기 위함이다. 이 정도의 연구 결과를 내놓은 미래학자의 얘기라면 한 번쯤 귀를 기울여 볼 만한 가치가 있지 않겠는가!

　예측에 대한 반박도 얼마든지 환영한다. 미래에 대해 필자와 다른 가설추론을 만들어 토론하는 것이야말로 필자가 가장 바라는 바이다. 토론이 활발할수록 국가, 기업, 개인의 미래에 대한 인식은 더 넓고 더 깊어진다. 하나의 이론, 하나의 가능성, 하나의 정책에 매몰되지 않고 다양한 의견과 가능성에 귀를 기울이고 토론할 수 있는 나라가 선진국이고 그런 기업이 강한 기업이다. 그러니 근거 있는 반박을 들

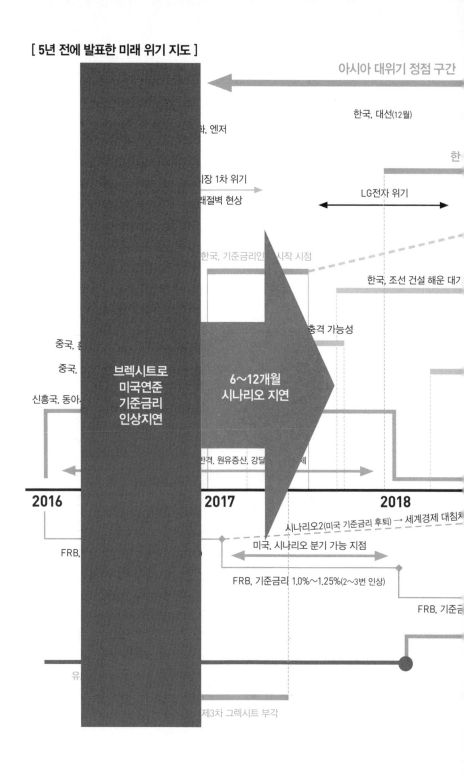

[5년 전에 발표한 미래 위기 지도]

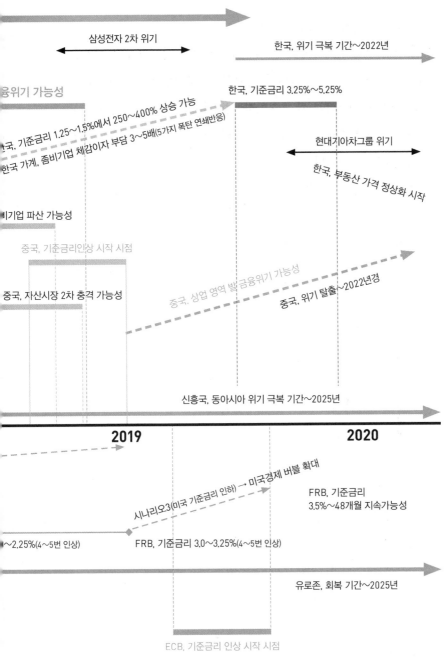

삼성전자 2차 위기

한국, 위기 극복 기간~2022년

융위기 가능성

한국, 기준금리 3.25%~5.25%

국, 기준금리 1.25~1.5%에서 250~400% 상승 가능

한국 가계, 좀비기업 체감이자 부담 3~5배(5가지 폭탄 연쇄반응)

현대기아차그룹 위기

한국, 부동산 가격 정상화 시작

기업 파산 가능성

중국, 기준금리인상 시작 시점

중국, 상업 영역 발금융위기 가능성

중국, 자산시장 2차 충격 가능성

중국, 위기 탈출~2022년경

신흥국, 동아시아 위기 극복 기간~2025년

2019   **2020**

시나리오3(미국 기준금리 인하) → 미국경제 버블 확대

FRB, 기준금리
3.5%~48개월 지속가능성

~2.25%(4~5번 인상)   FRB, 기준금리 3.0~3.25%(4~5번 인상)

유로존, 회복 기간~2025년

ECB, 기준금리 인상 시작 시점

* 참고로, 2030 시리즈에서 필자가 예측한 미래 사건들을 이미 읽은 독자는 위 그림을 참조하여 예측 시점들을 조금씩 뒤로 연기하기를 바란다

는 일은 미래학자로서 보람된 일이다.

당연히 필자의 예측에도 한계가 있다. 일례로 삼성의 위기 예측은 시나리오대로 전개되지 않았다. 정확히 평가하면, 예측한 시기에 위기의 다음 단계로 진행되지 않았다. 미래학자가 위기 가능성을 연구하고 예측을 발표하는 이유는 위기가 다가오고 있으니 체념하고 도망가라는 의미가 아니다. 필자가 예측한 위기가 현실이 되지 않도록 미리 대비하고 대응하도록 하기 위함이다. 그러니 특히 위기에 대한 필자의 예측이 틀리는 것은 기쁜 일이다.

하지만 필자는 아직 삼성의 위기 예측 시나리오를 완전히 폐기하지 않았다. 다음 단계로의 위기 전이가 늦춰졌을 뿐이라고 보기 때문이다. 반도체를 이을 신수종사업은 아직 뚜렷하지 않은 상태인데 승계 문제로 인해 경영권 방어에 많은 자원을 투입해야 하는 상황이다. 따라서 섣불리 안도의 한숨을 내쉬고 경계를 풀어서는 안 된다.

한국의 금융위기 가능성도 처음 예측 시점보다 조금 늦춰졌을 뿐이라고 판단한다. 위기 발발 시점이 늦춰진 이유는 한국 정부가 잘 해서가 아니라 외부의 새로운 변수 덕분이다. 영국이 EU를 탈퇴하는 브렉시트로 인해 미국 연방준비제도(연준)의 기준금리 인상 속도가 늦춰졌고, 그로 인해 한국의 금융위기 발발 가능성에 영향을 미치는 요인들의 운동 속도도 함께 늦춰졌다. 그 덕분에 한국은 위기에 대비할 수 있는 1~2년의 추가 시간을 얻었다. 그러나 한국의 정부나 기업은 천금같은 추가 시간을 제대로 사용하지 못하고 있다.

그렇지만 희망이 완전히 사라진 것은 아니다. 필자의 계산으로는 현재 깊고 큰 고통의 시간을 향해 나아가고 있는 한국의 미래 진행 방향을 바꿀 수 있는 시간이 아직 남아 있다. 앞으로 5년, 이 시간 동안 한국의 정부, 기업, 개인의 미래에 가장 중요한 일이 결정될 것이다. 미중전쟁, 북미 핵 협상, 한국과 중국의 금융위기, 부동산 시장의 변화, 삼성과 현대기아차의 운명을 가를 분수령, 미래산업(인공지능, 자율주행차, 로봇, 제조 플랫폼)의 1차 경쟁구도 완성 등이 앞으로 5년 안에 전개된다.

미래 변화에 대응하여 한국의 기업과 정부가 새로운 미래 목표를 정의할 시기가 되었다. 한국의 미래를 이끌 새로운 목표를 설정하려면 먼저 미래를 연구하고 미래의 변화를 통찰해야 한다. 과거의 연장선에 있는 단순한 사고나 주장에서 벗어나, 세계의 흐름을 읽고, 한국의 형세를 정확하게 파악하며, 미래를 이끄는 변화의 힘을 꿰뚫어 보아야 한다. 천하를 주도하려는 세력의 속내도 간파해야 한다. 예를 들어 미중전쟁은 단순히 트럼프라는 미국의 괴짜 대통령이 벌이는 사건이 아니다. 21세기에 군사, 경제, 금융, 산업 등 모든 면에서 전개되는 새로운 패러다임으로의 전환에서 승자가 되어 세계 패권을 장악하기 위한 초반 승부가 그 본질이다. 미국은 기존 패권을 유지하려고 하고, 중국과 러시아는 옛 영광을 회복하려고 하며, 유럽연합은 내부 붕괴를 막고 유럽의 지위와 영향력을 방어하려고 하는 등 각자의 목적에 따른 전략적 계산이 그 배경에 작용하고 있다.

한국의 금융위기,
피할 수 없다

────

2019년 말 위기 국면 진입 시작

한국은 지난 10여 년 동안 위기를 막기 위한 선제적 대응에 실패했기 때문에, 다가오는 미래 위기 중 일부는 피하거나 통제하기 어려운 거의 확실한 미래 위기로 발전했다. 그중 하나가 '한국의 금융위기' 가능성이다. 필자는 이제 한국의 금융위기가 반드시 올 미래로 전환되었다고 판단한다.

많은 독자들이 중요한 위기를 예측하는 시나리오를 발표하면, 그 발발 시점을 가장 많이 묻는다. 그러나 미래의 특정 사건이 일어날 시점을 한치의 오차도 없이 정확하게 예측하는 것은 인간의 능력 밖의 일이다. 그런 리스크에도 불구하고 필자가 중요한 몇 가지 미래 사건에 대해 특정 시점을 언급하는 이유는 확실한 유익이 있기 때문이다. 인간의 본성상 불확실하지만 특정 시점을 '임의로' 정해 놓는 편이 미래에 대한 생각을 발전시키거나 행동 전략을 수립하는 데 도움이 되기 때문이다. 우리가 정확히 계획대로 되는 경우가 많지 않아도 매년 목표를 세우는 이유와 비슷하다. 필자가 미래에 사건이 발발할 시기를 특정할 때는, 미래를 만들어가는 힘과 힘들의 상관관계, 그 변화의 힘과 속도 등을 엄정한 미래학의 논리적 방법론에 따라 추론한 뒤 가장 확률적으로 가능성이 큰 시점을 제시한다고 보면 된다. 그러나 브렉시트처럼 예측하지 못한 뜻밖의 힘이 추가되거나, 힘의 크기나 방향, 관계가 달라질 가능성은 언제나 존재한다. 그러니 필자가 제시하는 특정 시점은 미래를 생각할 때 판단이나 행동의 기준점의 하나로 삼되, 족집게 같은 예언처럼 받아들이지는 않기를 바란다. 필자의 예측 시나리오를 참고로 해서 자기만의 시나리오를 구성할 것을 권한다.

금융위기financial crisis는 작게는 금융권에서 일어나는 위기를 가리키며, 크게는 금융권의 위기가 국가 경제 전반으로 퍼져 나가 시스템 위기로까지 확대되는 것을 의미한다. 어느 정도가 금융위기 발발 상황인지에 대한 확립된 기준은 없지만, 독일은행의 기준을 참고할 만하다. 선진국 시장에 대한 연구를 통해 독일은행은 전년 동기 대비 주식시장 15% 하락, 외환보유액 10% 감소, 채권 가격 10% 하락, 인플레이션 10% 등의 경제 변동이 발생하는 것을 금융위기의 기준으로 삼고 있다.[1]

다음의 그림은 경제위기의 수준을 다양한 단계로 분류한 도표다. 1997년 한국의 외환위기는 상업 영역의 막대한 부채 문제가 터지면서 대규모 부실채권이 발생하여 은행권에서 위기가 발발한 후, 점차 외환보유액이 고갈됨에 따라 외채위기로 불이 옮겨붙어서, 결국 IMF에 구제금융을 신청하는 최악의 위기 상황으로 전이된 경우다. 하지만 다가올 금융위기는 가계 영역의 막대한 부채 문제가 터지면서 은

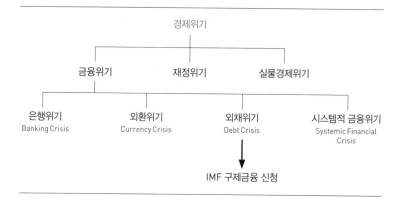

```
                           경제위기
                              │
        ┌─────────────────────┼─────────────────────┐
     금융위기               재정위기            실물경제위기
        │
  ┌─────────┬─────────────┬─────────────┐
은행위기      외환위기       외채위기      시스템적 금융위기
Banking Crisis  Currency Crisis  Debt Crisis  Systemic Financial
                                                  Crisis
                              │
                              ▼
                      IMF 구제금융 신청
```

행권에서 위기가 발발하지만, IMF에 구제금융을 신청하는 최악의 위기로까지 악화할 가능성은 작다.(한국경제의 현 상황이나 세계 경제에서 차지하는 위치와 규모를 감안하면 외환위기 가능성을 완전히 배제할 수는 없다)

금융위기가 발발하면 4단계의 과정으로 진행된다.

1단계: 위기 진입 시작 구간

2단계: 중심 구간, 부실 채권에 대한 본격적 구조조정 기간

3단계: 위기 마무리 구간, 실물경기 충격이 최고에 달하는 기간

4단계: 수습 구간

필자의 조정된 미래 위기 지도(32~33p)를 적용하면, 한국의 금융위기가 시작될 가성능이 큰 시점은 2019년 말이다. 한국 금융위기의 중심 구간은 2020년 후반~2021년 후반 사이일 가능성이 크고, 2021년 후반~2023년까지 위기 마무리 구간 및 위기 수습 기간이 진행될 것으로 예측된다. 4단계는 5년 안에 모두 일어날 가능성이 크다.

6·25 전쟁 이후 한국경제는 두 차례의 큰 위기를 겪었다. 한 번은 1970년대의 경제위기, 다른 한 번은 약 20년 후인 1997년에 발발한 외환위기였다. 1970년대의 경제위기는 1, 2차 오일쇼크라는 외부 요인에 의해 발생했고, 1997년에 발발한 IMF 외환위기는 내부 요인에 의해 일어났다.

1970년대의 석유 파동에 따른 위기가 발생했을 때는 한국을 추격하는 제조업 경쟁국이 없어서 외부의 위기 요인이 제거되자 곧바로 한국경제도 성장 동력을 회복했다. 1997년의 위기는 상업 영역의 막대한 부채라는 내부 요인에 의해 발생했지만, 부채 축소_{deleverging}에 성공해서 살아남은 기업들이 당시 고도 성장을 시작한 중국경제를 등에 업고 위기를 빠져나오는 천운이 따랐다.

하지만 이번 위기는 다르다. 중국은 한국을 추월하기 시작했고, 출구가 될 미래 산업에서는 일본과 독일이 앞선 기술로 한국과의 격차를 벌리기 시작했다. 미국이 중국의 도전을 막기 위해 보호무역 정책을 펴면서 한국의 길도 동시에 막고 있으며, 유럽도 곧 이런 움직임에 동참할 가능성이 크다. 앞으로 5년마저 허비하거나 잘못된 정책을 구사하여 시스템 혁신에 실패하면 한국의 출구는 완전히 막히고, 가계 영역발 금융위기가 터지고, 여기에 제조업 공동화가 겹치면서 중산층은 이중의 타격을 입을 것이며, 실업대란이 한국을 강타할 것이다.

문제는 금융위기가 끝이 아니라는 점이다. IMF 외환위기 이후에 한국경제를 이끌어온 주력 산업들이 글로벌 경쟁력 상실의 2단계로 진입하고 있다. 글로벌 경쟁력 상실의 1단계는 강력한 추격자를 만나 가장 약한 산업부터 시장 1위의 지위를 내주면서 위기 가능성이 생성되는 단계다. 지난 5년 동안 1단계를 거쳤다. 앞으로 전개될 글로벌 경

[미래 위기 지도]

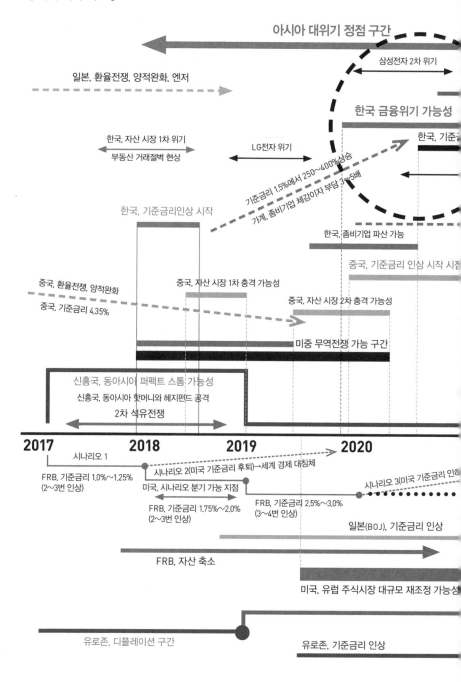

아시아 대위기 정점 구간

삼성전자 2차 위기

일본, 환율전쟁, 양적완화, 엔저

한국 금융위기 가능성

한국, 자산 시장 1차 위기

LG전자 위기

한국, 기준

부동산 거래절벽 현상

기준금리 1.5%에서 250~400%상승

가계, 좀비기업 체감이자 부담 3~5배

한국, 기준금리인상 시작

한국, 좀비기업 파산 가능

중국, 기준금리 인상 시작 시

중국, 환율전쟁, 양적완화

중국, 자산 시장 1차 충격 가능성

중국, 기준금리 4.35%

중국, 자산 시장 2차 충격 가능성

미중 무역전쟁 가능 구간

신흥국, 동아시아 퍼펙트 스톰 가능성

신흥국, 동아시아 핫머니와 헤지펀드 공격

2차 석유전쟁

| 2017 | 2018 | 2019 | 2020 |

시나리오 1

시나리오 2(미국 기준금리 후퇴)→세계 경제 대침체

FRB, 기준금리 1.0%~1.25%
(2~3번 인상)

미국, 시나리오 분기 가능 지점

시나리오 3(미국 기준금리 인하

FRB, 기준금리 1.75%~2.0%
(2~3번 인상)

FRB, 기준금리 2.5%~3.0%
(3~4번 인상)

일본(BOJ), 기준금리 인상

FRB, 자산 축소

미국, 유럽 주식시장 대규모 재조정 가능성

유로존, 디플레이션 구간

유로존, 기준금리 인상

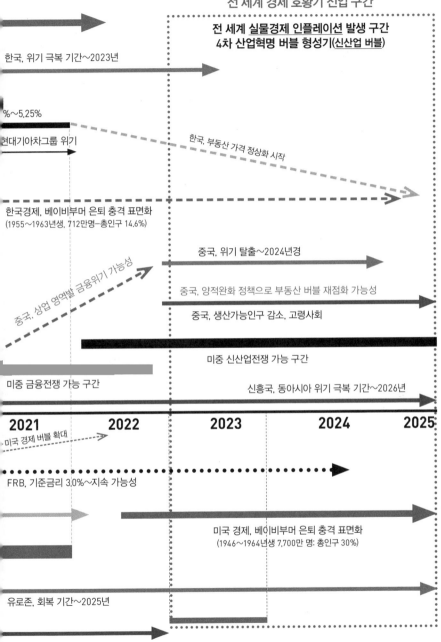

전 세계 경제 호황기 진입 구간

전 세계 실물경제 인플레이션 발생 구간
4차 산업혁명 버블 형성기(신산업 버블)

한국, 위기 극복 기간~2023년

%~5.25%

현대기아차그룹 위기

한국, 부동산 가격 정상화 시작

한국경제, 베이비부머 은퇴 충격 표면화
(1955~1963년생, 712만명–총인구 14.6%)

중국, 위기 탈출~2024년경

중국, 상업 영역발 금융위기 가능성

중국, 양적완화 정책으로 부동산 버블 재점화 가능성

중국, 생산가능인구 감소, 고령사회

미중 신산업전쟁 가능 구간

미중 금융전쟁 가능 구간

신흥국, 동아시아 위기 극복 기간~2026년

2021　　　　**2022**　　　　**2023**　　　　**2024**　　　　**2025**

미국 경제 버블 확대

FRB, 기준금리 3.0%~지속 가능성

미국 경제, 베이비부머 은퇴 충격 표면화
(1946~1964년생 7,700만 명: 총인구 30%)

유로존, 회복 기간~2025년

쟁력 상실의 2단계는 거의 모든 주력 산업이 글로벌 경쟁력을 상실하는 단계로서, 10~15년 안에 시장의 절반 혹은 최대 80%까지 점유율을 잃게 될 것이다.

한국의 미래,
4가지 시나리오

한국경제의 앞길에는 '금융위기'와 '주력 산업의 글로벌 경쟁력 상실'
이라는 두 가지 위기 가능성이 놓여 있다. 필자의 분석으로는 이 두
가지 위기는 확실성이 높은 미래이다. 그러나 논리적 추론을 위해 불
확실성이 높은 상태, 즉 일어날 가능성과 일어나지 않을 가능성이
50:50이라고 가정해보자. 두 가지 사건은 어느 방향으로 전개될지에
따라 21세기 전반기 한국경제의 미래에 결정적인 차이를 만들 정도
로 영향력이 큰 사건이다. 금융위기는 내수의 미래 방향에 영향을 미
칠 결정적 사건이다. 금융위기는 가계 부채, 자산시장의 향방에 영향
을 미쳐서 내수 펀더멘털의 질을 바꿀 수 있는 힘이기 때문이다. 주력
산업의 글로벌 경쟁력 상실(혹은 회복) 문제는 수출의 미래 방향에 결
정적 영향을 준다. 수출 의존도가 높은 한국의 경우 주력 산업의 글
로벌 경쟁력 문제는 GDP와 일자리의 미래에 큰 영향을 주는 지렛대

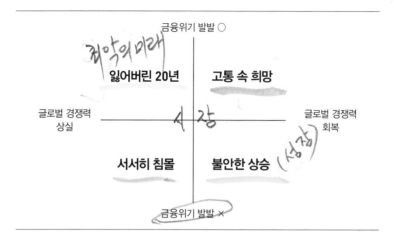

역할을 한다. 내수 경제의 (질은 물론이고) 양에도 직접 영향을 주는 결정적 힘이다. 중요한 두 가지 문제의 불확실성을 가정하면 4가지 미래 가능성을 가설추론할 수 있다.

세로 축은 '금융위기가 발발하느냐 그렇지 않느냐', 가로 축은 '주력 산업이 중국이나 일본 등과의 경쟁에서 시장을 잘 지키느냐 그렇지 못하고 50~80%를 내주느냐'를 기준으로 하는 구분이다.

2×2 매트릭스에 한국의 상황을 대입해본 것이 위의 그림이다. 현재 위치에서 금융위기가 발발하지 않는다는 전제(매트릭스의 하단 부분) 하에 한국의 주력 산업이 중국이나 일본 등과의 경쟁에서 시장을 잘 지켜내는 놀라운 행보를 한다면 '불안한 성장' 모드를 계속 이어갈 수 있을 것이다. 주력 산업이 글로벌 경쟁력을 회복하여 경제 성장률이 높아지면 상대적으로 가계 부채 비율 증가 속도가 하락하여 부채 부담이 줄어든다. 하지만 부채 비율의 증가 속도가 줄어들 뿐 여전히 막대한 양의 부채를 유지하고 있기 때문에 암 덩어리를 몸에 단 채 근

근이 버티며 성장을 유지하는 상태가 된다. 그래서 불안한 성장 모드다. 이 시나리오는 정치권이 원하는 시나리오지만 실현 가능성은 가장 낮다.

금융위기가 발발하지 않더라도 주력 산업이 글로벌 경쟁력을 회복하는 데 실패하면 한국경제는 서서히 침몰하는 미래를 맞게 된다. 금융위기가 일어나지 않는 두 가지 미래 가능성은 단기적인 충격은 없겠지만, 외줄을 타듯이 불안하고 위태로운 미래다.

매트릭스의 상단은 금융위기가 실제로 발발할 경우다. 상단의 오른쪽은 금융위기가 발발하지만 글로벌 경쟁력을 회복하여 시장점유율을 잘 지킴으로써 '고통 속에서 희망'을 발견하는 미래이다. 이는 4가지 미래 중에서 가장 나은 미래이다. 사실상 한국이 더 나은 미래를 위해 도전할 수 있는 실제적 해법에 가깝다. 금융위기가 발발하여 단기적으로 큰 충격은 받겠지만, 무거운 짐이었던 가계 부채를 재조정하고 좀비기업들을 파산시키는 강력한 구조조정이라는 큰 수술을 할수 있다. 한동안 고통스러운 시간이 지나면 기업 경쟁력을 회복해서 반등의 여지가 충분한 시나리오다. 이 시나리오에서는 당장은 어렵지만 미래에 나타날 2차, 3차의 미래 위기들을 미연에 차단하거나 약화시킬 계기를 마련할 수 있다. 하지만 금융위기가 발발하고, 글로벌 경쟁력마저 상실한다면 한국은 '잃어버린 20년'이라는 최악의 미래에 직면하게 된다.

2019년 현재 한국의 위치는 4개의 가능성 중에서 어디에 위치해 있을까? 필자는 다음 그림처럼 좌측 하단의 4분면 상층에 위치해 있는 것으로 분석한다.

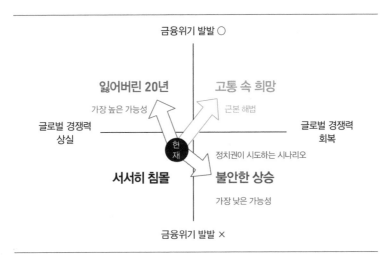

금융위기 발발 ○

잃어버린 20년
가장 높은 가능성

고통 속 희망
근본 해법

글로벌 경쟁력
상실

현재

글로벌 경쟁력
회복

정치권이 시도하는 시나리오

서서히 침몰

불안한 상승

가장 낮은 가능성

금융위기 발발 ×

⑤
한국, '잃어버린 20년'
피하기 어렵다

먼저 글로벌 시장 경쟁력부터 살펴보자. 한국의 주력 산업이 중국에 추월당하고, 미래 기술에서 일본과 독일, 미국의 반격에 압박을 당하면서 글로벌 '시장 경쟁력'을 잃는 것은 이제 부인할 수 없는 '현실'이 되었다. 기술 경쟁력이 아니라 시장 경쟁력이라는 단어가 중요하다. 기술이 뛰어나더라도 가격 경쟁이나 글로벌 패권 전쟁에서 밀리거나 타격을 받으면 시장 경쟁력을 잃게 된다. 지금 한국의 주력 산업이 이런 상황으로 빠져들고 있다. 당분간 상황이 더 악화할 가능성을 부정하는 사람은 거의 없다.

많은 사람들이 동의하는 주력 산업의 글로벌 경쟁력 상실이 지속되는 미래에 금융위기의 발발 여부를 대입해서 한국의 미래를 예측해보자. 이 경우 4가지 시나리오 매트릭스에서 좌측의 두 가지 가능성만 남는다. 만약 금융위기가 발발하면 그로 인해 한국경제에 크게 영

금융위기 발발 ○

한국, 두 가지 미래에 직면한다.

시나리오1: 이번 정부에서 금융위기가 발발한 후에 부동산 가격 정상화와 제조업 공동화를 거쳐 장기 저성장(잃어버린 20년)으로 가는 시나리오

시나리오2: 이번 정부에서 금융위기를 가까스로 막더라도 막대한 가계 부채로 인해 내수소비가 서서히 침몰하고 제조업의 공동화로 인해 장기 저성장(잃어버린 20년)과 부의 불균형 분배 악화로 가는 시나리오

잃어버린 20년

가장 높은 가능성

글로벌 경쟁력
상실

현재

서서히 침몰

향을 미칠 두 가지 중요한 일이 연쇄적으로 일어날 가능성이 생긴다. 하나는 부동산 가격 정상화이고, 다른 하나는 제조업 공동화이다.

위 그림에서 위쪽의 시나리오는 이번 정부하에서 금융위기가 발발하고, 그 후 10~15년 동안 서서히 부동산 가격 정상화와 제조업 공동화가 진행되면서, 그 결과로 장기 저성장에 빠지는 '잃어버린 20년'의 시나리오다. 아래쪽은 이번 정부에서 금융위기의 발발을 가까스로 막거나 뜻밖의 행운을 맞아 발발하지 않는 경우이다. 이 시나리오 역시 당장 금융위기만 겪지 않을 뿐, 막대한 가계 부채로 인해 내수 소비가 서서히 위축되고, 부동산 시장도 정체되고, 제조업 공동화로 인해 부의 불균형 분배가 심화하면서, 그 결과로 장기 저성장인 '잃어버린 20년'에 빠진다는 점에서는 앞의 시나리오와 동일하다. 두 시나리오의 차이는 금융위기가 발발하면 '잃어버린 20년'에 빠지는 시기가 앞당겨지고, 발발하지 않으면 조금 더 늦춰진다는 것뿐이다.

한 가지 더 짚고 넘어가야 할 사안이 있다. 만약 한국에 금융위기가 발발할 경우 1997년의 IMF 외환위기와 비교해서 어떤 차이가 있을까? 1997년의 위기는 상업 영역에 쌓인 막대한 부실채권이 위기의 진원지였다. 그래서 중산층이 받은 충격도 만만치 않았지만, 상대적으로 대우그룹이 망하는 등 기업 부문의 위기가 컸다. 그러나 이번 위기는 가계 영역의 막대한 부실채권이 위기의 진원지이다. 앞으로 위기가 발발하면 대기업들도 부실 계열사를 추가 구조조정하고, 중견기업이나 대기업 협력사들 중에서 부채 부담이 큰 기업이 직격탄을 맞을 것이다. 상당수의 좀비기업도 정리될 것이다.

그러나 진원지가 가계 영역이기 때문에 1997년보다 체감 경기가 더 안 좋을 가능성이 크다. 서민층은 물론이고 자영업자와 중산층까지 직격탄을 맞을 가능성이 크다. 한마디로 소비시장의 충격과 하락이 1997년보다 더 클 것이다.

1997년 외환위기 때는 한보 등의 기업이 파산하기 시작하는 위기 진입 시작 구간부터, 중심 구간(본격적 부실 채권 구조조정 기간), 위기 마무리 구간(실물경기 충격이 최고에 달하는 기간)을 지나, 마지막 단계인 위기 수습 기간까지 약 4~5년이 걸렸다. 하지만 곧 겪게 될 위기는 그 기간도 길어질 가능성이 크다. 이번 위기는 진원지가 가계 영역이기에 부동산 시장에도 직접 영향을 줄 가능성이 크다.

필자는 10여 년 전에 '금융위기 후 장기 저성장'을 한국의 기본 미래로 하는 예측 시나리오(브렉시트 등으로 진행 시간이 약 1년 정도 늦춰졌다)를 발표했다. 수천 페이지의 예측 시나리오를 여러번 검토해 보아도 가장 가능성이 큰 기본 미래의 방향은 '잃어버린 20년'을 가리키고 있었기 때문이다. 이제 선제적 대비를 통해 위기를 예방하거나 위기를 맞더라도 충격을 최소화할 수 있는 대책을 세울 수 있는 시간은 모두 흘러갔다. 2019년부터는 한국의 금융위기라는 다가오는 위기에 선제적으로 대비할 수 있는 시간이 아니라 위기에 대한 대응을 시작해야 하는 시간이다. 개인이나 기업 모두 이 점을 명심해야 한다.

신흥국 위기는
한국 금융위기의 전조

판단이 어려울 때는 '현실이 진리'라는 말을 지침으로 삼아야 한다. 한국 외부와 내부의 현실을 점검해보자. 필자는 지난 책을 통해, 달러의 순환에 따른 7단계 패턴(《부자의 시간, 지식노마드》)을 분석하며 한국의 금융위기가 발발하기 전에 신흥국의 위기가 먼저 시작될 것이라고 예측했다. 실제로 아르헨티나, 터키, 브라질 등 많은 신흥국이 금융위기를 겪었다. 신흥국의 금융위기를 한국 금융위기의 전조 현상 중 하나라고 예측한 이유는 간단하다. 신흥국에서 발생하는 금융위기의 핵심 원인 역시 막대한 부채이기 때문이다.

2013년에 발간한 〈2030 대담한 미래〉에서부터 줄곧, 2008년에 시작된 글로벌 금융위기는 아직 끝나지 않았으며 이제 막 절반을 지났을 뿐이라고 분석했다. 이미 지나간 절반은 미국과 유럽의 위기였으며, 앞으로 겪게 될 나머지 절반은 신흥국과 동남아시아 그리고 아시아 중심 국가인 한중일의 위기가 될 것이라고 예측했다. 나머지 절반의 위기는 미국의 기준금리 인상 시점부터 일어날 신흥국의 금융위기에서 시작될 것이라고 했다.

실제로 2015년 12월 17일 미국 연준이 첫 번째 기준금리를 인상한 다음날에 이라크에서 문제가 터졌다. 저유가의 압박과 더불어 IS에게 국토의 3분의 1을 빼앗기며 경제위기와 정치적 혼란에 몰린 이라크가 세계은행에서 긴급자금 12억달러(약1조 4,200억원)를 지원받았다.[2] 원자재 가격도 일제히 하락했다. 북해산 브렌트유 선물가격은 2014년 이후 11년만에 최저치로 하락했다.[3] 원자재와 원유 수출에 의존하는 국가들은 일제히 기준금리를 올렸다.

〈2030 대담한 미래〉에서 필자는 인도, 인도네시아, 브라질, 터키, 남아공화국, 우크라이나, 러시아, 베네수엘라, 칠레 등이 1차 위험군에 속할 것이라고 분석했다. 터키, 남아공화국, 칠레, 인도, 인도네시아 등은 외환보유액이 1년 정도의 단기외채와 경상적자를 메울 수준에 불과했으며, 헝가리, 브라질, 폴란드는 2년 정도 버틸 수준이었기 때문이다.[4]

신흥국의 1차 금융위기가 석유 전쟁이 벌어졌을 때 일어났고, 잠시 휴지기를 거친 다음에 저유가 지속, 미국의 기준금리 인상 속도 가속과 글로벌 무역전쟁의 여파로 2차 금융위기 구간으로 진입했다. 신흥국 가운데 위기 국가를 점검하면 다음과 같다.

이미 금융위기 상태에 빠진 나라

아르헨티나: 2018년에 IMF 구제금융을 받았다.

파키스탄: 중국이 펼치는 일대일로에 참여했다가 부채 함정에 빠져 새

정부가 구제금융 신청을 고려 중이다. (미국이 구제금융 비용이 중국으로 흘러 들어간다고 반대 중)

베네수엘라: 파산 직전 상태이다.

터키: 미국과의 경제 전쟁으로 뱅크런 위기에 직면해 있다.

이집트: 2016년 11월, IMF에서 3년간 120억달러 구제금융을 받았다.

터키는 GDP 대비 국가 부채비율이 28.3%(2017년)로 높은 수준은 아니지만 은행과 기업의 달러화 부채가 많다. 2016년 군부의 쿠데타 시도 이후 에르도안 정부가 쿠데타 가담 의심 세력을 숙청하며 국가 통제를 강화한 이래 민간 소비가 크게 위축되었다. 2016년 3분기에 마이너스 경제성장률을 기록하자 정부는 재정 지출을 늘리고 막대한 외화 차입으로 은행 유동성을 공급하고 기업 투자를 확대하며 경제 성장률을 끌어 올렸다(2017년 7.4% 성장).

그렇지만 터키 GDP는 2013년에 9,508억달러로 정점을 찍은 후 하락 중이고(2017년 8,511억달러), 실업률(2018년 11월 11.1%)과 인플레이션율(2018년 12월 21.6%)도 높아지고, 재정수지와 경상수지 적자가 확대되고 있다. 2018년 9월 현재 외환보유액도 1,270억달러로 바닥 수준이다. 터키 경제는 구조적으로 취약해졌다. 이런 상황에서 환율이 상승하고, 미국 기준금리 인상이 지속되면 외화 차입 비용과 국내 금융 비용의 상승이 불가피하다. 터키 대통령이 계속 미국에 저항하면 외국인 투자자의 자본 이탈이 가속화될 수 있다.

터키와 미국의 동맹 관계가 어긋나기 시작한 것은 2003년부터다. 터키가 같은 종파인 이라크의 수니파 지도부를 돕기 위해 미국 지상군의 이라크 진입로 제공 요청을 거부했기 때문이다. 터키의 에르도

안 정부가 IS(이슬람국가)에 대해 수니파라는 이유로 관대했던 것도 미국을 자극했다. 결정적으로 미국이 시리아 내전에 무관심하자 이슬람 종주국 경쟁에 뛰어든 터키가 (시리아 내전 해결을 빌미로) 이란 및 러시아와 손을 잡았다. 터키는 미국의 반대에도 불구하고 국영은행을 통해 물밑에서 이란의 에너지 수출을 돕고, 러시아에서는 고고도미사일 방어THAAD 시스템 'S-400 트리움프'를 25억달러에 사들였다.

미국과 터키의 갈등 요인과 트럼프 스타일을 함께 고려하면, 터키가 백기를 들기 전에 트럼프가 먼저 경제 제재 정책을 극적으로 전환할 가능성은 작다. 만약 터키가 계속 이란이나 러시아와 손을 잡으면, 미국은 유럽, 사우디, 이집트 등과 손을 잡고 이란과 러시아를 상대로 경제 전쟁을 확대할 가능성이 크다. 이럴 경우 유로존 경제의 불확실성이 높아지고, 신흥국의 위기는 한 단계 더 심화할 것이다.

터키의 금융위기가 어떻게 전개될지는 신흥국 시장에 대한 투자자들의 불안 심리와 신흥국 통화 가치의 하락이 얼마나 오래 지속되느냐에 의해 결정된다. 이를 결정하는 장기적 요인은 신흥국의 달러화 부채 규모와 기준금리 인상이지만, 단기적으로는 트럼프가 신흥국을 상대로 하는 무역전쟁을 어느 규모로 전개할지에 달려 있다. 이들 장단기 요소의 변화에 따라 아르헨티나, 브라질, 러시아 등으로 위기가 전이될지 여부가 결정되고, (터키를 비롯한) 신흥국의 부실 채권 위기가 유럽 은행의 충격으로 연결될지 여부도 결정된다. 한국은 터키에 대한 수출 비중이 1.1%, 수입 비중은 0.2%에 불과해서 직접 타격은 미미하지만, 수출의 절반 가까이를 차지하는 신흥국 전반으로 위기가 번질 조짐이 보이면 한국 주식시장도 심리적 타격을 피하기 힘들다.

다음으로 금융위기 발발이 가능한 나라

남아프리카공화국, 우크라이나, 브라질, 이탈리아, 러시아, 인도네시아 등이다.

브라질은 정치 불안과 높은 실업률, 경제성장률 저하 상황에서 미국 기준금리 인상으로 인한 자본 유출 위기를 맞고 있다.

이탈리아는 현재 이미 GDP 대비 132%의 국가부채를 가지고 있는데, 정부의 포퓰리즘 공약 시행으로 국가부채가 더 늘고 있다. 이로 인해 이탈리아 국채를 많이 보유한 은행들의 위기설이 증폭되고 있다. 이탈리아는 독일과 프랑스 다음 가는 유로존 3위의 경제 대국이기 때문에 촉각을 곤두세워야 한다.

러시아 역시 석유와 천연가스 등 원자재 가격 하락으로 수출 감소, 내수 침체, 환율시장 불안 등의 어려움을 겪고 있는데, 미국의 경제 제재로 인해 자본시장마저 불안정한 상황이다.

아시아 금융위기,
피할 수 없다

아시아와 신흥국이 2008년부터 지난 10년 동안 글로벌 금융위기의 충격을 잘 극복한 것이 아니라는 사실이 드러나고 있다. 겉보기에 잘 극복한 것처럼 보인 것은 부채가 만들어낸 착시였다. 한국도 다르지 않다. 한국을 포함한 대부분의 아시아 국가들은 수출 주도의 경제 구조를 가지고 있다. 중국을 비롯해서 유럽과 미국이 주요 수출 대상국이다. 2008년 이후 미국과 유럽은 금융위기와 외환위기 발발로 소비가 크게 침체했다. 당연히 이들 국가에 수출해서 먹고사는 아시아 국가들의 경제 상황도 크게 침체할 수밖에 없었다. 그런데 아시아 각국은 경제 성장률을 유지했다.

우리가 장사를 하는 사람이라고 가정해보자. 가게의 매출을 크게 올려주던 단골 고객들이 자기들의 늘어난 빚을 갚기 위해 허리띠를 졸라매고 소비를 줄였다. 당연히 가게의 매출이 줄고 그에 따라 수익도 줄었다. 수익이 줄었지만, 이번 달에도 어김없이 임대료를 내야 하고 은행에 이자와 원금 일부를 상환해야 한다. 이 위기를 어떻게 탈출할 수 있을까? 답은 둘 중의 하나다.

하나는 다른 고객을 발굴하는 길이다. 큰 돈을 써주던 단골고객을 대체할 만한 새로운 거래선을 뚫어야 한다. 엄청난 규모로 수입을 해주던 큰 단골고객인 미국과 유럽이 2008년 이후 빚을 갚느라고 소비를 크게 줄였다. 아시아의 수출국들은 미국과 유럽을 대신해서 큰 돈을 써줄 다른 고객을 발굴했을까? 그렇지 않다. 〈월스트리트저널〉은 2008년 글로벌 금융위기 이후 아시아 상당수 나라의 수출 엔진이 꺼지고 있다고까지 평가했다. 중국, 일본, 한국, 대만 등 아시아 주요국에서 일어나고 있는 수출 감소 상황은 1997년 아시아 금융위기, 2001년 닷컴버블 붕괴 시기의 수출 하락과는 차원이 다르다. 수출 경쟁력 자체에 문제가 발생했기 때문이다. 미국이 아시아 4대 국가로부터 수입한 물량은 2008년 금융위기 전까지는 두 자릿수 상승률을 보였지만, 2013년의 경우 전년과 비교해서 겨우 1%가 늘었을 뿐이다.[5] 다음 그림은 1997년부터 2014년까지 한국, 일본, 중국, 대만 등 아시아 주요 4개국의 수출 추이를 보여준다.

〈월스트리트저널〉은 앞으로 미국경제가 회복되더라도 아시아 수출이 예전만큼 되살아날 가능성이 줄고 있다고 전망했다. 미중 무역전쟁과 보호무역주의 여파로 미국 제조업체의 반격이 진행되고 있기 때문에 아시아 수입 물량에 대한 의존도를 높이지 않아도 되고, 아시아 주요 국가의 임금도 크게 인상되어 가격 경쟁력이 약화하고 있기 때문이다.

새로운 고객을 발굴하지 못한 아시아는 위기 극복을 위해 다른 방

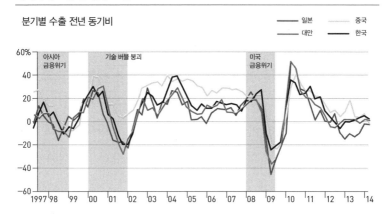

분기별 수출 전년 동기비

일본 　중국
대만 　한국

자료: Thomson Reuters
출처: The Wall Street Journal

법을 선택했다. 은행에서 돈을 더 빌려서 매출과 수익의 감소분을 충당
한 것이다. 위기를 극복한 것이 아니라 빚을 내서 발등에 떨어진 급한
불을 끈 것이다. 다음 그림의 파란선은 아시아 전체의 총요소생산성 증
가율, 검은선은 GDP 대비 은행 신용 비율을 나타낸다. 생산성은 떨어
지고, 은행 신용(부채) 비율은 급격히 상승했음을 알 수 있다.

2008년 이후 아시아는 부채를 급격하게 늘렸다. 1990년대 중후반
의 아시아 외환위기 시기보다 부채 비중이 높다. 아시아만이 아니다.
신흥국 전체로 확대해도 마찬가지 결과를 보인다. 2015년 말 기준으
로, 국제금융협회IIF는 2008년 이후 7년 동안 18개 주요 신흥국의 가
계·기업·정부의 총부채가 28조달러(약 3경 2,368조원) 증가했다고 분
석했다. 그중에서도 지난 10년간 비금융권 기업의 부채 증가 규모가
무려 5배 이상이다.

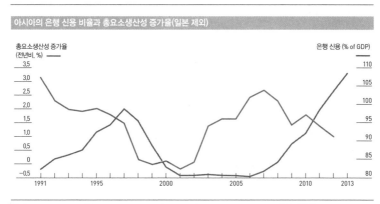

총요소생산성 증가율
(전년비, %)

은행 신용 (% of GDP)

출처: FT, HSBC, http://biz.heraldcorp.com/view.php?ud=20140513000684 에서 재인용

국제결제은행BIS의 분석에 따르면 미국, 일본 등 선진국 중앙은행이 2008년 금융위기 이후 찍어서 시장에 뿌린 돈이 대략 8조달러(약 9,400조원)이다.[6] 이 중에서 미국이 약 4조 5천억달러를 차지했을 것으로 추정된다. 이 자금의 상당 부분이 신흥국의 자산시장과 신흥국 기업의 달러 부채로 흡수되었다. 국내 한 경제연구원의 추정에 의하면, 2008년 이후 6년 동안 신흥국의 주식과 채권 투자, 기업 대출로 선진국에서 유입된 자금이 약 3조 5천억달러(약 4,130조원)이다.[7]

국제금융센터에 따르면 글로벌 금융위기 이후 신흥국 부채 규모가 크게 늘었는데, 이 중에서 외화(대부분 달러) 표시 부채는 2018년 1분기 기준 8조 5천억달러로 10년 전인 2008년(3조 9천억달러)의 두 배가 넘는 수준이다. 이 중 51%가 기업이 발행한 외화 부채다.[8]

국제결제은행이 2015년 12월에 발표한 자료에 따르면 달러화 부채를 위험 수준까지 빌린 기업이 많은 나라는 브라질(비금융 기업 부채 3,220억달러 중 달러 부채 49%), 터키(3,980억달러, 33%), 말레이시아

신흥국 기업 달러 표시 부채

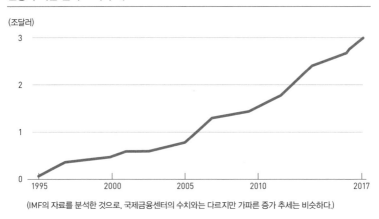

(조달러)

(IMF의 자료를 분석한 것으로, 국제금융센터의 수치와는 다르지만 가파른 증가 추세는 비슷하다.)

자료: 니혼게이자이신문
출처: 매일경제 2018. 02. 19에서 재인용

(1,990억달러, 10%), 러시아(7,420억달러, 29%), 멕시코(2,590억달러, 66%), 인도네시아(1,900억달러, 52%), 남아프리카공화국(1,110억달러, 14%) 등이다. 참고로 한국 비금융 기업의 총부채는 1조 4,230억달러로 중국 다음으로 2위이며, GDP 대비 105.3%로 상대적으로 높은 편이다. 이 중에서 달러 부채의 비율은 8% 정도이다. 중국의 비금융 기업부채는 17조 2,730억달러로 가장 많았지만, 이 중 달러 부채 비율은 5%였다.[9] 신흥국이 발행한 외화 표시 채권 만기도래 예정액은 2017~2019년 사이 연평균 4,900억달러로 추산된다. 즉 최소 2019년까지는 신흥국 외환위기 이슈가 지속될 가능성이 크다는 뜻이다.

신흥국이 금융위기 구간에서 빠져나올 수 있는 해법은 두 가지다. 하나는 신흥국이 보유한 달러화 부채의 금융 비용을 능가하는 수준의 경제 성장과 경상수지 흑자를 만들어 내면 된다. 하지만 앞으로 미국의 기준금리 인상이 2년 이상 지속되거나 글로벌 시장금리가 오

빚 부담 커지는 신흥국: 외채 원리금 상환 비율

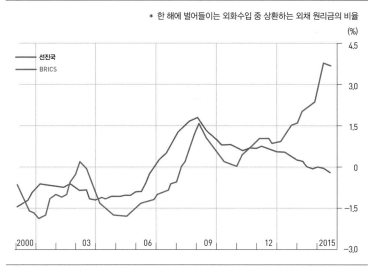

* 한 해에 벌어들이는 외화수입 중 상환하는 외채 원리금의 비율

출처: 국제결제은행(BIS), 중앙일보, 2015.12.17. 하현옥, "신흥국 긴축발작, 부채위기… 어게인 1994될까?"에서 재인용

랫동안 높은 수준을 유지하여 달러화 부채의 금융 비용 부담을 가중시킬 것을 감안할 때, 현재로서는 가능성이 아주 낮은 시나리오다. 일부에서는 중국이 이들 나라를 도와 위기에서 탈출할 수 있다는 주장을 전개한다. 하지만 미중전쟁에 시달리고, 일대일로의 부작용을 겪고 있는 현재의 중국으로서는 신흥국을 도울 여력이 없다.

달러화 부채의 금융 비용 이상으로 경제성장률을 높이고 경상수지를 흑자로 만드는 길이 어렵다면, 다른 길은 인위적으로 달러화 부채의 금융 비용 부담을 낮추는 것이다. 달러 채권자가 스스로 금융 비용을 삭감해 주든지, 아니면 강제로 삭감할 수밖에 없도록 상황을 만들면 된다. 두 가지 방법 모두 달러 채무국인 신흥국의 금융위기와 부채 재조정을 필요로 한다. 신흥국들은 본능적으로 후자의 길을 피하려고 노력하겠지만 성공하기는 어렵다. 글로벌 경기침체, 원유 및 원자재 가격의 급락, 중국경제 성장의 둔화로 기업들의 사정이 악화하고 있다. 또한 앞으로 2년 동안 미국 연준이 추가 기준금리 인상을 예고하고 있어서 달러화 부채 압력은 지속될 것이다. 더욱이 트럼프가 신흥국으로까지 무역전쟁의 전선을 넓힌다면 신흥국 경제를 떠받치고 있는 외국자본의 이탈이 가속화하면서 환율이 더 불안해진다. 이 경우 외환이 부족해지고 달러화 차입 비용도 증가하여 더 큰 타격을 받을 가능성이 크다. 설상가상으로 신흥국들은 해결하기 어려운 국내적인 경제 문제(재정적자, 수출 문제, 실업률, 높은 인플레이션 등)도 안고 있다. 결국 다음의 세 가지 중 하나를 선택하도록 강요받을 가능성이 크다.

파산이나 워크아웃
소비를 줄여 부채 상환
(문제가 심각해지면) 금융위기

이자를 낼 수 없는 수준까지 빚을 냈다면 더 이상 빌려 쓰지 못할 뿐만 아니라 곧바로 갚는 절차에 돌입하게 된다. 국가, 기업, 개인 모두 예외는 없다. 위의 세 가지는 모두 부채 축소deleveraging의 결과다. 파산이나 워크아웃은 채권자가 주도하는 부채 축소이고, 소비를 줄이는 것과 금융위기는 채무자가 주도하는 부채 축소다.

파산bankruptcy은 중세 이탈리아에서 유래된 말이다. 정상적으로 장사를 해서는 더 이상 빌린 돈에 대한 이자와 원금을 지불할 수 없게 된 상인들은 자신의 좌판을 부숴버리는 행동banca rotta으로 부도를 선언했다. 상인들이 파산을 선언하면 채권자들은 상인의 남은 재산을 채권 비율에 따라서 나누어 갖고 회사를 청산했다. 이것이 파산 절차다. 회사를 청산하고도 회수하지 못한 돈은 고스란히 채권자들과 주주들의 손해로 남는다.

워크아웃은 (큰 손해가 예상되는) 파산에 이르기 전에 법원이나 채권자들이 주도하여 회사를 살리기 위해 하는 마지막 시도다. 최악의 손해를 피하기 위해 법원이나 채권자들은 이자와 원금 상환을 일시적으로 동결하고, 우량 자산을 팔아 재무 건전성을 높이며, 다른 경영인을 세워서 사업을 계속하도록 하여 회사를 정상으로 되돌릴 수 있는 기회를 만든다. 회사가 기사회생하면 큰 손해도 피하고 원금과 이자도 받을 수 있다. 이런 과정을 법원이 주도하면 법정관리이고, 채권자가 주도하면 워크아웃(work-out, 기업 개선 작업)이다. 이것이 실패하면 해당 회사는 청산 절차(파산 절차)를 밟게 된다.

국가 차원에서 이자와 원금 일부를 상환할 수 없는 상태가 되어 채무 불이행(디폴트)을 선언하면 곧바로 외환위기 상황이 된다. IMF와 채권자들은 빚을 완전히 청산하는 파산 절차를 밟을지, 워크아웃 절차를 밟을지를 선택한다. 1997년 한국의 IMF 구제금융 신청은 국가 차원의 워크아웃이었다. 구소련이 붕괴하는 과정에서 맞은 러시아의 채무 불이행은 파산 절차를 밟은 것이었다. 1997년 한국은 IMF의 주도 아래 강력한 구조조정을 강제당했다. 구조조정 후 IMF에 빌린 돈을 다 갚으면 국제 채권시장에 곧바로 복귀할 수 있었다. 구소련은 나라가 망하면서 동시에 파산 절차를 밟아 빚이 제로가 되었다. 완전 파산을 하게 되면 빚은 제로가 되어서 좋지만 수년 이상 국제 채권시장에 발을 들여 놓을 수 없다. 국제적인 신용불량자가 되는 것이다.

소비를 줄여 빚을 갚으면 저성장에 빠진다. 단순하게 소비를 줄이는 방법으로는 이자와 원금 일부를 상환할 수 없는 경우 생존을 위해 일부 출혈을 감수해야 한다. 비싼 돈을 주고 구입한 차를 싸게라도 팔아 현금화해야 하고, 큰 집을 팔아 작은 집으로 이사를 가야 한다. 금융위기가 바로 이런 상황이다.

2장

한국 내부,
고장 난 성장 시스템의 위기

① 위기를 알리는
이상 신호

한국경제 내부에서는 이미 2012년부터 이상 신호가 나타나기 시작했다. 내부적으로 서서히 문제가 움트기 시작했지만, 2017년까지는 겉으로 잘 드러나지 않아 표면적인 모습은 그런대로 나쁘지 않았다. 그런데 2018년부터는 이상 징후가 표면으로 드러나기 시작했다.

2018년 국내 상장사 1,377곳(금융·분할합병 회사 등 제외)의 3분기 영업이익은 전년 동기 대비 6.93% 늘었지만, 반도체 호황으로 최고의 실적을 거둔 삼성전자와 SK하이닉스를 뺀 나머지 기업의 영업이익은 10.5% 감소했다(유가증권시장으로만 한정하면 11.4% 감소). 유가증권시장 상장사 10곳 가운데 6곳이 2017년보다 영업이익이 감소했다.[1] 2018년 고용시장에서도 신규취업자의 62%가 정부의 직접적인 재정 투입에 의존한 취업자이다. 2018년 국정감사 자료에 의하면, 2018년 1~9월까지 월평균 10만 382명의 신규 취업자 가운데 공공부분 일자리가

6만 2,501명을 차지했다. 2018년 GDP 성장률 예상치 2.5%에서 정부 기여도는 0.8% 이상(전체 성장분의 3분의 1)이 될 것으로 추정된다.[2] 글로벌 신용평가사 무디스는 2019년 한국경제의 성장률을 2.3%로 하향 조정했다.[3] 한국의 성장 엔진인 제조업 공장 가동률도 72.8%를 기록해 1997년 외환위기 이후 최저치로 추락했다.[4] 시화공단과 반월공단의 경우는 공장 가동률이 60%까지 추락했다.[5]

이처럼 한국경제는 양적으로나 질적으로 점점 더 심각한 위기로 빠져들고 있으며, 미래 전망조차 낮아지고 있다. 대표적인 지표 몇 가지를 통해 한국경제의 현실을 직접 확인해 보자. (지면의 제약으로 지표에 대한 자세한 추가 분석은 생략한다. 대부분 이미 체감하는 사안이기 때문에 지표에 간단한 설명을 덧붙이는 것만으로도 충분히 의미를 파악할 수 있을 것이다)

한국 무역수지

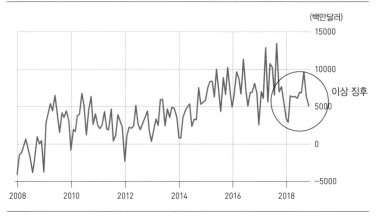

출처: TRADINGECONOMICS.COM | MINISTRY OF TRADE, INDUSTRY & ENERGY (MOTIE)

한국 실업률

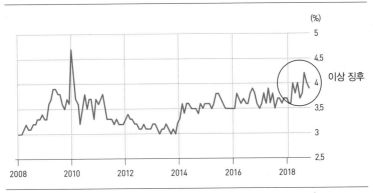

출처: TRADINGECONOMICS.COM | STATISTICS KOREA

한국 취업자 수

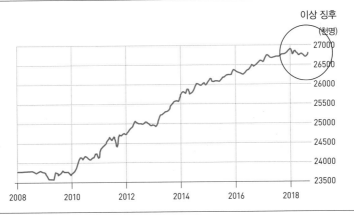

출처: TRADINGECONOMICS.COM | STATISTICS KOREA

코스피지수

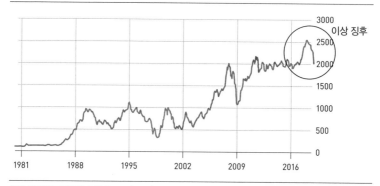

출처: TRADINGECONOMICS.COM | OTC/CFD

한국 OECD 경기선행지수, 18개월째 하락–최근 가장 나쁨

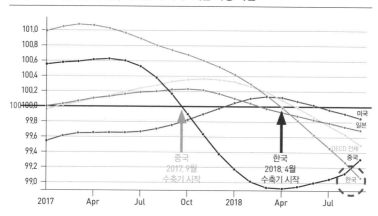

OECD 경기선행지수는 실제 경기 흐름보다 6~10개월 앞선 고용, 생산, 소비, 투자, 금융 등 10가지 지표들을 종합한 지수. 국가별, 지역별로 6~9개월 뒤 경기 흐름과 경기 전환점을 예측. 100 이하면 경기 수축 국면.

출처: http://news.chosun.com/site/data/html_dir/2018/11/25/2018112500108.html

지표로 확인하는
위기의 징후들

경제성장률의 하락 추세는 점점 뚜렷해지고 있다. 세부적인 지표를 통해서 확인한 한국경제는 곳곳에서 위기 신호를 보내고 있다.

한국 GDP 연간 성장률 1

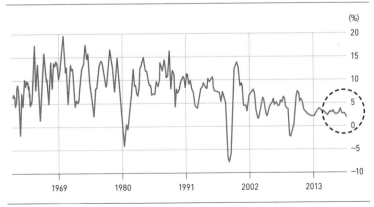

출처: TRADINGECONOMICS.COM | THE BANK OF KOREA

한국 GDP 연간 성장률 2: 2014~2018년

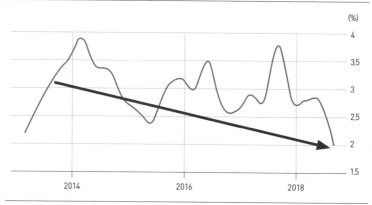

한국 건설 GDP 1

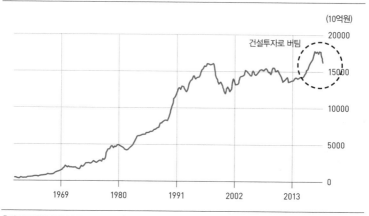

한국 건설 GDP 2: 2008~2018년

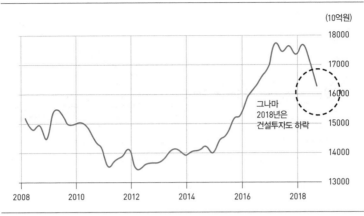

(10억원)

그나마
2018년은
건설투자도 하락

출처: TRADINGECONOMICS.COM | BANK OF KOREA

한국 건설 투자 증감률

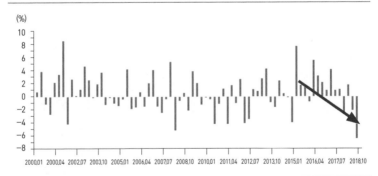

(%)

출처: 한국은행

한국 제조업 재고율, 평균가동률

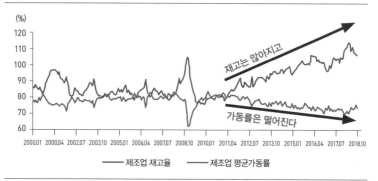

출처: TRADINGECONOMICS.COM | BANK OF KOREA

한국 산업 생산 1

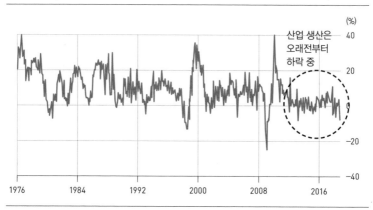

출처: TRADINGECONOMICS.COM | STATISTICS KOREA

한국 산업 생산 2: 2008~2018년

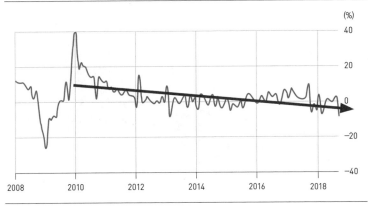

출처: TRADINGECONOMICS.COM | STATISTICS KOREA

한국 평균 임금

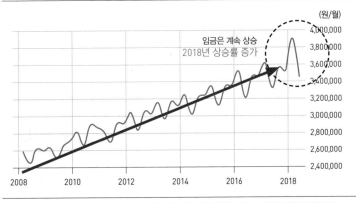

출처: TRADINGECONOMICS.COM | MINISTRY OF EMPLOYMENT AND LABOR, SOUTH KOREA

한국 최저 임금

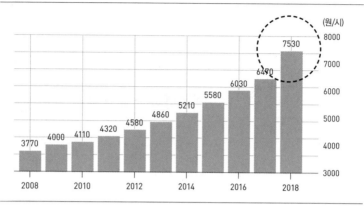

출처: TRADINGECONOMICS.COM | MINIMUM WAGE COUNCIL

한국 실업률

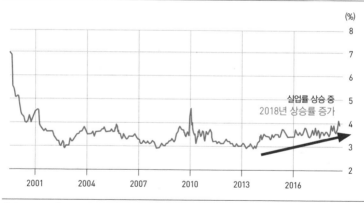

출처: TRADINGECONOMICS.COM | STATISTICS KOREA

한국 실업자 수

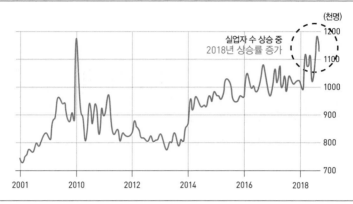

출처: TRADINGECONOMICS.COM | STATISTICS KOREA

한국 청년실업률

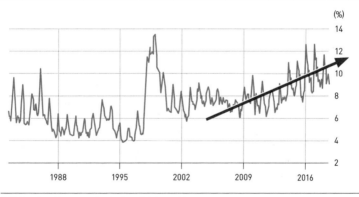

출처: TRADINGECONOMICS.COM | STATISTICS KOREA

한국 경제활동 참가율

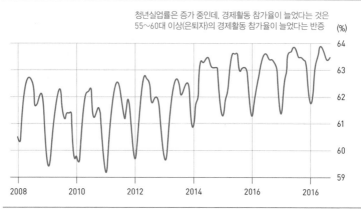

청년실업률은 증가 중인데, 경제활동 참가율이 늘었다는 것은
55~60대 이상(은퇴자)의 경제활동 참가율이 늘었다는 반증

출처: TRADINGECONOMICS.COM | KOSTAT–STATISTICS KOREA

한국 일반고용 현황

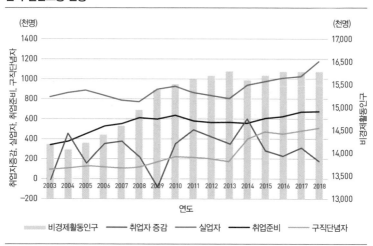

출처: TRADINGECONOMICS.COM | KOSTAT–STATISTICS KOREA

한국 인플레이션율

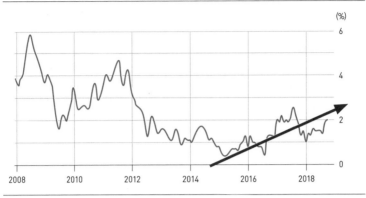

출처: TRADINGECONOMICS.COM | STATISTICS KOREA

한국 식품 물가 상승률

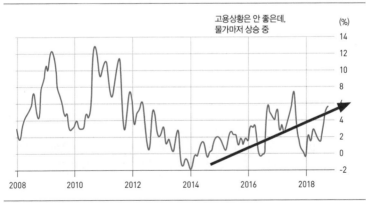

출처: TRADINGECONOMICS.COM | STATISTICS KOREA

한국 민간부문 대출

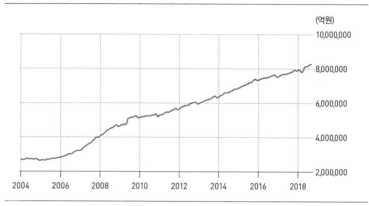

출처: TRADINGECONOMICS.COM | THE BANK OF KOREA

한국 GDP 대비 개인부채

출처: TRADINGECONOMICS.COM | THE BANK OF KOREA

GDP 대비 개인부채 국제 비교

한국은 부채 축소를 거칠 수밖에 없다.

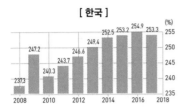

[한국]

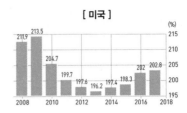

[미국]

[스페인]

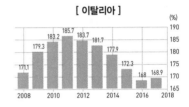

[이탈리아]

[일본]

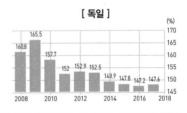

[독일]

출처: TRADINGECONOMICS.COM | OECD

한미일 가처분소득 대비 가계 부채 비율

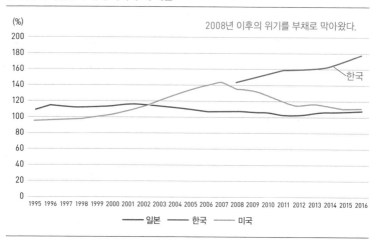

출처: OECD

한국 민간소비지출

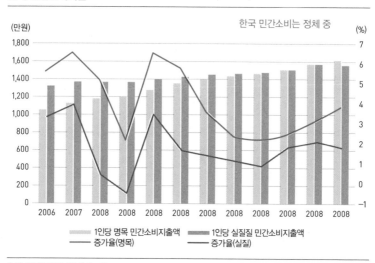

출처: 한국은행경제통계시스템

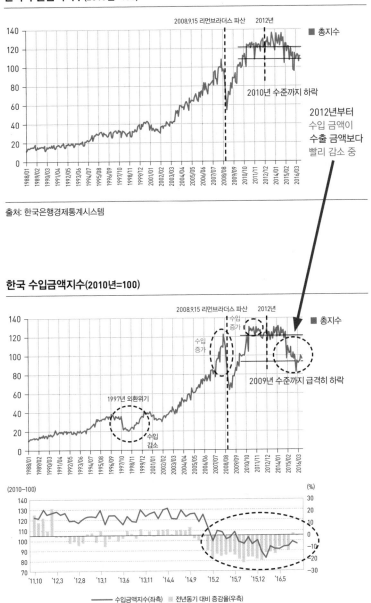

한국 수출금액지수(2010년=100)

2008.9.15 리먼브라더스 파산   2012년

■ 총지수

2010년 수준까지 하락

2012년부터
수입 금액이
수출 금액보다
빨리 감소 중

출처: 한국은행경제통계시스템

한국 수입금액지수(2010년=100)

2008.9.15 리먼브라더스 파산   2012년

수입
증가

■ 총지수

수입
증가

1997년 외환위기

수입
감소

2009년 수준까지 급격히 하락

(2010=100)   (%)

── 수입금액지수(좌측)   ▨ 전년동기 대비 증감율(우측)

출처: 한국은행경제통계시스템

중국 수출액

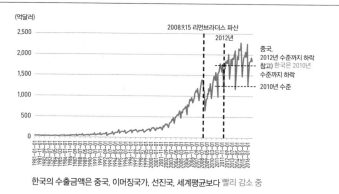

한국의 수출금액은 중국, 이머징국가, 선진국, 세계평균보다 빨리 감소 중

출처: TRADINGECONOMICS.COM

세계 수출규모지수(2005=100)

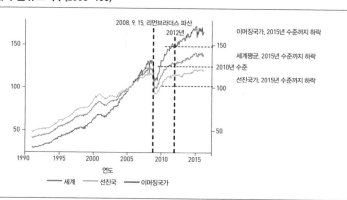

출처: TRADINGECONOMICS.COM

한국 무역수지

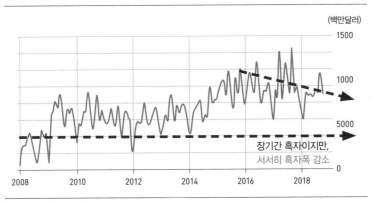

출처: TRADINGECONOMICS.COM | MINISTRY OF TRADE, INDUSTRY & ENERGY(MOTIE)

한국 경상수지-상품 및 서비스 수지

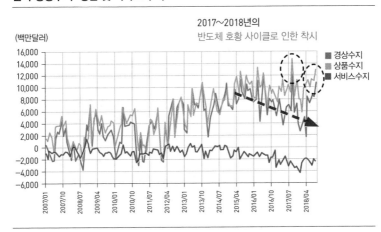

출처: 한국은행(ECOS)

한국 정부 관리 재정 수지 1

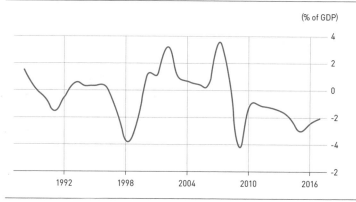

출처: TRADINGECONOMICS.COM | STATISTICS KOREA

한국 정부 관리 재정 수지 2: 2008~2018

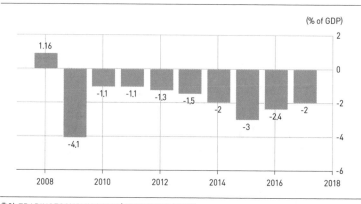

출처: TRADINGECONOMICS.COM | STATISTICS KOREA

한국 통화량

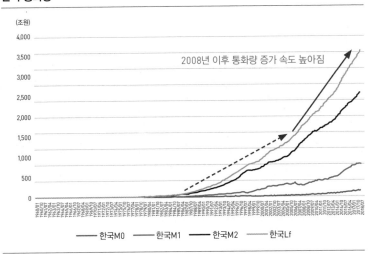

출처: TRADINGECONOMICS.COM | STATISTICS KOREA

한국 순대외채권(채권-채무) 표면상 흑자 구조

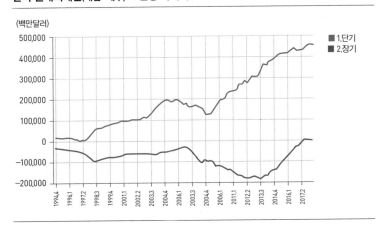

출처: 한국은행 경제통계시스템(ECOS)

한국 외환보유액

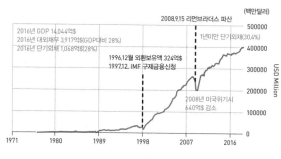

2008.9.15 리먼브라더스 파산

2016년 GDP 14,044억$
2016년 대외채무 3,917억$(GDP대비 28%)
2016년 단기외채 1,068억$(28%)

1996.12월 외환보유액 324억$
1997.12, IMF 구제금융신청

1년미만 단기외채(30.4%)

2008년 미국위기시
640억$ 감소

(백만달러)
USD Million

외국인이 우리나라에 투자한
대외금융부채(외국인투자)잔액은
1조 2000억$

[2016.8월 기준, 외환보유액 구성]
91.8% 유가증권
5.7%(215억$) 예치금
0.7% SDR
0.5% IMF 포지션(교환성통화)
1.3% 금
(달러화 총비중 67%)

2008년 외환보유액 2012억$,
통화스왑으로 600억$ 긴급조달
(외국자본이 한국주식시장에서 탈
출하면서 바꾼 금액 600억$와 비
슷한 규모-외환보유액에 현금 유
동성 부족함)

현재, 외환보유액 급격한 고갈 확률 낮음. 단, 외환보유액 총량은 금융위기 발발 유무와 별도 문제(IMF구제금
융신청 유무와 관련). IMF구제금융신청 단계까지는 가지 않더라도, 외환보유액의 급격한 감소는 외환위기 가
능성이 부각되는 상황을 유발할 가능성은 여전히 남아 있음.

출처: TRADINGECONOMICS.COM | THE BANK OF KOREA

한국 기업, 가계, 정부의 부채

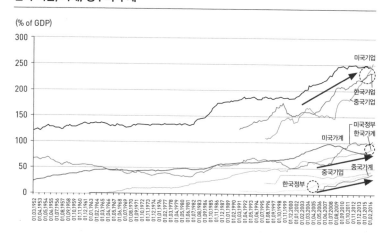

(% of GDP)

미국기업
한국기업
중국기업
미국정부
한국가계
미국가계
중국기업
중국가계
한국정부

출처: TRADINGECONOMICS.COM

아시아 국가의 생산가능인구 비율

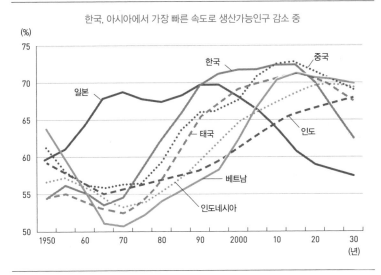

한국, 아시아에서 가장 빠른 속도로 생산가능인구 감소 중

자료: United Nations, World Population Prospects : The 2010

예견된
위기

―――――

**한국의 진짜 문제는
금융위기가 아니다.
성장의 한계로 인한
'잃어버린 20년' 가능성이다**

한국의 4가지 미래 가능성 매트릭스로 돌아가보자. 한국의 현재 위

치(왼쪽 하단부)는 금융위기가 발발하지 않았지만, 주력 산업의 글로벌

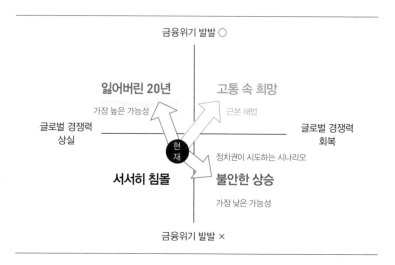

금융위기 발발 ○

잃어버린 20년
가장 높은 가능성

고통 속 희망
근본 해법

글로벌 경쟁력
상실

현재

글로벌 경쟁력
회복

정치권이 시도하는 시나리오

서서히 침몰

불안한 상승
가장 낮은 가능성

금융위기 발발 ×

경쟁력 상실이 진행되고 있는 상태다. 필자는 한국의 미래를 생각했을 때 왼쪽 하단에서 왼쪽 상단의 '잃어버린 20년'으로 진행하는 시나리오가 가장 가능성이 큰 기본 미래라고 판단한다. 지금부터 이 시나리오에 대해서 집중적으로 살펴보자.

이 시나리오를 집중해서 다루는 두 가지 이유가 있다. 첫째는 금융위기 발발 가능성이 크기 때문이고, 둘째는 이 시나리오가 최악의 시나리오이기 때문에 좀 더 집중적으로 분석하고 예측해서 이 시나리오가 현실이 되지 않도록 경각심을 높여서 대응을 시작해야 할 때이기 때문이다.

이번 정부하에서 금융위기가 발발하면 10~15년 동안 서서히 부동산 가격 정상화와 제조업 공동화가 진행되고, 그 결과 장기 저성장 상태인 '잃어버린 20년'의 미래로 간다. 이번 정부하에서 금융위기가 일어나지 않더라도 막대한 가계 부채와 심각한 일자리 문제 때문에 오랫동안 내수 소비 약화가 이어질 가능성이 크다. 주력 산업의 글로벌

금융위기 발발 ○

잃어버린 20년

가장 높은 가능성

글로벌 경쟁력
상실

현재

서서히 침몰

한국, 두 가지 미래에 직면

시나리오1: 이번 정부에서 금융위기가 발발하는 시나리오가 실현되면서 부동산 가격 정상화와 제조업 공동화를 거쳐 장기 저성장(잃어버린 20년)으로 간다.

시나리오2: 이번 정부에서 금융위기를 가까스로 막더라도 막대한 가계 부채로 인해 내수소비가 서서히 침몰하고 제조업의 공동화로 인한 장기 저성장(잃어버린 20년)과 부의 불균형 분배 악화로 간다.

금융위기 발발 ×

경쟁력 상실도 현실로 확인되고 있기 때문에 제조업 공동화도 현실화할 가능성이 크다. 여기에 부동산 경기 침체마저 겹치면 장기 저성장에 빠지고 부의 불균등 분배가 심화하는 미래로 갈 가능성이 매우 크다. 따라서 어느 경우이든 정부, 기업, 개인 모두 최악의 시나리오를 점검해 보고 대응해야 한다.

금융위기는 그자체도 두려운 미래이지만 장기 저성장으로 가는 과정의 입구에서 일어나는 하나의 사건이다. 한국이 더 긴장하고 경각심을 가져야 할 가장 두려운 미래는 장기 저성장이다. 일본이 겪었던 '잃어버린 10년' 혹은 '잃어버린 20년'이 바로 그것이다. 문제는 장기 저성장이라는 미래가 알면서도 피하기 힘든 '예견된 위기'로 우리에게 다가오고 있다는 점이다.

예견된 위기,
그 원인(1) 부채 위기

신용창조에 의한 경제 성장 시스템의
필연적 결과, 주기적인 위기

장기 저성장(잃어버린 20년)의 가능성을 예견된 위기로 만드는 첫 번째 원인은 자본주의제도 내 경제 금융 시스템이다. 그중에서도 핵심은 화폐 금융 정책인데, 국민 전체의 경제 활동에 강력한 영향을 주면서도 일반인에게는 잘 드러나지 않게 숨어 있다. 자본주의의 화폐 금융 정책은 잘 다루지 않으면 거대한 위기를 불러오는 위험을 태생적으로 가지고 있다.

첫째, 화폐 금융 정책은 미래 소득을 앞당겨서 사용하는 일명 '신용 창조'를 일으켜서 경제를 빠르게 성장시키지만, 그 과정에서 막대한 부채를 만들어 낸다. 둘째, 부채가 경제의 순환 속도를 높이는 순기능도 하지만 특정 수준을 넘어서 커지면 경제 전반에 부담을 주게 되고, 최악의 경우 금융위기를 반복적으로 만들어내는 방아쇠 역할을 한다. (이 두 가지 핵심 요소를 포함한 자세한 설명은 필자의 저서 〈부자의 시간〉 참조)

신용창조 과정을 좀더 자세히 들여다보자. 화폐 금융 정책은 금융 시장에서 단기금리, 장기금리 및 은행 금리에 순차적으로 영향을 미친다. 금리의 변화는 기업의 투자와 개인의 소비 등 실물경제로 그 영향이 퍼져 나간다. 중앙은행이 기준금리를 낮춰 화폐 공급을 확대하면 은행 예금이 감소하고 대출(신용창조)이 늘어난다. 반대로 중앙은행이 기준금리를 높이거나 다른 통화정책을 사용해서 화폐 공급을 축소하면 은행 예금은 증가하고 대출(신용창조)은 감소한다.

대출을 줄이는 과정에서 은행은 신용위험이 낮고 유동성이 높은 국공채보다는 기업이나 개인의 신용대출을 먼저 줄인다. 은행의 대출 상환 압력이 커질 때, 기업이 자본시장에서 주식, 어음, 채권 등을 발행해서 대출 상환금을 마련하는 데 실패하면 실물경제에 문제가 생긴다. 이는 개인도 비슷하다. 신용이 취약한 개인은 은행이 대출을 회수하거나 추가 대출을 줄이면 자금 부족에 빠져서 소비 활동이 위축된다.[6] 이렇게 늘었다 줄기를 반복하며 시중에 유통되는 통화의 총량은 본원 통화량의 '통화승수money multiplier, 通貨乘數'에 의해 결정된다. 통화승수가 커지면 총통화 공급량이 늘고 통화승수가 작아지면 총통화 공급량도 준다. 통화승수란 중앙은행이 1원의 화폐를 발행했을 때 몇 배의 통화를 창출하였는가를 나타내주는 지표로, 총통화량M2을 본원통화로 나누어서 계산한다. 시중에 돌아다니는 화폐의 총량은 기업과 개인의 금융경제와 실물경제의 생사를 좌우한다. 이런 구조를 '신용창조에 의한 경제 시스템'이라고 부른다.

신용창조 시스템을 기반으로 빠른 경제 성장을 도모했던 정책의 부작용으로, 금융위기가 발생해 국가 경제 전반을 휘청거리게 만드는 일은 근대 이후 오랜 역사를 통해 반복되어 왔다. 그 시작은 12세기 영국의 헨리 1세 시대로 거슬러 올라간다. 당시 십자군 전쟁으로 재정이 고갈된 영국 왕실은 4×4cm 두께에 길이가 150cm 정도 되는 나무 막대를 화폐로 사용하기 시작했다. '셈을 계산하는 나무 막대기'라는 뜻의 '탤리스틱Tally Stick'의 등장이다. 왕실의 재무 담당관은 탤리스틱을 들고 골드스미스(goldsmith, 금세공업자로 금화를 보관하는 일도 했다)를 찾아 가서 금과 교환하여 시장에 유통했다. 국가가 보장한다고는 하지만 여전히 미심쩍은 나무 막대기 돈이고, 세금을 미리 당겨쓰는 것이기 때문에 골드스미스는 탤리스틱에 적힌 액수보다 약간 적은 양의 금으로 교환해 주었다.

탤리스틱은 미래의 세금을 당겨쓰는, 즉 부채를 기반으로 한 시스템이라는 근본적 한계를 가지고 있었다. 시간이 지나면서 왕실이 탤리스틱을 남발하고, 골드스미스는 개인들에게 보관중인 금보다 훨씬 많은 금액의 수표를 써주면서 시장에 존재하는 재화와 서비스의 양을 넘어선 규모로 화폐 유동성이 늘어났다. 그러자 탤리스틱과 수표의 가치는 하락하기 시작했다. 결국 예금주들이 기록된 금액보다 낮은 가치로 폭락한 탤리스틱과 수표를 들고 골드스미스의 현관문 앞으로 몰려 든 뱅크런bank run 즉, 대량 인출 사태가 벌어지면서 이 시스템은 파국을 맞았다. 영국왕 찰스 1세는 파산을 선언했고, 모든 책임은 골드스미스들이 뒤집어썼다.[7]

엄청난 부작용을 가진 이 시스템은 18세기에 존 로John Law를 통해 프랑스에서 다시 부활했다. 존 로는 과거의 방식이 종이돈을 금으로 바꿔주는 데서 문제가 발생했다고 생각했다. 그는 이런 문제를 수정해서 프랑스 루이 15세를 섭정하고 있던 오를레앙 공작과 손을 잡고 최초의 현대식 불환지폐, 즉 금으로 바꿔주지 않아도 되는 화폐를 창안 했다.[8] 1716년 재정 적자로 고심하던 루이 15세의 섭정이었던 오를레앙 공작은 존 로의 천재적 아이디어를 받아들여 로열뱅크Banque Royale라는 정부 주도 중앙은행을 만들었다. 존 로는 로열뱅크를 통해 국가가 은행으로 하여금 세금의 10배에 해당하는 돈을 발행해 시장에 유통할 수 있도록 하는 금융 마법을 일으켰다. 하지만 프랑스의 오를레앙 공작과 존 로의 은행 실험 역시 1720년 콩트Conte라는 귀족이 수레에 돈을 가득 싣고 와서 금속 화폐로 교환해달라고 한 사건을 계기로 끝이 났다. 뱅크런이 발생하자 은행 주가가 폭락했다. 설상가상으로 미시시피 강에 황금이 매장되어 있다는 존 로의 말이 전부 사기라고 밝혀지면서 통화량 확대의 근거가 된 인도회사의 주가도 폭락했다. 결국 존 로는 벨기에로 도망쳤고, 그의 새로운 금융 실험은 희대의 사기극으로 마무리되었다.[9]

심각한 부작용에도 불구하고, 신용창조에 의한 화폐 정책과 금융 거래 방식은 뿌리칠 수 없는 유혹이다. 이후에도 사람들은 부작용을 일부 수정하는 선에서 이런 방식을 재사용했다. 18~19세기 근대적 은행의 효시가 된 암스테르담은행도 같은 시스템으로 결국 파산했다. 내전으로 왕실 재정이 고갈된 상태에서 프랑스와의 전쟁 비용으로 수천만 파운드가 필요했던 영국의 윌리엄 3세도 유대인 상인들의 조언을 얻어 네덜란드처럼 주식회사 형식의 민영 중앙은행인 잉글랜드은행을 설립해서 심각한 재정난을 해소하고자 했다.[10] 1717년 9월, 만유인력의 법칙으로 유명한 뉴턴이 영국 왕립 조폐국의 국장으로 있으면서 황금 가격을 온스당 3파운드 17실링 10펜스로 정하자고 건의했는데[11] 이것이 금본위제에 대한 최초의 기준 설정이었다. 그 밖의 몇 가지 안전장치를 추가하면서 신용창조 시스템은 없어지지 않고 더 세련된 금융 기술로 발전했다. 하지만 아무리 안전장치를 강화해도 인간의 탐욕은 제어하기 힘들었다. 잉글랜드은행은 1694년 7월 27일 정부에 120만파운드를 대출해 주었는데, 1697년에 이르자 100만 1,171파운드 10실링을 증자하여 자본 총액이 220만 1,171파운드 10실링에 이르렀다. 1722년에는 자본금이 895만 9,995파운드 14실링 8펜스밖에 되지 않는 잉글랜드은행이 정부에 937만 5,027파운드 17실링 10펜스 반을 추가로 대출해 줌으로써 최초로 대출 금액이 자본 총액을 넘어서게 되었다.[12] 영국 왕실도 마구잡이로 돈을 빌리지 못하도록 매우 엄격한 내부 규정을 마련했지만, 1700년이 되자 1,380만 파운드의 부채를 짊어지게 되었다.[13] 1718년, 영국 정부는 부채가 무려 3,100만파운드에 이르자 부채 상환을 위해 남해회사의 주식을 일반인들에게 판매하기로 결정했다. 공기업을 민영화해서 위기 탈출을 모색한 것이다. 이 시도는 처음에는 스페인과의 관계 악화와 해상 사고들로 노예무역이 생각처럼 잘 되지 않아 성공하지 못했다. 그런데 1718년 발행한 복권형 채권 발행이 큰 성공을 거두면서 남해회사를 최고의 금융회사로 변신시켰다. 1719년 정부가 남해회사의 주식을 일반인들에 발행하자 시중에 넘쳐나던 돈이 남해회사의 주식으로 쏟아져 들어오기 시작했다. 남해회사의 주식은 연일 상한가를 쳤다. 1720년 1월 100파운드에서 5월에는 700파운드를 넘더니, 6월 24일에는 무려 1,050파운드로 치솟았다. 당시 남해회사의 시가총액은 유럽 전체 화폐 유통량의 5배를 넘었다.[14]

하지만 남해회사 역시 예정된 길을 피해갈 수 없었다. 남해회사의 뇌물을 받은 정부 관료들이 보유 주식을 고점에서 팔아 치우기 시작하고, 남해회사의 사업 내용에 대한 의심이 생기면서 1720년 10월

신용창조 시스템

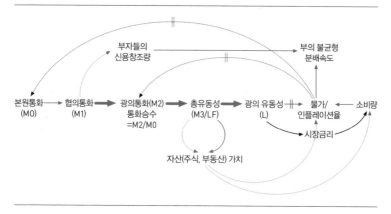

1일에 주가는 290파운드로 곤두박질쳤다. 신용창조 시스템을 이용한 경제성장이라는 악마와 거래한 결과는 비참했다. 내부자 거래를 통해 90만 파운드의 이득을 본 재무부 장관이 런던탑에 수감되었고, 이를 주도했던 정권은 붕괴하고 말았다. 이 회사에 투자했던 수많은 투자자들이 막대한 피해를 입고 자살했다. 천재 소리를 듣던 아이작 뉴턴도 처음에는 이 회사 주식으로 7,000파운드의 수익을 얻었지만, 최종적으로는 2만파운드의 돈을 날렸다. 영국 정부와 남해주식회사의 신용도가 땅으로 추락해서 이 회사는 거의 100년 동안 한 장의 주식도 발행하지 못했다.[15]

2008년 미국발 금융위기, 2010년 유럽발 금융위기 역시 그 본질은 놀랍도록 비슷하다. 위 그림은 역사적으로 반복되는 문제를 발생시키는 신용창조 시스템의 일부 구조structure를 보여주는 그림이다.

위의 그림을 왼쪽에서부터 살펴보자. 한국은행이 본원통화를 찍어내면, 이 돈의 일부는 정부의 통장으로 들어간다. 이때 정부는 국채

통화량의 종류

본원통화(M0)에 즉시 현금화할 수 있는 화폐(요구불 예금, 저축예금, 수시 입출금식 예금, 투신사 MMF)를 더한 것을 협의통화(M1)라고 부르고, 협의 통화(M1)에 예치 기간이 정해져 있는 돈(만기 2년 미만의 정기예금, 금융상 품, 어음, 금융채, 신탁형 증권저축 등)을 더한 것을 광의통화(M2)라고 부른 다. 한국은행은 월 단위로 광의통화(M2)를 측정하고 통화량의 증감을 조절한다. 학자들은 대체적으로 광의통화(M2)까지를 안전자산이라고 분류한다. M1은 화폐의 결제 수단으로서의 기능을 할 수 있는 돈이고, M2의 경우 저축 수단으로서의 기능을 하면서 위급할 경우 약간의 이자 수익을 포기하는 것만으로 곧 바로 안전하게 현금화할 수 있는 돈까지 포 함한다. 이를 안전자산이라고 부른다는 말은 M2까지가 그나마 건전하게 돈을 뺑튀기한 것이라고 본다는 뜻이다.

하지만 돈의 양에 대한 인간의 욕구는 여기서 멈추지 않는다. 사람들은 현금통화, 은행 및 비은행금융기관의 예수금, 어음, 금융채 등을 넘어서 서 만기 2년 이상의 정기예금과 적금, 금융채, 보험계약준비금, 양도성예 금증서(CD), 환매조건부채권(RP) 등까지 통화량의 범위를 넓혀서 이를 총유동성(M3 혹은 Lf)이라고 부른다. 여기에 정부나 회사가 발행하는 국 공채와 회사채를 추가한 광의유동성(L)도 있다.

를 한국은행에 주고 그에 상응하는 금액을 대출받는 형식을 취한다. 한국은행은 개인과 기업에게 직접 대출해 주지 않는다. 한국은행은 상업은행에 대출을 해주고 그들로 하여금 개인과 기업에게 신용대출 을 하도록 한다. 이렇게 상업은행에 흘러 들어간 본원통화와 정부가 직접 시장에서 재화와 서비스를 구매하면서 유통시킨 본원통화가 개 인이나 기업을 통해 다시 은행에 예금으로 입금된다. 그리고 상업은행은 입금된 정기예금과 한국은행으로부터 대출받은 본원통화 중에서 일부를 지급준비금으로 남기고 나머지는 전액 대출을 한다. 이것이 신용창조의 과정이다. 이같은 신용창조 과정을 반복하면 중앙은행이 돈을 윤전기로 더 찍지 않더라도 시중에는 본원통화보다 몇십 배많은 돈이 돌아다니게 된다.

시중을 돌며 몇십 배로 불어난 돈은 주식과 부동산 등 자산시장에들어가고, 투자 회사들은 이렇게 투자된 자산을 기초로 거의 돈과 다름없는 증권 즉, 파생상품을 만들어 다시 시중에 유통시킨다. 이 사이클이 돌게 되면 상업은행이나 투자은행들뿐 아니라 개인과 기업들도 자산시장에 뛰어들어 돈놀이에 참여하면서 돈이 계속해서 추가적인 돈을 낳는 과정이 진행된다. 사람들이 투자를 통해 번 돈으로 재화와 서비스를 소비하면서 기업과 소매업자들이 돈을 벌게 된다. 기업과 소매업자들이 번 돈은 다시 은행의 예금으로 되돌아온다. 은행은 이 돈을 다시 신용창조 과정에 넣는다. 이렇게 돈은 돌고 다시 도는 과정을 반복한다. 이런 신용창조 과정을 반복할 때마다 그 부산물로 막대한 부채도 쌓여간다.

화폐 금융 정책을 다소 길게 설명한 이유가 있다. 언론에서 위기의방아쇠로 거론하고 있는 한국의 가계 부채도 같은 시스템과 정책이낳은 산물이다. 따라서 결과 역시 같다. 신용창조 과정의 부작용은 크게 세 가지로 나타난다.

첫째, 미래의 돈을 당겨서 지금 사용함으로써 발생하는 '부채의 지속적 증가'

둘째, 돈을 당겨쓰는 근본적인 출처인 미래를 무한정으로 늘림으로써

발생하는 '화폐 가치의 하락'

셋째, 위 두 가지 문제로 인해 반드시 반복해서 발생하는 '금융위기'

시중 통화량-미국, 중국 광의통화 추이

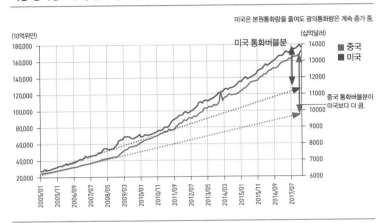

출처: 한국은행

시중 통화량-각국 저축률 추이

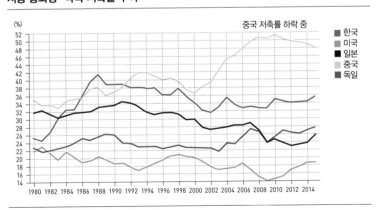

출처: 한국은행

통화정책-미국, 한국 본원통화량 추이

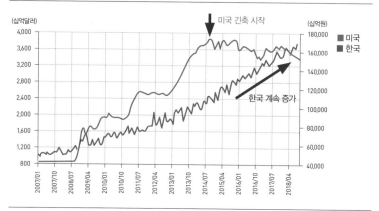

출처: 한국은행

통화정책-중국, 일본 본원통화량 추이

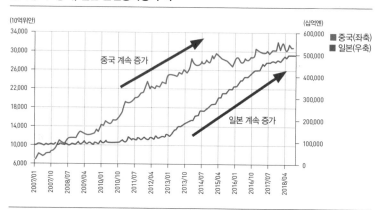

출처: 한국은행

전 세계 주요 부채 현황

- 전 세계 부실채권(NPL; Non Performing Loan) 비율 4.3% cf) 2009년 4.2%보다 높음
  NPL: 3개월 이상 연체된 채권—국제결제은행(BIS)은 부실채권(NPL) 비율을 1.3% 이하로 유지할 것을 권고.
  전 세계 부실가능 대출자산—약 3조달러

- 유럽은행권 부실채권(NPL)—1조 3천억달러 cf) 2009년 미국서브프라임 모기지—1조달러
  이탈리아 은행 부실가능 채권—3,600억달러(유럽 금융산업 붕괴의 뇌관)
  유로존 3위 경제대국 이탈리아 은행의 부실채권 비율은 16.6%로 전세계 NPL 비율의 4배, 이탈리아 GDP의 22% 수준.
  국제결제은행(BIS) 권장 부실채권(NPL) 비율 1.3%의 12.8배 수준으로 위험.
  2008년 금융위기 당시 이탈리아 은행의 부실채권 비율보다 4배 높음.
  반면, 이탈리아 은행 NPL 커버리지 비율 45.8%, 수익성(ROE) 3.3%(EU 평균 5.8%), 실업률 11%, 공공부채 GDP 대비 133%, 2017년 GDP 성장률 1.0% 예상.
  cf)한국 신한은행 NPL 비율 0.87%, 커버리지 비율 196%

- 중국 부실가능 대출자산—1조 3천억달러(2016년 기준 NPL 비율 2.15%, 중국 기업부채 GDP 대비 150%)
  인도 부실가능 대출자산—1,500억달러
  신흥국 부채: 2015년 말 기준 62조달러(신흥국 전체 GDP의 2배가 넘고, 전 세계 부채 152조달러의 약 40%).
  고위험 신흥국: 멕시코·브라질·아르헨티나·인도네시아·남아프리카공화국·터키(단기 대외 부채 규모 1000억달러가 외환보유액보다 많음).—모건스탠리 평가.
  국제결제은행(BIS)에 따르면, 신흥국 기업의 달러 표시 부채의 40%가 2018년에 만기 돌아옴. 신흥국시장 투자된 외국자본 주식시장에 쏠림. 원유 및 원자재 시장 회복 미미(경상수지 적자 상태), 트럼프의 무역 및 환율전쟁에 직접 노출됨. 미국의 기준금리 인상시 위험 시작.(참고, 세계경제에서 신흥국 경제 비중 36% 차지)

- 전 세계 에너지 부문 대출금액—약 3조달러(석유전쟁으로 당분간 불안한 국면)—2015년 12월 기준. 세계은행(WB) 전망

  2015년, 전 세계 부채 규모 총 152조달러(약 16경 9300조원)로 사상 최고치(국제통화기금(IMF)의 113개국 공공부채와 가계 부채, 비금융기업 부채 분석)

예견된 위기,
그 원인(2) 패러다임 전환

paradigm - 인식체계

새로운 패러다임이 글로벌 경쟁 구도를 바꾼다.
그런데 한국 기업이 설 자리는?

장기 저성장, 즉 '잃어버린 20년'의 가능성을 한국의 예견된 위기(피하기 힘든 위기)로 만드는 두 번째 원인은 패러다임의 전환이다. 특히 한국의 주력 산업을 둘러싼 글로벌 경쟁의 판이 변하고 있다. 한국은 추격 국가에서 추격을 당하는 국가로, 도움을 받는 나라에서 견제를 받는 나라로 바뀌고 있다. 아래로는 주력 산업에서 중국의 추격에 쫓기고 위로는 미래 산업 영역에서 미국과 유럽, 일본 등 선진국의 견제가 강화되는, 일명 넛크래커 현상에 빠져들고 있다. 사이에끼어 힘은 빠진상태

  시장점유율 35~40%로 확고한 세계 1위를 지켰던 한국의 조선산업은 2010년 상반기에 선박수주량에서 중국에 1위 자리를 내주며 밀리기 시작했다. 한국의 조선산업이 중국에게 추월당한 시점은 조선산업 관계자들 생각보다 5년 더 빨랐다. 최근 한국 조선산업이 세계 1위를 탈환했다는 소식이 들리지만 일시적 현상일 뿐이다. 중국의 조선

산업이 강력한 구조조정을 거치고 있고, 한국 정부가 무너지는 조선 산업을 떠받치기 위해 정부 발주량을 늘린 일시적 결과일 뿐이다.

필자는 2008년부터 한국 조선산업의 넛크래커 현상을 경고했다. 이제 중국에게 시장을 내주는 것은 거의 확정된 미래다. 1996년에 점유율 40.2%를 기록했던 일본의 조선산업은 한국 조선산업에 세계 1위 자리를 빼앗겼지만, 그 후 기술력을 바탕으로 고부가가치 선박에서 선방하고, 정부 차원에서 실시한 엔저 정책과 제조업 부흥 정책에 힘입어 글로벌 시장점유율 15% 선을 지켰다. 앞으로 한국의 조선산업도 일본처럼 유지할 수 있을까? 쉽지 않아 보인다. 고부가가치 선박 부문에서 일본과 유럽은 여전히 경쟁력이 있으며, 중국은 2010년 8월에 공식적으로 드릴십(원유시추선), LNG선, 반잠수식 시추선 등 첨단 선박 부문에서 한국의 독점체제를 깨겠다고 선전포고를 한 상태다. 한국을 추격하는 중국은 과거 최고 수준의 조선기술을 가지고 있었던 나라다. (15세기 말 콜럼버스 탐험대가 산타마리아호를 포함한 길이 20m의 배 3척에 120명의 인원이었던 규모와 비교해, 그보다 1세기 가까이 앞선 15세기 초에 해상 원정에 나선 명나라 정화鄭和의 원정대는 길이 150m가 넘는 3천 톤급 배를 포함하여 배 62척, 인원 27,800명에 이르는 방대한 선단이었다)

철강산업은 2012년에 이미 세계 총생산량 20억 톤 중 25% 정도가 과잉 생산된 상태다. 석유화학산업도 위기의 늪에 빠졌다. 중국 기업들이 2013년부터 본격적으로 생산물량을 늘렸다. 또한 미국은 천연가스의 6분의 1 가격에 불과한 셰일가스, 땅속 깊은 퇴적층의 미세한 틈새에 존재하는 (탄소 함유량은 많고 황 함량이 적은) 경질유인 타이트오일 등을 대규모로 채굴하면서 석유산업의 패러다임을 바꾸고 있다. 미국은 2012년부터 타이트오일의 생산량을 늘렸다. 타이트오일의 전

세계 매장량이 2,400억 배럴인데, 이는 인류가 330년을 사용할 수 있는 양이다. 중동산 원유에 대한 의존도가 높은 한국의 석유화학회사들이 이런 변화에 빨리 대응하지 못하면 더 큰 위험에 빠질 것이다.

석유화학업체의 주력 생산품은 폴리에틸렌의 원료가 되는 에틸렌이다. 에틸렌은 원유나 천연가스를 정제하는 과정에서 얻는다. 셰일가스 채굴이 늘어 가스 가격이 하락하면 가스를 정제하는 과정에서 얻어지는 에탄(에틸렌의 원료) 값이 하락한다. 그러면 나프타를 주원료로 하는 한국 기업들은 가격경쟁력을 잃게 된다. 중국과 중동 지역 국가들도 미래의 수익원을 개발하기 위해 석유화학 분야의 설비 확장을 강력하게 추진하고 있다. 한국의 석유화학산업은 미래에도 존속하겠지만 이제 전성기를 지나고 있다.

2018년을 기점으로 한국의 자동차산업도 밀리기 시작했다. 표면적으로는 미국의 보호무역주의의 충격 때문으로 보이지만, 근본적으로 중국 시장에서 문제가 발생했다. 사드 보복 이후 중국 내 한국 자동차의 판매량은 크게 줄었다. 2018년 1월부터 8월까지 현대기아차의 중국 시장 점유율은 4.7%로 2017년 5%보다 0.3%p 줄었다. 사드 보복 이전인 2016년에 현대기아차의 중국시장 점유율은 8.1%였다.[16] 현대자동차는 가격을 25% 할인해 주는 공격적 마케팅에도 불구하고 닛산 자동차 판매량의 4분의 1에 못 미쳤고, 10억달러를 투자해 연간 30만대 생산 규모로 건설한 충칭 공장 가동율도 30%에 그치고 있다.[17]

일시적인 문제가 아니다. 중국 내 한국 자동차의 브랜드 가치가 오르지 않고 있다. 중국인의 소득이 빠르게 성장하면서 한국 자동차보다는 일본이나 유럽의 고급차로 관심이 빠르게 전환되는 이른바 '한국 자동차 패싱 현상'이 발생하고 있다. 중국 시장 진출 초기에 빠르게 안착하기 위해 베이징 등에서 택시 위주로 판매한 전략도 브랜드 이미지의 고급화가 필요한 시점에 부메랑이 되어 돌아오고 있다.

자동차 시장의 상징이라고 할 수 있는 미국 시장에서는 오랫동안 시장점유율이 제자리걸음을 하고 있다. 2009년 미국 시장에서의 선전은 엄밀히 분석하면 원화 약세에 따른 환율 효과와 도요타 리콜 사태에 따른 반짝 효과였다. 이마저도 트럼프의 무역 공격으로 다시 하락 중이다. 이런 모든 영향이 반영되어 현대기아차의 영업이익은 4분의 1로 줄었다.[18] 급기야 20년 만에 글로벌 신용등급마저 하락해 자금 조달 비용이 상승했다.[19] 2009년에 제조업의 부활을 노린 미국의 공격으로 큰 위기를 겪은 도요타는 2018년 2분기(도요타는 3월 결산 법인으로 4~6월을 1분기로 발표하나 동일한 기간 비교를 위해 2분기로 표기) 매출이 약 74조 3,720억원으로 전년 동기보다 4.5% 늘었고, 영업이익은 18.9% 급증한 약 6조 8,961억원을 기록하는 저력을 보였다. 같은 기간 매출은 1.7% 증가한 24조 7,118억원를 기록했지만, 영업이익은 29.3% 감소하여 9,508억원으로 주저 앉은 현대차와 좋은 대조를 보인다.[20]

앞으로가 더 문제다. 중국은 2008년에 시작된 금융위기를 이용해 유럽, 미국, 일본 등의 기술력 좋은 회사들을 사들였다. 중국 기업들이 2008년부터 2017년 상반기까지 해외 자동차산업에 투자한 금액은 무려 340억달러(약 38조원)에 이른다.[21] 미래형 자동차에도 대규모 자금을 투자하고 있다. 중국 정부는 반도체 등 미래 첨단 산업과 자동차를 비롯한 중후장대형 산업을 중심으로 소재, 부품 회사들을 강력하게 지원하고 있다. 한국이나 일본에 대한 의존도를 줄이고 중국 자체적으로 제조업의 수직계열화를 이루겠다는 것이 목표다. 이 모든 영역에서 한국과 부딪친다. 당연히 자동차산업도 포함된다.

한국 자동차산업이 맞을 더 큰 위기와 도전은 새로운 패러다임으로의 전환이다. 지구 온난화 문제로 내연기관 자동차 시장은 축소가 불가피하다. 미래형 자동차인 하이브리드자동차나 전기자동차로의 전환은 한국 회사들의 전망보다 더 빠르게 진행되고 있으며 시간이 지날수록 가속화할 것이다. 그런데 한국의 자동차산업은 기술력이나 브랜드 평판을 구축하기는커녕 대응 속도에서 문제를 보이고 있다.

휘발유 자동차 영역은 중국과 인도가 잠식해 들어오고 있고 미래형 자동차에서는 일본, 유럽, 미국이 앞서 가고 있다. 이미 중국 상하이 자동차 그룹이 자동차산업의 글로벌 톱10에 진입하는 약진을 보이고 있으며 미국의 전기차 기술력을 위협할 정도로 성장했다. 앞으로 미국은 하이브리드자동차를 생략하고 전기자동차로 바로 가는 전략으로 패러다임 전환에 속도를 붙이려 할 것이다. 인공지능이 탑재된 자율주행자동차도 곧 시장에 등장할 것이다.

한국은 미래형 자동차(전기자동차 등)에 들어갈 2차전지 시장을 잡기 위해서 삼성SDI, LG화학, SK에너지 등이 많은 투자를 하고 있다. 삼성SDI는 독일 보쉬와 합작해서 유럽 시장을 선점하려 하고 있으며, LG화학은 미국 GM 및 포드와 전기자동차 합작 프로젝트를 진행하고 있다. 그러나 한국의 2차전지 생산 기업들이 글로벌 완성차 회사들과 손을 잡는 밀월 관계는 그리 오래가지 못할 것이다. 이치는 간단하다. 빠르게 커질 거대 시장에서 한국 기업들이 압도적인 점유율을 차지하도록 내버려둘 리가 없다. 궁극적으로 한국의 전기자동차 기술과 신재생에너지 산업의 경쟁력이 함께 받쳐주어야 한국의 2차전지 산업도 경쟁력을 높일 수 있다. 실제로 미국, 독일, 일본에서는 정부가

2차전지 산업 육성에 적극 나서고 있다. 지식경제부의 집계에 따르면 2009~2011년 전기차 배터리의 연구개발에 대한 정부 지원액은 미국이 2,613억원, 독일 2,040억원, 일본 1,072억원 등이다. 이에 비해 한국은 360억원에 그쳤다. EU 집행위와 독일 정부는 2차전지의 아시아 의존도를 줄이기 위해 2017년 10월 EU 배터리 연합을 발족했고,[22] 이와 별도로 독일 정부는 자국의 2차전지 산업에 10억유로(약 1조 3천억원)를 지원하겠다고 발표했다.[23] 현재 전기차용 2차전지 기술력에서 가장 앞선 일본은 2018년에 혼다, 닛산, 도요타 등 주요 자동차업체와 아사히카세이, 도레이 등 배터리 업체가 연합해서 차세대 전고체 배터리 공동개발에 나서자 정부가 공식적으로 적극지원 의사를 밝혔다. 일본 경제산업성 역시 기술연구조합인 '리튬이온전지재료평가연구센터'LIBTEC에 160억원을 출연하기로 하는 등 전고체 배터리 상용화를 적극 지원하고 있다.[24]

06
예견된 위기,
그 원인(3) 미중 패권전쟁

패권전쟁, 트럼프 재선 가능성 커졌다

장기 저성장 가능성을 한국의 예견된 위기로 만드는 세 번째 원인은 미중 패권전쟁의 부메랑이다. 필자의 책 〈앞으로 5년, 미중전쟁 시나리오〉에서 예측했듯, 미중 패권전쟁은 한국의 미래에 큰 영향을 미치는 힘이다. 미국의 주공격 대상은 중국이지만, 미중전쟁은 (미국이 의도하든 그렇지 않든 상관없이) 기업의 시장 방어력, 주식 및 부동산 등의 자산시장, 정부의 정책 등에서 한국의 발목을 잡게 될 것이다. 패권전쟁의 목표는 전 세계 부에 대한 자국의 지배력을 강화하는 것이다. 부를 이루는 핵심 요소는 제도, (화폐)유동성, 기술, 패권 등이다. 따라서 미국과 중국이 정면으로 맞붙는 패권전쟁은 글로벌 화폐 유동성에서부터 산업이나 국제관계의 규칙과 제도, 기술 발전 등 넓은 범위에서 영향을 미친다.

미중 패권전쟁의 향방이 더 중요해진 이유는 한국을 비롯한 동아

부의 4가지 심층 요소-제도, 유동성, 기술, 패권

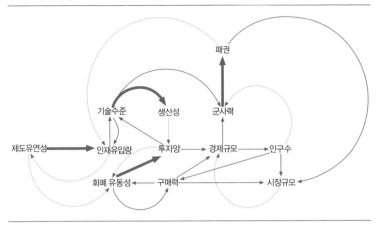

시아와 미국, 중국 두 나라가 실시간으로 연결되어 있고, 그 연결의 강도가 점점 더 강해지고 있기 때문이다. 다음 그림처럼 한국과 동아시아는 정치, 경제, 산업, 사회, 문화 등 다양한 부문에서 미국, 중국과 실시간으로 연결되는 역학적 강도가 점점 세지고 있다.

미중전쟁의 부메랑이 어떻게 앞으로 5년 동안 한국의 미래에 영향을 미치고, 가장 큰 미래 위협인 장기 저성장 가능성과 연관되는지를 살펴보자.(미중 패권전쟁에 대한 전체적인 분석과 예측은 필자의 책 〈앞으로 5년, 미중전쟁 시나리오〉를 참조)

먼저 생각해보아야 할 것이 트럼프의 재선 가능성이다. 트럼프가 재선에 성공하면 한국 정부나 기업은 트럼프 당선 이후 지난 2년 동안 경험한 것과 같은 불확실성이 큰, 비정상적 상황을 최소 4~5년 정도는 더 겪어야 한다. 자칫 트럼프의 재선 전략을 잘못 파악하여 정책적 실수를 범한다면 한국 내 정치적 혼란이 가중되면서 다가올 위기의 가능성이나 규모를 스스로 키우는 상황으로 전개될 위험도 있다.

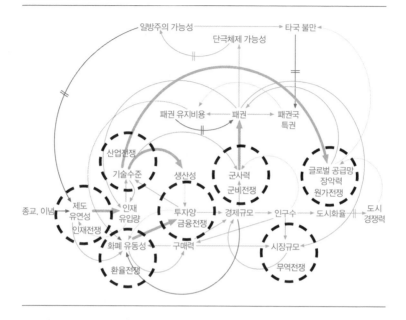

필자의 분석으로는 2018년 11월 6일의 미국 중간선거 이후 트럼프의 재선 가능성이 조금 더 커졌다. 트럼프 입장에서 보면 2018년 중간선거는 얻은 것과 잃은 것이 분명한 선거였다. 먼저 분명히 할 것은 트럼프에게 중요한 것은 민주당 지지자들의 민심이 아니라는 점이다. 오로지 공화당 지지자 혹은 지난 2016년 선거에서 자신을 지지했던 사람들의 민심만이 중요하다. 트럼프는 2020년 대선에서도 자신을 싫어하는 유권자층은 철저히 무시하고 지지층에게만 집중하는 선거 전략을 사용할 가능성이 아주 크다.

트럼프 재선운동본부는 2018년 11월의 중간선거에서 나타난 민심을 분석하고 앞으로 2년 동안의 국정 운영에서도 대응책을 마련할 것이다. 따라서 중간선거 결과를 분석하면 우리도 트럼프의 재선 전략

미중 패권전쟁과 동아시아 역학도(力學圖)

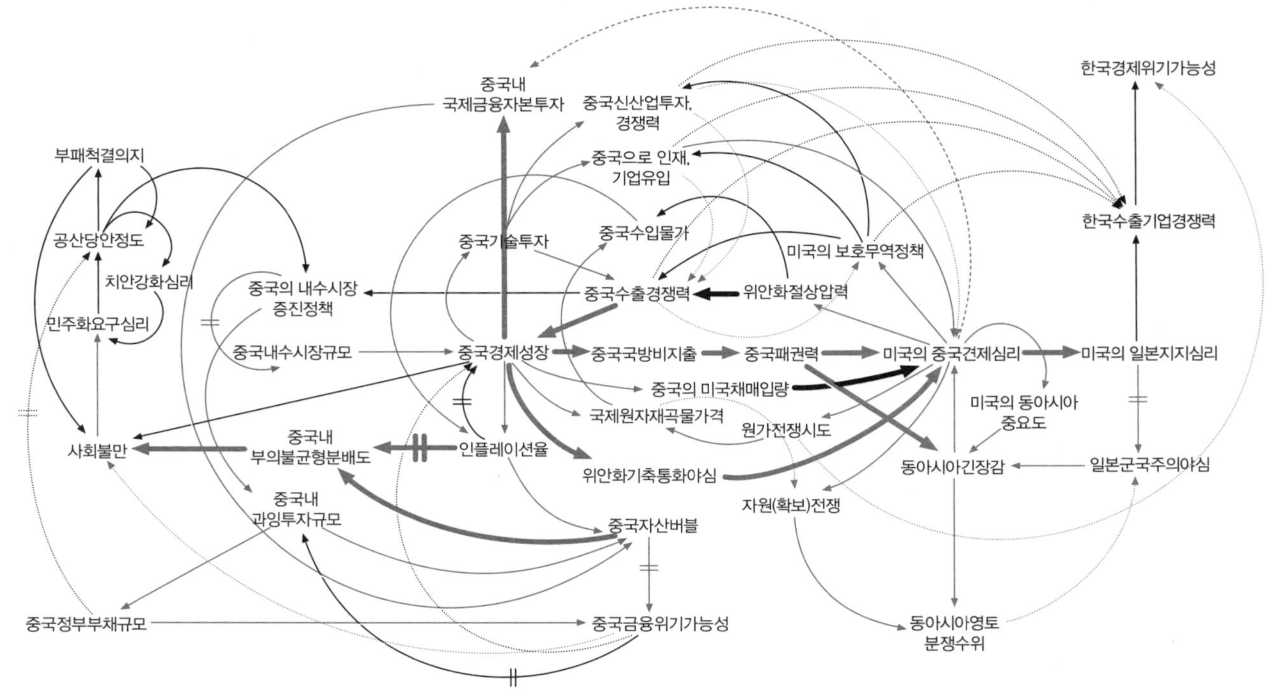

을 어느 정도 예측할 수 있다. 그중 몇 가지를 분석해보자.

연방하원 선거에서는 민주당이 승리했다(공화당 200석, 민주당 235석). 최종 득표수에서도 민주당이 역대 가장 큰 표 차이로 공화당을 눌렀다. 그리고 민주당 지지자가 6천만 명 이상 투표에 참여하면서 투표율이 전체 유권자의 49.3%를 기록하여 2016년의 대통령 선거와 비슷했다. 중간선거 투표율로는 1914년 이후 100여 년 만에 기록한 가장 높은 투표율이었다. 전체 투표자의 53.1%가 민주당에 투표했고, 공화당은 45.2%의 지지를 얻었다.

2016년 대선에서 트럼프의 핵심 지지기반이었던 러스트벨트(19세기 후반부터 100년간 이어진 미국 제조업의 전성기에 번영했다가, 제조업 몰락과 함께 쇠락하면서 '녹슨 지대rust belt'라는 뜻으로 불리게 된, 디트로이트, 피츠버그 등 미국의 북부와 중서부 지역으로 펜실베이니아, 오하이오, 미시건, 위스콘신, 일리노이, 인디애나, 아이오와 등이 포함된다) 지역에서도 민주당이 선전했다. 2016년 대선에서 트럼프를 지지했던 펜실베이니아, 미시건, 위스콘신, 오하이오 4개 주에서도 모두 현역 민주당 상원의원이 승리했다. 언론은 이를 '러스트벨트의 변심'이라고 부르며 트럼프가 곤경에 처한 것처럼 평가한다.

그러나 필자는 중간선거가 51:49 정도로 트럼프가 이득을 본 선거였다고 생각한다. 민주당 바람(일명, 블루웨이브)은 기대에 못 미쳤고, 트럼프 지지층은 여전히 견고해서 트럼프 대 반트럼프 세력 간의 팽팽한 긴장감이 재확인되었다. 트럼프가 공을 들인 연방상원 선거에서 공화당은 기존보다 2석을 더 추가했다.(공화당 53석, 민주당 45석, 무소속 2석) 트럼프는 이미 연방하원 선거에서는 민주당에 과반을 내줄 것이라는 계산을 하고 있었다. 결과는 트럼프가 생각보다 의석을 적게 내주었다고 생각할 정도로 민주당은 압승(최소 50석 이상 탈환)에 실패했다. 역대 어느 대통령보다 높은 반대 여론과 각종 스캔들을 몰고 다니는 트럼프임에도 불구하고 민주당이 압승에 실패함으로써 중간선거는 트럼프 정권 심판이 아니라 세력 균형 수준을 벗어나지 않는 결과로 마무리되었다. 결국 트럼프의 재선 가능성이 더 높아졌다.

과거의 중간선거 결과를 보면, 집권 여당이 하원 중간선거에서 상실한 평균 의석수는 32석(남북전쟁 이후부터)~ 26석(2차 세계대전 이후부터)이었다. 2차 세계대전 이후부터 현재까지 치른 중간선거에 대한 갤럽의 분석에 의하면, 현직 대통령의 지지율이 50% 이하일 경우 하원에서 평균 36석을 잃었고, 대통령 지지율이 50% 넘을 경우는 평균 14석을 잃었다. 2010년 중간선거에서는 오바바 대통령이 건강보험인 오바마케어 이슈로 공화당 티파티 세력의 강한 저항에 부딪히며 민주당은 하원에서 63석을 잃는 대패를 당했다.

과거의 사례와 비교한다면 2018년 중간선거에서 민주당이 하원에서 32~36석을 얻는 것은 평균이고, 정권 심판을 얘기할 수 있는 압승을 거두려면 50~60석을 확보했어야 했다. 주지사 선거 결과도 공화당이 27석, 민주당이 23석으로 공화당이 우세를 유지했다. 트럼프와 오바마가 직접 지원유세에 나섰던 최대 격전지인 조지아, 오하이오, 플로리다 주지사 선거에서도 공화당이 승리했다. 특히 트럼프가 사활을 걸고 지원했던 플로리다 주지사 선거와 상원의원 선거에서 모두 공화당이 민주당을 누르고 승리했다.

2020년 대선에서 트럼프 재선을 결정할 '스윙 스테이트'는 플로리다와 러스트벨트 지역이다. 〈뉴욕타임즈〉는 트럼프가 이번 중간선거에서 플로리다를 내주었다면 재선 가능성이 8%로 떨어졌을 것이라고 평가했다. 플로리다는 1960년 이래 전통적인 공화당 강세 지역이었다. 그러나 2008년과 2012년 대선에서 민주당 오바마를 선택했었다. 힐러리 클린턴도 그 여세를 몰아 플로리다에서 연승을 기록하며 백악관에 입성할 생각이었다. 하지만 결과는 정반대였다. 2016년 대선에서 트럼프는 전체 선거인단 수에서 306 대 232로 힐러리 클린턴을 누르고 백악관에 입성했다. 전체 유권자 득표에서는 힐러리가 트럼프보다 67만 표를 더 얻었지만 선거인단에서 74명 차이로 무너졌다. 미국 대통령 선거의 독특한 특징인 선거인단 승자 독식 제도 때문이었다. 만약 2016년 대선에서 힐러리 클린턴이 플로리다에 할당된 선거인단의 29명을 가져오고 다른 작은 주 한 곳에서만 더 승리했다면 대통령이 되었을 것이다. 결국 2020 대선의 승패도 플로리다와 러스트 벨트 지역에서 갈린다. 참고로 2018년 중간선거 결과 공화당과 민주당이 플로리다에서 얻은 득표율 차이는 0.12%p(1만 33표)에 불과했다. (2016년 대선 때는 1.2%p 차이였다)

중간선거에서 트럼프가 노린 또 다른 전략적 목표가 있었다. 공화당을 확실한 트럼프의 당으로 변화시키고 상원에서 다수의석을 지켜서, 재선으로 가는 교두보를 마련하는 것이었다. 이를 위해 트럼프는 11월 중간선거에서 하원에 출마한 공화당 정치 신인 33명 중 31명을 자기 진영에서 발탁했다. 그리고 트럼프 지지층의 힘을 결집하여 선거에서 공화당 주자들의 당락에 영향력을 발휘할 수 있음을 보여주는 데 성공했다. 트럼프는 중간선거를 지원하면서 동시에 물밑에서 자신의 재선운동도 전개했다. 실제로는 재선운동에 더 큰 비중을 두고 움직였다. 트럼프를 지지하는 핵심 세력은 유대자본(금융과 군수산업)과 풀뿌리 지지자들이다. 이미 트럼프 재선 캠프의 소액 모금액이 1억

2,000만달러를 넘었다. 과거 대중적 지지가 높았던 오바마보다 소액 기부자 비중이 높다. 공화당 의원들이 트럼프를 무시할 수 없는 이유다. 앞으로 2년 동안 공화당 의원들은 트럼프의 재선 가능성을 높게 보고 적극 옹호할 가능성이 크다.

중간선거 이후, 미국 몬머스 대학의 전문 여론조사기관이 2018년 11월 14일에 발표한 여론조사 결과에 의하면 '새로운 인물이 대통령에 당선되기를 바란다'는 유권자가 58%였다. 이 수치는 중간선거 전후로 별 차이가 없는 수준이다. 2016년 대선 때부터 트럼프를 반대했던 비율보다 더 높아진 것도 아니다. 이 정도면 총득표율이 아닌 선거인단 확보로 당락이 결정되는 미국 대통령 선거에서 트럼프가 한 번 더 승리할 가능성이 충분하다.

현재의 지지율은 참고사항일 뿐이다. 1982년의 레이건 전 대통령도 지지율이 트럼프와 비슷한 42%였지만 압도적 차이로 재선에 성공했다. 오바마 전 대통령에 대해서도 재선을 앞둔 중간선거에서 유권자의 54%가 재선에 실패할 것이라고 응답했다.[25] 결정적으로 역대 중간선거 결과는 대통령의 재선에 큰 영향을 주지 못했다. 오바마 전 대통령도 중간선거에서 하원 63석과 상원 6석을 공화당에 내주는 대참패를 겪고도 재선에 성공했다.

이제 한국에게 중요한 것이 무엇인지를 생각해야 한다. 트럼프가 중간선거 결과를 토대로 남은 2년의 임기 동안 어떻게 국정을 운영할 것인가? 그 향방에 따라 한국 기업의 수출은 물론이고 현 정부의 대북 정책 결과도 달라진다. 여기에 초점을 맞춰 중간선거 이후 트럼프의 행보를 예측해보자.

07

중간선거 이후,
트럼프의 행보 예측

트럼프 재선을 위한 핵심 정책은
'친유대 정책'과 '대중국 압박 정책'

중간선거 이후 2년 동안, 트럼프의 정치 행보와 재선 전략에 대해서는 두 가지 가능성을 생각해볼 수 있다.

민주당과의 협치
민주당과의 의도적 충돌

트럼프의 스타일에 비추어 볼 때 후자, 즉 민주당과의 의도적 충돌 가능성이 확률적으로 더 높다. 트럼프 입장에서 이익을 계산해보면, 민주당과의 협치로 전략을 수정해도 더 얻을 게 없다. 이익은커녕 손해가 된다. 트럼프 재선 전략의 핵심은 민주당 지지자들을 설득하여 자신을 선택하게 만드는 것이 아니라, 자기 지지층을 확실하게 결속하여 재집권하는 것이다. 이 전략에서는 트럼프가 민주당과 타협을 서두르는 쪽으로 방향을 선회하면 정체성을 상실하여 지지층 결집에 실패하게 된다. 트럼프가 민주당과 타협한다고 해서 반 트럼트 세력이 트럼프의 재선을 도와줄 가능성도 작기 때문에 민주당과의 협치는 게임이론상 우월전략이 아니다.

오히려 트럼프는 민주당과 충돌해도 손해볼 것이 없다고 판단할 수 있다. 예를 들어, 멕시코 장벽 설치 등 반이민 정책은 민주당이 동의하지 않아 실행하기 어렵겠지만, 트럼프는 민주당과의 충돌을 부각시켜 공약을 이행하지 못한 책임을 상대에게 전가하는 전략을 구사할 가능성이 크다. 북한에 대한 제재 해제 역시 의회 동의가 필요한데, 의회가 반대해도 트럼프에게 손해는 없다. 대북 제재를 해제할 수 없는 명분이 생겨서 북한에 대한 최대 압박 전략을 계속 유지할 수 있다.(만약 트럼프가 대북 제재를 해제한다면 유엔 차원의 제재 중 일부에 대해 해제를 용인하는 수준이 될 것이다) 감세나 인프라 투자는 민주당이 막기에 명분이 부족하기 때문에 트럼프의 정책이 지속될 가능성이 크다.

트럼프의 협상 스타일

기존 틀에 대한 부정으로 시작 → 판 깨기 → 자기 부각 → 극단적 압박 (지지층 기대감 상승, 국제여론 불안감 상승) → 일시적 방관(상대의 수 싸움에 혼란 주기) → 압박 카드보다 낮은 수준에서 갈등 봉합 시도 → 성공과 실패의 애매모호한 수준에서 협상 타결 → 협상에 성공했다고 자평 → 명분을 얻거나 지지층에게만 실리를 줌으로써 공약을 이행했다고 강조함 → 지지 언론을 통해 자신의 성과 확대 재생산 → 트럼프 개인의 정치적, 경제적 실리 획득으로 마무리 중간선거에서 미국 민심이 보여준 절묘한 견제와 균형의 형세도 트럼프가 민주당과의 의도적 충돌로 갈 가능성을 높인다. 중간선거에서 트럼프의 지지층은 여전히 트럼프를 확고하게 지지하지만, 앞으로 2년의 경제 성과와 대중국 무역전쟁의 협상 결과를 지켜보겠다는 신호를 보냈다.(중국산 제품에 대한 고율 관세 부과와 그에 대응한 중국의 보복에 취약한 지역에서 트럼프의 정책을 지지하는 강경파들이 승리했다) 중간선거의 표면적 결과만 볼 때, 트럼프 행정부의 정책 집중력이 약화할 것은 분명하다. 의회의 동의가 필요한 정책은 제동이 걸릴 것이다. 그러나 쓰나미가 되기를 바랐지만 미풍에 그친 블루웨이브를 등에 업은 민주당은 지난 2년보다는 할 수 있는 것이 많아졌지만, '통상적 수준'의 견제를 넘기 힘들 것이다. 결국 트럼프에 대한 민주당의 방어력이 획기적으로 높아지지는 않았고, 트럼프 지지층의 요구도 변하지 않았다는 현실을 고려할 때 트럼프의 스타일과 전략적 방향에서 다른 선택지가 없다. 트럼프 입장에서는 정면돌파하는 것이 우월전략이다. 지난 2년과 동일하게 지지층에게 내건 공약을 지킨다는 '신뢰'를 가장 강력한 무기로 삼아 지지층을 결집하는 것이 트럼프에게 우월전략이다.

이미 트럼프가 발표한 2020년 재선 구호는 "Keep America Great, Promises Made, Promises Kept"다. "미국을 계속 위대하게"와 "나는 공약을 지킨다"가 트럼프의 재선을 이끄는 핵심 프레임이다. 이것이 민주당에서 경쟁자로 나올 정치인과 차별화하는 포인트다. 중간선거 이후 공화당에 대한 지배력을 높인 트럼프는 남은 2년 동안 자신의 대선공약을 '더욱' 밀어붙일 것이다.

따라서 우리는 지금이라도 트럼프의 공약을 재점검하고 지난 2년간의 행보와 정책을 다시 살펴보고 대응책을 강화해야 한다. 다음은 트럼프의 핵심 공약을 정리한 내용이다.

• 성장 후 분배

작은 정부, 그러나 재정 확장 정책: 대규모 인프라 투자(통화 확장 정책
은 공화당이 반대) 등 트럼프 공약 이행에 11~16조달러가 필요하다. 감
세 정책과 맞물리면서 미국 정부 부채가 증가할 가능성이 커졌다.(현재
GDP 대비 74%에서 10년 후 110~140%까지 증가할 수 있음)

• 경제 패권주의

미국 내 시장 자유: 규제 완화(기업 금융 환경 등), 최저임금 인상(시간당
10달러), 미국 내 제조업 부활(리쇼어링 정책 강화- 법인세율, 자본반입세,
상속세 수정), 미국 내 석유자원 적극 개발(미국과 사우디아라비아의 석유
전쟁 재가동)

미국 밖 강한 보호무역주의: 환율전쟁과 무역전쟁, 환율조작국 지정 압
박과 반덤핑 제소, 무역 상대국(중국, 멕시코, 한국 등)에 대한 관세 부과
(미국의 관세법, 무역법에는 대통령 권한으로 직접 실행할 수 있는 강력한 제
재 권한, 예를 들면 관세법의 '반덤핑과 상계관세', 무역법의 '201조 세이프가
드' 등이 포함됨), 자유무역협정FTA 재협상, 환태평양경제동반자협정TPP
반대. 이는 중국 수출기업 재정 건전도 악화, 중국 내수 악영향으로
이어져 한국의 대중 수출, 한국 IT와 자동차 수출이 타격을 받을 것
(2017년 기준 전체 수출에서 대중국 수출은 24.8%, 대미국 수출은 12.0%)

이민 정책 강화: 불법 이민자 추방, 석박사 등 미국 국익에 도움이 되는
고급 인력 중심의 합법 이민자 환영(백인 일자리 및 미국의 경제적 이익을
지향)

• 군사 패권주의

강한 미국 군대: 미국 내 국방비 증가(동맹국 군비 지원 축소, 동맹국 자위 능력 지지- 일본 군국주의 허용, 동맹국 자체 핵 무장 여지, 구체적 이득이 있는 곳만 파병), 이란 핵합의 파기, 러시아와 우호적 관계로 중국 패권 견제.
→ 한반도 북핵 리스크 및 군사적 긴장 증가 가능성 커짐(북한 핵은 중국 책임이라는 것이 트럼프의 기본 인식)

트럼프 정치의 최고 목적은 자기 브랜드 구축이다. 그 방법으로 선택한 미국 우선주의를 통해 그는 경제적 이익 확보와 미국 우월주의를 통한 자기 지지층의 자존심(경제와 군사 양 측면에서) 회복이라는 두 가지 목표를 노리고 있다. 이 목표와 직접 연관된 공약은 인프라 투자, 핵무기 개선 투자, 친유대 정책, 추가 감세 정책, 대중국 압박 강화, 이민과 건강보험 정책 등이다.

이 중에서 '친유대 정책'과 '대중국 압박 정책'이 핵심 레버리지일 ~~지예대~~ 가능성이 크다. 친유대 정책(금융과 군수산업)은 인프라 투자에 유대 자본을 끌어들여 성공시키고 이를 기반으로 미국 경제를 성장시켰다는 성과를 거두기 위한 핵심 레버리지다. 대중국 압박 정책(무역전쟁)은 북핵, 대중국 무역적자, 유럽과의 무역협상, 패권경쟁, 이란 핵문제 해결과 연관된 핵심 레버리지가 된다.

중간선거 이후의 트럼프 행보와 관련해서 한국이 알아야 할 중요한 점이 있다. 트럼프가 재선에 중요하게 생각하는 것은 외교(북핵 문제)가 아니라 경제(무역전쟁)다. 따라서 중국이 북한보다 우선이며, 내부 문제가 외부 문제보다 우선이다. 트럼프는 북한은 달랠수록 얻을 것이 많고, 중국은 때릴수록 얻을 것이 많다고 생각하는 듯하다. 그래서 트럼프는 중간선거 이후에 미중 무역전쟁에서 큰 틀의 합의를 이끌어내는 수순을 밟긴 하겠지만, 2020대선 때까지 지속적으로 환율, 무역, 군사 등의 영역에서 중국을 압박하는 모양새를 취할 가능성이 크다. 미국이 힘으로 중국을 제압하는 모양새가 지지층의 호응을 이끌어 내서 재선에 유리하며, 금융위기 가능성이라는 중국의 아킬레스 건을 파악한 이상 시간을 오래 끌수록 중국의 피해가 커진다는 점을 잘 알기 때문이다.

중국을 금융위기로 몰아넣을 도화선은 기업 부채, 부동산 버블, 그림자금융이다. 2008년 글로벌 금융위기를 맞아 중국은 4조위안(약 680조원, GDP 대비 17%)의 자금을 풀었다. 시장에 풀린 막대한 유동성은 과잉 생산, 부동산 버블, 그림자금융이라는 부실을 만들었다. 중국 정부가 푼 자금은 먼저 국유은행을 통해 국유기업으로 흘러 들어갔다. 국유기업은 정부 지시를 따라 설비를 늘렸고, 이는 산업 전체의 과잉 생산으로 이어졌다.

중국 정부가 푼 자금 중 일부는 지방정부 산하 개발공사로 흘러가 부동산 개발에 쓰였다. 그 결과 집값 상승이 2선, 3선의 도시까지 이어지며 중국 전역에서 버블을 키웠다. 국유은행은 이렇게 쓰고도 돈이 남자 신탁회사의 '재무 상품' 보증금으로 사용했다. 국유은행으로부터 보증금을 받은 신탁회사는 재무 상품을 만들어 소비자에게 팔았다. 신탁회사는 상품을 팔아 소비자로부터 거둬들인 돈으로 부동산 개발회사나 지방정부 산하 개발공사에 투자했다. 이와 같이 중앙은행의 규제와 감독을 받지 않는 은행 시스템 밖에서 이뤄지는 신용거래가 바로 '그림자금융'이다. 중국의 그림자금융 비중은 2011년 GDP 대비 29.6%에서 2016년 62%로 급증했고, 2017년에는 80%까지 늘어났다는 추정도 있다."[26]

전 세계 금융위기 기간에도 10% 안팎의 놀라운 성장률을 기록한 중국경제의 신화는 국유기업의 과잉생산, 그림자금융을 기반으로 한 부동산 개발의 산물이다. 그 결과 2018년 1분기 말 기준으로 GDP 대비 총부채 비율이 300%에 근접했다. 글로벌 금융위기 이전인 2007년에 비해 10년 만에 두 배 정도 늘어난 것이다. 국제결제은행은 중국의 GDP 대비 기업 부채 비율을 168%로 추정한다. 미국(72%)이나 유럽(105%)보다 월등히 높다. 중국의 부동산 재고 소진 기간도 2010년 4년에서 2017년 8년으로 두 배 뛸 정도로 거품이 심해졌다. 이제 미국 월가는 물론이고 트럼프 정부도 중국의 아킬레스 건을 알고 있다.[27]

트럼프가 중국과의 무역전쟁에서 얻을 수 있는 실질적 이익은 미국산 제품의 수출 증대와 북핵 문제 해결의 두 가지다. 무역에서는 자동차, 철강, 대두, 지적재산권에서 이익을 얻고, 정치에서는 중국의 대북한 경제 지원의 축소를 얻을 수 있다. 시진핑에게 필요한 것은 자국민에게 보여줄 명분이다. 트럼프는 두 가지 실질적 이익을 얻는 대가로 시진핑에게 명분을 줄 가능성이 있다. 이번 무역전쟁 협상에서는 비밀로 주고받는 이익(뒷거래)이 별 의미가 없을 것이다.

미중 무역협상이 최종 타결될 때 트럼프가 시진핑에게 줄 수 있는 선물 몇 가지를 예측해볼 수 있다.

- 하나의 중국이란 자존심을 살릴 수 있도록 대만을 내주고(트럼프는 필요한 이익을 얻는다면 충분히 내줄 수 있다)
- 중국이 미국에게 쉽게 굴복하지 않았다는 의미로 '시간'을 주고(중

국 내부에서 스스로 한 발 물러서자는 분위기가 형성될 때까지. 그 전에 너무 빨리 항복하면 시진핑의 체면이 크게 구겨진다)

- 동맹국인 북한을 수호했다는 정치적 명분을 주며
- 중국이 생각했던 수준의 무역흑자 축소액(미중 무역전쟁에서 선방했다고 여론을 설득할 수 있는 수준)을 줄 수 있다.

현재 미국 경제는 호황이고, 무역전쟁에서 기선 제압에 성공했기 때문에 트럼프 지지층 입장에서는 나름대로 미국의 자존심이 회복되고 있다고 느낀다. 트럼프는 아시아 시장에서 중국과의 무역전쟁을 유리한 국면으로 이끌고 있으며, 아메리카 시장에서는 캐나다, 멕시코와 양자간 FTA 협상을 맺는 데 성공한 여세를 몰아 브라질을 압박 중이다. 유럽 시장에서는 러시아의 영향력을 차단해 나가고, EU를 향해 양자간 FTA 협상을 압박 중이다. 개발도상국 시장에서도 중국의 일대일로에 맞설 수 있는 개발도상국 투자기관의 설립을 추진 중이다.

트럼프는 패권전쟁의 일환으로 러시아에 대해 군사적으로 강력하게 대응하고 있다. 최근에 트럼프가 러시아와 맺은 INF 조약(사거리 500~5500km 중장거리 탄도순항미사일의 생산, 실험, 배치를 금지하는 조약)을 파기하겠다고 큰소리치는 것은 그의 전형적인 협상 스타일인 파기 후 재협상 전략에 따른 행동이다. 그의 목표는 중국과 러시아의 전략 핵미사일 개발을 막는 새로운 (미중러 혹은 이란과 북한까지 포함한) 다자간 확대 핵협정의 체결이다.[28]

트럼프는 INF 조약에 대해서도 사업가처럼 생각한다. INF 조약을 파기한 뒤 핵무기 경쟁이 벌어져도 당장 핵전쟁은 일어나지 않는다. 핵전쟁이 두려워질 경우에는 (곧바로 혹은 파기 후 협상을 통해) 다시 협정을 맺을 것이다. 트럼프는 둘 중 어느 쪽도 사업적으로 손해 볼 것이 없다고 생각한다. 러시아가 곧바로 재협상에 동의하면 정치적 업적이라는 이득을 얻게 된다. 파기 후 러시아와 장기간에 걸친 협상을 하게 될 경우에도 그 시간 동안 무기 개발을 위한 투자 예산의 증가, 무기 판매의 증가, (새로운 협상에 중국을 포함시켜) 중국의 군사 굴기 견제라는 세 가지 이득을 얻는다. 그에게 정치적 명분이나 책임은 중요하지 않다. INF 조약 재협상을 하게 되면 새로운 정치적 명분은 자연히 따라온다. 역시 힘과 레버리지를 통한 최대 압박이 통할 것이다. 여기서 레버리지는 '핵전쟁의 두려움'이다.[29] 트럼프는 중간선거 이후에도 재선 승리를 위해 이런 입장과 전략을 유지하고 싶어할 것이다.

트럼프의 외교(북핵 문제), 경제(무역전쟁) 협상 전략 기반

트럼프 협상 무기: 힘(경제 제재 능력, 군사력)

트럼프 협상 전략: 힘을 이용한 최대 압박, 지렛대 효과 전략

트럼프 협상 핵심 대상국: 중국, 러시아, 북한, 이란(중국은 피터 나바로 국가무역위원장, 북한은 마이크 폼페이오 국무장관, 이란과 러시아는 볼턴 국가안보보좌관이 책임자)

미중 무역전쟁, 북미 핵 협상 모두 레버리지 포인트인 '압박 지점(중국은 관세, 북한은 경제 제재)'דㄨ'시간'을 지렛대 전략으로 사용 중이다.[30]

북미 핵 협상,
미국의 카드와 북한의 카드

트럼프의 대북 정책도 이제 재선의 관점에서 예측해야 한다. 트럼프는 북핵 협상의 타이밍과 타결 결과 등을 재선에 유리한 방향으로 조절할 가능성이 크다. 북미 핵 협상의 시점과 타결 수위는 '미국의 경제 상황'에 크게 좌우될 것이다. 경제 호황이 길어질수록 트럼프에게 '여유'가 생겨서 타결 시점은 늦춰지고 타결 수준은 낮아질 수 있다. 한국에게는 불리한 미래다.

트럼프는 김정은이 핵을 완전히 포기하지 않을 것이라는 점, 그리고 미국도 완전한 폐기를 강제하기란 어렵다는 점을 알고 있다. 그래서 트럼프는 북한에 대한 경제 제재를 지속하면서 중국을 포위하여 더 압박하는 쪽으로 전술을 수정한 듯 보인다.

트럼프는 대북 정책에서 두 가지 목적을 이루면 만족할 것이다. 먼저 북한에서 대륙간 장거리탄도미사일을 제거하여 미국 본토에 대한 위협을 줄이는 것, 그리고 최소한의 핵 탄두를 제거하고 추가 핵 개발과 핵 실험을 중지시켜 평화를 만든 대통령이라는 개인적 업적을 얻는 것이다. 만약 이를 위한 트럼프의 행보가 현실이 되면 한국 정부의 부담이 커질 수 있고, 다음 대선에서 경제 문제와 더불어 중요한 선거 변수로 작용할 가능성이 커진다.

북한 핵협상에 대한 트럼프의 입장 변화

CVID(완전하고 검증 가능하며 돌이킬 수 없는 비핵화)

→ FFVD(최종적이고 완전하고 검증할 수 있는 비핵화. '돌이킬 수 없는'이라는 문구가 빠지고 '최종적'이란 약간 모호한 결론을 내포하는 문구가 전면에 등장)

→ 미국에 대한 위협 제거(대륙간 장거리 탄도미사일 제거, 핵 실험과 미사일 실험 폐지)

2018년 중간선거 이후 김정은의 입장에는 어떤 변화가 있을까? 중간선거 결과가 표면적으로는 트럼프 재선에 불리한 듯도 보이기 때문에 북한의 계산은 한층 복잡해졌을 것이다. 불확실성이 높아질수록 김정은은 완벽한 핵 리스트 제출을 피하려고 할 가능성이 더 커진다. 북한이 협상을 진척시키기 위한 목적으로 핵 리스트를 제출하더라도 완전한 신고가 아니라 일부만 포함할 가능성이 크다. 대신 국제적 이목을 다른 곳으로 돌려서 시간을 벌기 위한 정치적 쇼나 거창한 퍼포먼스를 벌일 가능성이 더 커졌다. 북한 입장에서 보면 완벽한 핵 리스트를 내놓을 경우 미국을 향해 쓸 수 있는 협상 카드가 모두 공개되고, 곧바로 핵의 전량 폐기 요구에 직면하게 된다. 만약 트럼프가 재선에 실패하고 민주당이 정권을 장악하여 대북 강경 노선으로 전환하는 경우 북한에게는 최악의 시나리오가 펼쳐진다. 실리는 얻지 못한 채 비핵화 압력이 커지면서 다시 국제적인 고립 상태로 빠질 수 있기 때문이다.

실제로 민주당이 북핵 문제와 관련된 하원 상임위원회를 장악하면서, 북핵 관련 청문회를 진행하고 북한 인권 문제를 핵 협상 테이블에 올려 놓으라는 압력이 당장 커지고 있다. 트럼프의 대북정책에 대한 사후 감시와 공세도 강화되고 있다. 미국은 상하원 각각 다수당이 상임위원회 심의 절차를 관리한다. 하지만 트럼프가 대통령 직권으로 대북 정책을 실행하는 것까지 막지는 못한다. 트럼프 대통령의 결정과 행동에 대한 사후 검증과 평가가 강화되고, 의회 의결을 필요로 대북 제재안 등에 대해서 거부하거나 심의 보류하는 방식으로 견제를 할 수 있을 뿐이다.

그렇지만 트럼프 대통령도 대북 정책과 관련해서 마음대로 할 수 있는 것은 아니다. 대통령의 권한만으로 대북 제재를 해제하는 데는 한계가 있다. 북한이 원하는 수준의 대북 제재 해제를 위해서는 의회 비준이 필요하다. 미국 의회가 2016년에 제정한 '북한 제재와 정책 강화법'은 대통령에게 대북 제재를 유예 혹은 해제할 수 있는 권한을 부여했지만, 6가지 조건을 충족하고 의회의 승인을 받아야만 권한을 행사할 수 있도록 규정했다(제4조 1항). 6가지 조건은 다음과 같다.

- 달러화 위조·돈 세탁 활동의 중단과 예방에 관한 일반적 규약 준수
- 유엔 안보리 결의 준수의 검증을 위한 조치
- 핵무기 개발 포기와 국제원자력에너지기구IAEA의 사찰 수용

- 북한이 불법적으로 억류한 해외 국민들에 대한 송환 조치와 감금 이유의 해명
- 인도적 목적의 대북 지원에 대한 분배와 감독 과정을 국제 규약에 따라 실시
- 정치범수용소 등 강제 수감시설의 생활환경 개선과 국제사회의 검증

북한이 6가지 조건을 모두 이행하더라도 트럼프 대통령은 최대 1년까지 제재 유예 조치를 취할 수 있을 뿐이다. '북한 제재와 정책 강화법' 제4조 2항은 추가로 5가지 조건에 '상당한 진전significant progress'을 보였다고 판단될 경우에만 대북 제재를 영구 해제할 수 있다고 규정하고 있기 때문이다. 5가지 추가 조건은 다음과 같다.

- 핵과 생화학 무기 등을 완전하고 검증 가능하며 되돌릴 수 없는 형태로 폐기
- 핵과 생화학 무기의 운반을 위해 설계된 프로그램 전량 폐기
- 정치범수용소에 억류된 수감자 전원 석방
- 평화적 정치 활동에 대한 검열 중단
- 억류된 미국인 전원 송환

'북한 제재와 정책 강화법'에는 미국 대통령이 대북 제재를 위해 서명한 행정명령을 폐기할 때도 이 법에 명시한 조건을 충족할 경우에 한한다는 조항이 들어 있다.

미국 민간자본이 북한에 투자하려면 의회의 승인이 필요하다. 미국

내 자산의 동결, 교역과 금융 거래 금지, 미국인 여행 제한 등을 명령한 '적성국교역법'의 적용을 중단해야 하기 때문이다. 북한은 1950년 12월부터 적성국교역법 적용 대상이다. 더욱이 2017년 8월에 제정된 '러시아, 이란, 북한에 대한 통합 제재법'을 해제하기 위해서도 의회 승인을 받아야 한다. 이 법은 북한에 대한 원유 및 석유 제품 제공 금지는 물론 근로자 해외 송출, 전화 통신 서비스, 금융 서비스, 식품 농산품 등 전방위에 걸쳐 교류를 금지하고 있으며, 북한과 거래하는 제3국의 개인이나 업체를 처벌하는 제2차 제재secondary boycott까지 담고 있다.

또한 북한의 체제 보장을 위해서도 의회 비준이 필요하다. 상원의 비준을 받으려면 3분의 2 동의가 필요하기 때문에 민주당의 협조 없이는 불가능하다. 트럼프가 여론을 등에 업고 의회 비준을 압박하려면 그에 합당한 북한의 실질적 비핵화 조치가 선행되어야 한다.[31]

민주당의 견제와 감시가 한 단계 높아진 사정도 있지만 트럼프도 북핵 협상에서 시간을 지렛대로 사용하는 전략으로 전환했다. 따라서 김정은이 트럼프로부터 종전선언이나 대북 제재의 일부 해제와 같은 행동을 이끌어내려면 추가적인 조치를 취해야 한다. 북한이 해야 할 추가 행동은 두 가지다. 미국이 만족할 만한 핵 리스트의 신고, 핵과 장거리탄도미사일 일부의 제3국 반출 후 해체다. 이를 피하기 위해 김정은이 중국과 한국을 지렛대로 삼아 경제 제재를 우회하면서 핵 협상을 유리한 방향으로 끌고 가려고 할 수도 있다.

그러나 트럼프가 앞의 두 가지 북한 행동을 이끌어내기 힘들게 될 경우 다시 군사적 압박을 강화하는 전략으로 되돌아갈 수도 있다. 특히 상황이 이런 방향으로 전개될 여지가 보일 때 한국 정부가 미국의 대북 전략과 엇박자를 보인다면 트럼프가 한국 기업(철강, 자동차 등)에 무역 보복을 가할 가능성도 충분하다. 한국 정부가 북한에게 경제 제재를 피할 틈을 열어 주면 중국과 러시아의 뒷문은 더욱 막기 힘들어진다는 것을 트럼프도 잘 알고 있기 때문이다.

트럼프는 북한이 지금까지 취한 행동들(핵 실험과 대륙간 장거리탄도미사일 시험 발사 중지, 풍계리 핵실험장 폐기, 동창리 엔진시험장·미사일발사대 해체)에 대해서 선제적으로 행동한 점은 고맙지만 당연히 해야 할 행동 정도로 보는 듯하다. 그런데 북한은 비핵화가 떠밀려서 어쩔 수 없이 하는 조치가 아니라, 이미 완전한 핵 보유국이 된 데 따른 자연스런 후속 조치라고 생각한다. 2018년 4월 20일 평양에서 열린 조선노동당 7기 3차 전원회의에서 김정은은 핵·경제 병진노선의 폐기가 아니라 승리를 선언했다. 이날 채택된 결정서에는 전원회의 다음날부터 추가 핵실험과 대륙간 탄도로켓 시험 발사의 중지, 북부 핵실험장 폐기 등이 포함되어 있다.

지금까지 북한이 보인 일련의 선제적 행동들은 전원회의의 결정에 따라 차근차근 이루어진 것이라고 볼 수도 있다. 북한은 핵 보유에 실패해서 혹은 미완성의 상태에서 비핵화에 나선 것이 아니라, 성공한 핵보유국으로서의 책임을 다하기 위해 '핵 군축'에 나선다는 명분을 앞세우는 것이다. 조선노동당 전원회의 결정서에서도 자신들의 조치를 "세계적인 핵군축을 위한 과정"이라고 명시했다.

북한이 추가로 제시한 조치들, 즉 유관국 전문가들의 참관 아래 동창리의 엔진시험장·미사일발사대를 영구 폐기하겠다는 것과, 미국이 상응조치를 취할 경우 영변 핵시설 등을 영구적으로 폐기하겠다는 것도 비핵화보다는 핵 군축에 가깝다. 북한은 김일성 시기부터 줄곧 '한반도 비핵화'를 주장했다. '북한의 비핵화'가 아니다. 북한이 생각하는 '한반도 비핵화'의 최종 목표는 주한 미군의 비핵화(핵 전략 자산의 제거)이다.

북한은 완전한 비핵화와 경제 제재의 해제를 협상에서 동급으로 주고받을 교환 목표로 생각하지 않는다. 북한은 미국이 아니더라도 중국, 러시아, (트럼프 이후) 한국의 경제 보상만으로도 충분하다고 생각한다. 또한 북한이 강조하는 요구사항 중의 하나인 신뢰의 전반부는 '미국의 체제 위협'과 관련된다. 북한이 생각하는 체제에 대한 위협을 제거하는, 체제 보장 확증 행위는 4가지이다.

- 북미 수교: 정치적 정상국가 인정
- 상호불가침조약: 군사적 정상국가 인정
- 북미 무역: 경제적 정상국가 인정
- 인권 문제 비관여: 사회적 정상국가 인정

북한이 말하는 신뢰의 후반부는 '주한 미군의 비핵화 혹은 그에 준하는 주한 미군의 규모·훈련 축소'와 관련된다.

북한의 속내를 꿰뚫어 보고 있는 미국이 대북 협상에서 종전선언과 맞바꿀 수 있는 카드는 두 가지로 한정된다. 최소한의 카드는 '핵폭탄과 대륙간탄도미사일$_{ICBM}$ 리스트'이고 최대의 카드는 '핵시설 전체 리스트'이다. 미국이 말하는 신뢰 즉, 김정은의 비핵화 의지에 대한 신뢰도를 평가하는 첫 관문은 '신고'다. 미국이 알고 있는 수준 혹은 그 이상의 신고를 해야 신뢰를 얻을 수 있다. 미국은 북한이 완벽한 핵 리스트를 신고하지 않는 한 북한의 비핵화 의지를 절대로 신뢰하지 않는다.

한미 정보당국은 북한이 핵탄두 중량을 500kg 이하로 줄이는 핵무기 소형화와 이를 장기 보관하는 기술의 확보에 성공했다고 추정하고 있다. 미국의 감시위성을 피하는 기술도 보유했다. 국토 80%가 산악지대이고 철저한 통제가 이뤄지는 폐쇄적인 북한에서 소형화한 핵무기를 장기간 숨길 공간은 많다. 이런 상황을 고려할 때 미국은 자신들이 모르는 핵 리스트가 있을 것으로 확신하고 있다. 그러니 '핵 리스트를 신고하라'는 미국의 요구는 자신들이 모르는 추가적인 핵 무기와 시설의 리스트를 내놓으라는 요구이다.

북한에 대한 미국의 신뢰를 완성하는 작업은 '검증'이다. 완벽한 검증을 위한 선결조건은 '(납득할 만한) 시간표' 제시다. 핵 리스트와 구체적인 시간표를 제시하면 미국은 대북 경제 제재 조치를 일부 해제할 수 있는 명분이 생긴다. (단, 김정은과 트럼프가 서로 불신하더라도, 완전한 비핵화 혹은 종선선언과는 별도로 핵무기 감축이나 장거리미사일 폐기 등의 특정 이슈를 주제로 한 협상이나 합의는 '상호이익'이 있으면 이루어질 수 있다)

중국과의 무역협상 1차 타결 후, 다음 타깃은 한국

트럼프가 재선을 위해 남은 2년 동안 공약을 철저히 이행하는 모습을 요란하게 보여줄 것이라고 예측한 이유는 두 가지다. 첫째, 2020년 재선을 위한 전리품이 필요하다. 둘째, 트럼프의 사업가 기질에 비추어 볼 때 먼 미래에 얻을 것으로 기대되는 큰 이득보다는 당장 현실적으로 손에 잡히는 구체적 이익을 확보하며 갈 것이다.

다음 그림에서 보듯 중국은 대미 무역에서 막대한 흑자를 냈고, 트럼프는 이것을 명분으로 삼았다. 일본과 한국 모두 대미 흑자국이다. 이런 점을 감안할 때, 트럼프는 중국과 1차 무역 협상을 타결한 후에 아시아에서는 한국과 일본을 다음 타깃으로 삼을 가능성이 크다. 그림에서 보듯이 한국은 대미 무역에서 큰 흑자를 기록하고 있다. 트럼프는 당연히 이런 수치를 명분으로 삼을 것이다. 그리고 한국을 향해 무언가를 내놓으라고 압박할 것이다.

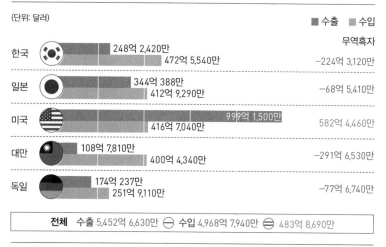

중국 2018년 1분기 주요국과의 무역수지

(단위: 달러) ■ 수출 ■ 수입

		수출	수입	무역흑자
한국		248억 2,420만	472억 5,540만	−224억 3,120만
일본		344억 388만	412억 9,290만	−68억 5,410만
미국		999억 1,500만	416억 7,040만	582억 4,460만
대만		108억 7,810만	400억 4,340만	−291억 6,530만
독일		174억 237만	251억 9,110만	−77억 6,740만

전체 수출 5,452억 6,630만 ⊖ 수입 4,968억 7,940만 ⊖ 483억 8,690만

자료: 중국 해관총서

트럼프는 남은 2년의 임기 동안 미국 경제의 호황을 유지하는 데 무기 판매를 중요한 방편 중의 하나로 생각하고 있다. 무기 판매에서 한국과 일본은 중요한 시장이다. 그리고 2018년 중간선거에서 트럼프에게 불만을 표했던 러스트벨트의 지지층을 달랠 주요 카드인 자동차와 철강 역시 두 나라와 연관이 깊다. *사양산업으로인한노동자들의분노*

2017년 미국 국제무역관리청의 분석에 따르면, 미국 수입 자동차 시장의 나라별 비중은 멕시코 24.%, 캐나다 22.2%, 일본 20.7%, 독일 10.5%, 한국 8.2% 순이다. 반면 미국 내 자동차 생산량은 점점 감소하고 있다. 수입 자동차 시장이 느는 만큼 미국 내 자동차 생산량이 감소했다. 트럼프에게 자동차 주요 수출국들은 모두 무역전쟁 대상이다. 트럼프가 멕시코와 캐나다를 재협상의 1차 대상으로 삼은 이유가 여기에 있다.

한국 수출-국가별 분석

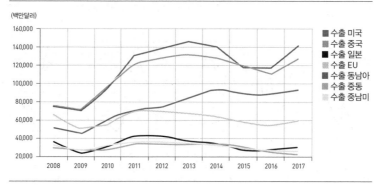

출처: 한국은행

한국 수입-국가별 분석

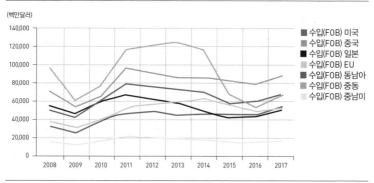

출처: 한국은행

　일본은 무역과 군사 영역에서 모두 트럼프의 요구를 기꺼이 들어줄 가능성이 크다. 대신 아베는 일본 우익의 숙원인 군국주의 행보를 한 발 더 양보받는 전략을 구사할 것이다.

　문제는 한국이다. 한국은 대북 핵 협상에서 미국 의존도가 크기 때문에 무역과 군사 영역에서 트럼프의 강압적이고 이기적인 요구를 거

미국 무기 판매

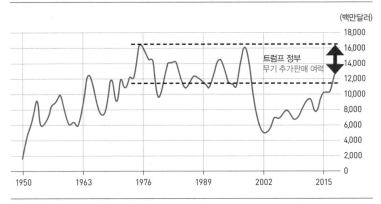

출처: TRADINGECONOMICS.COM | SIPRI

미국 내 자동차 생산

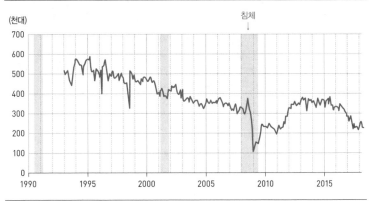

출처: Federal Reserve Bank of St. Louis   Copyrigh Stratfor 2018

의 들어줄 수밖에 없는 처지가 될 가능성이 크다. 그렇다면 불가피하게 미국의 요구사항을 내주더라도 일본처럼 무언가를 얻어내야 한다. 과연 한국은 무엇을 얻어낼 수 있을까? 쉽지 않은 문제다. 참고로 미

NAFTA 회원국 간의 자동차 교역(2017년)

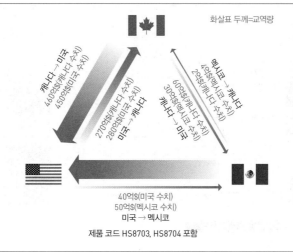

화살표 두께=교역량

캐나다 → 미국
400억$(캐나다 수치)
450억$(미국 수치)

멕시코 → 캐나다
4억$(멕시코 수치)
2억$(캐나다 수치)

270억$(캐나다 수치)
280억$(미국 수치)
미국 → 캐나다

60억$(캐나다 수치)
30억$(멕시코 수치)
캐나다 → 멕시코

40억$(미국 수치)
50억$(멕시코 수치)
미국 → 멕시코

제품 코드 HS8703, HS8704 포함

출처: Trade Map   Copyrigh Stratfor 2018

호주의 주요 농산물 수출 시장

호주는 농산물 수출의 약 60%를 아시아 태평양 국가에 보낸다.

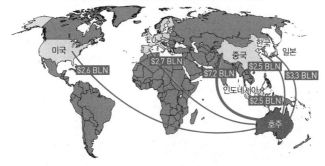

미국 $2.6 BLN

EU $2.7 BLN

중국 $7.2 BLN

한국 $2.5 BLN

일본 $3.3 BLN

인도네시아 $2.5 BLN

호주

출처: Australian Department of Agriculture and Water Resources, ABARES

Copyrigh Stratfor 2018

중 무역전쟁으로 어부지리를 얻는 나라도 있다. 농업에서는 호주가,
제조업에서는 베트남이 큰 수혜를 입고 있다.

베트남 경제의 변화와 GDP 성장

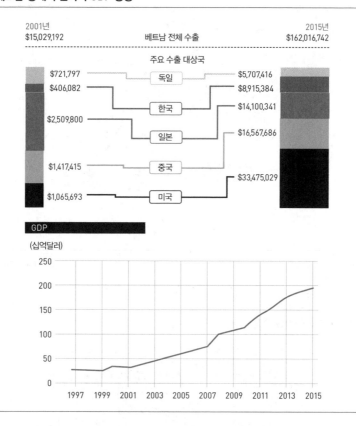

2001년
$15,029,192

베트남 전체 수출

2015년
$162,016,742

주요 수출 대상국

대상국	2001년	2015년
독일	$721,797	$5,707,416
한국	$406,082	$8,915,384
		$14,100,341
일본	$2,509,800	$16,567,686
중국	$1,417,415	
미국	$1,065,693	$33,475,029

GDP

(십억달러)

예견된 위기,
그 원인(4) 글로벌 정세의 변화

현재~2022년 글로벌 정세 변화의 세 축
– 긴축 흐름(EU, 일본 동참)
– 보호무역(유럽 회복전략, 우파성향 강화)
– 경기 하락(글로벌 경기 하락)

장기 저성장, 즉 '잃어버린 20년'의 가능성을 한국의 예견된 위기로 만드는 네 번째 원인은 지금부터 2022년까지의 글로벌 정세 흐름이 바뀔 가능성이다. 필자가 우려하는 미래 흐름은 세 가지다.

- 일본과 EU의 긴축 흐름 동참
- 유럽이 회복 전략으로 사용할 보호무역주의 경향
- 서서히 하방하고 있는 글로벌 경기

이 세 가지 흐름은 직접적으로는 신흥국들의 위기를 가중시킬 것이고, 간접적으로는 한국의 위기 대응 역량을 약화시킬 것이다. 일본의 경제 상황은 누가 보더라도 확장 추세다. 다음 그림처럼 일본의 경제 상황을 보여주는 단칸지수는 2009년 이후 지속적으로 상승 중이다.

일본 단칸 지수와 기준금리 인상 가능성

2019년 말~2020년 초에 기준금리 인상 가능성 있다.

일본 기준금리가 오르면 주요 통화에 대한 일본 엔화의 가치가 오르고,
일본 자산시장에 대한 매력도 상승하고(일본 경기 상승에 대한 방어적 차원에서 기준금리 인상하므로),
미국, EU, 일본의 기준금리 상승으로 신흥국 통화 가치 하락과 자금 이탈에 대한 두려움이 가중되고,
제로 금리로 빌린 엔화 자금의 금융 비용 상승으로 엔캐리 트레이드에 영향을 준다.

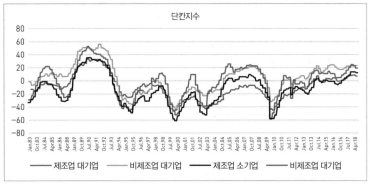

단칸지수가 플러스면 일본경제가 성장할 전망, 단칸지수가 마이너스면 일본경제가 위축될 전망이라는 의미

출처: WWW.TRADINGECONOMICS.COM

(Tankan) 일본의 기업 체감 경기 지수

단칸지수가 플러스이면 일본 경제가 성장할 것으로 전망한다는 뜻이다. 이 흐름대로 가면 2019년 말~2020년 초에는 일본도 기준금리를 인상해야 할 가능성이 크다.

필자가 유로존의 경제 상황을 지속적으로 추적한 결과 유로존은 미국의 경제 상황을 2년 정도 후행하고 있다. 다음 그림은 유로존 주요 관심 국가의 GDP 대비 정부의 재정 적자 비율이다. 독일은 계속해서 흑자를 유지하고 있고, 골칫덩어리 국가였던 이탈리아, 스페인은 적자폭이 줄고 있다. 독일과 함께 유로존을 떠받치고 있는 프랑스 정부의 재정적자 비율도 상당히 개선되고 있다. 이런 상황을 배경으로 유로존은 지금 양적완화 정책의 축소 및 중지 단계로 들어서고 있다. 그 다음의 행보는 기준금리 인상과 보호무역주의다.(참고로 유로존은 트

EU 주요국의 GDP 대비 재정적자 비율

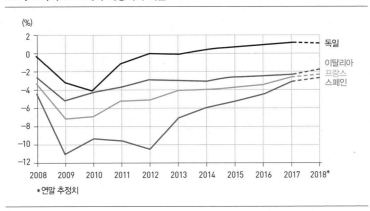

출처: Eurostat, European Commission Spring 2018 Economic Forecast

통화정책-EU 기준금리 추이

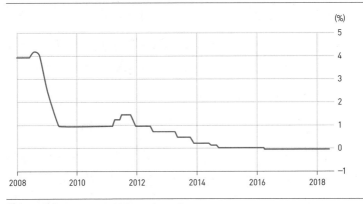

출처: WWW.TRADINGECONOMICS.COM

럼프의 미국과는 다르게 은근한 보호무역주의 태도를 보일 것이다)

　유럽과 일본의 경제 상황이 미국의 기준금리 인상, 중국의 경제성
장률 하락, 신흥국들의 위기와 맞물리면서 당분간 글로벌 경기는 하
강 추세로 접어들 가능성이 크다. 글로벌 경기가 하강하는 추세라고

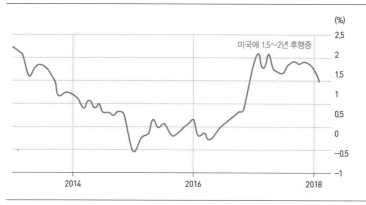

출처: WWW.TRADINGECONOMICS.COM

해서 2008년처럼 급격한 붕괴나 대침체로 가지는 않을 것이다. 글로벌 경기가 하강하더라도 일본과 유럽이 자신들의 행보를 바꿀 가능성은 적다. 지난 2~3년 동안 미국의 행보에서 경험한 것처럼, 이들 국가 역시 자국 내에서 발생하는 인플레이션 문제에 대한 선제적 대응이 신흥국이나 다른 나라의 경제 상황보다 더 시급하기 때문이다. 더욱이 글로벌 경기와 국제 물가가 서서히 하강하는 것은 경제가 회복 단계에 접어들고 있는 미국, 독일, 일본 등에게 나쁜 상황이 아니다. 수출 물량이 감소할 수는 있지만, 수입 물가가 안정되어 자국 내에서 추가적 투자를 일으킬 수 있으며 보호무역주의 정책으로 인한 충격의 상당 부분을 상쇄할 수 있기 때문이다. 문제는 금융위기에 직면해 있는 신흥국들과 가계 및 기업의 부채 부담이 지나치게 커지고 있는 한국과 중국이다.

다음의 그래프들을 통해서 국제 물가가 서서히 하락하고 있는 상황을 확인할 수 있다.

국제물가-구리 가격(선물) 추이

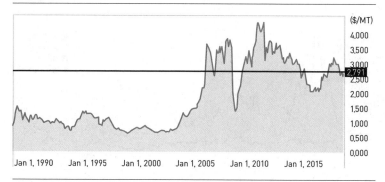

출처: www.investing.com

국제물가-구리 가격(선물) 최근 5년 추이

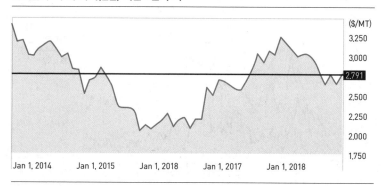

출처: www.investing.com

국제물가-광물 가격 추이

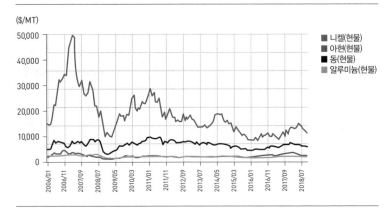

출처: 한국은행

국제물가-곡물 가격 추이

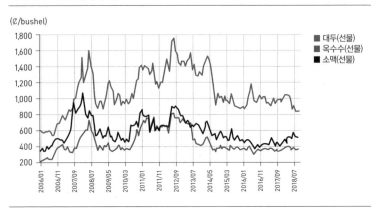

출처: 한국은행

글로벌 수출 증가율(Volume)

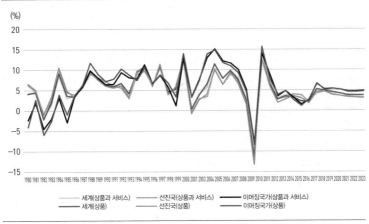

출처: WTO

국제물가-발틱운임지수 장기 추이

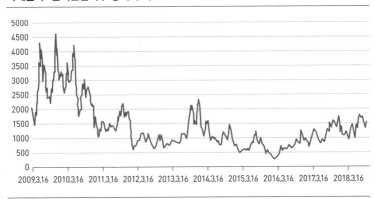

출처: http://www.quandl.com/data/LLOYDS/BDI-Baltic-Dry-Index

국제물가-발틱운임지수 최근 추이

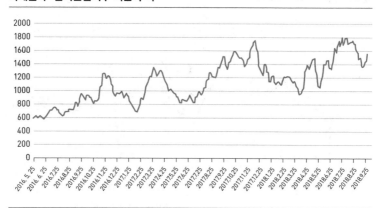

출처: http://www.quandl.com/data/LLOYDS/BDI-Baltic-Dry-Index

예견된 위기,
그 원인(5) 한국 성장 시스템의 한계

**한국, 성장의 한계에 도달한
시스템의 8가지 문제**

장기 저성장 가능성을 한국의 예견된 위기로 만드는 마지막 원인은 한국의 내부에 있다. 필자가 〈2030 대담한 미래〉에서 상세하게 분석하고 예측했던 '한국경제의 성장 한계limit to growth'다. 그 책에서는 2020년 한국의 기본 미래를 이끄는 '성장의 한계에 직면한 낡은 시스템'의 문제를 분석해 발표했다. 낡은 성장 시스템으로 인한 8가지 문제를 고치지 못할 경우 '장기 저성장'의 늪에 빠질 것이라고 예측했다. 불행하게도 예측은 점점 현실이 되고 있다. 시스템의 8가지 문제는 하나도 해결되지 않았고, 오히려 더 심각해졌다.

지금까지 우리에게 다가오는 장기 저성장의 위기 가능성을 현실이 되도록 영향을 주는 5가지 원인을 살펴봤다. 하나같이 단기적 처방이나 표면적 증상 치료로는 해결할 수 있는 문제가 아니다. 어떤 것은

> **낡은 성장 시스템의 8가지 문제**
> - 기존 산업의 성장의 한계
> - 종신고용붕괴
> - 저출산
> - 고령화
> - 제정적자 위기 심화
> - 경제성장률 저하
> - 부동산거품 붕괴
> - 정부의 잘못된 정책

거대하고, 어떤 것은 우리의 손을 떠났고, 어떤 것은 우리가 통제할 수 없는 영역에 있다. 하늘이 무너져도 솟아날 구멍이 있다는 속담에 한줄기 희망을 품어 보고 싶지만, 이제는 그렇지 않을 가능성에 더 비중을 두고 대비해야 할 때다. 필자의 예측으로는 금융위기는 물론이고 잃어버린 20년으로 표현되는 장기 저성장의 무서운 미래가 단순히 한번 생각해 볼 가능성에 그치지 않을 듯하기 때문이다.

3장

한국의
금융위기 가능성

금융위기
시나리오 점검

금융위기 시나리오
중국과 한국, 누가 먼저?
한국이 먼저 올 가능성이 더 크다

한국의 금융위기 가능성 시나리오를 더 깊게 살펴보자. 여기서 다시 분명히 짚고 넘어갈 점이 있다. 필자를 포함해서 그 누구도 정확하게 경제를 예측할 수 없다. 아마 예측의 정확도를 기준으로 학자의 업적을 평가한다면 노벨 경제학상 수상자 대부분의 상을 회수해야 할 것이다. 경제의 변동에는 복잡하게 얽히고설킨 채 운동하는 다양한 실물경제의 변수들이 작용하고, 냄비처럼 빠르게 끓었다 식었다 하는 인간의 심리가 영향을 미치기 때문이다. 정확하게 예측할 수 없으니 불확실한 미래에 대응하는 방법은 단 하나다. 다양한 시나리오를 구성하여 미리 생각하고, 시나리오별로 대응할 수 있도록 미리 준비해 두어야 한다. 행동으로 옮길 때는 이미 짜 놓은 시나리오를 바탕으로 하되 지속적으로 새로운 정보로 업데이트하여 한발 빠르게 미세 조정하면서 움직여야 한다.

한국의 금융위기 가능성에 대한 필자의 시나리오도 예언이 아니다. 생각의 지평을 넓히고 위기나 기회에 대응해서 한발 빨리 움직일 수 있도록 미리 준비하는 데 사용해야 한다. (참고로 이 책에서는 시나리오의 기본 틀과 미래 가능성을 분석할 수 있을 뿐 시시각각 변하는 실물경제와 경제 참여자들의 심리까지 반영하는 좀 더 미세한 시나리오 조정은 불가능하다. 책은 한번 발간하면 다음 책이 나오기까지 내용이 고정되기 때문이다. 만약, 좀 더 미세한 시나리오 조정의 내용과 과정을 실시간으로 보기를 원하는 독자가 있다면 필자가 매주 발간하는 보고서를 참조하라)

한국의 금융위기 발발 경로는 크게 세 가지다. 첫 번째 경로는 신흥국의 위기 후에 한국에서 금융위기가 발발하는 경로다. 이 시나리오는 미국 연준의 기준금리 인상 충격으로 중국이나 미국 자산시장보다 더 취약한 한국이 가장 먼저 무너지는 시나리오다. 신흥국의 위기 후에 한국의 금융위기가 발발하고, 그 다음 순서로 중국의 금융위기가 발발할 경우 한국은 두 번의 충격(한국과 중국의 금융위기)을 연달아 받기 때문에 그만큼 회복이 늦어질 것이다.

만약 한국의 금융위기가 이 경로를 따라 발발하면 위기가 시작될 수 있는 시점은 2019년 말이 된다. 금융위기의 중심 구간은 2020년 후반~2021년 후반 사이일 가능성이 크고, 2021년 후반~2023년까지는 위기 마무리 및 위기 수습 기간이 될 것이다. 중국이 한국 다음으로 금융위기를 겪더라도 한국은 이미 부채 축소가 완료된 상태이기 때문에 그 충격은 상당 부분 상쇄되어 나타날 가능성이 있다. 대신 위기 양상이 '깊고 넓은 U자형' 혹은 'W자형' 충격을 형성할 것이다.

이 시나리오를 구체적으로 전개해보면 이렇게 진행될 가능성이 크다.(이 시나리오는 필자가 이미 발표한 내용을, 진행 시기가 1~2년 정도 지연된

점과 그에 따른 상황 변화에 맞춰 재조정한 것으로, 단계별로 핵심만 간추려 설명한다) 미국이 본격적으로 기준금리 인상 속도를 높여 2018년 말에 미국의 기준금리가 2.25~2.5%에 이르면서 한국의 가계 부채라는 도화선이 뜨거워지기 시작했다. 참고로 5년 전 필자가 처음 시나리오를 발표했을 때는 금융위기 발발 시점에 가계 부채 총액이 1,500조원가량 될 것으로 예측했다. 그러나 한국의 가계 부채는 2018년 말에 이미 1,500조원을 넘었다. 여기에 개인사업자나 비영리단체의 부채와 깡통 전세자들의 피해 가능 규모까지 합하면 실질적인 가계 부채의 전체 규모는 2019년 말경에 2,000조원이 넘을 것이다.

지금은 위기감만 고조되는 수준이지만 미국의 기준금리가 2.75~3.0%에 이르면(2019년 말경으로 예상) 한국을 금융위기로 몰고갈 5개의 폭탄이 차례로 터지기 시작한다.(가계 부채는 도화선일 뿐이다. 한국을 금융위기에 빠뜨릴 뇌관은 기존 성장 시스템의 한계에 도달한 한국경제 그 자체다)

첫 번째 폭탄은 '기준금리 인상분'이다. 한국은행의 기준금리가 최소 3.25%에서 최대 4.5%까지 오르면서 금융위기의 중심부로 진입한다. 상업은행들의 금리는 한국은행의 기준금리보다 0.5%~1.0%가 높다. 따라서 가계나 기업이 부담할 제1금융권 금리는 최소 4.25%에서 최대 6.25%가 된다. 2~3%대에서 주택담보대출을 받은 가계는 최소 두 배에서 최대 세 배의 이자를 더 부담해야 한다. 한국은행 추정에 의하면 기준금리가 1%p 오를 때 6만 가구의 대출이 부실 위험에 빠진다. 기준금리가 3%p 오르고, 집값이 15% 하락하면 개인파산이 50% 증가한다.[1]

두 번째 폭탄은 '추가 이자 부담'이다. 부채 위기가 가중되면 금융권은 채무자가 위기를 얼마나 잘 견딜 수 있는지를 재평가하게 된다. 당연히 이자는 처음 빚을 낼 때보다 높아진다. 그만큼 추가 이자를 부담해야 한다. 제1금융권은 아주 엄격한 대출심사를 하게 된다. 많은 개인과 기업이 제2금융권, 제3금융권으로 밀려나게 된다. 시장금리는 제1금융권이 부과하는 추가 이자보다도 높게 오를 것이다.

세 번째 폭탄은 '금융권의 우량 자산 매각 압력'이다. 두 개의 폭탄이 터지면 금융권에도 불이 옮겨붙는다. 기준금리가 오르면서 과도한 부채를 안고 있는 기업의 상당수가 타격을 받고, 개인은 지불 능력을 상실하게 된다. 그만큼 금융권의 자산 부실화 가능성이 커지고, 그중 일부는 실제로 부실 채권으로 전환한다. 국제기관이나 정부도 금융권이 위기를 극복할 수 있을 정도로 자기자본 건전성을 올리라고 압력을 가한다. 부실채권은 늘어나는데 자기자본 건전성을 높이라는 압박이 커지면, 금융권은 자본 확충에 나서게 된다. 금융권이 자본을 확충하는 방법에는 외부 자본을 추가로 조달하거나 우량자산을 파는 두 가지가 있다. 기준금리가 인상되고 그 충격이 경제를 강타할 경우 신용이 경색될 것이라는 두려움이 퍼지면서 외부 자본의 조달은 어려워진다. 금융권은 우량자산을 팔아 자기자본 건전성을 높이는 쪽을 선택할 수밖에 없다. 금융권이 우량자산을 파는 대표적인 방법은 세 가지다. 대출 만기 연장 불허, 대출 원금의 일부 상환 요청, 그리고 추가 담보 요청이다. 이것이 세 번째 폭탄이다.

네 번째 폭탄은 '기업 매출 및 순수익의 하락, 개인의 급여 삭감 또는 실직'이다. 위기가 세 번째 폭탄까지 터지는 상황으로 발전하면 실물경제는 싸늘하게 얼어붙는다. 경기가 급속히 냉각되면 기업은 매출이 줄고 순수익도 준다. 개인은 월급이 깎이거나 구조조정 여파로 실직하게 된다. 자영업자의 파산도 급증한다. 이 단계가 되면 경기가 깊은 침체의 늪으로 빠지는 악순환이 시작된다. 더욱더 많은 기업이 파산하고, 더 많은 개인이 실직하게 된다. 매출과 순수익을 잃은 기업, 월급이 줄거나 실직한 개인들은 최대치까지 압박해오는 금융 압력을 견디기 힘들어진다.

다섯 번째 폭탄은 '신용등급 하락', '원금 분할 상환 도래', '자산가치 하락'이다. 개인, 기업, 국가의 신용등급이 하락하면 기업의 자본조달 비용이 증가한다. 2016년 이전에 주택담보대출을 받은 사람들은 이 시기에 원금 분할 상환 시기가 도래한다. 부동산 등 자산가치도 하락하기 시작한다. 주가가 하락하면 기업은 핫머니나 헤지펀드의 경영권 공격을 막아야 하는 부담까지 추가로 떠안게 된다.

다섯 개의 폭탄이 터지면 한국은 얼마나 견딜 수 있을까? 직관적으로도 오래 버티기 힘들다는 것을 알 수 있다. 2016년 말 기준, 한국 가계는 소득에서 원리금(이자 + 원금) 상환 금액이 차지하는 비율이 24%를 넘었고, 2020년 무렵에는 30%를 넘어설 것이라는 전망이 나온다.[2] 한국은 역사상 한 번도 초저금리에서 금리가 오르는 충격을 경험해 본 적이 없다. 학습한 적이 없기 때문에 다섯 개의 폭탄이 차례로 터질 수 있다는 예측이 거짓말처럼 들릴지도 모르겠다.

잠깐 1997년의 외환위기를 돌아보자. 당시 한국의 기준금리는 1998년 12월에 최고 15%까지 치솟았다. 같은 시기 미국 연준의 기준금리인 4.75%의 세 배가 넘었다. 하지만 당시 기준금리 15%의 실질적 부담은 상대적으로 크지 않았다. 1990~1997년 한국의 적정금리는 13.88%였고, 3년 만기 회사채(AA-) 금리가 14.52%였다. 1995년에 판매되었던 재형저축 상품의 약정 금리는 15~20%대였다. 2018년 현재 어느 은행을 가도 이런 엄청난 금리를 주는 저축상품은 없다. 외환위기가 발발하면서 시중금리가 23~25%를 오르내렸지만 금융권의 금리와 대비한 실질적 부채 부담률은 두 배 정도 커진 수준이었다. 이런 정도의 상황에서도 30대 그룹에서 17개가 탈락하고 많은 은행이 무너졌다. 그리고 120만 명이 직장을 잃었다.

앞으로 우리가 경험할 금융위기를 거치면서는 실질적 부채 부담률이 4~5배로 커질 것이다. 금리인상의 충격을 평가할 때는 몇 %p가 오르는지보다는 몇 배가 오르는지가 중요하다. 왜 그럴까? 개인이나 기업이, 돈을 빌려 쓰는 방식 때문이다. 예를 들어 보자. 금융권에서 개인이나 기업이 빌린 돈을 갚을 수 있는 합리적인 수준의 금융 비용은 수입의 30% 정도다. 원금과 이자를 합쳐서 월 순수입의 30%를 넘으면 경제적 충격이 올 경우 부채를 갚지 못할 가능성이 커진다. 월급이 400만원이라면 30%인 120만원 정도가 합리적인 최대 금융 비용 부담이라는 뜻이다. 그런데 2018년 은행금리는 특별한 경우를 제외하면 3%대를 넘는다. 계산의 편의를 위해 대출 이자가 3%라고 가정해보자. 자신이 감당할 수 있는 금융비용이 월 150만원이라면 금리가 15%이든 3%이든 똑같이 최대 감당 비용인 120만원에 맞춰서 대출을 받게 된다. 그래서 월 부담금 120만원에 맞춰 10년 만기에 원리금 균등상환 조건으로 대출받을 경우, 금리가 15%이면 가능한 대출 원금은 약 7,480만원이 되고, 3%의 금리라면 1억 2,500만원이 된다. 이렇게 금리 차이에 따라 대출 규모가 달라지게 되므로 초저금리에서 금리가 인상되면 충격은 훨씬 커진다. 금리 인상의 폭(%p)보다 배율이 중요한 이유다.

필자는 '가계부채'가 한국 금융위기의 도화선이고, 뇌관은 '한국의 국가 및 경제사회 시스템 전반의 성장의 한계'라고 본다. 그러나 내부에서 위기 수준이 계속 높아져도 이를 촉발하는 방아쇠가 없으면 금융위기는 자동적으로 쉽게 터지지 않는다. 필자는 한국 금융위기의 방아쇠가 될 수 있는 약 5가지의 주요 사건 가능성을 면밀히 추적 중이다. 내부적 사건으로는 부동산 가격의 가파른 하락으로 인한 금융기관의 파산, 한국은행의 '급격한' 기준금리 인상이다. (참고로 1997년처럼 대기업의 파산 가능성은 적다) 외부적 사건으로는 미국의 '급격한' 기준금리 인상, 미국 주식시장의 대조정, 중국의 금융위기다. 지금 진행되고 있는 신흥국의 금융위기는 간접적 변수일 뿐이고 한국 금융위기를 직접 촉발하는 방아쇠는 아니다.

BRICS. 빠른성장을 보이는 신흥 경제5국을 일컫는용어.
브라질. 러시아. 인도. 중국. 남아프리카

또 다른 시나리오,
중국이 먼저 금융위기 맞을 경우

중국이 먼저 금융위기에 빠질 경우
한국 금융위기 발발의 직접 원인이 된다.

다른 시나리오는 중국의 금융위기가 한국보다 먼저 발발하는 경로다. 스위스 투자은행인 UBS는 미중 무역전쟁의 여파가 2018년 하반기 중국경제에 충격을 주기 시작했기 때문에 2019년의 경제성장률이 지난 29년 내에 최저인 5%대로 주저 앉을 것이라고 예측했다.[3] 따라서 전혀 불가능한 시나리오가 아니다. 이럴 경우 중국의 금융위기가 주는 충격이 아주 크기 때문에 곧바로 한국도 금융위기에 빠질 가능성이 있다. 한국의 입장에서는 한 번에 두 가지 금융위기의 충격을 거의 동시에 맞는 경우다. 당연히 충격은 배가 될 것이다. 충격의 형태도 '깊은 V자형'이 될 가능성이 크다.

중국에서 금융위기가 발발할 가능성도 필자가 이미 오래 전에 예측하고 경고한 내용이다. 금융위기를 맞는 순서가 한국이 먼저일지, 중국이 먼저일지, 그 순서에 초점을 맞춰서 다시 한번 그 가능성을 점검해 보자.

다음 그래프들은 필자가 중국의 경제 현실을 정리한 내용과 세부 지표들을 보여주는 그래프들이다.

중국의 현실

- 제조업: 수익률 하락, 경영 악화, 좀비기업 증가 중 - 철강, 조선, 정유, 석탄, 자동차 등의 공급 과잉과 경영 부실
- 수출: 앞으로 4~5년 동안 유럽 소비시장 정체 지속, 미국 보호무역주의 강화, 신흥국 침체
- 투자: 부동산 건설 투자 의존도 너무 높고, 부동산 버블 증가 중
- 부채: 세계2위 규모(총 부채 규모- 2008년 GDP 대비 155% → 2015년 260%. 이는 전 세계 GDP의 40%)
  - 기업 부채(2015년 GDP 대비 171%) 2014년 기준 중국 상위 1000개 기업 중 16% 좀비기업
  - 은행 여신 중 무수익 여신(부실 가능 대출)은 2016년 기준 1조 3천억 달러(2.15%). 총대출의 5%일 것으로 추정. 숨겨진 악성 부채가 통계보다 10배 이상일 것이라는 추정도 있음
  - 2007년부터 2016년까지 세계 부채 증가액의 43%를 중국이 차지
- 정부 재정적자 지속 중
- 인구 구조 변화
  - 2015년 18~35세 노동인구 감소, 베이비부머 은퇴 시작
- 2009년 실질 실업자 약 2억 명(약 20% 수준. 원자바오 총리의 발언)
- 부의 불균형 분배 심화
  - 단기간에 내수 소비를 올리는 것은 거의 불가능
  - 중국의 0.4%가 중국 전체 자산의 70%를 소유(중국 주간지 〈스다이저우바오〉)

- 저축

  중국 가정금융조사연구센터의 2015 가정금융보고에 따르면[4]

  - 조사대상 8천 가구 가운데 55%는 아예 저축이 제로
  - 상위 10% 가계의 저축이 총저축 금액의 74.9%
- 가장 큰 문제: 중국 노동경쟁력 약화
  - 2016년 생산성 반영한 중국 노동 비용은 미국과 비교해서 4% 정도 낮은 수준으로 평가됨(영국 옥스퍼드대 산하 연구소 옥스퍼드 이코노믹스의 평가)
  - 미국 제조업체 1인당 노동생산성은 2003년부터 2015년까지 약 40% 상승(같은 기간 독일 25%, 영국 30% 상승), 유연한 노동시장, 값싼 에너지, 거대 내수시장의 혜택으로 경쟁력 상승
  - 같은 기간 중국 임금 상승률이 생산성 증가율을 추월 + 위안화 강세로 중국 단위 노동 비용은 미국과 4% 차이로 축소됨
  - 선진국 기업들은 베트남, 인도네시아 등 동남아로 공장을 이전하거나 본국으로 리쇼어링(AI, 로봇 영향)[5]
- 중국 외국환 표시 채권의 80%가 미국 달러화에 연동(국제결제은행 추산) 미국의 기준금리 인상으로 달러화 대비 위안화 가치가 하락할수록 중국 기업은 빚 갚기가 더 힘들어짐. 위안화 가치 하락이 지속될 경우 외국 자본과 중국 자본의 탈출 가속화 가능성

중국 기업 경쟁력 약화(수출)

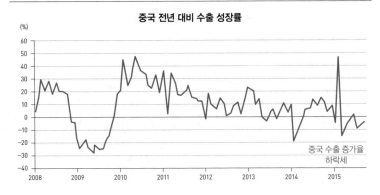

중국 전년 대비 수출 성장률

(%)

중국 수출 증가율
하락세

중국 전년 대비 산업생산 증가율

(%)

제조업 산업생산 증가율
하락세

전기 생산 증가율
하락세

출처: CEIC, Standard Chartered Research

중국 기업 경쟁력 약화(소비 시장)

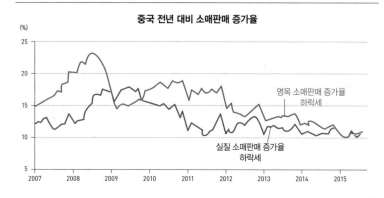

중국 전년 대비 소매판매 증가율

(%)

명목 소매판매 증가율
하락세

실질 소매판매 증가율
하락세

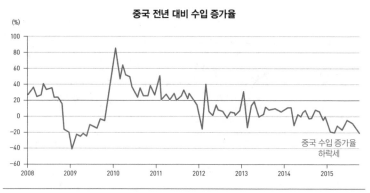

중국 전년 대비 수입 증가율

(%)

중국 수입 증가율
하락세

출처: CEIC, Standard Chartered Research

중국 무역수지(최근 10년)

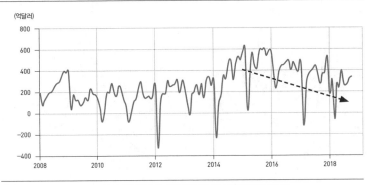

출처: TRADINGECONOMICS.COM | GENERAL ADMINISTRATIONS OF CUSTOMS

중국 임금 상승

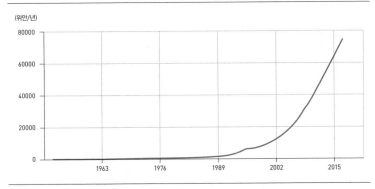

출처: TRADINGECONOMICS.COM | MOHRSS, CHINA

중국 GDP 성장률(분기)

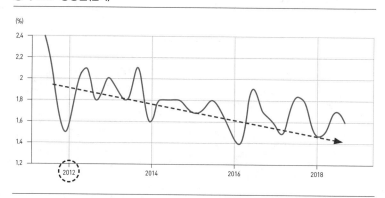

출처: TRADINGECONOMICS.COM | NATIONAL BUREAU OF STATISTICS OF CHINA

중국 GDP 성장률(연간)

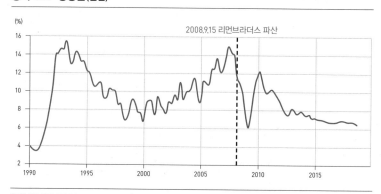

출처: TRADINGECONOMICS.COM | NATIONAL BUREAU OF STATISTICS OF CHINA

중국 최저임금 – 10년 동안 3배 상승

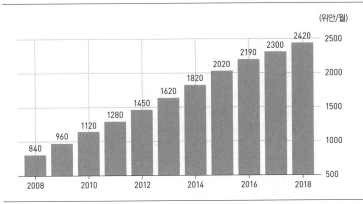

출처: TRADINGECONOMICS.COM | MINISTRY OF HUMAN RESOURCES AND SOCIAL SECURITY

중국 제조업 신규 수주 지수

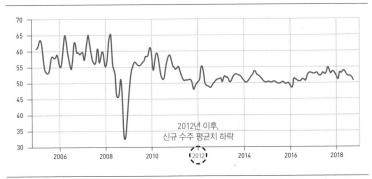

2012년 이후,
신규 수주 평균치 하락

출처: TRADINGECONOMICS.COM | NATIONAL BUREAU OF STATISTICS OF CHINA

중국 제조업 재고 변화

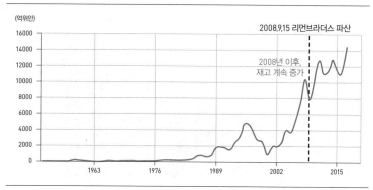

(억위안)

2008.9.15 리먼브라더스 파산

2008년 이후,
재고 계속 증가

출처: TRADINGECONOMICS.COM | NATIONAL BUREAU OF STATISTICS OF CHINA

중국 제조업 PMI

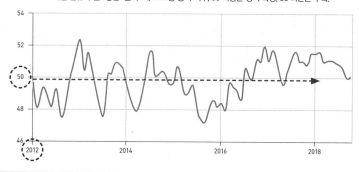

구매 관리자 지수(Purchasing Manager's Index):
기업 신규 주문·생산·출하·재고·고용 등의 지수, 50 이상은 경기 확장, 50 미만은 수축.

출처: TRADINGECONOMICS.COM

중국 서비스 PMI

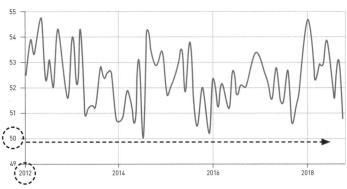

2012년 이후, 제조업 PMI는 50 미만이 잦았고,
서비스 PMI는 50 이상을 유지하면서 중국경제를 견인함.

출처: TRADINGECONOMICS.COM

중국 수출

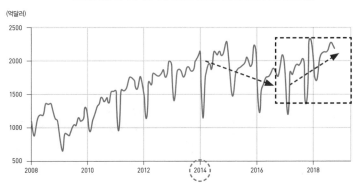

2014년 이후 계속 하락하다가, 근래에 위안화 가치 하락으로 수출 규모 상승.

출처: TRADINGECONOMICS.COM | GENERAL ADMINISTRATIONS OF CUSTOMS

중국 위안화 가치

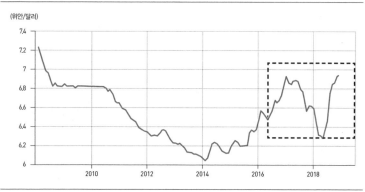

(위안/달러)

출처: TRADINGECONOMICS.COM | OTC INTERBANK

중국 무역수지

신흥국 위기, 미국 보호무역주의, 중국 기업의 인건비 상승 등으로
위안화 가치 하락으로 수출가격이 상승했음에도 무역수지 악화

출처: TRADINGECONOMICS.COM | GENERAL ADMINISTRATIONS OF CUSTOMS

중국 GDP 대비 경상수지

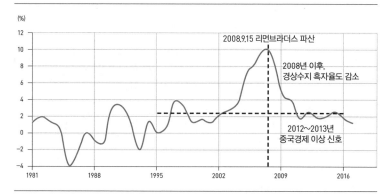

출처: TRADINGECONOMICS.COM | STATE ADMINISTRATION OF FOREIGN EXCHANGE, CHINA

중국 산업별 GDP 증가율

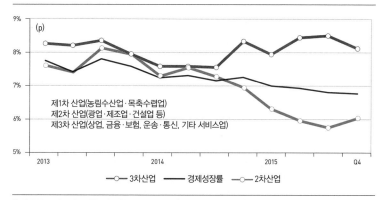

출처: 중국 국가통계국, 한국감정원, 부동산 포커스(Real Estate Focus) 2016. 06. Vol.97. p.61.

중국 GDP 대비 정부 재정 수지

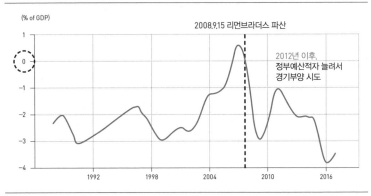

출처: TRADINGECONOMICS.COM | MINISTRY OF FINANCE OF THE PEOPLE'S REPUBLIC OF CHINA

중국 GDP 대비 정부 부채 추세

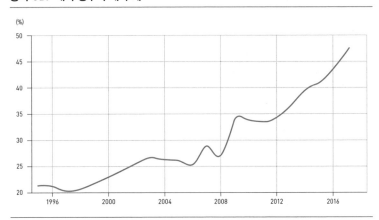

출처: TRADINGECONOMICS.COM | IMF

각종 지표를 통해 확인할 수 있는 것은, 중국의 성장엔진인 수출 기업에 문제가 생기면서 2012년 무렵부터 이상 징후가 속출하고 있다는 점이다. 그럼에도 중국이 거대한 경제 규모를 지탱하며 높은 성장률을 기록할 수 있었던 것은 부채와 저금리 덕분이다. 특히 상업 영역의 막대한 부채와 가계 부채를 기반으로 한 부동산 버블이 심각하다. 중국은 지금 '민스키 모멘트'(부채 확대에 의한 호황이 끝난 뒤 부채를 감당할 수 없게 된 채무자들이 건전한 자산까지 팔아치움에 따라 자산가치가 폭락하고 금융위기가 시작되는 시기) 구간으로 진입 중이다. 중국의 기업, 가계, 정부의 부채 및 숨겨진 부채(그림자 금융)를 전부 합한 총부채는 2004~2007년 사이 GDP 대비 170~180%(신흥국가 평균치 수준)에서 2008년 금융위기 발발 후부터 급증세가 이어지면서 2018년 기준으로 최대 300%를 넘을 것으로 추산된다. 우리가 중국의 부채 위험을 주시해야 할 이유 중 하나는 '위기는 유동성 증가 속도가 감소하는 시점부터 시작'되기 때문이다.

다음의 그림에서 보듯 중국은 상위 1천 개 기업 중에 16%가 좀비 기업일 정도로 매우 높은 부채 레버리지로 버티고 있는 기업의 비율이 세계에서 가장 높다. 2018년 기준으로 중국 기업이 보유한 달러 외채만 3조달러가 넘는 것으로 추정된다. 중국 정부가 발표하는 공식 통계보다 세 배가 많은 수준이다.

홍콩에 있는 다이와증권사 이코노미스트 케빈 라이는, 중국 수출 기업이 2008년 이후에 조세 포탈 지역인 케이먼 제도, 홍콩, 싱가포르를 통해 막대한 달러 외채를 끌어 쓴 것으로 분석했다. 그는 특히 중국 2위 부동산 개발회사인 에버그란데, 금융과 부동산 사업을 하는 HNA가 초저금리에 달러 자금을 빌려서 중국 부동산에 공격적으로

중국 GDP 대비 총부채

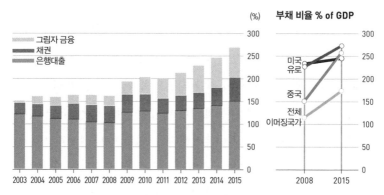

(%) **부채 비율 % of GDP**

그림자 금융
채권
은행대출

미국
유로
중국
전체
이머징국가

2016년 〈이코노미스트〉는 중국은행 여신 중 무수익여신(NPL)이 총대출의 최대 5.5% 정도일 것으로 추정(소형은행의 경우 10%까지 이를 것으로 추정)

출처: People's Bank of China; National Bureau of Statistics; ChinaBondl BIS; The Economist

투자하면서 부동산시장에 큰 버블이 형성된 것으로 본다.[6] 중국 부동산 개발업체들이 기존 채권의 상환을 위해 향후 12개월 이내에 발행해야 하는 채권의 규모는 중국 내에서 348억달러, 역외에서 179억달러에 이르는 것으로 추정된다.[7]

2017년 말 기준으로 공식적으로 집계되는 중국의 총부채는 32조 4천억달러이고, 이 중에서 18.51%(6조달러)는 정부 부채, 18.82%(6조 1천억달러)는 가계 부채, 나머지 62.65%(20조 3천억달러)는 기업 부채다. 당연히 미국의 기준금리가 계속 인상되고 중국의 환율 변동성이 커지면 위기 가능성은 더 커진다.

중국 정부도 지방정부 부채, 기업 부채 문제를 심각하게 인식하고 있어서 관리에 나섰다. 그러나 경착륙을 우려하여 부동산 대출은 조이지 못하고 있다. 주택 건설을 제외한 대부분의 영역에서 은행 대출

중국 기업 부채의 위험성

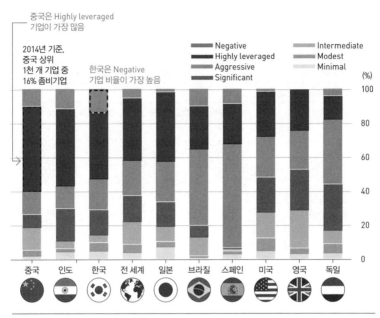

출처: BIS; S&P Global Ratings; Thomson Reuters Datastream; EPFR Global

을 줄이고, 은행과 보험감독기구를 통합하여 제2금융권 및 그림자금 융에 대한 감시를 강화함으로써 시중 유동성을 축소하고 있다. 실제 로 부채 규모는 증가하고 있지만 증가 속도는 점점 떨어지고 있다. 그 러나 이 결과는 정부의 관리 효과 외에도 시장 스스로 부채 증가의 한계에 도달했기 때문일 가능성도 충분하다.

그런데 부채 증가 속도가 낮아지면서 여기저기에서 부작용이 발생 하기 시작했다. 대기업 부도율이 상승하고, 은행 부실도가 증가하며, 일부 지방정부에서 재정난으로 공무원 급여를 지급하지 못하는 사태 가 발생하고 있다. 2018년 중국 기업의 채무불이행 규모는 사상 최대

지역별 부채 리스크와 관세 충격

대미 무역 마찰로 고율 관세가 지속될 경우 광동 등 해안 지역이 무역 위축에 더 취약하다.
반면, 경제 성장의 둔화는 일부 중서부 지역의 부채 스트레스를 가중시킬 것이다.

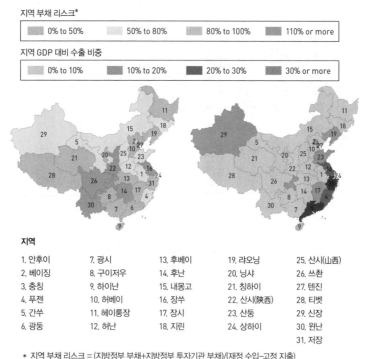

지역 부채 리스크*

| 0% to 50% | 50% to 80% | 80% to 100% | 110% or more |

지역 GDP 대비 수출 비중

| 0% to 10% | 10% to 20% | 20% to 30% | 30% or more |

지역

1. 안후이	7. 광시	13. 후베이	19. 랴오닝	25. 산시(山西)
2. 베이징	8. 구이저우	14. 후난	20. 닝샤	26. 쓰촨
3. 충칭	9. 하이난	15. 내몽고	21. 칭하이	27. 톈진
4. 푸젠	10. 허베이	16. 장쑤	22. 산시(陝西)	28. 티벳
5. 간쑤	11. 헤이룽장	17. 장시	23. 산둥	29. 신장
6. 광동	12. 허난	18. 지린	24. 상하이	30. 윈난
				31. 저장

* 지역 부채 리스크 = (지방정부 부채+지방정부 투자기관 부채)/(재정 수입-고정 지출)

출처: WWW.STRATFOR.COM

를 기록했다. 2018년 상반기에만 중국 기업의 회사채 디폴트 규모가
165억위안으로 역대 연간 디폴트 최대치(2016년 207억위안)의 80%에
도달했다. 중국 증시도 계속 등락을 반복하고 좀처럼 상승하지 못하
기 때문에 넘쳐나는 유동성이 현재는 부동산 시장으로 쏠리고 있다.
중국이 기준금리를 인상할 경우 상업 영역의 부채 축소뿐만 아니라
부동산시장도 큰 충격을 받을 가능성을 높이고 있는 것이다.

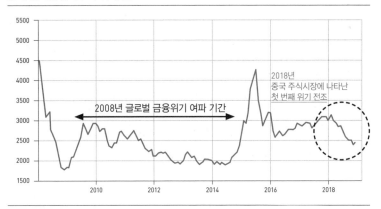

2008년 글로벌 금융위기 여파 기간

2018년
중국 주식시장에 나타난
첫 번째 위기 전조

출처: TRADINGECONOMICS.COM | OTC/CFD

　필자는 처음 중국의 금융위기 가능성을 예측할 때 2017년 무렵과 2018년 무렵에 두 차례의 자산시장 충격이 있을 것이라고 예측했다. 그것은 중국경제의 부채 문제가 미국의 기준금리 인상과 보호무역주의, 그리고 글로벌 경기 변동과 맞물려 대위기로 발전하기 전에 나타나는 전조와 같은 현상이라고 보았다. 하지만 필자가 예측한 두 차례의 중요한 전조 중에 하나만 나타났다. 바로 2018년의 중국 자산시장 충격이다. 아직 발생하지 않은 다른 한 번의 충격은 어쩌면 2019년 말~2020년 초에 발생할 가능성이 있다. 두 차례의 전조가 필자의 처음 예측보다 늦어진 이유는 앞에서 설명한 것처럼 외부 상황에 새로운 변수가 발생했기 때문이다. 브렉시트로 인해 미국 연방준비은행의 기준금리 인상 속도가 약간 늦춰졌고, 그로 인해 한국과 중국의 금융위기 발발 가능성에 영향을 미치는 요소들의 운동 속도도 함께 1~2년 정도 늦춰졌다.

　그런데 중국에 두 번째 전조가 나타나지 않고 곧바로 금융위기로 진입할 수도 있지 않을까? 사실 중국의 현재 상황을 보면 불가능한 시나리오는 아니다. 그러나 필자는 확률적으로 그럴 가능성이 낮다고 본다. 한국보다는 중국이 정치적으로나 경제적으로 버틸 수 있는 힘이 좀 더 크고, 미국의 기준금리 인상과 일본 및 EU의 기준금리 인상이 줄 충격도 아직 나타나지 않았기 때문이다. 그럼에도 한국보다 중국에서 먼저 금융위기가 발발한다고 가정하고 검토하는 이유는 미래 가능성에 대한 통찰력을 높이기 위해서다.

03
최악의 시나리오,
그 가능성은?

한국 금융위기 → 미국 주식시장 재조정 → 중국 금융위기가 중첩되면
V 혹은 W자형 반등보다는 L 자형 충격 장기화.
한국 금융위기 중심부에 중국 금융위기 초반부가 겹칠 가능성이 커지고 있다

마지막으로 한국에게는 최악의 시나리오가 될 경로도 있다. 한국의 금융위기가 발발한 후에 미국 주식시장에 큰 폭의 재조정 기간이 도래하고, 그 여파로 중국의 상업 영역 부채와 부동산 버블이라는 뇌관에 충격이 가해지면서 중국의 금융위기가 촉발되는 경로다. 시간적으로 한국의 금융위기 중심부와 미국의 재조정 위기 초반부가 겹치고, 미국의 위기 중심부와 중국의 금융위기 초반부가 겹치는 이 시나리오는 확률적 가능성이 낮지 않다. 한국에서 가장 먼저 금융위기가 발발하는 첫 번째 시나리오와 비슷한 수준의 확률적 가능성을 가진다. 이 순서대로 위기가 전개될 경우 한국경제는 가장 큰 충격을 받게 된다. 충격 형태도 침체가 오랫동안 지속되는 '깊은 L자형' 일 가능성이 크다.

다우지수 최근 추세

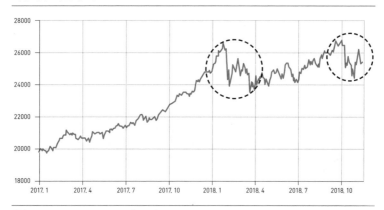

출처: TRADINGECONOMICS.COM | OTC/CFD

미국 주식시장의 재조정 가능성은 현재 투자자들이 조만간 올 충격이라 여기고 준비하고 있는 사안이다. 미국의 경기가 2019~2020년에 서서히 식기 시작하여 2021년부터 침체기로 들어설 가능성 또는 기준금리 인상 속도가 빨라지면서 미국의 10년물 장기국채 금리가 5%를 넘어서며 주식시장에 충격을 줄 가능성에 근거를 두는 시각이다.[8] 필자 역시 어떤 원인으로든 미국 주식시장이 한번은 크게 재조정을 겪을 가능성이 아주 크다고 본다. 2018년에 미국 주식시장은 두 번의 조정을 거쳤다. 그러나 2018년의 두 차례 조정은 본격적인 대조정이 아니라 그 전조일 가능성이 크다. 대조정이라고 평가할 만큼 조정의 폭이 크지 않았기 때문이다.

큰 폭의 재조정 수준이 될지 아니면 또 다른 대폭락이 될지가 미국 주식시장이 안고 있는 가장 큰 불확실성이다. 이를 분석해보자. 가처분소득 대비 미국인의 순자산 비율이 사상 최고(6배 이상)로 치솟았던 1999년과 2006년 이후의 버블 붕괴 사례를 포함하는 다음의 그림을

미국 가계 가처분소득 대비 순자산 비율

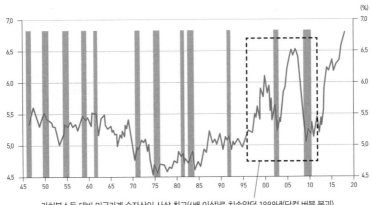

가처분소득 대비 미국가계 순자산이 사상 최고(6배 이상)로 치솟았던 1999년(닷컴 버블 붕괴),
2006년(부동산 버블 붕괴) 이후 버블 붕괴 사례

출처: Federal Reserve Board, Haver Analytics, NATIXIS
https://news.naver.com/main/read.nhn?mode=LSD&mid=sec&sid1=104&oid=015&aid=0003910507

다우지수

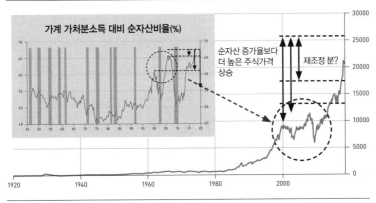

출처: TRADINGECONOMICS.COM | DOW JONES

보자. 그리고 가처분소득 대비 순자산의 비율과 다우지수의 추세를
비교한 그림도 함께 보자. 2008년 버블 붕괴 이후 미국 주식시장은

거침없이 상승했고, 현재 가처분소득 대비 미국인의 순자산 비율이 사상 최고(6배 이상)를 넘어섰다. 앞으로 재조정이 일어난다면 세 가지 가능성이 있다.

첫째, 2008년 붕괴 전의 지점까지 하락하여 버블분을 걷어내는 시나리오
둘째, 2000년 버블 붕괴 전의 지점까지 버블분을 걷어내는 시나리오
셋째, 2000년 버블 붕괴 지점 밑으로 하락하는 대폭락 시나리오

다음 그림은 미국의 시중 통화량을 기준으로 재조정분에 대한 가능성을 추정한 시나리오다. 그림에서 보듯이 미국의 시중 통화량이 급격하게 팽창하여 통화량의 과잉이 급격하게 발생한 시점은 2009년이었다. 2008년 금융위기를 맞아 미국경제의 붕괴를 막기 위한 연준의 조치 때문이었다. 이렇게 풀린 시중 통화량은 2010년 말 무렵까지 조금 수그러들다가 2011년 중후반부터 다시 상승하기 시작했다. 2015년 12월 기준금리 인상을 단행하면서 다시 본원통화량을 줄여나갔지만 시중통화량의 상승세는 좀처럼 수그러들지 않고 있다. 이렇게 형성된 시중통화량의 과잉분 중 상당 부분이 주식시장으로 들어가서 자산 버블을 만들었다. 필자의 추정으로는 정상보다 약 20~25% 정도 과잉통화량이 쌓여 있는 듯하다. 따라서 시중통화량을 기준으로 추정하면 미국 주식시장이 약 20~25% 정도 가격 재조정을 받을 가능성이 있다.(그림에서 비교해서 분석했듯이 중국의 과잉통화량은 미국보다 훨씬 더 많다는 점이 뚜렷하게 나타난다)

미국의 각 경제 주체별 부채 증가 추이를 기준으로 추정해 볼 수도

시중통화량-미국, 중국 광의통화 추이

미국 광의통화
20% 정도 초과

미국은 본원통화량을 줄여도 광의통화량은 계속 증가 중.

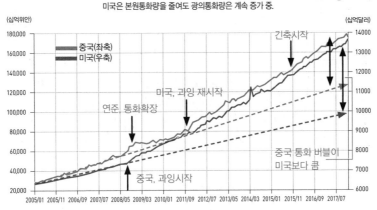

(십억위안)

- 중국(좌축)
- 미국(우축)

긴축시작

미국, 과잉 재시작

연준, 통화확장

(십억달러)

중국 통화 버블이
미국보다 큼

중국, 과잉시작

출처: 한국은행, TRADINGECONOMICS.COM | DOW JONES

시중통화량에 따른 다우지수 추이

과잉분
미국 주식시장 유입

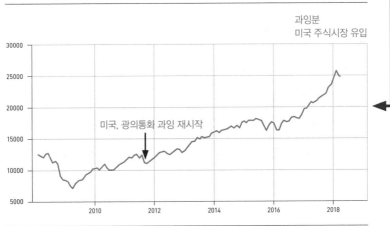

미국, 광의통화 과잉 재시작

출처: 한국은행, TRADINGECONOMICS.COM | DOW JONES

미국 부채

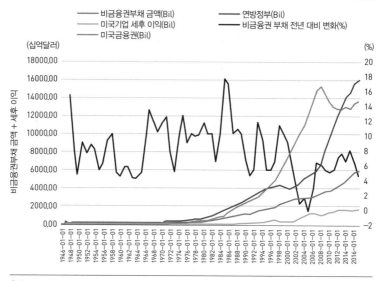

비금융권부채 금액(Bil)
미국기업 세후 이익(Bil)
미국금융권(Bil)
연방정부(Bil)
비금융권 부채 전년 대비 변화(%)

(십억달러)

비금융권 채권자금 차입 + 잔액 이익

출처: WWW.QUANDL.COM

있다. 위 그림에서 맨 아래의 선이 미국 기업의 세후 이익 증가 추세
다. 아래에서 두 번째 선은 비금융기업의 부채 증가 추세다. 2012년 이
후 이익 증가 속도는 완만해진 반면 부채 증가율은 좀 더 빨라졌다.
비금융기업의 전년 대비 부채 증가율이 2016년 이후로 줄어든 것은
긍정적인 요인이다.

  이런 기준들을 비교해서 추정해 보면 미국 주식시장에서 큰 폭의
재조정이 일어난다면 15~20%의 하락에 기간은 1.5~5개월 정도 지
속될 가능성이 가장 크다. 하지만 대폭락이 일어나서 30~40%선까
지 하락하고 침체 기간도 1~1.5년 정도 진행될 가능성 또한 완전히
배제할 수는 없다.

  큰 폭의 재조정 또는 대폭락이 일어나면 그 이후 미국의 경제 상황

미국, 텍사스 좀비은행 비율

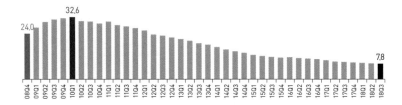

출처: HTTP://WWW.BANKREGDATA.COM/ALLAQMET.ASP?MET=TXR

과 주식시장은 어떻게 될까? 다행인 것은 다음 그림처럼 미국 내 좀비 은행 비율이 계속해서 낮아지고 있기 때문에, 주식시장의 재조정 또는 대폭락이 일어나도 미국경제의 시스템 위기로 전이될 가능성은 낮다.

아직은 미국경제가 세계 1위 자리를 내줄 시점이 아니다. 따라서 미국 주식시장은 큰 폭의 조정이든 대폭락이든 상관없이, 시간이 지나면서 정상적인 상승 국면으로 재진입하는 데 성공할 가능성이 확실하다. 지난 100년에 걸친 미국 주식시장의 상승 과정이 이를 잘 보여준다. 2008년 금융위기 이후 가장 먼저 회복하여 상승한 것도 위기의 진원지였던 미국 주식시장이었음을 생각해보라. 더욱이 필자의 예측으로는 2023~2025년을 지나면서 미국경제가 새로운 성장기를 맞을 가능성이 크다.

지난 100년, 미국 주식시장 사이클

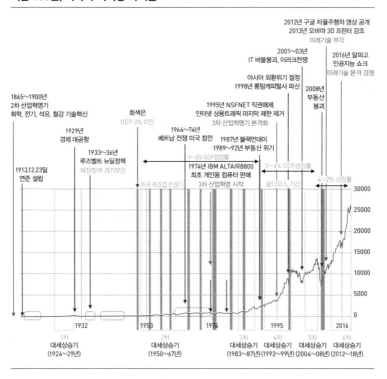

2012년 구글 자율주행차 영상 공개
2013년 오바마 3D 프린터 강조
미래기술 부각

2001~03년
IT 버블붕괴, 이라크전쟁

2016년 알파고
인공지능 쇼크
미래기술 본격 경쟁

아시아 외환위기 절정
1998년 롱텀캐피털사 파산

2008년
부동산
붕괴

1865~1900년
2차 산업혁명기
화학, 전기, 석유, 철강 기술혁신

1995년 NSFNET 직권해제
인터넷 상용트래픽 마지막 제한 제거
3차 산업혁명기 본격화

회색은
GDP 0% 미만

1929년
경제 대공황

1964~74년
베트남 전쟁 미국 참전

1987년 블랙먼데이
1989~92년 부동산 위기

1933~36년
루즈벨트 뉴딜정책
재정정책 경기부양

2~4% GDP성장률

1974년 IBM ALTAIR8800
최초 개인용 컴퓨터 판매
3차 산업혁명 시작

5~4% GDP성장률
골디락스 기간

4~2% 성장률

1913.12.23일
연준 설립

미국 제조업 전성기

30000

25000

20000

15000

10000

5000

0

1932   1953   1974   1995   2016

1차
대세상승기
(1924~29년)

2차
대세상승기
(1950~67년)

3차
대세상승기
(1983~87년)

4차
대세상승기
(1992~99년)

5차
대세상승기
(2004~08년)

6차
대세상승기
(2012~18년)

④

핫머니가 노리는
중국의 아킬레스건

미국 재조정 후,
중국의 금융위기 발발

중국에서 본격적인 금융위기가 발발하기 전에 최소 한 번 더 전조 신호가 나타날 가능성에 대해 검토해보자. 만약 전조가 미국 주식시장의 재조정 전에 일어난다면 외화 유동성 위기가 부각되며 발생할 충격 때문일 것이다. 다음의 중국 외환보유액 변동 추세와 대외 부채 변화를 보여주는 그래프를 보자. 현재 중국의 외환보유액은 3조달러를 넘는다. 규모로 보면 엄청난 금액이지만, 중국경제 규모를 고려한 IMF의 표준권고량(2조 5천억달러)을 기준으로 평가한다면 크게 많은 것은 아니다. 3조달러의 외환보유액 중에서 1조달러는 위기 발생시 단기간에 유동화할 수 없기 때문이다.

중국의 대외 부채는 2010년 이후 외환보유액 상승폭보다 더 큰 폭으로 상승했다. 중국에서는 한 해 5천억달러 정도 외환보유액이 감소한 사례도 두 번이나 있다. 중국 내 금융위기 상황이 아니더라도 위기

중국 외환보유액 추세

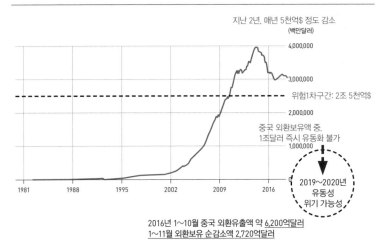

2016년 1~10월 중국 외환유출액 약 6,200억달러
1~11월 외환보유 순감소액 2,720억달러

중국경제 규모를 고려한 IMF 표준권고 규모는 달러를 제외한 외환 표시 자산 가치 하락분,
단기 외채상환분, 배당의 해외 송금준비금, 수출입 대금 등을 포함해서 2조 5천억달러 정도

중국 대외 부채 추세

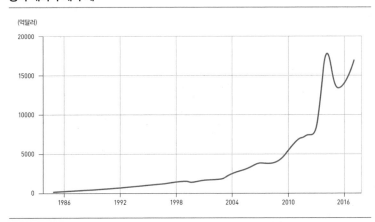

의 전조가 발생하거나 외부 상황이 악화되면 최소 3천억달러에서 최대 5천억달러는 한 해에 빠져나갈 수 있다는 의미다.

더 고려해보아야 할 점은 미중 무역전쟁의 여파가 1~2년 더 지속되면서 중국의 경제성장률이 둔화하고, 미국의 기준금리 인상이 2년 정도 더 이어지고, 일본과 유럽의 기준금리 인상이 시작되고, 신흥국의 경제상황이 좀 더 악화되는 상황이 한 시점에 중첩될 가능성이다. 이런 시점에 헤지펀드가 중국의 위안화를 공격한다면 중국 당국은 달러를 외환시장에 풀어 환율을 방어해야 한다. 그 과정에서 중국의 유동성 위기가 현실이 될 수 있다. 아래는 미국의 헤지펀드가 위안화를

중국 대외 부채 추세

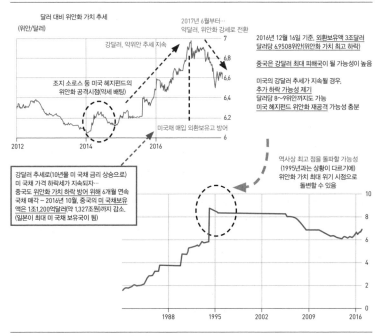

출처: TRADINGECONOMICS.COM | OTC INTERBANK

공격했던 사례다.

시장이 패닉에 빠지지 않는 수준의 위안화 약세는 중국에게도 나쁘지 않다. 수출 기업에 유리하게 작용하기 때문이다. 하지만 과도한 위안화 약세는 달러화 자금의 '대량 유출'을 불러와 중국경제의 경착륙과 금융 시스템 위기로 번질 수 있다. 일부 전문가들은 위안화 가치가 달러당 7위안 선 이하로 떨어지는 것(환율 상승)이 위험 신호가 될 수 있다고 경고한다. 위안화가 하락하면 외환시장에서 위안화 매도 주문이 늘어날 수 있고, 달러 자금을 빌려 쓴 기업들의 달러화 이자 비용과 원금 상환 압박이 커진다. 그러면 압박에서 벗어나기 위해 기업들이 위안화를 달러로 환전해서 달러화 외채를 갚으려는 경향이 커진다. 이런 심리가 위안화 가치를 추가로 하락시킬 수 있다. 이런 악순환이 시작되면 중국 내 외국계 투자금도 환차손을 줄이기 위해 중국을 이탈할 동기가 커진다. 이런 움직임에 중국계 자금마저 동참하면 최악의 상황이 벌어진다.

물론 이런 위험을 잘 알고 있는 중국 당국이 질서 있는 위안화 가치 하락을 유도하고, 중국인 자본의 해외 탈출을 막기 위해 자본 통제를 강화하여 관리할 수 있다. 그러나 중국 정부가 자본 통제를 강화하고 외환시장 감시를 강화한다고 모든 위험이 사라지는 것은 아니다. 미국의 기준금리 인상이 지속되면 외국계 자본들은 중국에서 투자금을 빼서 미국 시장에 투자하려는 유인이 커질 것이다. 그리고 미중 무역전쟁이 1차 타결로 진정되거나 잠시 휴전을 하더라도 무역전쟁의 여파가 완전히 사라지지는 않을 것이기 때문에 중국 수출 기업의 실적이 지속적으로 악화할 가능성이 있다. 상황이 이렇게 전개될 경우 중국 정부의 외환시장 통제 효과는 반감할 것이다. 결국 외환시장에서 위안화 가치의 하락 압력이 지속적으로 발생하게 되고, 중국 정부가 달러를 시장에 풀어 위안화 가치의 급격한 하락을 막다 보면 외환보유액은 서서히 줄게 된다.

어떤 이유로든 이런 상황이 전개된다면 월가의 금융 전사들이 기회를 놓치지 않을 것이다. 2002년 기준으로 미국 기업이 벌어들이는 전체 수익 중에서 45%가 금융산업의 수익이었다. 2010년 파생상품을 포함한 미국 금융산업의 자산 규모는 700조달러를 넘었다. 2010년 기준 미국 GDP 14조 6,578억달러 중에서 금융 및 서비스업이 창출한 규모는 11조 5,063억달러다. 이 중의 상당량은 미국 밖에서 벌어들인 금융 수익이다.[9] 2008년 이후 미국 정부가 제조업 르네상스를 강조하고 있지만, 주식회사 미국의 최고 수익원인 금융제국의 위상과 영향력, 수익원 회복이야말로 미국 경제 패권의 핵심이다. 미

중국 위기 요인들의 연관관계

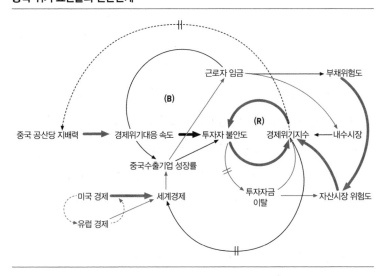

국이 중국과 벌이는 패권전쟁에서도 승리의 핵심 무기는 달러라는 화폐가 갖는 기축통화로서의 위상이다. 강력한 화폐 영향력을 기반으로 한 자본 순환 시스템이다. 국제은행간통신협회SWIFT의 집계에 따르면 2017년 12월 기준으로 국제 결제 통화 비중에서 미국 달러화는 여전히 압도적인 1위로 40%의 점유율을 차지하고 있다.

중국의 환율 제도 변화도 약점을 만들었다. 2005년까지 중국이 고수했던 달러 페그제는 위안화 가치를 지키는 수단이었다. 예를 들어 한국 외환시장에서는 달러 가치가 하락하면 원화 가치는 상승한다. 반대로 달러 가치가 상승하면 원화 가치는 하락한다. 하지만 달러 페그제를 유지할 때의 중국 외환시장에서는 달러 가치가 하락하면 위안화 가치도 같이 하락하고 달러 가치가 상승하면 위안화 가치도 상승했다. 이런 방식은 어떤 유익을 주었을까? 외환보유액의 70%가 달러화인 중국은 위안화가 달러에 묶여 있으니 외화 자산의 가치를 지킬 수 있었다. 미국 시장에 대한 수출경쟁력도 안정적으로 유지할 수 있었다. 강달러 현상이 일어나도 위안화 강세가 동시에 일어나기 때문에 외국 자본의 이탈도 방지할 수 있었다.[10] 중국은 이런 강점이 있는 달러 페그제를 포기하고, 2015년 12월 1일 위안화를 국제통화기금IMF의 특별인출권SDR 통화 바스켓에 편입시는 데 성공했다. SDR 통화 바스켓에 편입하기 위해 2009년 이전보다 위안화를 절상했고, 위안화의 국제화 결제 비율을 높였으며, 금융시스템의 투명성과 개방성을 높였다. 그 결과 위안화는 통화 바스켓 구성 비율에서 엔화와 파운드화를 제치고 달러화와 유로화 다음의 '세계 3대 통화'의 지위를 획득했다.

중국 위안화의 SDR 통화 바스켓 편입이 장기적으로는 중국의 위상을 높이겠지만, 아시아 금융위기가 끝나기 전까지는 양날의 검이 되어 중국을 위협할 가능성이 있다. 중국경제는 과잉 생산과 부채, 그 림자금융에 크게 의존하고 있다. 미국과 패권전쟁을 벌이고 세계 경 제가 서서히 하강하는 현재, 중국이 6% 이상의 경제성장률을 유지하 려면 지속적으로 시장에 유동성을 공급하여 부동산, 제조업, 금융을 뒷받침해 주어야 한다. 하지만 SDR 통화 바스켓에 편입되었기 때문 에 정책 운영에 제약을 받는다. 중국의 SDR 통화 바스켓 편입은 영구 적 편입이 아니어서 5년마다 재평가를 받아야 한다. 2020년 말에 재 편입하려면 중국은 금융시장을 추가로 개방하고 개혁해야 한다.[11]

중국은 여전히 정부가 자본 유출입을 통제한다. 최근까지도 중국 은 제조업의 수출경쟁력을 강화하기 위해 위안화 가치를 인위적으로 절하(달러 대비 환율 상승)하는 시도를 종종했고, 여전히 중국 내 자본 의 외부 출입을 강력하게 통제하고 있다. 그리고 중앙은행을 직접 통 제하면서 2008년 글로벌 금융위기 이후에 4조위안을 풀었다. 결국 경제성장률의 상당 부분을 양적완화 정책과 부동산 및 주식시장의 인위적 부양, 노골적인 환율 개입 등을 통해 만들어냈다.

이 모든 것들은 IMF가 요구하는 수준에 못 미친다. 기준을 충족 하려면 2020년까지 금융시장의 개혁과 개방을 더 진척시켜야 한다. 세계 세 번째 기축통화가 되었으니 중국 인민은행도 미국을 포함한 IMF 회원국들로부터 미국 연방준비제도이사회나 유럽 중앙은행 수 준에 준하는 투명성과 정부로부터의 독립성을 요구받을 것이다. 원하 는 기준을 충족하지 못하면 2020년 말의 SDR 재편입 심사에서 탈락 될 수 있다는 무언의 협박(?)도 받을 수 있다.

앞으로 5년 동안 세계경제가 회복세로 돌아서면 중국의 수출이 늘고 제조업 상황도 개선되므로 과잉 생산도 크게 문제가 되지 않는다. 수출과 내수가 뒷받침해 주기 때문이다. SDR 통화 바스켓 재편입을 위한 자본·환율 시장의 추가적 개혁과 개방을 실행해도 중국의 금융시장은 큰 충격을 받지 않을 수 있다. 그러나 앞으로 5년 동안 신흥국과 아시아에서 금융위기가 발발하면 중국의 계산이 틀어진다. 실제로 이미 틀어지고 있다. 현재 중국경제는 상업 영역과 가계의 막대한 부채와 그림자금융의 팽창이 멈추지 않아 추가적 금융시장 개방에 따른 금융 리스크를 견딜 체력이 점점 고갈되고 있다.[12] 그렇다고 SDR 통화 바스켓 재편입을 포기할 수도 없다. 수출 위축, 과잉 공급의 후유증, 미국발 금리인상 등으로 인해 부동산 버블과 부채 관리에 문제가 생겨도, IMF가 추가로 요구하는 개혁과 개방을 실행해야 한다.

가중되는 경제적 부담에 대한 대응과 국제 기준에 맞는 금융시장의 개혁, 개방에 대한 요구가 정면으로 충돌하면 경기 변동에 대한 중국 정부의 단기적 대응력이 떨어질 수 있다. 상충하는 정책 목표가 충돌하여 우왕좌왕하는 상황이 이미 시작된 듯 보인다. 미중 무역전쟁의 여파로 강력히 추진하던 제조업의 구조조정을 중단했고, 심각한 대기오염을 줄이기 위한 공장 가동 제한 정책도 슬그머니 거둬들이고 있다. 중앙은행의 지급준비율 기준을 낮춰 시중에 돈도 다시 풀기 시작했다.

2015년 기준, 중국 부동산산업이 안고 있는 부채는 30조위안이 넘을 것으로 추정된다. 한화로 5,400조원으로 중국 GDP의 50%가량이고, 한국 GDP의 4배다. 2013년 기준으로 중국의 대도시는 주택 가격이 중국 1인당 평균소득보다 30~45배 높았다.[13] 도시 생활비 정보 제공회사인 넘베오NUMBEO의 2018년 자료에 따르면, (수백 %의 인플레이션율 영향을 받은 베네수엘라의 카라카스를 제외하면) 세계 주요도시 가운데 소득 대비 집값 비율(PIR) 1~4위가 모두 중국 도시로 홍콩(46.89), 베이징(44.34), 상하이(44), 선전(39.86) 순이다. (참고로 서울 17.79, 도쿄 12.97, 뉴욕 11.93) 베이징에서 집을 사려면 일가족이 버는 돈을 한 푼도 안 쓰고 50년 가까이 모아야 한다는 뜻이다. 그래서 정부가 과열된 부동산시장의 고삐를 죄자 부동산 버블은 지방과 서민용 주택으로 확산하고 있다. 풍선 효과다. 이것이 다 끝나면 버블은 어떻게 될까? 중국의 부동산 버블 붕괴는 늦어도 2022년 무렵에 현실이 될 것이다. 무역전쟁으로 다시 돈을 풀기 시작했으니, 부동산 버블이 줄기는커녕 추가로 부풀어 오를 것이다.

중국의 빠른 인구 고령화 속도도 부담이다. 2017년 말 현재 중국의 60세 이상 고령 인구는 2억 4,100만명으로 총 인구의 17.3%를 차지했다.[14] 60세 이상이 되면 실질적으로 부동산을 구입하기 어렵다. 2017년 연령별 주택 구매자 조사 결과에 따르면 25~44세가 전체 주택 구매자의 75%를 차지했다.[15] (자동차 구매층도 25~44세가 전체의 85.5%를 차지) 또한 2012년부터 전체 인구에서 생산가능인구(15~64세)가 차지하는 비중이 감소하기 시작해서 2015년에는 생산가능인구의 절대 숫자가 감소하기 시작했다. 비싼 집을 살 사람이 줄기 시작한 것이다. 나아가 2025년에는 총인구 감소가 시작되고, 2030년에는 65세 이상이 20%를 넘는 초고령사회로 진입하며 2050년에는 65세 이상 노인 인구가 30%를 넘게 된다.

중국경제는 지난 25~30년 동안 매우 빠른 성장을 지속했다. 민주주의 사회라면 이 정도의 기간 안에 보통 두 번 정도의 부채 축소를 거친다. 첫 번째는 상업 영역(금융권, 비금융권 포함)에서, 두 번째는 부동산시장에서 부채 축소가 일어난다. 그러나 중국은 고도성장을 거치는 동안 전혀 부채 축소가 일어나지 않았다. 그러나 착각하지 말아야 한다. 중국 공산당 정부는 경제의 기본원리를 초월할 정도로 신적인 능력을 가진 존재가 아니다. 관치 경제를 통해서 미루고 감추면서 좀 더 버티고 있을 뿐이다. 5년 안에 두 가지 부채 위기가 모두 일어날 가능성이 충분하다.

중국은 '취약한 강대국'이고, 아직 기축통화인 달러의 영향에서 자유롭지 못하다. 그렇기 때문에 중국 금융시장이 핫머니와 헤지펀드의 공격에 노출될 수 있다. 20세기 초반까지 기축통화를 가지고 있었으며, 미국 다음 가는 금융선진국이라 자부하던 영국의 중앙은행도 1992년 조지 소로스를 비롯한 헤지펀드들의 파운드화 매도 공격에 무너졌음을 생각해보라. 현재 중국의 금융산업 수준으로는 대비한다고 해도 완벽한 방어시스템을 구축할 수 없다. 엄청난 규모의 외환보유액과 중국 특유의 허장성세로 시간을 벌 수는 있지만 근본적으로 막을 수는 없을 것이다.

2015년 2분기 기준으로 중국이 IMF에 보고한 외환보유액 구성 비율을 보면 중국은 달러화 표시 자산 60%, 유로화 표시 자산 20%, 나머지는 엔화와 파운드화 표시 자산과 금 등으로 되어 있다. 따라서 달러 강세로 유로화와 엔화 가치가 하락하고 금값이 하락하면 중국 외화 자산의 가치가 하락하며 손실을 본다. 나아가 달러 강세가 이어지면 외국인 투자금이 달러나 미국 내 달러화 자산으로 이동할 가능성이 생긴다. 자산 가치 하락과 자본 이동은 서서히 중국 외환보유액을 증발시키는 원인이다. 외화 자산 감소가 일정 수준을 넘어가면 외화 자산을 담보로 가지고 있는 중국 인민은행, 상업은행들은 담보 가치가 줄어드는 만큼 통화량을 축소할 수밖에 없다. 시중의 통화량이 줄면 내수시장의 위축, 자산시장의 심리적 위축을 불러와서 자산버블의 붕괴 가능성이 커진다.

2017년 기준으로 중국의 기업 부채는 GDP 대비 168%다. 이 중에서 3분의 2 이상은 국유기업 부채로 유럽(105%)과 미국(72%)보다 월등히 높다.[16] 2018년 중국 정부가 스스로 밝힌 국유기업의 총부채는 118조 5천억위안(한화 1경 9,300조원)에 이른다. 2009년 기준으로 국무원 직속의 5대 전업은행(건설, 투자, 농업, 공상, 교통)은 금융권 대출 자산의 70%를 점유한다.[17] 따라서 구조조정에 실패해서 파산을 하거나, 구조조정을 하는 과정에서 일어날 수밖에 없는 부채 축소로 공기업의 장부상 부실채권이 현실화되면 중국 5대 전업은행이 충격을 받는다. 부동산 기업들은 막대한 부채를 안고 있기 때문에 예전과 같은 투자 성장율을 유지할 수 없다. 그림자금융을 통해 고금리 대출을 받은 민간기업은 이자를 갚을 정도의 투자 수익을 내야 하는데, 원가 경쟁력을 상실해 가고 있는 중국 제조업체들로서는 사업 투자로 그림자금융의 높은 대출 이자를 감당하기 쉽지 않다. 그래서 이자를 충당할 방법으로 고수익을 얻을 수 있는 부동산 투자와 주식 투자에 크게 의존한다. 자산시장에 충격이 가해지기 시작하면 이들도 퇴로가 막히게 된다.

은행의 여신(대출) 계정에는 포함되지 않는 그림자금융의 규모는 연평균 35%씩 빠르게 증가했다. 2018년 기준, 중국의 그림자금융 규모는 62조 9천억위안(한화 1억조원)으로 2013년 30조 5천억위안보다 두배 증가했다.[18] 그림자금융의 대부분은 중국 은행들의 자산관리상품과 투자신탁사의 신탁상품이다.[19] 그나마 2018년에 중국 정부가 그림자금융의 위험성을 파악하고 단속을 강화해서 증가세가 이 정도 수준에 머문 것이다. 하지만 미중 무역전쟁과 중국 내 경제성장률 하락이 지속되면 그림자금융의 증가 추세는 멈추지 않을 것이다. 자산시장이 폭락하는 순간 그림자금융의 큰 축 하나가 무너지면서 중국경제를 강타할 수 있다.

중국의 5대 전업은행은 아주 낮은 이자율을 주고 중국 인민들에게 예금을 끌어 모은다. (중국의 상업은행들은 인민은행 기준금리의 1.5배 선에서 예금금리를 정하는데 2018년 현재 인민은행의 1년 만기 기준 예금 금리는 1.5% 수준이다[20]) 이렇게 국민들로부터 끌어 모은 돈으로 하는 대출의 81%를 평균이익률이 형편없는 공기업에게 몰아준다. 관치금융을 하고 있는 중국은 사실상 은행간 이자율 경쟁이 없기 때문에 개인에게는 선택의 여지가 없다. 폐쇄적인 자본시장 구조 때문에 개인이 해외에 투자하는 것도 어렵다. 뮤추얼펀드나 보험산업 같은 민간 금융산업도 선진화되지 않았다. 중국 인민들은 낮은 예금금리에도 불구하고 불안한 노후와 미래를 대비하기 위해 높은 저축율을 유지해왔다.[21] 그러나 2007년부터 부동산 투자 붐이 일면서 중국의 저축률은 계속 하락했다. 반대로 그만큼 가계 부채가 증가했다. 다음 그래프는 중국의 GDP 대비 가계 부채 비율이다. 가계 부채 비율이 2006년부터 폭발적으로 증가하고 있음을 알 수 있다.

중국 정부는 수출 중심에서 내수 중심으로 경제 전략을 선회한다고 선언했다. 하지만 내막을 따지고 들면 부동산 버블을 기반으로 소비를 증가시켜 정부의 세수 증가를 꾀하는 전략이다. 증가한 세수분을 가지고 중앙정부와 지방정부가 다시 고정투자를 늘리겠다는 계산이다. 하지만 선진국의 사례에서 보듯이 부동산 버블을 기반으로 내수를 일으키면 부의 불균형 분배 현상이 더 심각해진다. 중국 정부도

중국 GDP 대비 가계부채 비율

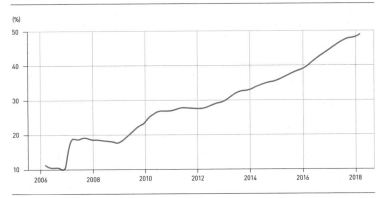

출처: TRADINGECONOMICS.COM | BANK FOR INTERNATIONAL SETTLEMENTS

이런 위험을 감지했다. 그래서 2016년부터 2~3년 동안 강력한 구조
조정을 실시한다며 선제적 가이드라인을 발표했지만 부동산 버블을
잡기는 쉽지 않다.

산업 구조조정 역시 쉽지 않다. 구조조정의 대상에 국영기업과 공산
당 지도자 친인척들이 소유한 기업이 많기 때문이다. 국영기업의 구조
조정은 금융이 주도해야 한다. 하지만 국영기업과 금융권은 모두 중앙
정부, 지방정부와 밀착해 공생관계에 있다.[22] 은행과 정부, 국영기업의
공생관계가 깨지지 않는 한, 공산당 간부의 부정부패를 척결하지 않는
한 구조조정은 지지부진하게 진행될 수밖에 없다. 중국의 부패지수는
여전히 높은 편으로, 2017년 기준으로 부패인식 지수가 77위로 인도
보다 약간 나은 수준이다. (그래서 애꿎은 민영기업만 몰매를 맞고 있다. 이 모
든 문제를 해결더라도 구조조정에 성공하려면 엄청난 자금이 필요하다)

정부 부채, 지방정부 부채, 기업과 가계의 신용대출 규모, 부동산 버
블, 주식과 환율시장의 불안정성 등을 따로 떼어 놓고 GDP 규모와

외환보유액 규모를 비교하면 중국의 외환보유액은 아직은 안전한 수준이다. 하지만 앞에서 설명한 대로 외부 상황이 심각한 수준으로 치닫는 조건에서, 중국경제의 약점들이 서로 영향을 주면서 부작용이 한꺼번에 터진다면 어떻게 될까? 대출 리스크 관리가 매우 부실한 중국 5대은행의 시스템 리스크가 곧바로 터져 나올 가능성이 있다.[23]

중국 건설은행이 고정자산 분야에 대출한 금액은 3조 2,700억위안(약 588조원)으로 이 은행 전체 대출의 82%다. 보다 체감하기 쉽게 비교해보자. 한국의 인구가 중국의 30분의 1이라는 비율을 반영하면, 한국의 한 은행이 약 20조원을 대출해 준 셈이다. 한국 GDP가 중국 GDP의 7분의 1이라는 비율대로 계산하면, 한국의 한 은행이 84조원을 대출해 준 셈이다. 과연 안전하다고 평가할 수 있을까? 지방정부 채무의 80%가 은행 대출이다. 5대 은행의 대출 중 82%가 공기업 대출이다. 지방정부와 공기업이 파산하면 은행 및 금융시스템에 심각한 문제가 발생할 수밖에 없다.

일본의 GDP 성장률이 8%에서 2%로 무너지는 데 단 4년이 걸렸다. 중국은 어떨까? 1997년 아시아에 외환위기가 발발하자 일본은 두 번이나 대규모 부양책을 실시하면서 총 40조 6천억엔을 투입했다. 그러나 투입 직후의 반짝 효과가 끝나면서 일본 경제는 더 큰 침체로 빠져들었다. 역사상 최대 규모의 기업 파산이 일어나는 것도 막지 못했다.[24] 중국 역시 2~3년 동안 대규모 경기 부양책을 꺼내 들었지만, 대부분 고정자산 투자로 흡수되었다.

내수가 부진한데, 미중 무역전쟁으로 인해 수출에까지 문제가 생기자 중국 정부는 구조조정의 속도를 늦추면서 은행의 지급준비율을 낮춰 경기 방어에 나섰다. 지급준비율을 1% 낮출 때마다 1조 2천억위안(약 1,700억 달러) 정도의 돈을 더 풀 수 있다. 5%를 낮추면 1조 달러 가까운 돈을 더 풀어 경기를 부양할 수 있다. 하지만 돈을 푼다고 해서 문제가 해결되지는 않는다. 오히려 돈을 풀어도 외부 상황이 계속 악화되면 위험만 더 커진다. 풀린 돈이 원금을 갚는 데 사용되는 것이 아니라 대부분 적자분을 메우고 이자 비용을 감당하는 데 사용될 가능성이 크기 때문이다.[25] 이런 상황에서 무역전쟁으로 관세 폭탄을 맞고, 강달러로 환율이 하락하면 체감물가가 상승하고 인플레이션율이 높아진다. 그에 따라 원자재 가격이 상승하면 기업은 투자를 줄이고, 돼지고기 값 등 생활물가가 상승하면 개인은 소비를 줄이게 된다.

이런 위험을 잘 아는 중국 정부가 새로운 카드로 꺼내든 것이 중부 지역 6개 성을 개발하는 '중부굴기中部崛起' 전략이다. 고정투자 여력을 늘리고, 부동산 기업들의 숨통을 틔어 주며, 해안 지역에 편중된 발전의 한계를 극복하고, 철강 등의 공급 과잉을 해소하기 위해 제조업 기지를 동부내륙지역으로 이동시키겠다는 목적에서다. 중부굴기 전략의 최대 약점은 높은 물류비용이다. 중국 정부는 이 약점을 '일대일로 一帶一路'를 통해 극복하려고 한다. 중국 시안에서 출발해서 중앙아시아, 중동, 유럽을 잇는 육상 실크로드를 복원하면 자연스럽게 중국 동부지역을 지나는 물류 루트가 만들어진다. 일대일로가 완성되면 동부내륙지역의 가치를 끌어 올리고 물류 비용을 줄일 수 있다. 그러나 일대일로에 포함된 몰디브, 파키스탄, 네팔, 말레이시아, 스리랑카, 몬테네그로, 라오스 등의 나라에서 벌써부터 국부 약탈이라는 반발이 터져 나오고 있다.[26]

이런 혼란과 불안이 조금 더 커져 틈이 생기는 순간 핫머니와 헤지펀드의 공격이 다시 시작될 것이다. 핫머니와 헤지펀드의 타격으로 중국경제가 휘청거리는 기미가 보이면 충격은 고금리 신용시장, 레버리지 대출, 환율, 주식, 채권, 부동산 등의 자산시장에 연쇄적으로 전파될 가능성이 크다. 핫머니는 투기적 이익을 얻을 목적으로 각 국가를 돌아다니면서 '단기 금리' 차이, '환율' 차이에서 이익을 얻는다. 헤지펀드는 소수의 고액투자자를 대상으로 모은 개인투자신탁으로 국제증권시장이나 국제외환시장에서 파생상품 등 고위험·고수익을 낼 수 있는 상품과 초단기 금융상품에 집중 투자하여 고수익을 노린다. 헤지펀드는 5~10%의 증거금으로 10~20배의 투자수익을 거두는 레버리지 효과를 주로 사용한다. 그에 따른 높은 위험을 관리하기 위해 자산을 넓고 복잡하게 분산시키는 방법을 사용한다. 그래서 헤지펀드가 고위험 고수익을 좇아 움직이는 시장에서는 큰 폭의 변동과 교란이 발생한다. 헤지펀드는 막강한 자금력과 로비 능력으로 법적 규제를 덜 받거나 교묘하게 피해가기도 한다. 대표적인 헤지펀드인 조지 소로스의 퀀텀펀드는 1992년, 영국 파운드화를 투매하여 영국 중앙은행에 막대한 환차손을 안기면서 큰 수익을 얻었다. 1997년의 아시아 금융위기의 출발점도 바로 퀀텀펀드의 태국 바트화에 대한 공격이었다. 2015년 여름, 유대계 헤지펀드인 엘리엇이 삼성을 공격한 것도 같은 맥락이다. 법정 공방에서는 삼성이 이겼지만, 엘리엇은 한국에서 엄청난 수익을 챙겨서 떠났다. 1994년 멕시코 외환위기, 1995년 영국 베어링 증권파산, 1997년 동남아위기 등 세계적인 금융 혼란 뒤에는 언제나 핫머니가 있었다.[27]

미국이 추가로 기준금리 인상을 진행할 앞으로 2년 동안, 금리와 환율 변동성이 커지는 국가는 언제라도 이들의 먹잇감이 될 수 있다. 현재 핫머니가 가장 눈독을 들이는 매력적인 시장이 바로 중국이다.

위기 전의 착시 현상

필자는 〈2030 대담한 미래〉 이후 한국과 아시아 대위기 예측 시나리오를 통해, 일관되게 원유와 원자재를 수출하는 신흥국에서 빠져나온 핫머니가 위기 발발 전까지 상대적으로 시간이 남아 있는 한국, 중국 등으로 들어와서 자산시장의 일시적 상승 국면을 만들어 낼 것이라고 예측했다. 또한 일시적 상승 국면이 해당 국가가 아주 탄탄한 경제 펀더멘털을 가지고 있다는 착시현상을 만들어낼 것이므로 특히 경계해야 한다고 지적했다. 실제로 지난 2~3년 동안 한국 시장에서 필자가 우려하던 일이 일어나고 말았다. 한국, 중국을 포함한 아시아 및 신흥국 대위기 발발 가능성 시나리오는 미국의 기준금리 인상에서부터 핫머니와 헤지펀드의 이런 움직임까지를 모두 변수로 넣고 한 예측이다.

05

중국이 금융위기를
피할 수 없는 근본 이유

중국을 생각할 때 그 역사와 규모에 압도당하기 쉽다. 중국이 엄청나게 덩치가 큰 나라이긴 하지만, 그렇다고 강대국의 흥망을 관통하는 역사의 이치를 벗어나 존재할 만큼 특별한 나라는 아니다. 이런 관점에서 중국을 보아야 비로소 중국의 금융위기 가능성에 대해 객관적으로 진지하게 검토하고 대비를 시작할 수 있다. 중국이 금융위기를 피하기 어려운 근본적 원인은 중국 내부에 있다. 내부의 7가지 요인들로 인해 중국의 현재 시스템은 특정 시기가 되면 성장의 한계에 부딪치게 된다.

모든 시스템은 태어날 때부터 '성장 요소$_{growth\ factor}$'와 '성장 한계 요소$_{limit\ factor\ of\ growth}$'를 가진다. 성장을 시작한 초기에는 성장 요소가 강하게 작동하지만, 일정 시간이 지나면 성장 한계 요소의 힘이 점점 강해진다. 성숙기에 접어들면 성장 한계 요소가 더 강하게 작동하면서

시스템의 두 기본요소

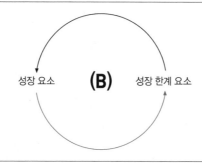

성장 요소   **(B)**   성장 한계 요소

성장 요인의 힘을 상쇄한다. 그 결과 성장 속도가 느려지고 마침내 성장이 멈춘다. 이때 시스템 혁신에 성공하지 못하면 바로 쇠퇴기에 접어든다. 이것이 수천 년 동안 인류의 어느 나라도 거스르지 못한 이치다. 중국도 예외가 아니다.

내부 요인 1. 부의 불균형 분배 심화

자본주의 시스템은 시간이 흐르면서 자연스럽게 부의 불균형 분배를 심화시킨다. 소수의 부자에게 쏠린 부를 재분배하기 위한 개선(공평한 세금 제도, 노블레스 오블리주, 복지 제도 등)이 제때 이루어지지 않으면 시스템이 붕괴한다. 붕괴의 방식은 여러 가지다. 민주주의 체제에서는 정권 교체나 금융위기로 나타나고, 독재 체제나 왕조 체제에서는 혁명이나 민중 봉기로 나타난다.

중국 역시 심화되는 부의 불균형 분배로 인해 새로운 시스템으로의 개선이나 붕괴냐를 선택해야 할 시점에 직면하게 될 것이다. 부의 불균형 분배 정도를 보여주는 대표적인 지표가 '지니계수'다. 2013년 중국 정부는 국가통계국장의 입을 빌어 중국의 지니계수가 0.474라고 발표했다. 이것은 2008년의 0.491에서 낮아졌다는 것을 비교해 보여주기 위한 발표 자료였다.[28] 지니계수는 0~1 사이의 값을 갖는데 숫자가 높을수록 소득 분배가 불평등하다는 의미다. 전문가들은 지니계수가 0.4를 넘으면 심각한 수준으로 평가한다. 2013년 기준으로 OECD가 발표한 각국의 지니계수를 보면, 불평등이 심하다고 알려진 멕시코 0.457, 미국 0.396을 비롯해, 이탈리아 0.352, 한국 0.32, 스위스 0.295 등이다. 중국 정부는 2016년에 지니계수가 0.465로 하락하며 점차 안정 추세로 접어들었다고 홍보했다. 중국 정부의 발표를 그대로 믿더라도 심각한 수준이다. 그런데 대부분의 중국인들조차 정부 발표 수치를 믿지 않는다. 체감경기와 큰 차이가 있기 때문이다.

민간 발표는 어떨까? 2012년 12월 중국 시난재경대에서 발표한 지니계수는 충격적이게도 무려 0.61이다.[29] 미국의 미시간 대학 연구팀이 분석한 바에 의하면, 중국의 지니계수는 1980년 0.30에서 2010년 0.55로 크게 증가했다.[30] 민간 발표대로라면 태평천국의 난이 일어난 때와 비슷하다. 정권의 통제력이 약해지면 곧바로 민란이 일어날 수 있는 수준이다.

도시 간의 소득 격차를 통해서도 중국의 불평등 수준을 추정해볼 수 있다. 영국의 경제 예측기관인 옥스포드 이코노믹스Oxford Economics의 분석에 의하면 2013년 기준으로 전 세계 경제력 기준 상위 50위 도시 중에 중국의 도시가 7개나 들어 있다.[31] 하지만 상위 50위 안에 드는 7개의 도시들은 거의 뉴욕 수준으로 잘 살지만, 중국의 수많은 나머지 도시들은 경제력에서 여전히 필리핀의 가난한 도시 수준에 머물고 있다.

1920년대 말 대공황 시기, 2008년 미국 발 금융위기 발발 시기에 미국은 상위 1%의 부자들이 전체 소득의 23%를 가져갔고, 전체 자산의 40%를 소유했다. 그런데 2012년 기준, 중국은 상위 0.4%가 전체 자산의 70%를 소유하고 있다.[32] 같은 시기에 선진국은 평균적으로 상위 5%가 전체 자산의 50~60%를 소유했다. 극소수에게 자산이 집중되는 속도도 세계 평균의 두 배가 넘는다.[33] 2013년 아시아-태평양 부자 보고서에 의하면 중국에서 백만장자의 숫자가 한 해 동안 14.3% 증가했다.[34] 2018년에는 무역전쟁에도 불구하고 중국의 억만장자가 9.9% 증가했다.[35]

내부 요인 2. 미미한 국민 저축 규모

앞에서 살펴봤듯 중국의 가계 저축률은 추세적으로 낮아지고 있으며, 그마저도 소수의 부자들에 편중되어 있다. 중국 매일경제신문에 따르면 2018년 2월부터 중국 금융기관의 예금 증가율(잔액 기준)이 1979년 12월 말(18%) 이후 40년만에 처음으로 9% 밑으로 떨어져 6월 말엔 8.4%로 최저치를 기록했다. 그리고 2018년 상반기 국민의 1인당 가처분소득의 실질 증가율(가격 요인 감안)이 전년 동기 대비 6.6%로 경제성장률(6.8%) 대비 0.2%p 낮게 나타났다.[36] 가계의 여유 자금도 적고, 실질 소득 증가도 둔화한 상황에서 정부의 바람대로 단기간에 내수소비를 강력하게 끌어 올리기는 어렵다.

내부 요인 3. 1단계 제조업 성장의 한계 직면

제조업 발달은 3단계로 진행된다. 각 단계가 가진 성장의 한계에 도달할 때마다 강력한 구조조정과 주력 산업 교체를 통해서 다음 단계로 올라가야 한다. 그렇지 않으면 매출 증가가 멈추고, 근로자 임금도

제조업 발달의 3단계

	기술과 노동력 수준	제품 수준	대표 국가
1단계	저급 습득기술, 단순 노동력	단순 조립형 제품 생산	중국
2단계	보편 모방기술, 숙련 노동력	중간제품 생산	한국
3단계	고도 혁신기술, 창의 노동력	부품, 소재 생산	미국, 일본, 독일

인상할 수 없다. 이렇게 되면 내수시장의 성장도 함께 멈추면서 국가 성장마저 멈춘다.

한국 등에서 중간재를 수입하여 저렴한 노동력으로 조립하여 세계 시장에 수출하던 중국의 1단계 제조업에 문제가 생겼다. 지금의 위기를 극복하기 위해서는 2단계 제조업으로 전환해야 한다. 필자는 중국이 제조업 2단계로 도약하는 데 성공할 것이라고 확신한다. 이미 일부 기업들은 한국을 위협할 정도로 중간재 시장(2단계 제조업)으로 전환하는 데 성공했다. 하지만 대부분의 기업들이 다음 단계로 전환하려면 최소 5~10년 이상의 시간이 더 필요하다. 그 기간 동안 중국경제는 고통을 받을 것이다. 금융위기도 그 기간에 발생할 것이다.

내부 요인 4. 과잉 생산 추세 지속

한 나라의 경제가 빠르게 성장하는 시기에는 과잉 생산이 중요한 성장 동력이 된다. 그러나 과잉 생산의 후폭풍도 만만치 않다. 중국경제 성장률의 중요한 축을 담당하고 있는 지방정부들의 경제 성장은 여전히 과잉 생산과 금융 버블에 크게 의존하고 있다.

중국은 앞으로 2~3억 명 이상의 농민공들이 추가로 도시로 들어올 것이다. 중국의 도시화는 2030년까지는 안정적으로 지속되어, 도시화율이 60%대까지는 무난히 도달할 것이다. 도시의 주택은 계속 부족할 것이다.

그런데 중국의 주택 가격이 높아졌다는 게 문제다. 농촌을 떠나 도시에 정착해 있는 2억 6,900만 명의 농민공들이 구매하기에는 지금의 주택 가격이 너무 높다. 더욱이 추가로 도시로 들어올 2~3억 명의 농민공을 도시에 수용하려면 도시 빈민층의 비율을 더 늘리거나, 부동산 버블을 터뜨려 가격을 낮추는 것외에 다른 방법은 없다.

내부 요인 5. 중앙 및 지방정부의 지속적인 재정 적자

정부 재정이 적자로 돌아서는 이유는 크게 두 가지다. 하나는 법인세와 자산시장에서 거둬들이는 세금 징수액이 줄어들 때다. 다른 하나는 고령화와 부의 불균형 분배로 정부의 복지 비용이 급격하게 증가할 때다. 이 두 가지가 동시에 일어나면 정부 부채는 눈덩이처럼 불어나고 경제 위기가 발생하는데, 2010년에 경제 위기를 겪은 그리스가 그 대표적인 예이다. 통상적으로 재정 적자 수준이 GDP 대비 4%

중국 정부의 재정 적자

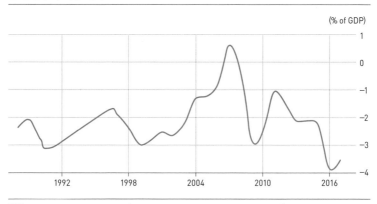

출처: TRADINGECONOMICS.COM | MINISTRY OF FINANCE OF THE PEOPLE'S REPUBLIC OF CHINA

를 넘으면 위험하다. 중국은 아직 이 수준에 이르지는 않았지만 거의 근접했다.

2025년 무렵에 중국의 재정 적자가 GDP 대비 4%를 넘게 만들 두 가지 문제가 엄습할 가능성이 크다. 중국은 이미 2013년에 60세 이상 인구가 2억 명을 넘었고, 80세 이상의 고령자가 연평균 100만 명씩 증가하고 있다. 만성 질병을 갖고 있는 노인 환자도 1억 명을 넘은 지 오래 되었으며, 독거노인도 1억 명을 넘었다. 중국 전체 노인의 절반 이상은 정부의 의료 지원 및 생계 지원을 받아야 한다. 정부의 재정 부담이 커질 것이 불을 보듯 뻔하다.

2025년 무렵이면 60세 이상의 노인이 3억 명을 넘는다. 2030년이면 노인 인구의 비중이 일본을 추월하여 세계 1위가 될 것으로 예측된다.[37]

고령사회로 가는 과정에서 나타나는 부작용은 이미 발생하고 있다. 2018년 현재 중국 지방정부 31곳 중 연금 재정 보유 적립금 규모가 1년치 지급액보다 작은 곳이 9개 성(헤이룽장성, 장시성, 하이난성, 허베이성, 산시성, 칭하이성, 후베이성, 랴오닝성, 지린성)과 3개 자치구(신장웨이우얼자치구, 광시좡족자치구, 네이멍구자치구) 등 13곳(전체의 40%)에 이르면서 연금 재정의 파탄에 대한 우려가 나오고 있다.[38]

내부 요인 6. 세계 최고의 부채 증가 속도

중국의 정부 부채 비율은 2018년 기준으로 GDP 대비 47.6%로 양호하다. 그러나 기업 부채는 2017년 기준으로 GDP 대비 168%를 넘어 세계 최고 수준으로, 유럽(105%)과 미국(72%)보다 월등히 높다. 이 중에서 3분의 2 이상은 국유기업의 부채다.[39] 2018년 중국 정부가 스스로 밝힌 국유기업의 총부채는 118조 5천억위안(한화 1경 9,300조원)에 이른다. 여기에 금융기업 부채까지 합치면 GDP 대비 236%를 넘는다. 중국 정부와 기업의 부채 중 상당 부분은 3년 만기의 단기 부채다.[40] 정부 통계로 잡히지 않는 숨은 부채도 많다. 신용평가사 S&P가 추정한 중국 지방정부의 숨겨진 부채는 79억 5천만달러에 이른다.[41]

부채의 총량도 문제지만 늘어나는 속도가 더 큰 문제다. 2008년 이후 5년 동안 중국의 GDP는 약 82% 증가했지만, 전체 부채 규모는 세 배 이상 증가했다. 그중에서도 기업의 부채 증가 속도가 더 심각하다.[42]

그림자금융 문제도 있다. 일부 전문가들은 중국의 그림자금융이 가져올 최악의 시나리오를 점검 중이다. 전문가들이 염려하는 최악의 시나리오는 이렇게 전개된다.[43] 그림자금융의 규모가 지금보다 더 커진 상태에서 중국 정부가 금융과 경제의 통제력을 상실한다. 이런 최악의 상황에서 부동산 버블이 붕괴하면서 제3금융권이 무너지고, 그 충격이 그림자금융 상품을 만들어 낸 제2금융권에 타격을 준다. 상황이 이렇게 전개되면 제1금융권에도 부실이 발생하게 되어, 금융권은 생존을 위해 대출을 축소하고 우량자산을 매각하여 BIS 기준을 맞추려고 노력하게 된다. 금융권의 긴축으로 신용이 경색되고 기업과 가계는 유동성 위기에 빠지게 된다. 금융권과 기업들의 대규모 구조조정이 시작되면서 실업률이 증가하고 거의 모든 투자가 멈춘다. 내수시장은 긴 침체에 빠져 경제 전반에 악영향을 준다. 이는 다시 부동산 버블 붕괴를 가속화하고 그림자금융의 연쇄 부도로 이어진다. 악순환이 길어지면 중국경제는 마이너스 성장률을 기록하게 된다. 이런 최악의 시나리오가 현실이 되면 중국 자산시장이 붕괴하면서 중국에 투자한 미국과 유럽 자본들도 심각한 타격을 입게 되고, 결국 위기가 전 세계로 급속하게 전이될 것이다.

중국의 부채 증가와 관련해서 가장 심각한 문제 중 하나는, 관료나 기업인들이 부채를 과도하게 끌어 쓰는 것에 대해 큰 위험성을 느끼지 못하고 있다는 점이다. 자본주의의 본질 중 하나인 신용(부채) 창조에 의한 경제 성장 시스템 이외에도, 중국인들이 부채에 대해서 관용적이거나 대담한 태도를 보이는 데는 문화적 영향도 크다. 순자荀子는 "군자란 태어날 때부터 특별한 게 아니다. 사물을 잘 이용하는 것이 다를 뿐이다君子生非異也, 善假於物也"라고 했다. 중국인들이 장사를 하거나 기업 활동을 할 때 부채에 의존하거나, 남의 아이디어를 훔쳐서 사업을 하는 것도 군자의 덕목 중 하나로 인정해주는 분위기는 여기서 만들어졌다.⁴⁴ 중국 정부나 중국의 전문가들이 자국의 부동산 버블 상황에 대해 긍정적으로 해석하는 발언은 이런 문화적 특성까지 고려해 해석해야 한다. 그들의 "괜찮다!"는 말을 그대로 받아들여서는 크게 판단을 그르칠 수 있다.

내부 요인 7. 저출산, 고령화, 생산가능인구 감소, 베이비부머 은퇴 시작

한 국가의 경제가 고도성장기를 지나 성숙 단계에 들어가면 저출산, 고령화, 생산가능인구 감소, 베이버부머 세대의 은퇴 등 인구구조의 변화를 겪는다. 이런 현상이 발생하면 거시경제 지표의 성장이 둔화하고 잠재성장률이 하락한다. 그런데 인구구조의 변화가 1인당 GDP 1~2만달러 시기에 발생하느냐 3~4만달러 시기에 발생하느냐에 따라 국가의 이후 발전 경로가 크게 달라진다. 문제는 중국이 1인당 GDP 1~2만달러 시기에 이런 변화를 겪을 가능성이 크다는 점이다.

중국의 인구 변화

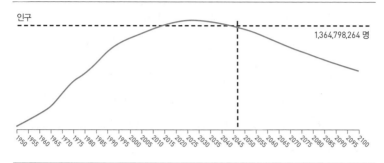

인구

1,364,798,264 명

출처: TRADINGECONOMICS.COM | MINISTRY OF FINANCE OF THE PEOPLE'S REPUBLIC OF CHINA

2047년 중국 인구의 연령별 구성

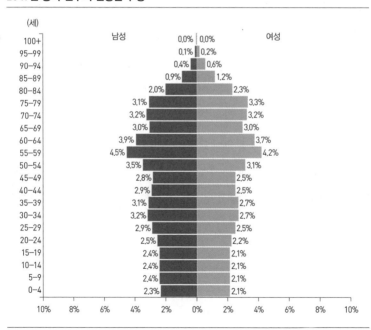

(세)

	남성		여성
100+	0.0%	0.0%	
95-99	0.1%	0.2%	
90-94	0.4%	0.6%	
85-89	0.9%	1.2%	
80-84	2.0%	2.3%	
75-79	3.1%	3.3%	
70-74	3.2%	3.2%	
65-69	3.0%	3.0%	
60-64	3.9%	3.7%	
55-59	4.5%	4.2%	
50-54	3.5%	3.1%	
45-49	2.8%	2.5%	
40-44	2.9%	2.5%	
35-39	3.1%	2.7%	
30-34	3.2%	2.7%	
25-29	2.9%	2.5%	
20-24	2.5%	2.2%	
15-19	2.4%	2.1%	
10-14	2.4%	2.1%	
5-9	2.4%	2.1%	
0-4	2.3%	2.1%	

출처: TRADINGECONOMICS.COM | MINISTRY OF FINANCE OF THE PEOPLE'S REPUBLIC OF CHINA

중국의 정확한 출산율은 집계하기 어렵지만 대략 1.4~1.6명 수준으로 추정된다. 좀 더 정확한 집계가 가능한 베이징이나 상하이의 출산율은 약 0.7명이다. 중국사회과학원의 예측에 의하면 2028년이면 고령인구가 미성년자보다 많아진다. 2036년이면 65세 이상이 20%를 차지하는 후기고령사회post-aged society 혹은 초고령사회가 된다. 이 시기에는 65세의 노인인구가 3억 명이 넘을 것이다. 55세 이상 은퇴자까지 합치면 5억 명에 이를 수 있다. 이 추세를 바꾸지 못하면 2035년이면 인구가 감소하기 시작하여 2100년에는 5억 6천만 명으로 준다. 2035년에는 2010년에 비해 생산가능인구가 1억 8천만 명이나 감소한다. 2040년이면 인구의 절반이 50세 이상이 된다.

중국의 급격한 성장은 1970년대 중반부터 시작된 생산가능인구의 폭발적인 증가 추세와 맞물려 있다. 그런데 2015년부터 생산가능인구가 감소 추세로 돌아섰다. 중국이 한국이나 일본과 다른 점은 감소 추세의 기울기가 좀 더 완만하다는 것이다. 따라서 생산가능인구 감소에 의한 충격이 한국과 일본보다는 느리게 천천히 나타날 것이다.

앞 그림은 중국 인구의 감소 추세를 보여주는 그래프와 2047년 중국 인구의 연령별 구성을 예측한 인구 피라미드 그래프이다. 두 개의 그래프를 함께 보면, 약 30년 후인 2047년의 중국은 양적으로 총인구가 급격하게 감소하지는 않지만, 질적으로는 엄청나게 늙어버린 나라가 될 것으로 예측된다.

06

뜻밖의 미래,
3개의 와일드카드

늘 강조하지만 미래예측은 가능성을 보여줄 뿐 확정된 것은 없다. 미래에는 주변 환경의 변화와 인간의 선택에 의해 어떤 일도 일어날 수 있다. 그런 의미에서 한국의 금융위기 가능성과 관련해서 뜻밖의 시나리오, 실제로 일어날 확률적 가능성은 낮지만 일어나면 영향력이 큰 '뜻밖의 미래'를 생각해보자.

첫 번째 시나리오는 하늘의 도움으로 한국에서 금융위기가 발발하지 않는 미래다. 여기서 한국의 금융위기가 발발하지 않는다는 것은 5년 정도 연기되는 것이 아니라, 다음 글로벌 금융위기가 발생하는 시점까지 최소 20~30년 동안 발생하지 않는다는 것을 의미한다.

미래학에서는 '뜻밖의 미래'라고 부르는 와일드카드 시나리오에 해당하는 사건에 대해서는 언제 일어날 것인지 그 시기를 예측하지 않는다. 대신 일어난다고 가정하고, 일어날 경우 그 조건들이 무엇인지를 거꾸로 생각해 보고, 현실에서 그 조건들이 발생하는지를 모니터링한다. 필자가 생각하는, 앞으로 20~30년 내 한국에서 금융위기가 발발하지 않을 조건은 다음과 같다.

- 미중 무역전쟁이 조기에 종료되고 다시 차이메리카의 시대로 되돌아 간다.
- 미중 금융전쟁이 멈추어 중국 금융시장이 안정을 유지하고, 아시아 위기의 진행이 멈춘다.
- 미국과 유럽의 자산시장이 재조정 없이 상승세를 유지한다.
- 2019년 이후 미국경제의 성장 속도가 완만하게 하락하며 안정세를 오랫동안 지속한다.
- 미국 연준의 기준금리 인상이 3% 미만에서 정지한다.
- 세계경제가 10년 이상 완만한 회복을 지속한다.

앞으로 5년의 한국 미래와 관련해서, 한 번쯤 생각해 볼 필요가 있는 또 다른 와일드카드가 있다. 미국 연준이 기준금리를 현재 제시했던 가이드라인보다 0.75~1.0% 더 올려 4%까지 올리는 시나리오이다. 이 역시 실제로 일어날 확률적 가능성은 낮지만, 일어난다고 가정하고 그 조건들이 무엇인지를 거꾸로 추론해보자. 그리고 앞으로 2~3년 동안 그런 조건이 발생하는지를 모니터링해 볼 필요가 있다. 필자가 이 가능성을 검토하는 이유는 미국경제의 인플레이션에 영향을 미칠 내수 경제지표 중 몇 가지는 2019년 이후에도 계속 좋아질 가능성이 있기 때문이다. 물론 대부분의 전문가가 예측하듯이 미국경제는 2019~2020년에 2018년보다 하락할 가능성이 훨씬 더 크다.

그러나 다음 그래프들에서 보듯 몇 가지 지표들은 1~2년 동안 추가로 성장을 이어갈 힘도 분명히 가지고 있다.

미국 정규직 고용자 수

정규직 고용자 수는 2008년 이전 수준으로 회복

출처: TRADINGECONOMICS.COM | U.S. BUREAU OR LABOR STATISTICS

미국 실업자 수

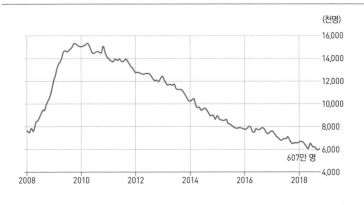

총실업자 수도 2008년 이전보다 <u>100만 명 이상 적어짐</u>

출처: TRADINGECONOMICS.COM | U.S. BUREAU OR LABOR STATISTICS

미국 인구 변화

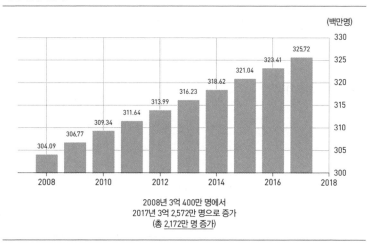

(백만명)

325.72
323.41
321.04
318.62
316.23
313.99
311.64
309.34
306.77
304.09

2008   2010   2012   2014   2016   2018

2008년 3억 400만 명에서
2017년 3억 2,572만 명으로 증가
(총 2,172만 명 증가)

출처: TRADINGECONOMICS.COM | U.S.CENSUS BUREAU

미국 고용비율

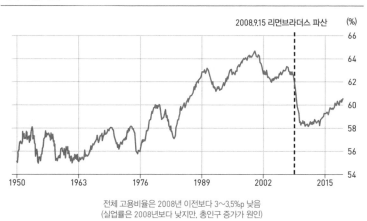

2008.9.15 리먼브라더스 파산   (%)

1950   1963   1976   1989   2002   2015

전체 고용비율은 2008년 이전보다 3~3.5%p 낮음
(실업률은 2008년보다 낮지만, 총인구 증가가 원인)

출처: TRADINGECONOMICS.COM | U.S.S BUREAU OR LABOR STATISTICS

미국 시간당 임금 증가율

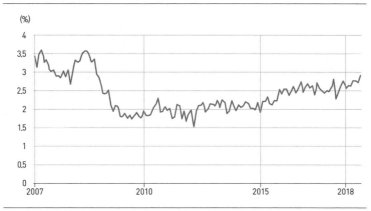

출처: TRADINGECONOMICS.COM | U.S.S BUREAU OR LABOR STATISTICS

미국 인플레이션율

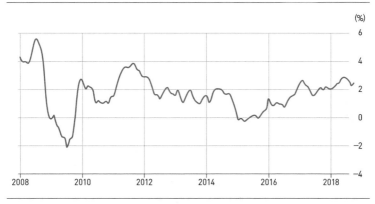

출처: TRADINGECONOMICS.COM | U.S.S BUREAU OR LABOR STATISTICS

빈곤층 비율

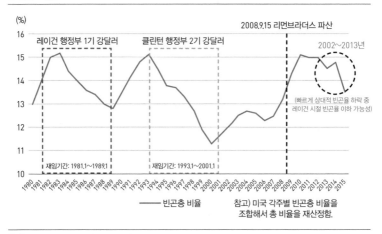

출처: TRADINGECONOMICS.COM | U.S.S BUREAU OR ECONOMIC ANALYSIS

미국 무기 판매

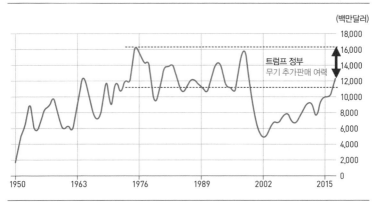

출처: TRADINGECONOMICS.COM | SIPRI

미국 외국인 직접투자

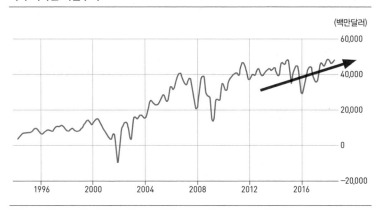

출처: TRADINGECONOMICS.COM | U.S.S BUREAU OR ECONOMIC ANALYSIS

미국 장기 해외자본 순유입

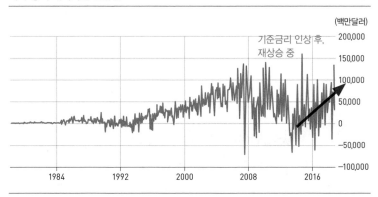

출처: TRADINGECONOMICS.COM | U.S.S DEPARTMENT OF THE TREASURY

신용스프레드 추세

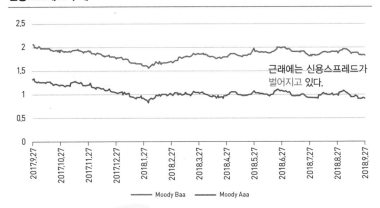

근래에는 신용스프레드가
벌어지고 있다.

— Moody Baa   — Moody Aaa

신용스프레드가 좁아지면 해당 분기나 그 다음 분기의 경제가 성장한다는 의미고,
신용스프레드가 넓어지면 해당 분기나 그 다음 분기의 경제가 둔화된다는 의미

무디스 등급을 Aaa, Aa, A, Baa, Ba, B, Caa, Ca, C로 나눈다.
신용스프레드는 Aaa등급과 Baa등급의 차이를 표준으로 삼고 있다.

출처: WWW.QUANDL.COM

TED 스프레드 추이

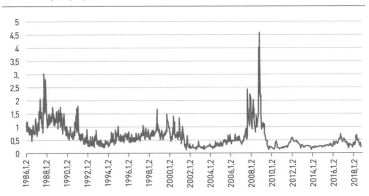

TED 스프레드가 커지면 은행은 가까운 미래에 대출을 덜 할 것이고 경제는 둔화되고,
TED 스프레드가 작아지면 은행은 가까운 미래에 대출을 더 할 것이고 경제는 활기를 띠게 된다는 의미

출처: WWW.QUANDL.COM

TED 스프레드(1년)

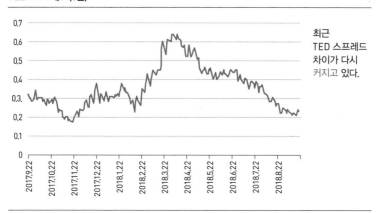

최근
TED 스프레드
차이가 다시
커지고 있다.

출처: WWW.QUANDL.COM

산업생산과 설비가동률 변화

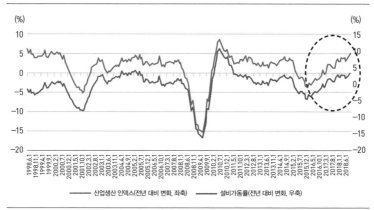

━━ 산업생산 인덱스(전년 대비 변화, 좌축)   ━━ 설비가동률(전년 대비 변화, 우축)

출처: STLOUISFED.ORG

미국 수출

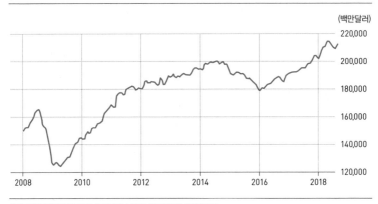

(백만달러)

출처: TRADINGECONOMICS.COM | U.S. CENSUS BUREAU

미국 수입

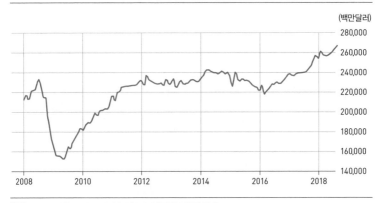

(백만달러)

출처: TRADINGECONOMICS.COM | U.S. CENSUS BUREAU

미국 원유 생산량

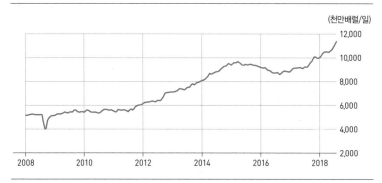

출처: TRADINGECONOMICS.COM | U.S. ENERGY INFORMATION ADMINISTRATION

    미국과 중국의 무역전쟁은 두 나라의 협상이 타결되는 시점이나 결과에 따라 미국경제에 긍정적 영향으로 바뀔 수도 있다. 트럼프 대통령의 스타일에 비추어 볼 때 2020년 재선을 위해 기발한 승부수를 던질 수도 있다. 또한 미국의 기준금리 인상으로 인해 신흥국이나 미국 밖의 자산시장에서 투자 자본이 느끼는 두려움이 생각보다 커져서 미국으로 회귀하는 달러 자본 규모가 예상보다 더 커질 수도 있다. 그럴 경우 미국 주식시장은 약한 재조정을 몇 번 거치면서 버블을 털어내고 빠르게 재상승할 수 있다. 2019~2020년 미국의 원유생산량과 수출 물량이 크게 증가할 가능성도 생각해 보아야 한다.

    지난 10여 년 동안 미국 경제에서는 경제학 교과서에서 말하는 경제 회복기와 호황기에 일어나야 하는 현상들이 나타나지 않거나 반대로 나타나는 현상을 보이기도 했다. 예를 들어 단기채권 금리와 장기채권 금리의 격차가 좁혀지는 이른바 플래트닝_{yield curve flattening} 현상이 나타나면 경기가 하락해야 하는데 실물 경기는 반대로 호황을 기록하고, 실업률이 역사상 가장 낮은 단계에 진입했지만 인플레이션율

와일드카드 시나리오를 돌려써 힘과 그 연관관계

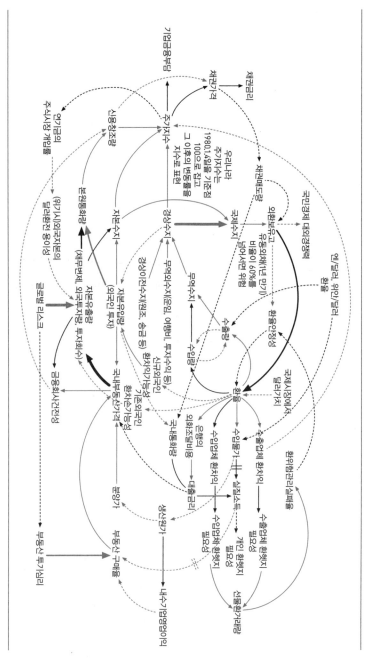

이 생각보다 높아지지 않는 등의 이상 현상들이 나타났다.

지난 10여 년 동안 일어난, 경제학으로 설명하기 어려운 모순적인 현상들이 발생한 원인은 둘 중 하나다. 과거의 경제학 이론을 수정하거나 경제학 교과서를 완전히 새로 써야 할 정도로 새로운 패러다임의 경제 시대에 진입했든지, 아니면 앞으로 튀어 오를 힘이 축적되고 있는데 아직 지표에는 반영되지 않는 지연 현상의 결과일 것이다.

따라서 2008년 이후 경제가 회복되는 과정에서 눌려 있던 이런 지표들이 갑자기 그동안의 경제 회복을 한꺼번에 반영하며 용수철처럼 튀어 오를 가능성도 한 번은 생각해 보아야 한다.

물론 세계화와 고령화에 의한 시장의 변화, 인공지능과 IoT의 등장에 따른 비즈니스 모델의 변화 등이 경제에 영향을 주는 상황에서 과거의 경제 지표 산출 방법만으로 현재의 경제 상황을 설명하기에는 부족하다는 주장도 근거가 있다. 필자의 두 번째 와일드카드는 지연 현상으로 잠복해 있을 가능성을 가정한 시나리오다. 잠복해 있는 경제의 힘, 트럼프가 재선에 성공하기 위해 필사적으로 3% 또는 최소 2% 후반대의 경제성장률을 유지하기 위해 재정을 추가 투입하거나 인플레이션을 자극하는 정책을 펼치는 힘, 2020년 대통령 선거를 앞두고 소비나 투자 심리가 일시적으로 상승하는 힘들을 고려한 시나리오다. 이 시나리오가 실현되면 달러 가치 상승으로 위안화와 엔화의 약세가 지속되어 한국 기업의 경쟁력이 직접적인 영향을 받는다.

앞으로 2~3년 내 미국 연준이 기준금리를 4%로 올릴 조건을 정리하면 다음과 같다. 그리고 이 조건 중에서 50% 정도만 현실이 되면 그 가능성을 주목해서 보아야 한다. 만약 조건의 70~80%가 현실이 되면 미국 기준금리 4% 가능성을 와일드카드 시나리오에서 확률적 가능성이 높은 미래 시나리오로 전환해야 한다.

- 트럼프 대통령이 벌이는 중국과의 무역전쟁 협상이 생각보다 빨리 타결된다.
- 미중 무역협상 타결의 결과가 미국의 철강, 자동차, 농업에 큰 이익을 안겨준다.
- 트럼프가 재선에 성공하기 위해 필사적으로 3%나 최소 2% 후반대의 성장률을 유지하기 위해 재정을 추가 투입한다.
- 트럼프 대통령이 추가 감세안에 행정서명을 한다.
- 트럼프 대통령의 핵 무력 현대화와 인프라 투자가 성공한다.
- 트럼프 대통령이 2020년 재선을 위해 경기 확장을 자극할 기발한 승부수를 던진다.
- 미국의 기준금리 인상으로 인해 신흥국이나 미국 이외 나라들의 자산시장에서 투자자본의 두려움이 생각보다 커지면서 미국으로의 달러 자본 회귀 규모가 예상치보다 더 커진다.
- 미국 주식시장이 약한 재조정을 몇 번 거치면서 버블을 털어내고 빠르게 다시 상승한다.
- 2019~2020년 미국의 원유 생산량과 수출 물량이 크게 증가한다.
- 2020년 대통령 선거를 앞두고 소비나 투자 심리가 일시적으로 상승한다.

연준이 기준금리를 4% 이상으로 올리는 시나리오와 반대의 경우도 생각해 볼 수 있다. 즉 마지막 와일드카드로 연준이 기준금리 인상 횟수를 줄이는 시나리오이다.

07
연준의 비둘기파 발언을
읽는 법

2019년 1월 4일, 전미경제학회 인터뷰에서 제롬 파월 연준 의장이 한 발언이 시장에 큰 영향을 미쳤다. 아래는 연준 의장이 한 발언에서 중요한 단어를 포함한 문장이다.

"경제가 어떻게 움직이는지를 지켜보면서 인내심을 가질 것will be patient 이다."

"변화에 대한 준비가 되어 있다. 필요하다면 연준이 '상당히 크게' 움직일 수 있다."⁴⁵

시장은 연준 의장의 이 발언을 기준금리 인상 기조 위에서 '속도 조절'을 시사한 것으로 해석했다. 그래서 2019년에는 현재의 기준금리를 유지하거나 많아야 1회 인상할 것이라고 해석하고 있다. 심지어 일부에서는 연준이 2019년에 기준금리를 전격 인하할 수도 있다는 해석을 내놓고 있다. 이런 해석은 모두 '불과 보름 만에' 연준 의장이 매파에서 비둘기파로 급선회했다고 보는 것인데, 과연 그럴까?

위 발언 보름 전으로 되돌아가 보자. 2018년 12월 20일, 미 연준은 기준금리 인상(2018년 4회차)을 단행하여 기준금리를 2.25~2.50%로 올렸다. 연준의 파월 의장은 연방공개시장위원회FOMC 회의에서 "노동시장(고용)과 경제활동(물가)이 지속해서 강세를 보이고 있다"고 평가했다. 그리고 연준이 "앞으로 기준금리 목표 범위에 대한 조정 시기와 크기를 결정할 때 최대 고용 목표, 2% 인플레이션(물가) 목표와 관련해 실현되고 기대되는 경제 상황을 평가하겠다"며 고용과 물가라는 기존의 판단 기준도 다시 강조했다. 연준의 이런 태도와 정책 방향에 시장은 큰 충격에 빠졌다. 여기에 미중 무역전쟁 우려, 애플의 중국 시장 매출 하락 등이 겹치며 주식시장은 급락했다. 트럼프 대통령은 파월 의장을 바꿔야 한다는 극단적인 발언까지 하면서 강하게 비판했다. 그러자 시장은 더 크게 흔들렸다. 이것이 2018년 12월 20일부터 2019년 1월 3일까지 보름 동안 벌어진 일이었다. 짧은 시간에 미국은 물론이고 전 세계 주식과 채권시장이 패닉에 빠진 뒤에, 연준의 제롬 파월 의장은 2019년 1월 4일 전미경제학회 인터뷰에서 앞의 완화적 발언을 내놓았다.

과연 연준은 시장이 원하는 대로 혹은 트럼프의 요구에 굴복하여 정책 방향을 대전환하려는 것일까? 필자는 아니라고 생각한다. 이렇게 판단한 데는 분명한 이유가 있다. 먼저, 보름 동안 연준이 미국경제의 현재 상황에 대한 분석과 미래예측(특히, 고용과 물가)을 급격하게 바꿀 만한 상황 변화가 전혀 없었다. 오히려 2018년 12월에 일자리 숫자는 대폭 증가했고, 수정된 고용지표는 더 좋게 나왔으며, 연말 소비도 2017년보다 좋아졌다. 2018년 12월 비농업 부문의 일자리는 31만 2천개가 증가하여 시장 예측치(17만 6천개)보다 거의 두 배 가까이 늘었다. 실업률이 3.7%에서 3.9%로 0.2p 올랐지만, 이는 임금 상승 등 고용시장 상황이 좋아지면서 41만 9천명의 신규 노동자가 추가로 노동시장에 유입되었기 때문이다. 당연히 경제활동 참여율도 62.9%에서 63.1%로 증가했다. 시간당 평균임금도 27.48달러로 전월 대비 0.4%, 전년 동기 대비 3.2% 상승했다. 전년 동기 대비 임금 인상률은 3개월 연속 3%대를 기록하고 있다. 2018년의 월평균 일자리 증가 숫자는 22만개로 2015년 이후 가장 큰 폭의 상승이다. 특히 99개월 연속 증가하여 역사상 가장 긴 기간의 상승 추세를 보이고 있다. 이 정도면 서프라이즈 수준의 실적이다. 미 노동부는 2018년 11월 비농업 일자리 증가 수치도 기존 15만 5천개 증가에서 17만 6천개 증가로 상향 수정해 발표했다. 2018년 10월 자료도 23만 7천개 증가에서 27만 4천개 증가로 수정했다.[46]

이렇게 경제가 시장 예측치보다 더 좋아진 상황에서 파월 의장이 비둘기파 발언을 한 이유는 무엇일까? 이유는 두 가지로 추정할 수 있다. 하나는 파월 의장과 연준 의원들이 아무리 독립적이라도 트럼프 대통령의 정치 공세에 부담을 느꼈을 수 있다. 다른 하나는 (이것이 주된 요인일 것으로 생각한다) 보름 전에 한 연준 의장의 발언에 대한 시장의 과도한 반응 혹은 오해가 빚은 투자 심리의 침체 분위기를 누그러뜨리기 위한 노련한 연준 특유의 정치적 발언일 가능성이다. 연준 의장의 발언 중 핵심 부분을 보자.

"(현재 금융시장의 과도한 불안정성은) 경기 둔화 위험을 반영하고 있는 것으로 보인다. 데이터보다 앞서가고 있다."

"경제지표와 금융시장이 상충하는 점은 걱정되는 신호이고, 그런 상황에서는 리스크 관리에 더 주의해야 한다."

"우리는 그것을 주의 깊게 듣고 있다. 시장이 보내는 메시지에 민감하게 귀를 기울이고 있다."

연준 의장이 시장에 보낸 메시지에서 가장 신경 쓴 단어는 '인내심' '유연성' '변화' '상당히 크게'라는 네 가지다. 그러나 잊지 말아야 할 점이 있다. 파월 의장은 '물가'와 '고용'에 대한 판단이라는 대전제를 바탕으로 이 네 가지 핵심 단어들을 사용했다는 점이다. 파월의 인터뷰에서 이와 관련된 바로 다음의 문장이 연준 의장의 진짜 속내를 들여다볼 수 있는 열쇠다. 다음 발언을 다시 음미해 보라.[47]

"물가는 관리 가능한 수준에 머물러 있고, 임금 상승도 물가 우려를 키우지 않을 것이다."

"대부분의 주요 지표들은 여전히 탄탄하다."

"대차대조표(연준의 보유자산) 축소가 시장 불안의 큰 원인이라고 생각하지 않는다. 단, 문제가 된다면 정책 변경을 주저하지 않을 것이다."

이 발언을 통해, 경제와 관련한 현재의 지표에서 문제를 발견하지 못했다는 연준 의장의 속내를 읽을 수 있다. 이 모든 것을 종합한 필자의 해석은 이렇다.

연준의 기본 지침은 큰 변화가 없다. 1월 4일 발언의 의도는 시장의 오해와 과도한 반응을 제거하여 실물경제에 미칠 미래 영향을 사전에 차단하겠다는 것이다.

연준이 늘 강조했던 '물가와 고용에 따라 기준금리 정책을 조절한다'는 대원칙은 '언제든지' 물가와 고용에 문제가 생기면 기준금리 인상 속도를 조절할 수 있다는 것도 포함되어 있었다. 1월 4일에는 후자의 측면을 강조했을 뿐이다. 2018년 12월에 기준금리 인상을 발표하는 자리에서는 연준이 물가와 고용이 안정적이고 예측대로 움직이고 있다는 부분을 강조했다면, 보름 뒤에는 (시장이 염려하는 대로) 만약 물가가 하락하고 고용에 큰 문제가 생길 경우에는 얼마든지 기준금리의 인상을 유보하거나 늦출 수 있다는 부분을 강조한 것이다. 보름 전에는 컵에 물이 '반이나 남았다'고 표현한 것이고, 지금은 컵에 물이 '반밖에 남지 않았다'는 표현으로 수정한 것뿐이다. 시장이 듣고 싶어 하는 메시지를 해줌으로써 자신의 발언에 자산시장이 너무 과도하게 반응하여 투자 심리가 위축되고, 그 충격이 소비 심리와 실물경제에 영향을 미쳐 경제가 정상궤도에서 벗어날 가능성을 차단하기 위한 것이다. 연준 의장의 노련한 정치적 발언은 성공해서 주식시장이 반등했다. 참고로 아래의 두 발언을 비교해 보라. 같은 방향 다른 표현일 뿐임을 알 수 있다.

2018년 12월 20일 발언:

"미국 경제는 완전 고용에 가깝고, 물가는 안정적이다."

"앞으로 더 신중하겠다."

2019년 1월 4일 발언:

"주요지표들은 여전히 탄탄하다."

"경제가 어떻게 움직이는지를 지켜보면서 인내심을 가질 것이다."

그럼 앞으로 우리가 관심을 가져야 할 중요한 변화는 무엇일까? 앞으로 연준이 정치적 발언 수준을 넘어 실제로 기준금리 인상 속도를 늦추거나 기준금리 인하를 실행에 옮긴다는 신호를 보내는 발언은 무엇일까? 바로 "고용과 물가에 문제가 발생했다"는 발언이다.

"대차대조표 축소가 시장 불안의 큰 원인이라고 생각하지 않는다. 단, 문제가 된다면 정책 변경을 주저하지 않을 것이다."

파월의 위 발언에는 '지금은 문제가 아니다'라는 마음속 판단을 내포하고 있다. "2019년은 고용과 물가의 움직임을 신중하게 인내심을 가지고 지켜볼 것이다. 문제가 없으면 긴축(보유자산 축소, 기준금리 인상)을 계속할 것이고, 문제가 생기면 (그때 가서…) 과감하게 정책을 변경하겠다"는 의미다.

다시 정리해 보자. 2019년 1월 4일 파월 의장의 발언은 시장이 듣고 싶은 얘기를 공개적으로 해준 것뿐이다. 금융시장이 경제지표와 '심하게' 상충하는 방향으로 움직일 때 발생할 수 있는 리스크를 관리하기 위한 의도에서 나온 정치적 발언이었다. 연준 의장은 이 발언 하나로 금융시장의 불확실성을 크게 낮췄고, 주식시장의 반등도 이끌어냈고, 트럼프의 비판 공격에 대해서도 피할 길을 만들었다. 발언 하나로 시장을 다룰 수 있다는 힘도 보여준 정치적으로 대단히 노련한 대응이었다.

연준은 의장의 한 마디로 시장 길들이기에 성공했다. 그리고 나머지는 변한 것이 없다. 연준의 대원칙도 그대로 유지되고 있으며 정책 방향도 전환하지 않았다. 일부에서는 중국 제조업 PMI가 50 밑으로 추락한 점, 미국 에너지산업의 비중이 높은 지역의 제조업지수가 하락한 점 등이 영향을 미쳤을 것이라고 분석하지만, 이는 단기적이고 지엽적인 요소다. 앞으로 미중 무역협상이 타결되고 유가가 재상승하면 연준의 발언은 달라질 것이다.

2019년 1월 현재 필자는 여전히 연준이 2019년의 예정된 기준금리 인상 행보를 계속할 가능성이 확률적으로 높다고 예측한다. 2018년 12월 20일 연준은 연방공개시장위원회 회의에서 "노동시장(고용)과 경제활동(물가)이 지속해서 강세를 보이고 있다"고 평가하고 2.25~2.50%로의 금리 인상안을 만장일치로 가결했다. 연준은 "앞으로 기준금리 목표 범위에 대한 조정 시기와 크기를 결정할 때 최대 고용 목표, 2% 인플레이션(물가) 목표와 관련해 실현되고 기대되는 경제 상황을 평가하겠다"는 기존의 기준(고용과 물가)도 다시 강조했다.

참고로 연준은 같은 날 2018년 미국의 경제성장률 예상치를 기존 3.1%에서 3.0%, 2019년 예상치는 기존 2.5%에서 2.3%로 하향 조정했다. 실업률 전망에 대해서는 2018년 3.7%, 2019년 3.5%로 기존 전망을 유지했으며, 2020년은 3.5%에서 3.6%로, 2021년은 3.7%에서 3.8%로 상향 조정했다. 인플레이션 전망은 2018년 2.1%에서 1.9%로, 2019년 2%에서 1.9%로 각각 하향 조정했다.

이런 예측치의 조정을 감안한 결과였는지, 2018년 12월의 점도표dot plot에서는 2019년의 적정한 금리 인상 횟수를 0~2회로 밝힌

FOMC 위원이 17명 중 11명이나 되었다. 제롬 파월 연준 의장도 기자
회견에서 "연준은 현재 강한 성장과 실업률 감소를 예상하지만 그것
이 실현되지 않으면 경로를 바꿀 수 있다"는 말로 정책 변경의 여지를
남겼다. 연준이 2019년 고용과 물가(인플레이션) 예측치를 기존 전망보
다 하향하며 좀 더 신중해진 것은 분명하다.

하지만 질문을 "2019년의 적정한 금리 인상 횟수가 0~2회인가 아
니면 2~3회인가?"로 바꾸어 보면 답은 달라진다. 아직은 2~3회로 보
는 사람이 다수이다. 그래서 2019년의 미국 기준금리 인상 횟수를
2회 미만보다는 2~3회로 예측하는 것이 현재로서는 가장 안전한 판
단이다.

2018년 12월 공개한 연준의 점도표

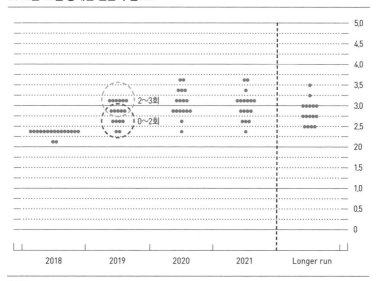

출처: Bloomberg

미래에는 어떤 일도 발생할 수 있다. 그러니 연준이 2019년에 기준 금리 인상 기조를 늦출 가능성을 검토해 보자. 이 경우에도 세부적으로 몇 가지로 나눌 수 있다. 1~2회로 늦출 경우 또는 기준금리를 동결 (0회)하거나 전격 인하하는 경우 등 3가지 세부 시나리오를 생각할 수 있다.

세부 시나리오 1 – 기준금리 인상 횟수를 3회에서 2회로 줄일 경우

2회 인상으로 줄인다면 2019년 중반과 후반에 각각 한 차례씩 올릴 가능성이 크다.(이 시나리오에서는 2019년 3월이 중요한 시점이며, 2022년에 1회 추가 인상할 가능성도 만들어진다) 기준금리를 (1회가 아닌) 2회 인상한다는 것은 미국 경기가 예측 범위 안에서 서서히 둔화한다는 의미다. 이는 미국 주식시장에는 단기적으로 호재로 작용한다. 미국 장기채 금리도 재상승할 가능성이 있다. 미국 장기채 금리는 후반기까지 (중간에 큰 변동성을 몇 번 보이겠지만) 서서히 상승할 여력을 갖게 된다. 한국은행은 2019년에 기준금리를 1회 인상으로 제한할 수 있다.

미국 주식시장의 대조정 시기도 늦춰진다. 한국과 중국의 금융위기를 촉발하는 방아쇠 역할을 할 외부 주요 변수 중 하나가 연기되는 셈이기 때문에, 한국과 중국의 금융위기 발발 시점도 조금 늦춰질 수 있다. 하지만 발발 시점을 늦출 뿐 가능성까지 낮추지는 못한다. 미 연준이 기준금리 인상 속도를 늦추는 이유는 미국의 경기 침체 때문이다. 미국의 경기 침체는 신흥국 수출에 타격을 줄 수 있기 때문에 한국이나 중국에 유리하지 않다. 금융위기 발발 시점이 지연될수록 한국과 중국의 가계 부채와 부동산 버블, 상업 영역 부채의 위험수위는 더 높아질 것이다.

세부 시나리오 2 - 기준금리 인상 횟수를 3회에서 1회로 줄일 경우

2019년 중반이나 후반 중 한 차례만 올리는 시나리오다. 2회 인상과 1회 인상은 시장에 주는 메시지가 다르다. 1회 인상은 2회 인상보다 미국의 경기 침체에 대한 시장의 우려를 더 키울 수 있다. 1회만 인상한다는 것은 2019년 후반으로 갈수록 (연준의 예상보다) 미국의 경기 침체가 두드러지게 된다는 의미이기 때문에, 미국 장기채 금리는 초반에 재상승하다가 중후반기에 다시 꺾일 가능성이 있다. 한국은행은 2019년에 기준금리를 인상하지 않아도 되는 행운(?)을 얻을 수 있을 것이다.

하지만 미국의 경기 침체 속도가 빨라지기 때문에 미국 주식시장의 대조정 시기가 앞당겨지면서 한국 주식시장의 위험도 역시 커진다. 미국의 경기 침체 우려가 계속 증폭되면서 신흥국에도 추가 악재로 작용하여 자본 이탈 가능성을 높일 것이다. 신흥국은 외국 자본의 탈출을 막기 위해 자국의 기준금리를 더 올려야 하는 압박에 직면한다. 미국 주식시장의 대조정 시점이 앞당겨지면, 한국과 중국의 금융위기 발발 가능성도 한 단계 더 상승한다.

단 이 시나리오에서는 주의 깊게 봐야 할 반전의 가능성도 있다. 연준이 1회 인상 시나리오로 가더라도, 2019년 3~6월 사이에 미중 무역전쟁을 둘러싼 협상이 극적으로 타결되고 트럼프가 미국 경제의 하락 속도를 늦추거나 단기적 재상승 모멘텀을 만들기 위해 재정 지출을 늘리고, 추가 감세와 인프라 투자를 밀어붙이면서 투자 시장과 실물경제에 호재를 마련해 줄 경우이다.

이렇게 상황이 전개되면 미국의 인플레이션 추가 상승 우려가 커지면서 연준이 2019년 후반기에 기준금리 인상 횟수를 다시 늘릴 가능성이 생긴다. 중국도 미중 협상이 타결되어 추가 관세 압력에서 일시적으로 풀려나면 정부의 재정 확장 정책과 민간 유동성 확장 정책이 효과를 내면서 약간 숨통이 트여 2019~2020년에 금융위기가 발발할 가능성은 다시 낮아진다.

세부 시나리오 3 − 기준금리를 동결 또는 전격 인하하는 경우

미국의 현재 경제 상황을 볼 때 이 시나리오의 가능성은 아주 낮다. 연준이 2019년에 기준금리를 한 번도 인상하지 않거나 혹은 전격 인하하는 사건이 발생하는 것은 미국 경제의 하락이 심각하다는 의미이다. 이는 미국뿐만 아니라 신흥국과 세계시장에는 최악의 시나리오가 된다. 미국 주식시장의 대조정이 사정권 안에 들어오고, 세계경제의 동반 침체 우려도 증폭된다. 한국이나 중국 등에서는 구조조정이 중지되고 가계와 기업의 부채도 증가한다. 한국과 중국의 금융위기 발발은 거의 확정적이 된다. 만약 미국 주식시장의 대조정이 시작되어 중국의 금융위기에 불을 붙이거나 중국 주식시장 대폭락을 불러오면 그것이 한국 금융위기 발발의 방아쇠가 될 가능성이 크다.

주식이나 채권, 부동산 등 주요 자산시장에 참여하고 있는 이들 중 상당수가 2019년에 미 연준이 기준금리 인하로 정책 방향을 전환해주기를 바란다. 그런데 조금만 더 깊게 생각하면 이런 기대는 위험한 미래가 오기를 바라는 발상이다. 만약 미 연준이 2019년에 기준금리를 전격적으로 인하하면 미국 주식시장은 대폭락할 가능성이 크다. 미국 주식시장이 대폭락하면 한국은 물론이고 중국과 유럽 등 주요 주식시장도 심각한 상황을 맞을 수 있다.

1985년부터 2018년까지 30여 년 동안 연준이 기준금리를 인하하면 어떤 일이 일어났는지를 살펴보라. 연준이 기준금리를 (단기적 조정을 위해 인하하는 경우가 아니라) 빠른 속도로 크게 인하할 때마다 실업률이 급상승하고 물가는 급하게 하락했다. 고용(실업률)과 물가(인플레이션)는 연준이 기준금리를 결정할 때 가장 중요하게 생각하는 지표이다. 그런데 연준이 기준금리를 빠르게 큰 폭으로 인하할 경우 주식시장은 대폭락했다.

이처럼 자산시장 참여자들의 기대와는 정반대로 연준이 기준금리를 인하하자 주식시장은 대폭락하고, 실업률이 치솟고, 물가가 하락했다. 반대로 미국 주식시장은 연준이 기준금리를 올리기 시작하자 상승장으로 돌아서고 전고점을 돌파하며 크게 상승했다.

연준이 기준금리를 인하하면 주식시장이 폭락하고, 연준이 기준금리를 올리면 주식시장이 상승하는 이유는 무엇일까? 주식시장이 대폭락하는 진짜 원인은 기준금리가 아니기 때문이다. 연준이 기준금리를

실업률과 연준 기준금리

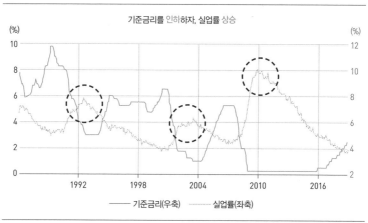

출처: TRADINGECONOMICS.COM

근원 인플레이션율과 연준 기준금리

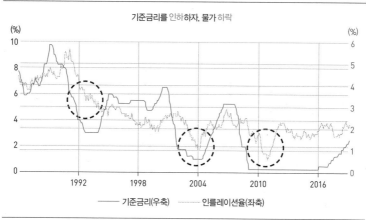

기준금리를 인하하자, 물가 하락

기준금리(우축) ········· 인플레이션율(좌축)

출처: TRADINGECONOMICS.COM

미국 다우지수와 연준 기준금리 1

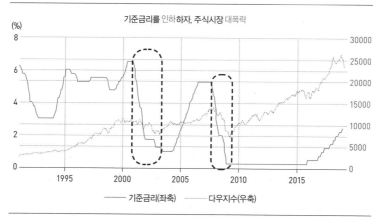

기준금리를 인하하자, 주식시장 대폭락

기준금리(좌축) ········· 다우지수(우축)

출처: TRADINGECONOMICS.COM

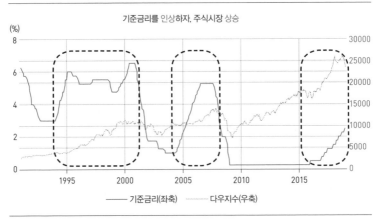

기준금리를 인상하자, 주식시장 상승

― 기준금리(좌축) ········· 다우지수(우축)

출처: TRADINGECONOMICS.COM

전격 인하한 데는 다른 이유가 있다. 미국 주식시장의 대폭락은 미국 GDP 성장률의 대폭락과 겹친다. 필자가 말하는 GDP 성장률의 대폭락은 성장률이 0.5% 미만~마이너스 4%까지 급락한 경우를 가리킨다. 다음 그림에서 보듯이 미국 GDP가 대폭락한 경우를 제외하면 GDP 성장률이 하락하는 국면에서도 다우존스지수는 계속 상승했다.

다음 그림에서 보듯이 연준은 미국 GDP 성장률이 대폭락할 때만 큰 폭의 기준금리 인하를 단행했다. 그 후에 일정 기간 저금리를 유지한 후 연준이 다시 기준금리 인상을 시작하면서 주식시장은 강한 상승상으로 전환되었다.

결국 연준이 기준금리를 빠르게 큰 폭으로 전격 인하(양적 완화 정책)한 경우는 미국 GDP 성장률이 대폭락했을 때뿐이다. 즉, 미국 GDP 성장률 대폭락 → 자산시장 대폭락 → 실업률 급상승 → 물가 하락 → 경제 대침체 → 연준 기준금리 인하(양적 완화)의 상황 전개를

다우지수와 미국 **GDP**의 연간 성장률

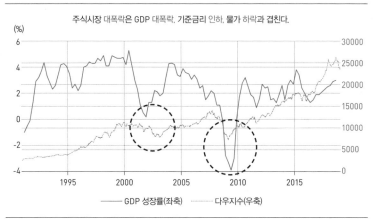

주식시장 대폭락은 GDP 대폭락, 기준금리 인하, 물가 하락과 겹친다.

출처: TRADINGECONOMICS.COM

미국 **GDP**의 연간 성장률과 연준 기준금리 1

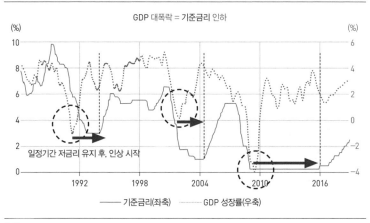

GDP 대폭락 = 기준금리 인하

출처: TRADINGECONOMICS.COM

미국 GDP의 연간 성장률과 연준 기준금리 2

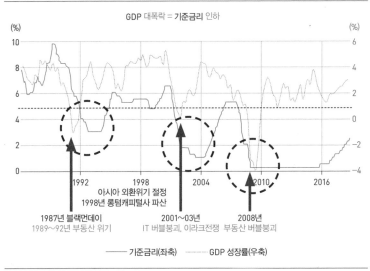

GDP 대폭락 = 기준금리 인하

기준금리(좌축) ·········· GDP 성장률(우축)

출처: TRADINGECONOMICS.COM

따라 금리 인하가 이루어진 것이다.

그렇다면 연준이 기준금리를 인하할 수밖에 없게 만든 미국의 GDP 성장률 대폭락은 왜 일어났을까? 분명한 이유가 있다.

미국 GDP 성장률이 대폭락(0.5% 미만부터 마이너스 4%까지 급락)한 1991, 2001, 2008년은 부동산 버블 붕괴, IT기술 버블 붕괴, 그리고 중동 전쟁 등의 위기가 발생했었다. 1985년 이전에도 미 연준은 이런 이유나 오일 쇼크처럼 이에 준하는 사건이 발생했을 때를 제외하고는 빠르고 큰 폭의 기준금리 인하를 단행하지 않았다.

이런 연준의 행보를 고려하면, 연준이 2019년에 앞의 세부시나리오 3과 같이 '전격적으로 기준금리를 인하'하는 정책으로 전환한다는 것은 미국 GDP 성장률이 큰 폭으로 추락한다는 것을 의미한다. 미국 경제 역사에서 보듯이, 이는 신산업 버블 붕괴나 부동산 버블 붕괴, 오일 쇼크나 중동 전쟁 또는 세계대전 같은 사건이 일어남을 의미한다.

ARE YOU READY IN
FINANCIAL
CRISIS

PART 2

•

앞으로 20년, 한국의 미래

4장

금융위기 이후에
일어날 일들

01
제2의 외환위기 가능성은
없는가?

"5년 전에 발표한 한국의 미래 시나리오들을 다시 점검하고 최적화 연구를 하고 난 지금 필자의 결론은 이렇다. '경고에도 다가오는 위기에 무덤덤한 한국은 1997년 IMF 외환위기에 준하는 큰 위기나 혹은 GDP의 -5%가 넘는 극심한 경기 후퇴를 겪고 나서야 위기의 본질을 깨닫고 생존을 위한 필사적인 개혁에 필요한 추진력을 얻을 수 있을 듯하다.' 위기를 겪고 나서야 정치권이나 기업, 그리고 국민이 진지하게, 포괄적이고 근본적인 구조개혁을 받아들이는 계기를 마련할 수 있을 것으로 보인다. 그때까지 시간이 흘러가는 동안은 국민 스스로 살 길을 찾아야 한다."

2013년에 출간한 〈2030 대담한 미래〉에서 필자가 전개한 '한국의 제2의 외환위기 가능성 시나리오' 중 일부이다. 당시는 물론 지금도 많은 사람들이 황당해 한다. 그러나 필자가 이런 예측 시나리오를 전개한 데는 분명한 이유가 있다. 미래에는 그 어떤 일도 일어날 수 있다. 불과 몇 년 전까지만 해도 한국은 2008년 금융위기를 모범적으로 이겨낸 국가라는 평가가 주를 이뤘다. 금융위기 발발 가능성은 생각조차 하지 않는 분위기였다.

외환위기가 발발하는 조건은 다양하다. 그중에서 가장 중요한 것은 두 가지다. 첫 번째는 외환보유액 규모다. 정확히 말하면 달러화 외화 유동성이다. 달러화 부채의 매달 이자와 만기 원금 상환 요청에 대응할 수 있는가가 문제가 된다. 또 다른 한 가지는 경상수지 흑자다. 달러화 외화 유동성은 국제 거래에서 지금 당장 동원할 수 있는 현찰이 얼마나 되는지의 문제이고, 경상수지는 얼마나 남는 장사를 했는지의 문제다. 경상수지는 국제 거래에서 자본거래를 제외한 경상적 거래의 수입과 지출의 결과이다. 상품수지(상품의 수출과 수입의 차액), 서비스수지(해외여행이나 운수서비스 등 서비스 거래의 수입과 수출의 차액), 소득수지(배당금이나 이자처럼 투자의 수입과 지급의 차액), 경상이전수지(송금 등 대가없이 주고받은 국제 거래의 차액)가 여기에 해당한다. 외환보유액과 경상수지와 관련한 1997년 당시의 상황을 복기해보자. 다음의 그림은 1997년 상업 영역의 부채 위기가 어떻게 IMF 구제금융 신청에까지 이르렀는지를 보여준다.

1997년 외환위기 당시의 원인은 상업 영역의 막대한 부채였다. 이것이 금융위기를 불러왔다. 은행권에서 부실채권이 증가하면서 은행의 위기를 불러오고, 이어서 금융시스템 전체가 흔들리자 곧 외화 유동성에 대한 국내외 불안감이 증가하였다. 그러자 한국에서 외환위기가 발생하는 것이 아닌가 하는 위기감이 거세게 일어났다. 외화 유동

1997년 IMF 구제금융 신청 과정

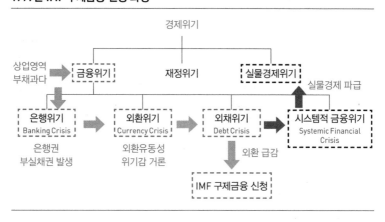

성 위기감이 커지자 달러화 단기외채의 만기 연장을 거부하는 움직임이 일었다. 달러화의 유동성이 계속 줄면서 결국 정부는 IMF에 구제금융을 요청하여 195억달러를 지원받았다.

외환위기로 사태가 비화하기 전 한국의 외환보유액이나 경상수지

한국 외환보유액 1(외환위기 전)

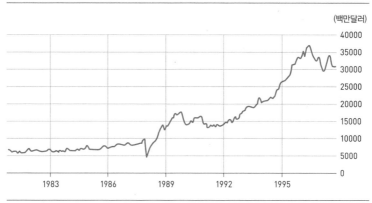

출처: TRADINGECONOMICS.COM | THE BANK OF KOREA

한국의 외환보유액 2(2000년 이후)

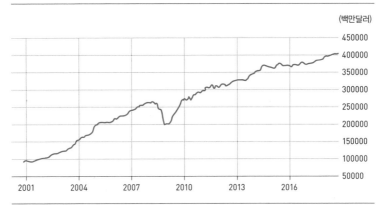

출처: TRADINGECONOMICS.COM | THE BANK OF KOREA

는 어땠을까? 앞의 두 그림은 각각 1997년 외환위기 직전까지 한국의 외환보유액 추이와 최근의 외환보유액 증가 추세를 보여주는 그래프다. 의외로 두 그래프가 비슷하게 양호한 모양을 보이지 않는가!

다음으로 외환위기 전의 GDP 성장률 추세를 보자. 1980년대의 성장률보다는 한 단계 낮아졌지만, 1997년 위기 직전까지 한국경제는 계속 성장 가도를 달리고 있었다. 우리가 타임머신을 타고 1997년 위기 발발 전으로 돌아가, 금융위기와 외환위기 가능성을 제기할 경우 누구도 쉽게 동의하지 않았을 경제 상황이었다.

그다음 그림은 최근의 한국의 경제성장률을 나타내는 그래프다. (당시보다 한국경제의 규모가 훨씬 커지고 질적으로 고도화되었음을 감안하여 규모보다 추세를 보면) 20년 전과 비슷한 움직임이 아닌가!

20년 전과 지금의 결정적 차이점은 무역수지에 있다. 1989년까지 한국 기업의 수출 경쟁력이 계속 상승하면서 무역수지는 흑자를 기록했다. 하지만 1989년 이후로 무역수지의 흑자폭이 줄더니 1995년

한국의 GDP 성장률(1988~1997)

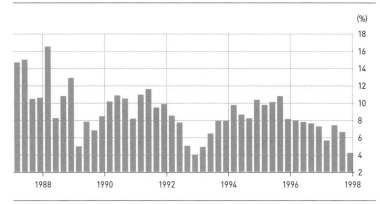

출처: TRADINGECONOMICS.COM | THE BANK OF KOREA

한국의 GDP 성장률(2008~2018)

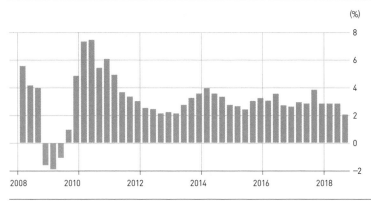

출처: TRADINGECONOMICS.COM | THE BANK OF KOREA

부터는 계속 적자를 기록하기 시작했다.

당시 무역수지가 적자로 돌아선 이유는 두 가지다. 하나는 간접적
이유이고 다른 하나는 직접적 이유다. 간접적 이유는 수출 증가율의
둔화에 있었다. 그때까지 수출을 이끌었던 저렴한 노동력에 기반한

한국의 무역수지1(1980~1997)

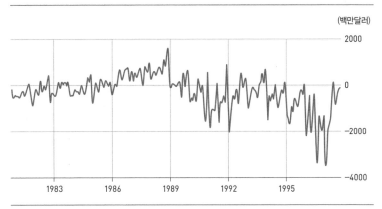

출처: TRADINGECONOMICS.COM | MINISTRY OF TRADE, INDUSTRY & ENERGY(MOTIE)

제조업 1단계의 성장이 한계에 부딪치면서 수출 증가율이 낮아지기 시작한 것이다. 그렇지만 성장세가 약화됐을 뿐 수출 규모는 계속 증가했다. 다음 그림은 1997년까지의 수출 규모를 보여준다. 1995년 이후부터는 오히려 이전보다 수출 규모가 한 단계 더 커졌음을 알 수 있다.

한국의 수출(1980~1997)

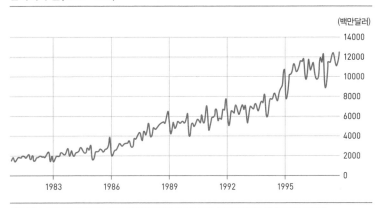

출처: TRADINGECONOMICS.COM | MINISTRY OF TRADE, INDUSTRY & ENERGY(MOTIE)

한국의 수입(1980~1997)

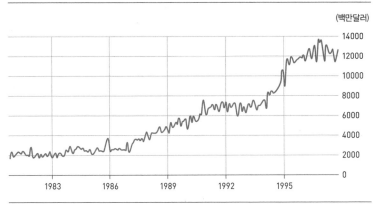

(백만달러)

출처: TRADINGECONOMICS.COM | MINISTRY OF TRADE, INDUSTRY & ENERGY(MOTIE)

　무역수지가 적자로 돌아선 직접적 이유는 수입에서 발생했다. 위의 그림은 1997년까지의 수입 추세를 나타낸다. 수출 증가율은 낮아졌지만 한국 경제성장률은 높게 이어지면서 소비가 늘고, 에너지를 비롯한 원자재 비용이 증가하면서 수입 증가 속도가 더 빨라졌다. 당시는 미국 주식시장의 4차 대세상승기 후반부여서, 글로벌 경기에도 버블이 생기면서 원자재 비용이 상승하고 소비율도 높았다. 거기에 원달러 환율의 상승이 수입물가 상승을 더 부추겼다. 마치 2008년에 글로벌 금융위기가 발발하기 전까지 세계경제가 상승하고, 에너지 및 원자재 비용이 상승하고, 자산 버블이 커지면서 소비가 늘었던 시기와 비슷했다.

　이제 현재 한국경제의 상황을 분석하고 예측해 보자. 한국의 외환보유액 상황을 보여주는 그래프를 보면 겉모습이 아주 양호하다. 이 숫자만 보면 외환위기가 일어날 가능성은 절대로 없어 보인다.

　그렇다면 외환보유액과 짝을 이루는 대외 부채는 어떨까? 대외 부

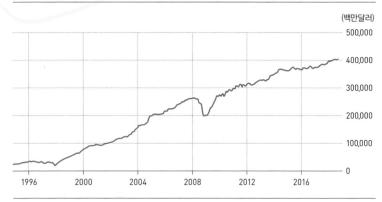

출처: TRADINGECONOMICS.COM | MINISTRY OF TRADE, INDUSTRY & ENERGY(MOTIE)

채의 증가 추세를 보여주는 그래프를 보면, 직관적으로 보기에도 외환보유액이 증가하는 추세와 비슷한 속도로 대외 부채도 증가하고 있음을 알 수 있다. 한 가지 다행인 것은 2015년부터 대외 부채 규모의 증가세가 멈췄다는 사실이다. 외환보유액 역시 2015년에 증가 추세가 멈추었지만, 최근 들어 다시 소폭 상승세로 돌아섰다. 대외 부채의 질적인 면에서도 2008년 이후부터는 단기부채가 감소하고 장기부채가 늘어서 외환위기 가능성을 낮추고 있다.

그림에서 보듯 최근 무역수지는 장기간 흑자 추세를 보이고 있다. 무역수지의 흑자는 외환보유액을 늘리는 중요한 원천이다.

어떻게 무역수지가 장기간 흑자 추세를 유지하고 있는지 그 이유를 찾아보자.

수입과 수출 그래프를 비교하면, 2008년 이전까지는 둘 다 비슷한 추세로 상승했다. 하지만 2008년 이후 국내 경기가 좋지 않아서 소비가 감소하고, 글로벌 경기가 위축되면서 에너지와 원자재 가격이 하락

한국의 대외 부채

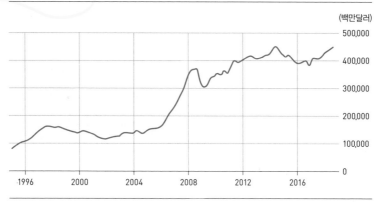

출처: TRADINGECONOMICS.COM | THE BANK OF KOREA

한국의 대외 부채 구성

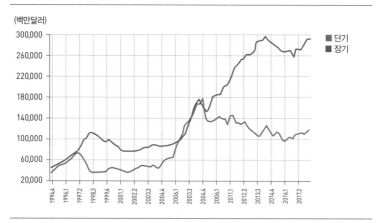

출처: 한국은행 경제통계시스템(ECOS)

했다. 그 결과 2012년부터는 수입 금액이 수출 금액보다 더 빨리 감소
했다. 그리고 한국 기업들은 신흥국으로의 수출을 늘리면서 경제 위
기를 겪는 미국과 유럽 시장의 리스크를 줄였으며, 전기전자와 자동

한국의 무역수지

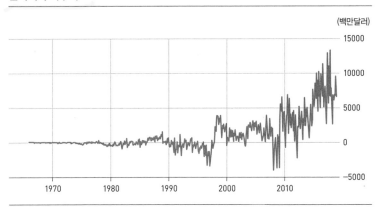

(백만달러)

출처: TRADINGECONOMICS.COM | MINISTRY OF TRADE, INDUSTRY & ENERGY(MOTIE)

한국의 수출

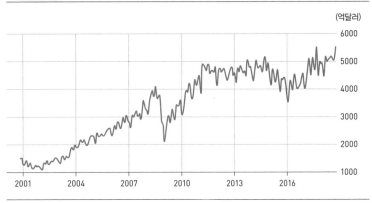

(억달러)

출처: TRADINGECONOMICS.COM | MINISTRY OF TRADE, INDUSTRY & ENERGY(MOTIE)

차 산업은 여전히 글로벌 경쟁력을 유지했다. 이런 요인들이 합쳐져서 한국은 장기간 무역수지 흑자를 기록할 수 있었다. 여기에 2008년 이후 선진국과 중국에서 풀린 막대한 자금이 한국의 자산시장에 추가 유입되면서 경상수지도 큰 폭의 흑자를 기록해 왔다.

한국의 수입

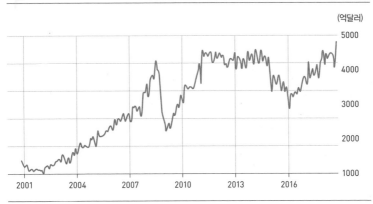

출처: TRADINGECONOMICS.COM | MINISTRY OF TRADE, INDUSTRY & ENERGY(MOTIE)

한국의 외국인 직접투자

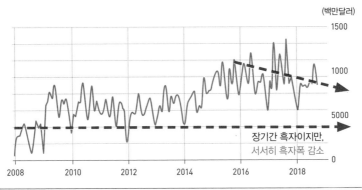

출처: TRADINGECONOMICS.COM | MINISTRY OF TRADE, INDUSTRY & ENERGY(MOTIE)

그러나 우리가 주목해야 할 경고 신호가 있다. 그림에서 보듯이 무역수지 흑자폭이 서서히 감소하고 있다.

외환보유액의 양과 질은 어떨까? 먼저 양적 측면에서 보면, 한국은행이 발표한 2018년 10월의 외환보유액은 4,027억 5천만달러이다. 이는 IMF의 권고 기준(4천억달러)에 비추어 보면 적정하지만, BIS(국제결제은행)의 기준(6천억달러)으로 평가하면 안심할 수준은 아니다. 한국은 GDP 규모에 비해 무역과 자본 투자 등에서 대외의존도가 높기 때문에 대외경제 변수에 취약하다. 특히 글로벌 경제 상황이 악화될 때에는 양적 규모에 민감해진다. IMF가 권고하는 외환보유액 규모는 연간 수출액의 5%, 통화량(M2)의 5%, 외국인 투자 잔액의 15%, 유동외채의 30% 등을 합한 규모의 100~150% 수준이다. BIS는 3개월치 경상지급액, 유동외채, 외국인 상장 증권자금의 3분의 1 수준 등을 감당할 수 있는 규모를 한 나라의 적정한 외환보유액으로 제시한다.[1]

한국의 매달 상품 수입과 대외 서비스 지급액은 500억달러 수준이므로 3개월치 경상지급액은 1,500억달러이다. 위기가 발생할 경우 상품 수입과 대외 서비스 지급액을 전액 달러로 외상없이 즉시 지급해야 한다. BIS가 3개월치 경상지급액을 기준 중 하나로 제시하는 이유는, 위기 시 수출 대금은 즉시 받지 못하고 수입 대금은 즉시 지급해야 하는 상황을 3개월 정도는 감당할 수 있어야 하기 때문이다. 더욱이 이를 충당할 수 있는 외환보유액은 즉각 유동화할 수 있는 자금이어야 한다.

2018년 말 기준으로 단기 외채가 1,250억달러다. 위기가 발생하면 최악의 경우 단기외채 전액을 만기 연장할 수 없을 가능성도 있다. 그리고 한국에서 금융위기가 발생하여 자산시장이 충격을 받으면 2018년 9월 기준으로 709조원 정도 되는 외국인 상장증권자금 중에서 3분의 1 정도인 2천억달러가 한국을 빠져나가는 시나리오도 불가능하지 않다. 한국은행의 자료에 의하면, 글로벌 금융위기 이후 막대하게 풀린 글로벌 유동성 중에서 한국에 들어온 외국인 투자금 총액은

9,253억달러다(2013년 기준). 이 중에서 수시로 입출금이 가능한 주식투자금, 채권투자금, 차입금의 비중이 무려 83.6%에 달한다. 이는 우리와 비슷한 신흥국 평균인 48%보다 두 배 가까이 높다. 단기적인 투자금이 두 배 가까이 많이 들어왔기 때문에 다른 신흥국보다 한국이 자본수지와 자산시장에서 더 선전한 것이다. 그러나 반대의 경우가 발생하면 우리에게 두 배 더 큰 충격을 줄 수도 있는 양날의 칼이다.

이제 외환보유액의 질적 측면을 살펴보자. 위기를 준비할 때는 최악의 상태 즉, 악재들이 겹쳐서 나타나는 사태를 염두에 두고 대비해야 한다. 한국의 경우, 금융위기라는 최악의 상황이 발생하면 1~3개월 이내에 2천~3천억달러 규모의 유동성을 만들어야 한다. 그것도 아무도 달러를 빌려주지 않고, 원화나 기타 통화들을 받아 주지 않는 상태에서 말이다. 최근 한국의 외환보유액 중에서 달러화 비중은 67~70% 사이(2,800억달러 내외)에 있다. 위기가 발발했을 때, (이론적으로) 달러화를 확보할 수 있는 최대치다. 하지만 위기가 발생하면 외환보유액 전체 혹은 달러화 전체를 즉각 달러 현금으로 만들기가 쉽지 않다. 대외채권이 많다고 안전하지도 않다. 2018년 기준 한국은 대외채권에서 대외채무를 뺀 순대외채권이 200억달러에 불과하다. 그러니 우리가 어렵다고 다른 나라에 빌려간 돈을 즉시 갚으라고 압력을 넣으면, 그들도 거꾸로 우리에게 빌려간 돈을 갚으라고 달려든다.

불행은 겹쳐서 온다. 만약 악재가 겹치면서 더는 버틸 수 없는 상황에 몰린 시기에, 부동산 거품이 터지고 급격히 환율이 올라가면 제2의 외환위기가 두려운 현실로 부각할 가능성이 충분하다.

1997년에 외환위기를 겪은 한국에 대해 외국 자본은 외환위기가 재발할 수 있는 나라라는 의심을 거두지 않고 있다. 그래서 조금이라

외환위기가 반복되는 시스템적 이유

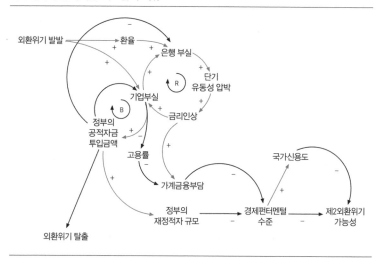

※ 1970년~1999년 외환 위기 겪은 나라 수: 28개국/외환 위기 횟수: 98차례

도 위험 신호가 나타나면 투기자본이 한순간에 빠져나가는 일이 반복된다.

1970년부터 1999년까지 약 30년 동안 전 세계에서 외환위기는 98번 발생했다.(그중에 한 번이 한국이다) 그런데 98번의 외환위기를 28개 국가가 만들어 냈다. 즉 외환위기가 한 번 발생한 국가는 2~3차례 반복하는 것이 기본 패턴이기 때문에 외국 자본은 한국의 경제적 안정성을 그리 높게 보지 않는다.

외환위기는 왜 재발할까? 위의 시스템 지도를 보면 이유는 간단하다. 일단 금융위기나 외환위기가 발발하면 환율이 상승한다. 환율이 오르면 기업 부실이 증가하고, 부실이 증가하면 단기 유동성 압박이 일어나고, 시중 금리가 인상되어 자금 조달이 어렵게 된다. 그 결과 부실이 더 커지게 된다. 이때 정부가 최악의 파국을 막기 위해 공적 자금을 긴급 투입하여 기업과 은행의 부실채권을 사준다. 정부 개입으로 기업 부실과 은행 부실이 줄면서 신용도가 다시 회복되고 경제 위기를 탈출한다. 이것이 외환위기의 발발과 탈출의 기본적인 패턴이다.

그런데 엄밀하게 말해서 이 과정을 통해 기업과 은행의 부실이 사라진 것이 아니라, 기업과 은행의 부실이 개인과 국가에 전가된 것뿐이다. 기업과 은행권은 자기 보존을 위해 개인들을 직장에서 쫓아낸다. 은행과 기업의 부실을 개인들에게 전가하는 것이다. 우리나라도 외환위기 때 100만 명의 실업자가 생겼다. 금리가 인상되는 과정에서도 가계의 금융 비용이 증가하게 된다. 정부 역시 공적 자금을 밀어넣으면서 재정적자 규모와 부채를 늘리게 된다. 즉 외환위기 탈출은 위기를 근본적으로 해결한다기보다 기업과 은행의 부실을 정부와 개인에게 떠넘기는 과정이다. 그 결과 제2의 금융위기나 외환위기 가능성이 새롭게 열린다. 만약 외환위기를 극복한 후 부채의 증가분을 앞설 정도로 경제성장률이 높아지면 제2의 외환위기 가능성은 낮아진다. 부채가 늘었지만 이보다 더 큰 폭으로 총수입이 증가해 부실 수준을 낮췄기 때문이다. 하지만 이렇게 선순환의 사이클로 복귀한 나라는 드물다. 외환위기를 겪은 대부분의 나라는 얼마 후 제2의 외환위기를 맞는다. 대표적인 나라가 최근 외환위기에 빠진 아르헨티나이다. 20세기 초까지는 세계 5위의 부국이었던 아르헨티나는 1980년대의 외환위기 이후에 추가로 세 차례나 외환위기를 겪었다.

첫 번째 외환위기 때는 기업과 은행의 부채가 주요 원인이었지만 두 번째 위기 때는 가계 부채 증가와 정부의 재정적자 및 총부채의 위기로 그 성격이 달라졌다. 이를 잘 알고 있는 외국의 투기자본은 여전히 한국을 "아직 외환위기가 재발하지 않은 나라"로 본다.

이런 상황에서 부동산 버블의 급격한 붕괴, 정부 부채 증가, 가계 부채 증가, 무역수지 흑자 폭 감소, 기존 산업의 성장 한계로 말미암은 잠재성장률 급락과 종신고용 붕괴(불안정한 일자리), 저출산 고령화 후폭풍, 정부의 뒤늦은 정책 등의 시스템적 한계 요인이 잇따라 터지면 어떻게 될까? 미국의 기준금리 인상을 한국의 기업과 개인이 이겨내지 못한다면? 이번 정부가 강력하게 밀어붙이는 '경제민주화'가 실패하면 상황은 걷잡을 수 없는 파국으로 치달을 가능성이 있다. 만약 이런 일들이 모두 현실화되면 금융위기에 취약한[2] 우리는 또 다른 거대한 위기를 맞을 가능성이 크다.

IMF 외환위기에서
배워야 할 가장 중요한 교훈

필자가 한국의 위기 예측을 금융위기 수준에서 멈추지 않고, 제2의 외환위기 가능성으로까지 확대한 가장 큰 이유는 한국 정치권의 위기 대응 또는 예방 능력에 대한 불안감 때문이다.

앞에서 설명한 금융위기 가능성 시나리오는 인간의 실수나 잘못을 배제한 조건에서 위기 가능성과 대응력을 분석하고 예측한 것이다. 즉 위기가 발발했을 때 일사불란하고 정확하게 대응할 경우를 가정한 것이다. 하지만 정치권이 서로 책임을 전가하며 싸우고, 잘못된 대응전략을 사용하거나 뒷북을 치는 늑장 대응을 한다면 상황이 어떻게 될까? 1997년 IMF 구제금융신청 사태 역시 상업 영역에서 시작된 금융위기에 대해 정부와 정치권이 잘못 대응하면서 만들어진 인재였다. 외환위기 직전인 1997년 9월, 우리나라의 외환보유액은 311억달러였다.[3] 당시 한 달 평균 수입액 규모가 120억달러였으니 IMF가 권장하는 최소 보유치(3개월분 수입액)에도 못 미치는 금액이었다. 그럼에도 당시 강경식 경제부총리는 "대한민국 경제의 펀더멘털은 튼튼하다!"는 말을 반복했다. 심지어 태국이 1997년 8월 외환위기에 빠지자 IMF 구제금융 분담금으로 5억달러를 지원할 정도로 여유를 부리면서 연말이면 외환보유액이 좀 더 늘 것이므로 걱정할 게 없다고까지 했다. 그러나 정부의 장담과는 다르게 11월에 위기를 먼저 간파한 외국 투자자본이 빠져나가고 무역수지 적자가 누적되면서, 외환보유액이 20억달러로 줄었다. 결국 11월 21일 정부는 공식적으로 IMF에 구제금융을 신청하기에 이른다.

한국은행이 발표하는 금융안정지수도 위기가 눈에 보이기 오래 전부터 시작되는 상황을 반영하지는 못한다. 금융안정지수를 구성하는 항목의 상당수가 후행적 지표들이기 때문이다. 1997년 외환위기, IT 버블 붕괴, 카드 대란, 글로벌 금융위기 등은 갑자기 발생한 것처럼 보이지만 짧게는 1~2년 길게는 4~5년 전부터 시작되었다. 하지만, 금융안정지수 또는 국채 CDS 프리미엄 등의 지표는 위기의 징조를 사전에 거의 반영하지 못한다. 위기를 알려 주더라도 단지 6~8개월 전에야 '주의' 경보를 보낼 수 있을 뿐이다. 이 정도의 시간은 다가오는 큰 위기 앞에서 근본적인 대응책을 마련하고 실행하기에는 턱없이 부족한 시간이다. 다음 그림에서 보듯 한국의 금융안정지수 그래프는, 1997년 외환위기가 발발하기 전까지 주의 단계의 경보도 보내지 않았다. 2008년의 글로벌 금융위기가 발발하기 1년 전에도 금융안정지수가 말해주는 위기지수는 '0'이었다.

1997년의 국가적 재난을 겪은 이후에도 신종플루 사태, 조류독감 사태, 메르스 사태, 2008년 글로벌 금융위기 등 다양한 국내외 재난

금융안정지수

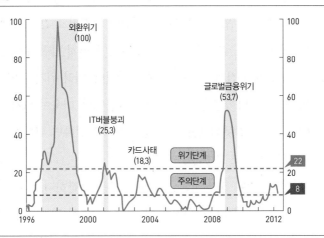

금융안정지도 부문별 세부항목과 분석지표

부문	세부항목	분석지표
금융시장	채권시장 주식시장 외환시장	국채수익률변동성, 회사채 신용스프레드 주가변동성, 거래대금/시가총액 환율변동성
은행 건전성	신용위험 수익성 자본적정성 자금조달	연체율, 고정이하여신비율, 커버리지비율 NIM, ROA BIS자기자본비율 펀딩갭(Funding Gap)/총자산
외환 건전성	대외채권·채무 외환수급 외화조달여건	순대외채권, 단기외채/외환보유액 경상수지/GDP 외평채 CDS 프리미엄
국내외 경제	국내경제 세계경제	경제성장률, CPI상승률 아파트매매가격상승률, 통합재정수지 경제성장률, CPI상승률, TED스프레드
가계채무 부담능력	유동성 원금상환능력 이자상환부담	금융부채대비 자산비율 금융부채대비 가처분소득비율 지급이자대비 가처분소득비율
기업채무 부담능력	수익성 자본적정성 유동성	매출액, 영업이익률 자기자본비율 유동비율, 순이자보상비율

출처: 2012년 한국은행 금융안정보고서

을 앞두고 위기를 감시하고 경고해 주어야 할 지표들의 평가 방법은 달라지지 않았다. 위기는 대부분 오래전에 시작되고 긴 시간에 걸쳐 악화해 오다가 한순간에 겉으로 터져 나온다. 터져 나온 후에는 어떤 정책으로도 위기 전개 속도를 늦추기 어렵다. 미리 위기를 인지하고 통제할 수 있는 타이밍을 이미 놓쳤기 때문이다. 더욱이 위기가 발발한 후에 인간의 잘못된 판단과 행동까지 더해진다면 위기가 어디까지 번질지는 아무도 모른다.

현재 정치권이나 정부의 모습을 보면 매우 불안하다. 인류 역사를 돌아보면, 예상보다 더 큰 위기를 만들거나 평범한 위기를 심각한 위기로 악화시키는 주범은 국민이나 기업이 아니라 정치인이다. 특히 포퓰리즘에 빠진 정치인이다.

현재 가장 확률적 가능성이 높은 한국의 미래 위기는 '금융위기'이다. 한국의 외환보유액이나 펀더멘털만 보면 외환위기로까지 발전할 가능성은 적다. 하지만 상황을 개선하는 데는 엄청난 힘이 드는 반면, 상황을 악화시키는 데는 별 노력이 필요없다는 사실을 기억해야 한다. 잠깐의 방관과 뒤늦은 대응, 몇 가지 잘못된 정책이면 상황을 열 배 이상 악화시킬 수 있다. 지난 몇 년 동안 정치권이 보여준 행태와 리더십을 보면 다가오는 금융위기가 정치인들의 손을 거치면서 외환위기로 비화할 가능성을 완전히 배제하기 어려워 보인다.

1997년에 상업 영역 발 금융위기를 IMF 구제금융 사태로까지 악화시킨 혹은 위험이 커지도록 방치한 주체가 정치권이다. 국가와 기업의 지도층이 미래에 대한 잘못된 선입견과 통찰력 부족으로 위기를 방관하고 심지어 재촉했다. 전철을 밟지 않으려면 우리 사회의 리더부터 미래를 통찰하고 대비해야 한다.

고장 난
성장 시스템

현재의 성장 시스템을 그대로 유지하면서도 1인당 GDP 2만 5천~3만 달러까지는 성장할 수 있다. 그러나 거기가 끝이 될 수 있다.

한국에 금융위기가 발발하기 전, 불안한 신흥국에서 탈출한 금융자본이 일시적으로 한국 시장으로 들어오면서 만들어질 '한국은 다르다'는 착시 현상을 경계해야 한다.

2013년에 출간한 〈2030 대담한 미래〉에서 필자가 경고한 한국의 미래였다. 그러나 정부는 고통스럽고 긴 시간을 요구하는 시스템 혁신을 단행하는 대신 단기적인 경기 부양으로 문제를 봉합하면서 문제를 더 키웠다. 2018년에 한국의 코스피지수가 2500선을 넘고, 1인당 GDP가 2만 5천을 넘어서며 필자의 경고는 수많은 비판의 대상이 되었다. 주식시장이 꺾이고, 각종 경제 지표에 빨간 불이 켜지면서 비로소

2018년까지의 기록적인 수치들이 '착시'에 불과했다는 진단이 쏟아져 나오기 시작했다. 그러나 여전히 시스템 혁신에 필요한 수준의 정확한 관점과 제안은 부족하다.

여기서 한 발 더 나아가 보자. 이제 금융위기는 피할 수 없게 되었다. 문제는 그다음이다. 앞으로 5~10년 내에 정치, 경제, 산업, 사회 등 국가의 모든 영역을 근본적으로 재설계하는 수준의 개혁이 없으면 (통일 전까지) 20~30년 동안 한국은 세계 경제에서 차지하는 영향력이나 비중이 계속 줄 것이다.

왜 그럴까? 2007년 골드만삭스가 발표한 '2050년 한국의 1인당 GDP가 8만 1천달러가 될 것'이라는 전망에 대한 평가로부터 시작해 보자. 골드만삭스의 예측은 통일을 전제로 한 것이었다. 필자가 〈2030 대담한 미래〉에서 밝혔듯이, 골드만삭스의 계산은 매우 비현실적이며 잘못된 분석에 근거하고 있다. 첫째, 통일 시점에 대한 불확실성이 아주 크다. 필자의 분석으로는 김정은의 통치력을 감안할 때 한반도의 통일은 오히려 30년 이상 걸릴 가능성이 커졌다.(더 자세한 분석은 〈앞으로 5년 미중전쟁 시나리오〉(2018) 참조) 그 전에 통일이 되더라도 독일처럼 10~20년은 경제의 불확실성이 커지고 자칫하면 경제위기나 침체가 발생할 가능성도 크다는 점도 계산에 넣어야 한다. 둘째, 이런 류의 예측이 맞으려면 한국은 2050년까지 최소 3~4%의 경제성장률을 꾸준히 유지해야 한다. 하지만 어떤 선진국도 40년 동안 4%대의 성장을 지속한 나라는 없었다. 미국, 일본, 독일도 못했는데 한국만 예외적으로 가능할까? 셋째, 성장률을 높이기는 힘드니 1인당 GDP 계산에서 인구라는 분모를 작게 하면 8만달러가 가능하지 않을까? 한국의 인구는 2020년 무렵을 정점으로 줄기 시작해서 2050년이 되면 대략 4,400만 명으로 하락할 것이다. 하지만 이런 계산법은 숫자 장난에 불과하다.

한국은 1996년에 OECD에 가입하고 2006년에 1인당 GDP 2만달러를 넘어섰지만, 10년 이상 2만달러 수준에 머물러 있다. 물가상승률이나 화폐가치의 하락을 고려한다면 오히려 마이너스 성장을 했다고 평가하는 것이 현실에 가까울 것이다. 아래 그림은 한국의 1인당 국내총생산의 변화 추이를 보여주는 그래프다.

골드만삭스의 계산은 틀렸다. 현실적인 미래 상황을 반영하여 한국 경제의 미래를 예측해본 결과, 2050년에 1인당 GDP는 약 4만 4천달러로 추정된다.(2020년의 1인당 GDP는 2만 3천달러로 다시 하락, 2030년은 2만 6천달러, 2040년은 3만 3천달러) 글로벌 금융위기로 말미암은 경제성장률의 하락, 부동산 버블 붕괴와 넛크래커 현상이 빚은 경제 침체 및 위기 등을 반영하여 2023년까지는 2~3%의 저성장 때로는 마이너스 성장을 가정했다. 2030년 이후에는 현재 선진국의 평균 경제성장률인 2%대를 30년간 지속한다고 가정했다. (물론, 30년간 2%대의 성장을 지속

1인당 GDP

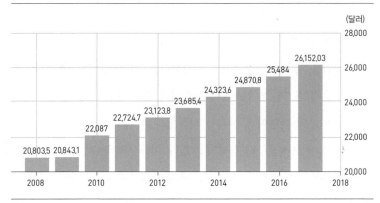

출처: TRADINGECONOMICS.COM | WORLD BANK

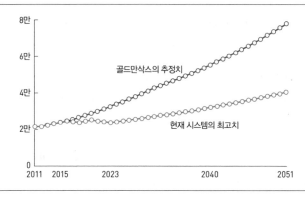

한다는 것도 쉽지 않다) 시간에 따른 인구 감소 추세도 반영했다. 그리고 2023년까지 '단 한 번'의 내부적인 금융위기만을 경험할 것으로 가정했다. 이 예측은 현재의 시스템을 그대로 유지할 때 얻을 수 있는 최상의 결과라고 볼 수 있다.

아직도 많은 사람이 열심히 노력하면 1970년대부터 1990년대까지 이어진 짜릿한 성장 신화를 재현할 수 있다고 착각하고 있다. 시대착오적 발상이다. 위기감을 떨어뜨려서 변화의 시기를 놓치게 하는 착각이다. 제2의 외환위기 가능성과 잃어버린 20년 시나리오를 현실로 만들 위험한 생각이다. 필자의 분석으로는 2013년에 이미 한국경제는 소수의 대기업을 제외하면 정체하기 시작했다. 그리고 지난 5년 동안 잘 버텼던 소수의 대기업조차도 정체되기 시작했다. 한두 개의 품목을 제외하면 대부분의 산업이 무너지기 시작했다. 개인의 실질소득이나 생활의 질은 이미 오래전부터 정체되고 있다. 이대로 가면 머지않아 미래에 대해 냉소하는 분위기가 사회 전반에 팽배해지고, 대규모의 국민적 저항이 일어날 수 있다.

금융위기 발발 이후
20년 예측

한국에서 금융위기가 발발한 후, 20년 동안 한국에서 추가로 일어날 일들을 예측해 보자. 우선 기존 산업이 성장 한계에 갇힌 데 따른 부작용이 심화할 것이다. 한국은 지금 성장 레버리지 지점, 즉 파급효과가 큰 중심점에서 붕괴가 진행되고 있다. 다음 그림은 한국경제의 계층적 구조를 보여준다.

누가 뭐래도 한국경제의 기초는 수출 제조업이다. 지난 50년 동안 한국경제는 수출 제조업이 경쟁력을 강화하면 성장했고 부유해졌다. 반대로 수출 제조업이 경쟁력을 상실하면 경제가 흔들렸고 위기가 발발했다. 다음 표는 명목 GDP에서 차지하는 부문별 비중이다. 2012년 한국이 GDP 순위에서 전 세계 15위에 이르렀을 때의 자료다.

한국경제에서 제조업이 차지하는 비중이 얼마나 큰지 한눈에 알 수 있다. 한국은 제조업 비중이 중국보다는 작지만, 미국이나 일본, 독

한국경제의 계층 구조

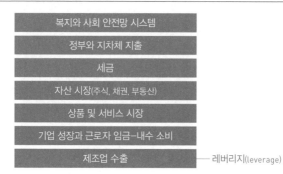

복지와 사회 안전망 시스템

정부와 지차제 지출

세금

자산 시장(주식, 채권, 부동산)

상품 및 서비스 시장

기업 성장과 근로자 임금-내수 소비

제조업 수출 ——— 레버리지(leverage)

일, 프랑스, 영국 등 선진국과 비교하면 거의 두 배에 이른다. 따라서 제조업, 그 중에서도 수출 제조업이 무너지면 한국경제 전반에 엄청난 타격을 입는다. 이는 미래에도 마찬가지일 것이다. 한 국가의 경제 성장에는 원리와 이유가 있다. 다음 그림은 국가 경제 성장의 기본 원

명목 GDP에서의 부문별 비중(2012년, 금액 단위, 100억달러)

순위	나라	GDP	농업		제조업		서비스업	
	전 세계	7,171	423	5.9%	2,187	30.5%	4,561	63.6%
1	미국	1,568	19	1.2%	300	19.1%	1,250	79.7%
2	중국	823	83	10.1%	373	45.3%	367	44.6%
3	일본	596	7	1.2%	164	27.5%	426	71.4%
4	독일	340	3	0.8%	96	28.1%	242	71.1%
5	프랑스	261	5	1.9%	48	18.3%	208	79.8%
6	영국	244	2	0.7%	51	21.1%	191	78.2%
7	브라질	240	13	5.4%	66	27.4%	161	67.2%
8	러시아	202	8	3.9%	73	36.0%	122	60.1%
9	이탈리아	201	4	2.0%	48	23.9%	149	74.1%
10	인도	182	31	17.0%	33	18.0%	119	65.0%
15	대한민국	115	3	2.7%	46	39.8%	66	57.5%

제조업 비중이 큼. 한국경제 전반에 큰 영향 끼침.

자료: GDP(nominal): International Monetary Fund, World Economic Outlook Database, April 2012)에서 재인용

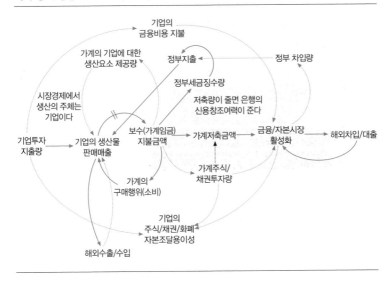

리를 보여준다. 기업의 수출과 내수의 이익이 가계로 이전되고, 가계와 기업의 소득 증가로 늘어난 세금이 정부를 윤택하게 하며, 국가의 전체적 부의 규모를 키운다.

위의 그림을 수직 계층으로 다시 정리하면 다음의 도표처럼 된다. 도표에서 보듯이 한 국가의 경제 성장은 제조업이나 원자재 수출을 기반으로 이뤄진다. 사우디아라비아 같은 원유 생산 국가는 원자재 수출이 경제의 나머지 영역의 성장을 견인한다. 하지만 한국처럼 원자재가 부족한 나라는 제조업을 기반으로 나머지 영역의 성장을 견인해야 한다.

그런데 제조업 국가나 원자재 수출 국가로서 성장하려면 상품이나 원자재를 약탈적 가격이 아니라 정당한 가격으로 수입해 주는 선진국의 도움이 필요하다. 또한 북한처럼 원자재 매장량이 많더라도 선진

국가 경제 성장 원리-기업, 가계, 정부, 수출입 수직구조

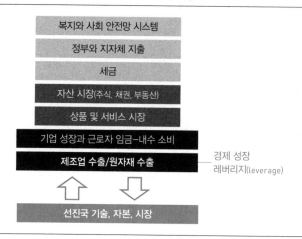

한 국이 자본과 기술을 투자하지 않으면 경제 성장을 기대하기 어렵다. 그래서 한 국가가 성장하려면 선진국의 기술, 자본, 시장의 도움이 필요하다. 강대국과 어떤 국제 관계를 맺는지가 경제 발전에 중요한 요인이 된다.

한국경제 성장의 과정

한국의 경제 성장 과정을 살펴보자. (이 내용은 필자가 〈2030 대담한 미래〉에서 한국경제를 분석하며 소개한 내용이다. 여기서는 핵심 부분만을 다시 정리해서 소개한다) 1929년 대공황이 발발하자 일본 경제는 파국을 맞았다. 근로자와 농민의 생활이 피폐해지자 일본은 제국주의를 강화했다. 중국을 예속시키고, 만주를 점령하고 소련에 대한 공격을 준비했다.[4] 전쟁이 길어지자 일본은 전쟁 비용과 군수 물자를 조달하기 위해 조선의 임야까지 약탈했다. 조선 경제는 붕괴 직전까지 몰렸다.

원자탄 두 방으로 일본이 항복하고 한국은 해방되었다. 그런데 한국에 주둔한 미군은 군정 통치에만 관심이 있었을 뿐 경제 건설이나 사회 개혁에는 관심이 없었다. 내부적으로도 좌우 세력 간의 정치적 투쟁으로 경제 개혁 정책을 주체적으로 마련할 기회를 흘려보내고 있었다. 설상가상으로 일제 강점기에 일본이 조선의 금을 수탈해서 일본으로 가져감으로써 조선이 제3국과의 무역 결제를 금이나 금과 바꾼 외환으로 할 수 없도록 엔화 통화권에 묶어 놓음으로써, 일본이 조선의 금융과 무역을 좌지우지해 버린 후유증이 계속되고 있었다.[5] 미군정이 적자재정을 메우기 위해 일본에 막대한 배상금을 요구하자 한동안 일본이 조선 은행권을 남발하여 그 일부를 충당하는 일마저 벌어졌다. 이처럼 한국의 금융과 경제 상황은 오랫동안 최악의 상황을 벗어나지 못했다. 인플레이션은 갈수록 심화되었고, 자본 조달 능력도 현저히 떨어지면서 공장가동률도 바닥이었다. 이런 상황에서 6.25전쟁을 맞았다. 전비 부담에 이승만 정부의 부정부패마저 극에 달해서 경제는 최악이었다. 1950년대 말까지 농촌 인구의 60%가 심각한 궁핍에 허덕였다. 1960년 이승만 독재정권에 항거하여 4.19 혁명이 일어났다.

4.19 혁명으로 무너진 제1공화국의 뒤를 이어 1960년 8월 12일 제2공화국인 윤보선 대통령과 장면 국무총리가 집권하는 새로운 정부가 들어섰다. 제2공화국은 내각 책임제와 의회 양원제를 기본으로 했다. 피폐해질 대로 피폐해진 경제를 살리기 위해 '경제 개발 5개년 계획'을 수립했다. 그러나 장면 내각에서 잠시나마 진행되었던 민주주의 실험과 경제 재건 시도는 1961년 5월 16일 박정희가 주도한 군사쿠데타로 마감되었다. 정권을 잡은 박정희 군사정부는 민심을 추스르고 자신들의 집권 정당성을 얻기 위해 경제 발전에 공을 들였다. 그러나 야심 차게 내놓은 경제 개발 5개년 계획이 초반에는 큰 성과를 얻지 못했다. 게다가 빨리 성과를 내야 한다는 부담 때문에 먼 미래를 내다보는 안목으로 산업구조와 기업구조를 만들 수 없었다.

박정희 정부의 경제 개발 계획에 대한 평가는 크게 두 가지로 나뉜다. 좌파 역사가들은 박정희 시대의 경제 개발 5개년 계획은 이미 장면 정부 시절 준비된 것이라고 주장한다. 틀린 말은 아니다. 이승만 정권부터 우리나라는 국가 주도의 산업화를 지향했었다.[6] 다른 한편에는 우파 역사가들의 주장이 있다. 그들은 중요한 것은 계획 자체가 아니라 그것을 시행할 수 있는 리더십의 차이라고 주장한다.[7]

일본과의 협상을 통해 6억달러의 돈을 받은 박정희 정부는 국군 1개 전투사단을 월남에 파병하겠다는 '브라운 각서'를 맺고 미국으로부터 차관을 얻었다. 1965~1972년까지 베트남전쟁에 참전하면서 군대 파견 비용, 군 장비의 현대화 및 군사 원조, 대월남 물자 및 용역의 한국 조달, 장병의 처우 개선 등을 명목으로 10억 2,200만달러를 벌어들이면서 경제 발전과 수출지향 산업화에 필요한 돈을 추가로 마련해 나갔다. 또한 미국은 한국의 베트남 참전에 대한 보상으로 대미 수출 길을 열어 주었다. 그 결과 1964년 1억 2천만달러였던 대미 수출이 1972년에는 16억 2,400만달러로 늘었다.[8] 박정희 정부는 1964년 5월 130:1의 기본 환율을 255:1로 인상하는 환율 개혁을 단행했다. 1965년 3월 단일변동환율제가 시행되었지만, 한국은행이 개입하여 270:1을 유지했다. 1966년 '브라운 각서' 체결과 환율 개혁 이후 한국의 수출은 현저히 증가했다.[9] 내부적으로도 지하 자본을 양성화하고 국내 자금을 동원하기 위해 1962년 통화개혁을 시행했다. 개인이 소유했던 일반은행 주식을 국가로 환수하면서 '관치금융체제'도 완성했다. 1965년에는 정기예금 이자율을 15%에서 30%로 올리면서 국민저축률을 끌어 올려 산업에 투자할 자본을 마련했다.[10] 이 당시 한국의 제조업은 저급 습득 기술, 단순 노동력을 기반으로 단순

제조업 발달의 3단계

	기술과 노동력 수준	제품 수준	대표 국가
3단계	고도 혁신기술, 창의 노동력	부품, 소재 생산	미국, 일본, 독일
2단계	보편 모방기술, 숙련 노동력	중간제품 생산	한국
1단계	저급 습득기술, 단순 노동력	단순 조립형 제품 생산	중국

조립형 제품을 저가에 생산하는 제1단계였다.

이처럼 미국과 일본에서 얻은 돈과 관치 금융으로 마련한 돈으로 제조업에 투자했고, 미국과의 우호적 관계를 기반으로 수출 시장을 열면서 1950년대 중석, 생사, 흑연, 철광 등 원자재를 수출하여 겨우 국가 경제를 유지했던 단계에서 제조업 국가로 변모하는 데 성공했다. 하지만 제조업 1단계는 근로자의 임금이 상승하면 경쟁력을 상실한다.

1980년대 중후반이 되자 한국의 제조업은 첫 번째 넛크래커 현상에 빠져들었다. 저급 습득 기술, 낮은 임금, 단순 노동력을 기반으로 한 단순 조립형 제품을 생산해서 미국이나 유럽에 싼값에 파는 전략으로는 괄목할 만한 경제 성장을 할 수 없는 단계에 도달했다. 1970년 1인당 GDP가 250달러였던 것이 1980년에는 2,789달러까지 성장했지만, 인건비 역시 크게 상승했기 때문에 글로벌 시장에서 한국 제품은 가격 경쟁력을 점점 상실하고 있었다. 또한 1973년과 1979년, 두 차례의 오일쇼크가 발발하여 세계 경제가 어려워지면서 수출 시장에도 빨간 불이 켜졌다. 이런 상황을 극복하기 위해 전두환 정부는 제조업의 1단계에서 벗어나 보편 기술과 숙련 노동력을 기반으로 하는 중간제품을 생산하는 2단계로 올라가기 위해 노력했다. 이를 위해 부실기업을 일괄 정리했다. 그러나 부실을 정리하는 과정에서 벤처기업이나 중소기업을 육성하기보다는 상당수의 회사를 대기업에 몰아주는 특혜를 제공했다. 군사 쿠데타로 집권해서 정통성이 허약한 정부로서는 당장 눈에 띄는 경제 성과를 만들어내서 집권을 정당화하는 것이 급했다. 이것이 중소기업이나 벤처기업의 성장을 기다려주지 못하고 당장 가시적 효과가 나는 대기업 위주로 정책을 편 이유다. 대기업 입장에서는 정부 압력으로 부실한 기업을 인수해야 했기 때문에 급격한 구조조정을 통해 인력을 감축하고 기계화를 통해 생산성 향상을 꾀할 수밖에 없었다. 이는 곧바로 일자리의 질을 악화시켰다. 설상가상으로 1980년부터 FRB 의장이었던 폴 볼커는 미국의 물가를 잡고 추가적인 글로벌 인플레이션을 막기 위해 17차례에 걸쳐 단기 금리를 20%까지 인상했다. 폴 볼커의 정책으로 물가는 잡혀갔지만, 대공황 이후 실업률이 최고점을 찍고 수많은 회사가 파산하고, 농업이 붕괴했다. 제3국의 경제적 타격도 심각했다. 멕시코, 아르헨티나, 브라질 등 개발도상국들이 3천억달러의 빚을 갚지 못해 결국 파산했다.

1980년대 초반 고유가, 고금리, 고환율의 '3고 현상'을 맞으며 우리도 직접적인 타격을 입었다. 원화 가치를 평가절하하면서 수출 기업들이 선전하기를 기대할 수밖에 없었다. 그런데 환율이 뛰자 수입 물가가 상승하면서 국내 물가도 요동치기 시작했다. 전두환 정부는 물가 잡기를 경제의 최우선 목표로 두면서 공무원 봉급을 동결하고 임금 인상을 억제하는 등의 정책을 시도했다. 이런 과정에서 물가는 안정시켰지만, 부의 불균형 분배는 점점 커져만 갔다. 여기에 1985년부터 미국이 자국의 경제 회복을 위해 농업인을 지원하면서 한국 농업이 피해를 보기 시작했다.

미국경제가 회복되면서 세계는 저유가, 저금리, 저물가라는 '3저 현상'으로 바뀌었다. 이에 한국경제는 3저 현상의 혜택, 10년 이상 이어지는 세계 경제의 호황, 삼성의 반도체 사업으로의 성공적 전환과 조선산업의 성장 등을 통해 넛크래커 현상에서 빠져나올 기미를 보이기 시작했다. 더불어 베이비부머 세대가 경제의 핵심 세대로 성장하면서 내수시장도 크게 성장하고, 부동산과 주식시장도 활성화되어 부의 외형적 규모가 매우 커졌다. 거시적 지표와 겉으로 보이는 모습은 한강의 기적이라 불리기에 충분한 변화였다. 비료, 기초화학, 시멘트 등의 내수산업과 노동집약적 경공업(섬유, 신발, 완구, 가발 등)에서 시작한 한국의 산업은 1970년 화학, 철강, 기계, 조선, 전자 등 중화학공업으로의 산업구조 전환을 시도했고, 1980년 중반에 이르러서는 안정적인 제조업 국가의 모습을 갖추었다. 이 당시 한국 기업들은 일본의 성공모델을 보고 엄청난 자극을 받았다. 그리고 일본을 어떻게 해서든 따라잡아야 한다는 집단적인 기업심리가 발동하면서 1차 넛크래커 현상에서 극적으로 벗어나, 짧은 시간에 중진국으로 진입하는 기적을 창출했다.[11]

한국의 연대별 주력 산업의 변화

- 1950년대: 중석, 생사, 흑연, 철광 등이 1~4위의 주력 수출 품목
- 1960년대: 의류, 합판, 가발, 생사, 어패류 등
- 1970년대: 의류, 합판, 합성섬유, 섬유사, 반도체소자 등
- 1980년대: 의류, 선박, 반도체, 철강판 등
- 1990년대: 반도체, 의류, 자동차, 선박 등의 순으로 주력 수출 품목 변화

1988년 올림픽을 계기로 전 세계 사람들이 한국의 경제 성장 기적을 보고 깜짝 놀라게 되었다. 1993년 군부 출신이 아닌 김영삼이 대통령에 당선되면서 아시아에서 민주주의의 꽃을 피운 아름다운 나라라는 찬사까지 받았다. 1990년부터 자동차, 전자정보통신산업이 비약적으로 발전하면서 한국은 1996년 12월 12일 드디어 선진국들의 모임이라고 불리는 경제협력개발기구OECD에도 가입했다.

그러나 위기는 찬란한 영광이 빛날 때 은밀한 곳에서 시작되는 법이다. 겉으로는 최고의 영광을 누리며 전 세계 사람들의 부러움을 받고 있었지만, 한국경제는 상업 영역의 막대한 부채 증가 속에서 점점 위기 징후가 악화되고 있었다. 결국 OECD 가입 1년 후인 1997년 12월 외환위기를 맞고 쓰러졌다. 김영삼 정부 시기 위기 징후가 곳곳에서 나타났지만, 대마불사라는 도덕적 해이와 더불어 정권 말기의 레임덕과 정부 업적을 부각하려는 욕심 때문에 기업에 대한 구조조정의 때를 놓쳤다. 또한 준비 없이 실행된 자본자유화의 허점을 파고들어 단기차입금으로 국내외의 위험한 금융상품에 투자하는 금융기관을 통제할 금융개혁입법도 보류되었다.[12] 결국 통제되지 않은 몇몇 대기업과 금융기관의 누적된 부실이 한순간에 도미노처럼 터져 나오면서 한국경제는 무너지고 말았다. 학자들은 정치적으로 금융, 조세, 산업 특혜를 받은 재벌과 재벌 일가 중심의 고도 성장, 기술 개발보다는 외국 기술을 도입해서 저임금 기반으로 성장하고 문어발식 사업 다각화를 통해 매출을 키우는 경영 방식, 특정 산업의 과다 육성과 지나친 수출의존 경제 체제가 1997년 12월에 IMF

구제금융을 받게 된 핵심 원인이라고 평가한다.[13] 틀린 평가는 아니다. 하지만 2008년과 2010년 선진국들이 만들어낸 글로벌 금융위기 사례를 볼 때 적정한 부채 규모를 넘어선 과도한 탐욕과 무사안일한 태도도 주요 원인으로 지적되어야 한다.

박정희 정부, 전두환·노태우 정부의 경제 관료들도 이런 사실을 모를 리없었다. 한국경제의 고질적인 문제를 해결하기 위해 1974년 5.29조치를 통해 기업의 차입경영 문제, 한국경제의 대기업 집중화 현상을 해결하기 위한 기업과 금융개혁 정책을 발표했다. 여신을 규제하고, 기업의 재무구조와 소유구조를 개선하고, 금융산업의 경쟁력 확보를 위해 금융기관의 민영화와 대형화를 촉진하는 등의 개혁을 시행하려고 했었다. 하지만 기업의 거센 반발, 고도 성장의 신화에 사로잡힌 한국 사회의 자만과 안일한 현실 인식, 재벌과 이익단체의 광범위한 로비, 사업파트너로서 재벌을 선호한 외국 기업의 태도, 금융기관의 불투명성과 낮은 경영 능력 및 누적된 부실채권에 대한 위기의식 결여 등으로 확실한 성과를 내지 못하고 말았다.[14] 김영삼 정부에서도 개혁 정책이 근본적인 구조개혁으로 나아가지 못하고 느슨한 위기관리, 표면적 대증요법 중심의 정책에 머물렀다. 1997년 제1차 외환위기 당시 한국의 경제 상황은 어떠했을까? 이규성 씨가 1,080페이지 분량으로 작성한 〈한국의 외환위기: 발생, 극복, 그 이후〉라는 책을 보면 당시의 한국경제 상황을 한눈에 파악할 수 있는 자료들이 잘 정리되어 있다.[15] 정리된 내용을 보면, 외환위기가 일어나기 직전인 1996년 한국경제의 주요 지표는 외관상 그리 나쁘지 않았다. 경상수지 적자가 230억달러를 기록하긴 했지만, GDP 규모는 OECD 국가 중 12위였고 GDP 실질성장률은 6.8%였다. 수출은 세계 10위, 수입은 12위였다. 실업률은 2% 수준으로 낮았고 소비자 물가상승률도 4.9%였다. 은행들의 BIS 기준 자기자본비율은 8%대를 기록할 만큼 안정적이었다. 그러나 일부 전문가들은 한국경제에 다가오는 위기의 징후를 포착하고 있었다. 먼저 경상수지 적자가 크게 확대되었다는 점이 문제였다. 1996년에 접어들면서는 대기업의 매출과 수익률이 둔화하면서 경기 하강 국면에 진입하고 있었다. 기업의 재고가 점점 늘어나고, 자금 사정도 나빠지기 시작했다. 겉으로 보이는 1996년 6.8%의 GDP 성장률 중에서 3% 정도는 재고 증가에 의한 효과였다. 이를 뺀 실질적인 성장률은 3%대로 하락한 셈이다. 또한 16메가 D램 가격이 50달러에서 6달러로 하락했다. 반도체뿐 아니라 석유화학제품, 철강 등 주력 수출 품목이 모두 공급과잉 상태가 되어 가격이 하락하고 있었다.(이런 상황이 우리는 낯설지 않다. 반도체 슈퍼 사이클을 제외하고는 2018년의 한국경제 상황과 비슷하지 않은가!)

설상가상으로 일본 엔화가 1달러당 1995년 94엔에서 1996년 평균 108.78엔으로 급격히 절하되면서 글로벌 시장에서 일본과 치열한 경쟁을 하는 우리 제품의 가격 경쟁력이 더욱 하락했다. 무역수지는 큰 폭의 적자를 기록했고, 해외여행 경비와 외채 이자는 상대적으로 늘어났다. 환율이 상승하면서 수입물가는 상승했지만 국내 소비 증가 추세는 멈추지 않아서 경상수지 부담은 가중되었다. 이렇게 1990년대에 지속적으로 적자를 기록했던 경상수지 적자 폭이 1996년에 갑자기 크게 증가했다. 아래 그림처럼 1996년 경상수지 적자는 GDP 대비 -4%까지 증가했다. 경상수지 적자가 커지면서 1992년 428억달러였던 국가 부채도 1996년에는 1,126억달러로 크게 늘어났다. 더 심각한 것은 그중에서 59.5%가

경상수지 적자

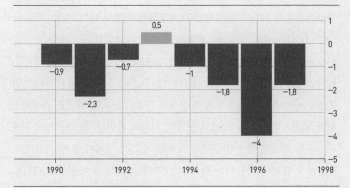

출처: TRADINGECONOMICS.COM | THE BANK OF KOREA

단기부채였다는 점이다. 불안한 경제 여건에서 1993년에 다자간무역협정인 우루과이 라운드Uruguay Round가 타결되고 1996년 OECD에 가입했다. 그 여파로 농업 분야의 피해 대책 수립과 금융 개혁 및 감독 등의 사전 준비가 미흡한 상태에서 상품시장은 물론, 금융과 서비스업 분야까지도 개방해야 했다. 특히 금융업이 개방되면서 불안감은 가속화되었다. 한국경제는 이미 성장의 한계에 도달하여 본격적인 정체기에 들어서고 있었다. 1987~1994년까지 평균 16.2%의 임금 상승률을 기록하면서 기업의 경쟁력도 매우 약해지고 있었다.(같은 기간 대만은 10.3%, 미국은 2.7%의 임금 상승) 또한 미국의 두 배에 달하는 매출액 대비 물류비용, 8.1%의 고금리(당시 미국의 실질금리는 3.0%, 일본은 1.2%, 대만은 5.4%), 평균 공단 분양가가 일본보다 10% 이상 비싸고 대만보다는 4.5배 이상 비쌌을 정도로 높은 토지 가격 등 전반적인 비용 증가가 누적되고 있었다.

폴 크루그먼Paul Krugman은 1994년 발표한 논문 '아시아 기적의 신화The Myth of Asian Miracle'에서 아시아의 급속한 경제 성장은 투자의 증가와 농업인구가 산업인구로 전환되는 과정에서 값싼 노동력이 지속적으로 공급된 것에 기인한다고 분석했다. 만약 이 두 가지 요인이 한계에 도달하면 아시아의 기적도 끝날 것이라고 그는 예측했다.[16] 폴 크루그먼의 예측처럼, 1990년대 들어서 생산성 향상이 한계에 도달하고, 고비용 구조로 여건이 바뀌자, 기업들은 외부적으로 경쟁력이 약화되고 내부적으로는 재무건전성이 악화하기 시작했다. 제조업의 매출액 대비 경상이익률은 1995년 3.60%에서 1996년 0.99%로 큰 폭으로 줄었다.

정부도 이런 문제들을 알고는 있었다.[17] 1996년 9월 3일, 김영삼 정부는 물가안정을 바탕으로 고임금, 고물류비, 고금리, 고지가 등의 구조적인 문제를 해결하고, 노동시장의 유연성을 확대하고 기업 환경을 개선하기 위한 대책을 발표했다. 그러나 노동법 개정과 관련된 법안이 국회 통과 과정에서 여야의 극심한 대립을 초래했다. 역시 정치가 발목을 잡았다. 노동계에 불리한 법안이 통과되자 1997년 1월, 한 달여에 걸친 대규모 총파업이 발생했다. 당시 생산 차질 규모는 노동부 추계로 2조 8,500억원이었다.

김영삼 대통령이 임기 말위 레임덕에 빠지면서 국가 리더십도 약화되었다. 결국, 위기를 해결하는 데 필요했던 각종 정책 시행이나 기업 및 금융기관 규제와 구조조정은 지연되고 말았다.

1997년 1월 23일 재계 순위 14위였던 자산 5조원 규모의 한보그룹이 부도를 냈다. 상업 영역에 막대하게 누적된 부채 위기가 드디어 터진 것이다. 부도 당시 한보그룹의 부채는 자산보다 많은 6.6조원이었다. 한보그룹의 부도로 금융권, 채권시장, 해외자본 유입이 연쇄적으로 충격을 받았다. 상업 영역의 부채 위기가 금융위기를 촉발했고, 은행위기로 빠르게 전이되었다. 대기업의 부실이 곧바로 은행권 전체의 대규모 부실로 확장될 수 있다는 지적이 나오자, 국내에 있던 일본계 은행들은 단기자금 대출을 중지했다. 정부가 지급보증을 언급하며 서둘러 진화에 나섰지만, 외국계 은행들의 의구심은 그나마 상황이 조금 낫다고 평가되는 다른 대기업과 금융회사로까지 확산되기 시작했다.

해외 신문들도 한국의 경제 위기에 대해서 보도하기 시작했다. 국제 신용평가사들은 한국의 기업과 금융기관들에 대한 신용등급을 연이어 낮추기 시작했다. 상황이 이렇게 급변하자, 국내 금융시장과 실물시장, 주식시장도 흔들리기 시작했다. 대기업뿐만 아니라 건실한 중견기업과 중소기업들도 자금조달에 비상이 걸렸다. 채권 회수 압력이 커지고 이자 비용이 증가했다. 단기자본의 만기연장이 어려워져서 국내은행들이 해외 금융기관들로부터 빌려 온 달러 자금에 대한 만기연장은 줄어들고, 자금회수가 늘어났다. 당시 단기차입금의 만기연장 비율은 대략 30~50%대에 불과했다.

실물경제가 흔들리면서 기업의 국내 매출도 영향을 받기 시작했다. 실물경제 위기로 위기가 파급되기 시작한 것이다. 주가는 롤러코스터처럼 요동쳤다. 1997년에 접어들어서도 경상수지 적자 문제가 개선되지 않자 해외 자본들이 우리나라 기업과 경제의 미래를 보는 시각이 더욱 부정적으로 되면서 자본수지마저 적자로 돌아서기 시작했다.[18] 이미 단기외채가

1997년 IMF 구제금융 신청 과정

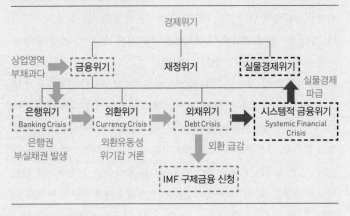

59.5%(1996년)에 달하는 상황에서 추가로 외환 자금을 조달하기 어려워지고 있었다. 외환 위기 가능성이 부각되었다.

일단 위기의 물꼬가 터지자 정부의 노력도 역부족이었다. 위기는 급속도로 사회, 정치, 경제 전반으로 퍼지기 시작했다. 1997년 3월 14일 정부가 해외 차입 확대 방안 마련을 지시했지만 큰 효과가 없었다. 그해 4월 진로그룹, 5월에는 삼립식품, 대농, 한신공영 등이 부도 위기에 몰렸고, 6월에는 기아그룹이 위기에 빠졌다. 대기업의 잇따른 부도와 경영 악화는 국내 금융권의 부실로 연결되었다. 제일은행, 서울은행 등의 BIS 자기자본비율이 하락하고, 대한, 제일, 신한, 삼삼, 나라 등 무려 14개의 종합금융사가 자본 완전잠식 상태에 빠졌다. 종합금융사의 총 부실 여신 규모는 5.5조원에 달했다.[19]

1997년 4월부터 6월까지 외환과 금융시장이 일시적 안정을 되찾으며 소강 국면으로 진입하는 듯 보였다. 하지만 그해 7월에 태국에서 외환위기가 발생하면서 인도네시아, 필리핀, 말레이시아, 대만, 홍콩 등 동남아 전역이 위기에 휩싸이자 한국의 위기도 재점화되었다. 10월에 들어서자 해태, 뉴코아, 쌍방울, 한라, 고려증권 등의 대기업이 부도 위기에 몰렸다.

11월에는 단기성 외환보유액이 1개월을 못 버틸 상황이 되면서 외환시장도 공포에 휩싸였다. 외환위기가 외채위기로 한 단계 더 악화되었다. 그러자 한국의 금융시장은 급격한 신용경색credit crunch에 빠졌다. 금융개혁법안 등의 특단의 대책이 제시되었지만, 역시 정치권이 또 발목을 잡았다. 정치권의 책임전가, 이전투구, 극한 대립과 육박전에 가까운 싸움으로 국회는 마비되었다. 각종 대책은 표류하거나 더디게 처리되었다. 정부의 금융시장 안정 및 금융산업 구조조정 안을 담은 종합대책이 잇따라 발표되었지만, 백약이 무효였다. 결국, 1997년 11월 21일 김영삼 정부는 임창렬 부총리 겸 재정경제원 장관을 통해 IMF에 구제금융을 신청하기로 했다고 발표했다.[20] 그 다음은 어떤 일이 벌어졌을까?(아마 한국에 제2의 금융위기가 발발한다면 이와 비슷한 상황이 재현될 것이다)

충격은 대단했다. 건설과 설비 투자가 급감했고, 제조업의 평균가동률이 사상 최저로 떨어졌다. 거의 모든 업종의 조업이 단축되고, 근로자의 임금이 줄고, 해고가 속출하고, 환율이 폭등하여 수입 물가가 높아지자 소비자 물가가 크게 인상되어 소비시장도 얼어붙었다. 1998년에는 전국적으로 부도업체가 월평균 2,000~2,500개에 이르렀고, 55개 기업이 퇴출당하고, 30대 기업 중에서 15개가 탈락했고, 제일은행과 서울은행은 해외자본에 매각됐다. 11개 공기업이 민영화되고, 130만 명의 실업자가 발생했고, 현대, 삼성, 대우, LG, SK 등 5대 재벌도 25개의 부실계열사를 매각하고 빅딜을 통한 구조조정을 단행했다.[21] IMF 위기 수습 과정에서 쌍용자동차를 인수하면서 자산 규모에서 삼성을 제치고 재계 2위에 올라섰던 대우그룹마저 1999년 최종 부도 처리되고 말았다.

05

한국경제 성장의
레버리지가 붕괴하고 있다

김대중 정부는 외환위기의 조기 졸업이라는 신화를 세계 경제 역사에 남겼다. 애초 2004년 5월까지 갚기로 한 195억달러의 IMF 차입금을 2001년 8월 23일에 조기 상환한 것이다. 그리고 외환위기로 반강제적 기업 구조조정을 하는 과정에서 한국의 산업은 디스플레이, 핸드폰, 반도체, 전자, 조선, 자동차 등을 중심으로 재편되면서 이들 분야가 세계적 경쟁력을 갖추게 되었다.

그러나 김대중 정부가 펼친 고환율(원화 절하)을 기반으로 한 강력한 수출 촉진 정책, 부동산 및 주식시장 등의 자산시장 촉진 정책, 무리한 소비 촉진 정책이라는 세 가지 정책은 빠른 경제 회복을 이끌었지만, 시간이 지나면서 제2의 금융위기 가능성이라는 새로운 위기 출현의 원인이 되고 말았다. 1997년 외환위기로 수많은 실업자가 발생한 상황에서 오랫동안 높은 환율이 지속됨으로써 수입 물가가 상승하여 내수 기업과 서민 경제는 더욱 어려워졌다. 경제 위기와 더불어 강도 높은 물가안정 정책 등으로 임금이 하락하거나 상승이 제한되자 가계의 빚이 늘어났다. 소득 불평등은 커지고, 일한 만큼 돈을 벌기 힘든 상황이 되자 부동산 및 주식 투기를 통해서라도 부를 축적하려는 분위기가 만들어졌다. 부동산 투기는 점점 가열되었고, 개인들은 투기로 번 돈으로 소비를 늘려갔다. 소비가 늘어나자 서비스업이 성장하고 내수시장이 활황을 맞는 듯했다.

빠른 경제 회복 뒤에 남은 것은 소비 중독과 빚 중독이었다. 부의 불균형 분배도 더욱 가속화했다. 최상위 소득 대비 최하위 소득 계층의 소득 배율(시장소득 기준)은 1992년 3.79배였지만 2008년에는 6.2배로 뛰어올랐다. 상위 고소득자를 제외한 나머지 국민은 이때부터 경제가 성장하는 국가에서 겪는 '상대적 빈곤'을 실감하기 시작했다.[22] 이런 분위기는 노무현 정부에도 이어졌다. 특히나 정치적인 기반이 부족하여 국정 운영에 어려움이 많았던 노무현 정부는 부동산 시장을 제어할 능력이 없었다. 결국 한국의 부동산은 60개월 연속 상승이라는 초유의 기록을 세우며 2008년 최고점에 도달했다. 경제 대통령을 자부했던 이명박 정부는 4대강 사업을 추진하고, 부동산 규제를 완화하는 정책을 쓰면서 부동산 버블의 붕괴를 막기 위한 정책에 치중했고, 이런 기조는 박근혜 정부로 연장되었다. 2017년에 집권한 문재인 정부가 소득주도성장 등 불평등을 완화하는 정책을 시도했음에도 불구하고 2018년 기준 소득 상위 20%와 하위 20% 가구의 평균 소득은 5.5배 차이로 벌어졌다. 2008년 금융위기 이후 가장 높은 차이다. 부동산은 풍선효과의 마지막 단계에 이르러서 투기세력 간의 폭탄 돌리기라는 한계 상황에 이르렀다. 그나마 기준금리가 역사상

설비투자지수

출처: 네이버, 통계청 KOSIS

가장 낮아서 폭탄에 아직 불이 붙지 않고 있을 뿐이다.

1997년 IMF 구제금융 이후 2000~2010년까지 한국 기업의 매출은 두 배 이상 성장했다. 금융업을 제외한 한국의 2천대 기업의 매출액 합계는 2000년 815조원에서 2010년 1,711조원으로 성장했다. 하지만 임직원 수는 2000년 156만 명에서 2010년에는 161만 명으로 5만 명이 늘었을 뿐이다. 서비스업 종사자는 65만 명에서 59만 명으로 오히려 줄었다.[23] 외환위기 전 연평균 10% 이상 기록하던 설비투자율도 5%대로 주저앉았다. 심지어 2011년과 2012년은 대내외 불확실성의 증가와 크게 개선되지 않은 규제의 제약으로 0.9%의 설비투자율을 기록했다. 2018년에는 설비투자율이 마이너스 성장으로 완전히 주저 앉았다.

매출과 순이익은 줄고, 투자도 줄고 있는데 인건비 상승 압력은 커졌다.[24] 전자, 자동차, 조선 등의 평균 임금은 매년 상승 중이다. 한국의 완성차 업체 인건비는 2014년에 이미 세계 최고 수준에 올라섰다. 2008년 글로벌 위기가 발발했음에도 불구하고, 2010~2014년까지 5년 동안 현대자동차는 임금이 30% 상승했고, 한국 GM의 경우 같은 기간 50% 상승했다. 한국자동차산업협회가 발표한 자료에 따르면, 국내 완성차 5개 업체의 평균 임금은 2016년 기준 9,213만 원이었다. 이는 2005년에 비해 84% 높은 것으로 일본 도요타(9,104만원·852만엔), 독일 폭스바겐(8,040만원·6만 2,654유로) 등 주요 경쟁국 기업 평균을 크게 웃도는 수준이다. 이에 따라 5개 사의 매출액 대비 평균임금 비중은 12.2%로, 폭스바겐(9.5%)이나 도요타(2012년 7.8%)에 비해 크게 높다.[25] 물론 독일과 일본보다 근로시간이 길어서 임금 차이가 있는 것을 고려해서 해석해야 한다. 그러나 '엔저'를 앞세운 일본의 공세에 대응하면서 동시에 중국의 추격을 따돌려야 하는 상황에서 이는 글로벌 경쟁력에 큰 영향을 미칠 수밖에 없다.[26] 조선업도 마찬가지다. 2014년 한국 조선업의 평균 연봉은 7,337만원이고 일본 조선업의 평균 연봉은 623만엔(약 6,045만원)이었다. 전자업종은 일부는 역전되었고, 일부는 거의 근접했다. 반도체의 경우 한국의 평균 연봉은 6,754만원이고, 일본 반도체 업종의 근로자 연봉은 636만엔(약 6,170만원)이다. 가전·전기 부문은 한국이 일본보다 약간 낮다.[27]

한국은 1인당 국민소득이 약 2만 7천달러, 일본은 약 5만달러이다. GDP 대비 구매력평가지수PPP 환율을 적용하면 한국 자동차 업종 평균 임금은 9만 6,610달러(약 1억 1,300만원)로 일본의 6만 5,355달러(약 7,647만원)을 크게 앞지른다. 한국 조선업종의 평균 연봉도 PPP 환율을 반영하면 8만 5,587달러로 일본의 5만 9,181달러보다 훨씬 높다.[28] 이런 차이는 수출 경쟁력에 곧바로 반영된다. 엔저 현상이 한국을 강타하기 시작하던 2015년 무렵, 코트라는 '엔저 장기화에 따른 일본 기업 동향 및 우리 기업의 대응 방안' 보고서를 발표했다. 보고서에 따르면, 일본은 수출 규모가 2012년 63조 7천억엔에서 2014년 73조 1천억엔으로 늘었다. 반면에 자동차 수출에서만 브라질 수출 물량이 2012년 10억 5천만달러에서 2014년 5억 4천만달러로 급감했고, 러시아에서는 31억달러에서 24억달러로 줄었으며, 멕시코에서도 6억 6천만달러에서 4억 7천만달러로 감소했다.[29]

해외 판매에서 25%의 비중을 차지하는 최대 시장인 중국에서 현대기아차는 2014년까지 매달 10%대의 점유율을 유지했다. 그러나 2015년 5월부터 중국의 소비 침체와 중국 토종 자동차회사의 가격 경쟁력에 밀려 매출 하락이 시작되면서 연간 점유율 10%선이 무너졌다.[30] 2018년에는 사드 여파로 3.9%까지 곤두박질쳤다.[31]

우리나라 10대 기업의 GDP 대비 매출 규모는 2015년 41.5%에서 2년 만에 2.8%포인트나 올랐다. 같은 기간 미국은 11.8%로 같았고 일본은 25.1%에서 24.6%로 소폭 떨어진 것과 비교하면 한국경제의 대기업 편중도가 얼마나 큰지 알 수 있다. 그중에서도 삼성전자가 독보적이어서 2017년 매출액이 GDP 대비 14.6%이며, 현대차가 5.9%로 2위를 기록했다.[32] 또한 100대 기업의 이익에서 삼성전자와 현대기아자동차의 이익이 차지하는 비율은 2007년 19%에서 2009년에는 35%로 높아졌고, 2012년에는 51%로 높아졌다. SK, LG까지 포함한 4대 그룹이 30대 그룹 총 순이익의 80%를 차지할 만큼 쏠림 현상은 극에 달했다. 이런 현상은 계속 더 심화되고 있다.

2018년 11월 기준으로 한국의 수출은 7개월 연속 500억달러를 돌파했다. 11월 수출액은 아세안 지역의 수출 호조로 1956년 무역통계

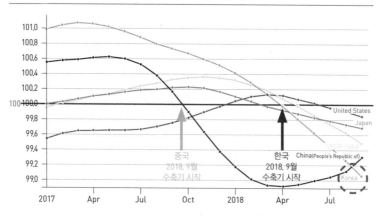

한국 OECD 경기선행지수, 18개월째 하락–최근 가장 나쁨

OECD 경기선행지수는 실제 경기 흐름보다 6~10개월 앞선 고용, 생산, 소비, 투자, 금융 등 10가지 지표들을 종합한 지수. 국가별, 지역별로 6~9개월 뒤 경기 흐름과 경기 전환점을 예측. 100 이하면 경기 수축 국면.

출처: http://news.chosun.com/site/data/html_dir/2018/11/25/2018|12500|08.html

작성 이래 역대 3위를 기록했고, 2018년의 수출 총액이 역사상 최초로 6천억달러를 넘었다. 이런 놀라운 성과에도 불구하고 OECD는 한국경제의 미래를 암울하게 전망했다.

OECD의 평가 근거를 살펴보자. 먼저 수출의 외형은 화려하지만 속내를 들여다보면 마냥 웃을 수만은 없다. 2018년 한국의 수출은 반도체를 제외한 기존 산업에서 성장의 한계에 도달한 현상이 매우 뚜렷해졌다. 2018년 11월의 수출 내역을 보면, 지역별로는 아세안(13%)을 필두로 구소련 독립국연합(CIS, 46.2%), EU(23.7%), 일본(9.4%), 인도(11.8%), 미국(7.9%), 베트남(2.6%) 시장에 대한 수출 규모가 증가했다. 특히 금융위기 충격에서 벗어난 미국과 유럽시장의 회복이 눈에 띈다. 그러나 한국의 최대 수출시장인 중국(-2.5%)을 비롯해서 중남미(-12.2%), 중동(-30.6%)에서는 수출이 크게 감소했다.

지역별 편차보다 더 중요한 것이 한국의 수출 역량이 일부 업종으로 심각하게 쏠리고 있다는 점이다. 반도체(전년 동기 대비 +11.6%)와 석유 제품(+23.5%)이 두 자릿수 성장세를 보였지만, 섬유(-0.8%), 자동차(-2%), 디스플레이(-10%), 컴퓨터(-10%), 백색가전(-16.8%), 무선통신기기(-42.2%) 등 나머지 주력 품목은 수출 규모가 일제히 마이너스 성장을 기록했다.[33]

한국의 수출 증가율에 생긴 문제는 2008년 이후의 글로벌 경기침체 때문만은 아니다. 다음 그림은 중국의 수출액 변화 그래프다. 글로벌 금융위기는 중국을 비롯한 이머징 국가들의 수출 증가율에 분명히 영향을 미쳤다. 하지만 한국의 수출 증가세는 중국, 이머징 국가, 세계 평균에 비해 더 빠르게 낮아지고 있다. 즉 한국의 수출 증가율 부진은 글로벌 금융위기의 여파 외에 다른 요인도 있다고 볼 수밖에 없다. 내부적으로는 임금 상승 등으로 인해 성장의 한계에 도달한 것과 외부적으로는 중국의 거센 추격에 의한 시장 잠식이 동시에 일어나고 있다고 보아야 한다.

그나마 2017년까지는 자동차와 반도체가 한국 수출의 마지막 버팀목으로 작용해서 물밑에서 발생하고 있는 위기를 덮어주었지만, 2018년에 들어서는 자동차마저 위기 국면에 진입하면서 반도체 하나로 버티는 실정이 되었다. 2018년 반도체 수퍼 사이클의 수혜는 매우 컸다. 한국의 반도체 산업의 매출은 2017년에 전년 동기 대비 61.5% 증가했고, 2018년에도 전년 동기 대비 33.2%나 증가했다. 그 결과 2016년 한국 수출 총액의 12.6%를 점유했던 반도체는 2017년에 17.1%, 2018년에는 1~10월 수출액만으로 수출 총액의 21.2%를 차지했다. 반도체의 놀라운 성과와 함께 2018년에는 국제 유가가 상승하

중국 수출액

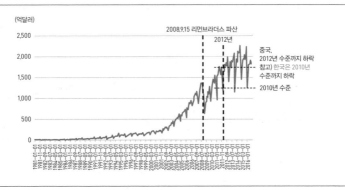

출처: TRANDINGECONOMICS.COM

면서 석유제품 수출이 함께 늘어서 자동차를 비롯한 나머지 품목의 수출 감소에 따른 충격을 상쇄했다. 다음의 그림을 통해 앞에서 설명한 상황을 한눈에 확인할 수 있다.

문제는 2019년부터다. 한국 수출의 편중이 심각해진 상황에서 세계 메모리 반도체 시장이 위축되면 2019~2020년 한국경제에 부정적 영향을 줄 것이다. 숫자에 가려져 있던 한국경제의 위기감이 증폭될 것이다. 이미 반도체 수퍼 사이클이 끝나면서 D램 가격이 2018년 3분기 이후 2개월만에 12% 하락했다. 2017년과 2018년에 반도체가 초호황을 누리는 동안 공급 과잉이 누적되어 있다가 2019년 세계 반도체 시장의 성장률이 정체될 것이라는 예측이 설득력을 얻자 가격이 하락한 것이다.

일부에서는 2019년 메모리반도체 매출 증가가 역주행할 가능성마저 감지된다는 우려의 시각을 내비친다. 그럴 경우 수출 규모와 수출 금액의 동시 감소가 우려된다. 만약 수출 감소가 현실화되면 투자도 감소할 수 있다. 2018년 삼성전자와 SK하이닉스는 글로벌 수요 증가

한국의 무역수지

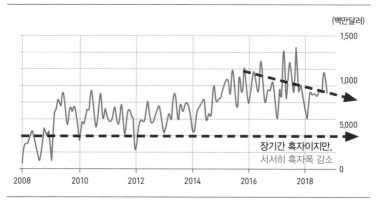

출처: TRADINGECONOMICS.COM | MINISTRY OF TRADE, INDUSTRY & ENERGY(MOTIE)

경상수지−상품 및 서비스 수지

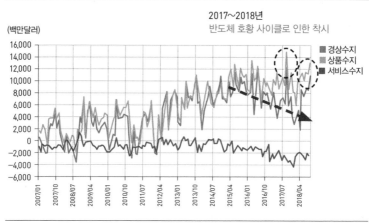

출처: 한국은행(ECOS)

에 대비해서 평년보다 58~100% 정도 더 많은 투자를 단행했다.[34] 만약, 2019~2020년에 반도체 수요 감소와 가격 하락이 발생하면 이들 회사도 투자를 줄여야 한다.

　한국 주력 산업의 문제가 여기서 끝나지 않을 것이다.

앞으로 20년,
세계 시장의 절반 잃는다

"머뭇거리면, 글로벌 시장의 50~80%를 잃는다."

필자가 〈2030 대담한 도전〉(2016)에서 한국 기업이 처한 위기에 대해서 예측하며 내린 결론이었다. 경계를 파괴하는 대담한 도전을 머뭇거리면, 앞으로 10~15년 내에 한국 기업들은 중국과 경쟁하는 거의 모든 제품과 서비스 분야에서 글로벌 시장의 최소 50%에서 최대 80%까지 내줄 수 있다고 보았다. 당시만 해도 새로운 것에 대한 도전은 위험부담이 너무 크니 조금 더 변화의 추이를 지켜보는 것이 낫다는 분위기가 지배적이었다.

그러나 일본의 주력 산업이 겪었던 위기를 우리도 겪게 될 것이다. 2000년 이전까지 시장점유율 40%를 넘기며 세계 1등이었던 일본 조선산업은 한 수 아래라고 깔봤던 한국 기업에게 맹추격을 당하면서

한·중·일 선박 수주량 시장점유율

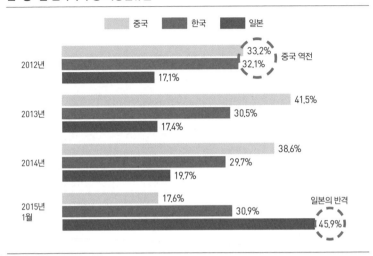

중국 한국 일본

2012년 33.2% 중국 역전
32.1%
17.1%

2013년 41.5%
30.5%
17.4%

2014년 38.6%
29.7%
19.7%

2015년
1월 17.6%
30.9%
일본의 반격
45.9%

출처: 클락슨리서치, 국민일보, 2015.02.07. 유성열. "엔저의 힘...일본, 1월 조선 수주량 세계1위"에서 재인용

국가별 LCD패널 시장점유율

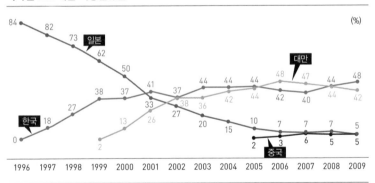

출처: 디스플레이서치, 삼성경제연구소, 2014.06.24. 박성배. "2001년 일본 제치고 10년간 지존 군림.. 2.5세대 건너뛰고 3세대 집중공략 대성공"에서 재인용

자신들이 점유했던 세계 시장의 80%를 빼앗겼다. 그나마 일본 조선 산업은 엔저의 이점과 정부의 적극적인 지원에 힘입어 세계 조선산업

시장의 20%까지 되찾았다. 과거 전성기에 점유했던 시장의 절반 가까이 회복한 셈이다.

1996년 LCD 패널 분야에서 세계 시장점유율 91%라는 기록을 세운 일본의 전자산업은 한국과 대만의 추격에 시장을 완전히 내주고 2009년에는 점유율이 5%까지 주저앉았다.

다음의 그림에서 보듯 1992년까지 일본의 전자제품은 세계 시장에서 한국과 중국의 시장점유율을 합친 것보다 세 배 정도 앞섰지만, 2014년에는 시장의 60%를 내주고 몰락했다.

일본만 한국에 세계 시장점유율을 내준 것이 아니다. 미국 기업들도 주저앉았다. 2007년 미국 냉장고 시장의 점유율 1등은 근소한 차이로 LG전자였으며, 2~4등은 모두 캔모어, 메이텍, GE 등 미국 기업이었다. 당시 삼성 냉장고는 3.3%를 점유하는 데 그쳤다. 하지만 빠른

세계 시장에서 한·중·일 전자제품이 차지하는 비중 추이

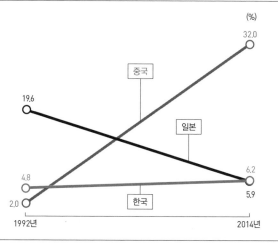

출처: 한국경제연구원, 한국유로저널, 2015.08.04, 김해솔, "세계 가전시장 급변, 중국 급성장 한국 현상유지"에서 재인용

냉장고 미국 시장 점유율

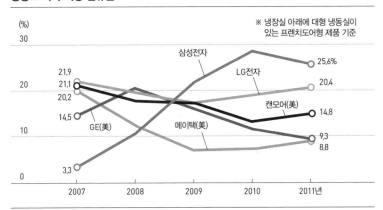

출처: 스티븐슨컴퍼니, 조선비즈, 2012.03.21. 탁상훈, "삼성,LG냉장고, 미국 반덤핑 관계 판정에 비상"에서 재인용

추격 전략을 구사한 삼성이 거의 30%에 가까운 시장점유율을 기록하며 1등에 올라섰다. 미국 3개 기업의 점유율을 모두 합한 것과 비슷한 시장점유율이었다. 미국 업체는 자신들이 가졌던 점유율의 절반 정도를 잃었다.

한국의 진격에 세계적 기업들이 하나둘씩 무너졌다. 스마트폰 시장

스마트폰 세계 시장점유율 추이

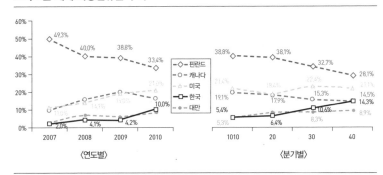

출처: 스트래티지애널리틱스, EBN, 2011.03.07.에서 재인용

의 절대강자였던 노키아도 무너졌다. 2007년까지 스마트폰 세계 시장 점유율 1위는 49.5%를 장악한 노키아였다. 당시 한국 기업들의 점유율은 2%였다. 2010년 한국은 블랙베리로 유명한 캐나다를 제치고 3위로 올라섰다. 미국 휴대폰 회사는 시장점유율을 가까스로 지켰지만, 노키아와 블랙베리는 한국 업체들에게 시장을 빼앗기면서 추락했다.

아래 그래프는 2013년까지 주요 스마트폰 회사들의 판매량 및 시장점유율의 변화를 나타낸다. 2011년 삼성과 LG의 판매량이 노키아

주요 휴대전화 제조사 판매량·점유율 추이

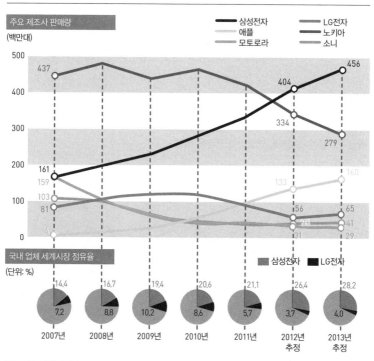

출처: 각 제조사, 삼성증권 추정, 연합뉴스, 2012.11.28, 강종훈, 김토일, "국산 휴대전화 세계 시장점유율 올해 30% 돌파"에서 재인용

를 추월했고, 이후 노키아는 시장의 절반 이상을 한국 업체에게 내주고 몰락했다.

노키아가 무너진 후 시장은 어떻게 변했을까? 아래 그래프는 애플과 삼성의 스마트폰 영업이익 점유율을 비교한 그래프다. 2014년 애플은 전 세계 스마트폰 시장에서 만들어진 영업이익의 93%를 독식했다. 삼성전자가 점유한 영업이익은 9%에 불과하다. 비록 삼성전자가 판매량이나 시장점유율에서는 1등을 유지했지만, 영업이익은 애플의 10분의 1에 불과했다. 참고로 애플이 한국 업체를 빠르게 추격하기 시작한 것은 2009년부터였다.

역사적 사례를 한국과 중국의 글로벌 경쟁구도와 시장점유율 쟁탈전에 적용해보면, 한국 기업이 중국 기업에게 빼앗길 글로벌 시장은 최소 50%에서 최대 80%까지라고 어림 예측할 수 있다. 현재 한국의 주력 산업 중에서 반도체 같은 몇몇 기술을 제외하고 대부분의 제품

애플 VS 삼성 스마트폰 영업이익 점유율 비교

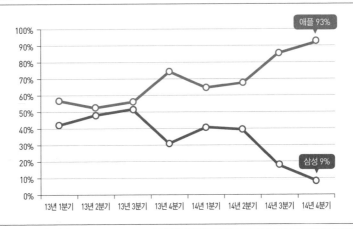

출처: 캐너코드제뉴어티, ZDNet Korea, 2015.02.10. 김익현, "애플은 어떻게 스마트폰 이익 독식했나?"에서 재인용

에서 중국은 한국의 기술력을 추월했거나 거의 근접했다. 기술력 차이가 있는 제품도 임금경쟁력과 시장 협상력, 그리고 중국 정부의 보호무역주의 정책을 기반으로 빠르게 점유율을 늘려가는 중이다. 이 상태로 앞으로 5년만 지나면 반도체마저 중국이 한국을 추월할 수 있다. 만약 기술력에서 역전되고 임금경쟁력도 상실하면 80% 정도의 시장을 빼앗길 것이다. 기술 격차가 역전되거나 같더라도 임금경쟁력을 유지할 수 있다면 50% 시장을 빼앗기는 정도로 선방(?)할 수 있을 것이다.

글로벌 1등인 삼성의 스마트폰 점유율을 중국 시장으로만 한정해 보자. 아래 그래프는 중국에서 상위 5개 회사의 1년간 시장점유율 변화를 나타낸다. 2014년 1분기에 중국 시장의 20%를 점유했던 삼성전자는 2015년 1분기에 시장점유율의 절반을 잃었다.

그후로도 중국 시장에서 삼성 스마트폰의 시장점유율은 계속 하

중국 스마트폰 시장점유율 – 상위 5개 기업

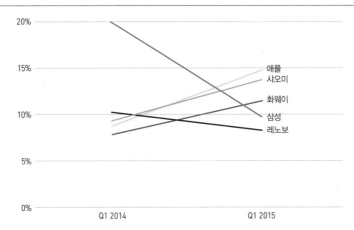

출처: dadaviz.com, Estimastory.com "샌드위치 삼성"에서 재인용

세계 스마트폰 시장점유율

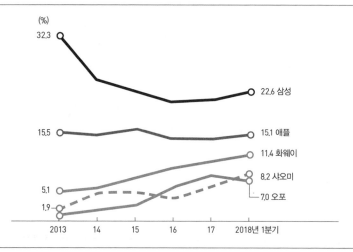

(%)

32.3

22.6 삼성

15.5

15.1 애플

11.4 화웨이

8.2 샤오미

5.1

1.9

7.0 오포

2013 14 15 16 17 2018년 1분기

출처: 스트래티지애널리틱스, 조선비즈, 2018.05.04. 박건형·박순찬·강동철, "애플·화웨이 스마트폰 판매 느는데, 삼성만 줄어… '불안한 1위'"에서 재인용

락했다. 2016년 삼성은 점유율 3.2%로 추락하면서 8위로 주저 앉았고, 2018년에는 중국에서 약 300만 대밖에 팔지 못하며 시장점유율이 1%로 추락했다. 중국의 후발 무명업체인 메이주라는 회사도 삼성보다 두 배 많은 판매량을 기록할 정도였다.[35] 삼성 스마트폰이 시장점유율을 잃는 것이 중국 시장에서의 현상으로 그치지 않을 것이라는 데 문제의 심각성이 있다. 중국 밖에서도 상황은 비슷해지고 있다. 위의 그래프는 최근 5년 동안의 스마트폰 시장점유율 변화를 보여준다. 부동의 1등이었던 삼성전자의 시장점유율이 하락하기 시작했다. LG전자는 이미 5위권에서 탈락한 지 오래다. 화웨이, 샤오미, 오포 등 3사를 축으로 한 중국산 스마트폰의 합산 점유율이 30%를 넘었다. 참고로 노키아는 전성기의 시장점유율 기준으로 절반을 빼앗기고 침몰했다.

스마트폰만이 아니라 백색가전 시장에서도 비슷한 추세가 시작되

국가별 전 세계 TV 시장점유율 추이(%)

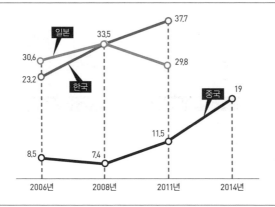

출처: 디스플레이서치, Zum, 2012.06.27. 이형근, "TV시장 중국업체 다크호스로 부상"에서 재인용

었다. 중국 시장에서 삼성전자와 LG전자 세탁기의 시장점유율은 하이얼의 10분의 1이다. 위의 그래프는 전 세계 TV 시장의 점유율 추이를 나타낸다. 2006년에 일본이 1위였다. 2008년 일본이 한국에게 추월당하고 2위로 내려앉았다. 이제 한국 기업이 일본 기업을 추월한 것보다 더 빠른 속도로 중국 기업이 추격을 시작했다.

2018년 1분기, 750달러 이하 중저가 TV 시장에서 중국이 마침내 한국을 추월했다. 중저가 TV 세계 시장에서 중국은 34.5%를 기록했고, 한국은 24.4%로 2위로 주저앉았다. 2018년 중국 시장에서 삼성전자의 TV 시장점유율도 하락했다. 2014년 5.1%에 달했던 중국 시장점유율은 4년만에 2.2%로 반토막 났다.[36] 현재 한국은 1,500달러 이상 고가 프리미엄 TV 시장에서 중국과의 격차를 벌리며 선전 중이다. 2018년에는 이 시장에서 50%의 점유율을 기록했지만, 5년 뒤는 장담하기 어렵다.

디스플레이 시장에서도 위협이 시작되었다. 중국은 2022년까지 대

세계 게임 시장점유율(PC 온라인)

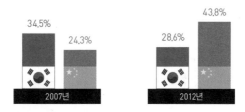

출처: SBS, 2014.11.12. 정영태, "게임실력은 세계 최고... 산업은 위기"

형 디스플레이 패널 최신 공장 19개, 중소형 패널 공장 19개를 설립할 계획을 세우고 있다. 시장조사업체 HIS마킷에서는 2023년이면 중국 기업의 디스플레이 세계 시장점유율이 58%에 이를 것으로 예상한다.[37] 지금 한국이 독점하고 있는 OLED 시장도 3~4년 내에 중국과의 양강구도로 바뀔 가능성이 크다. 중국에게 디스플레이 세계 시장을 넘겨주면 미래형 자동차를 비롯한 다양한 디스플레이 시장도 함께 잃게 된다.

자동차 생산량은 이미 2013년에 중국에게 추월당했고, 철강(조강 생산량)에서는 2014년에 49.4% 대 4.3%로 갈수록 격차가 벌어지고 있다. 한국 자동차의 미국 시장점유율이 6~7% 박스권을 벗어나고 있는데, 여기에 2020년 무렵에 중국 자동차 산업의 추격이 턱밑까지 이르면 상황은 더욱 악화될 수 있다.

미래형 산업에서도 중국의 도전과 추월은 거세다. 2007년 한국은 PC 온라인 게임산업에서 시장점유율 34.5%로 부동의 1등이었다. 2012년에는 시장점유율이 밀리면서 중국에 1등을 내주었다. 그후 중국과의 격차는 계속 벌어지고 있다.

부품과 소재산업의 시장점유율 변화도 다르지 않다. 다음 그림은

주요국 부품·소재 시장점유율

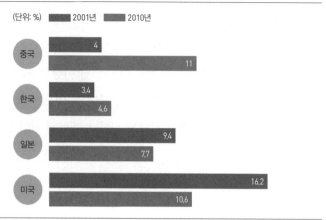

(단위: %) ■ 2001년 ■ 2010년

중국
4
11

한국
3.4
4.6

일본
9.4
7.7

미국
16.2
10.6

출처: 산업통상자원부, 중앙일보, 2013.03.25, 박진석, 이가혁, "크루즈선, LTE폰 싹쓸이… 중국 '기술 역전극'"에서 재인용

2001년부터 2010년까지의 세계 시장점유율 변화를 보여준다. 빠르게 추격하는 중국에게 일본과 미국이 시장을 내주고 있으며, 한국은 시장점유율이 약간 상승했지만 속도에서 중국과는 경쟁이 되지 않는다. 이 격차는 앞으로도 크게 차이가 나지 않을 것이므로 현재는 중국이 미국과 일본 기업들이 점유했던 시장의 최대 절반 이상을 빼앗는 수준까지 이르렀을 것이다. 일반적으로 1등이 무너지면 시장의 최소 절반은 후발주자에게 내주어야 한다.

한국은 여러 분야에서 중국에게 빼앗긴 시장을 어디에서 만회할 수 있을까? 신흥시장을 개척하거나 미국·유럽 기업들의 시장을 빼앗아 와야 한다. 신흥시장에서는 중국을 따돌리기가 거의 불가능하다. 장악한 시장도 빼앗길 판이다. 그렇다면 미국이나 유럽 시장은 가능할까? 그것도 중국을 이기는 것만큼 힘들다. 자동차처럼 브랜드 선호도가 높은 제품 또는 고품질의 부품과 소재 분야에서 원천기술을 보유하고 최고 수준의 기술력을 가진 제조업 3단계에 속한 미국과 유럽 기업들의 글로벌 시장점유율은 요지부동이다. 이런 시장은 경쟁 구도가 아주 견고해서 앞으로도 변화할 가능성이 적다. 한국 기업이 이 시장을 뚫고 들어가는 데 성공하더라도 10~15년 이상의 도전이 필요할 것이다. 필자의 예측으로는 아시아 위기 국면을 지나고 나면, 2025년 무렵부터 미국의 제2전성기가 시작될 것이다. 이렇게 되면 한국이 중국에게 빼앗긴 만큼의 시장을 미국과 유럽이 장악한 시장에서 빼앗아 오기란 더욱 힘들어질 것이다.

07

좀비기업의
절반 이상이 파산한다

회생할 가능성이 없음에도 정부 또는 채권단의
지원을 받아 간신히 파산을 면하고 있는 기업.

금융위기가 한국을 강타하고, 앞으로 20년 동안 한국의 주력 산업
이 중국의 거센 추격에 고전하면서 세계 시장의 절반을 잃는 과정에
서 좀비기업의 절반 이상이 파산할 것이다. 앨릭스파트너스가 한국은
행이 발표한 자료를 분석한 결과에 따르면, 한국의 좀비기업 비율은
2014년 4분기(10~12월) 11%에서 2016년 2분기(4~6월)에 15%로 상승
했다. 참고로, 2016년 기준으로 유럽과 아프리카 지역의 좀비기업 비
율은 7%이고, 미국의 좀비기업 비율은 5%, 일본은 2%다.[38]

　일본의 경우 1991년 부동산 버블 붕괴가 발생하기 전까지 막대한
유동성을 기반으로 좀비기업들이 대량 생산되었다. 그런 부동산 버블
붕괴와 한국 기업의 추격에 세계 시장의 50~80%를 빼앗기는 과정에
서 부실이 증가했는데, 잃어버린 20년이라는 장기 저성장을 거치면서
좀비기업의 80~90%가 파산했다. 미국의 경우도 비슷하다. 2008년

금융위기가 발발하기 전까지 초저금리의 혜택을 받으면서 수많은 좀비기업들이 생명을 유지했다. 하지만 금융위기가 발발하고 금융권을 비롯해서 경제 전반에 걸친 대규모 구조조정이 진행된 지난 10여 년 동안 좀비기업의 60~70%가 정리되었다. 유럽의 경우는 미국보다 금융위기가 2년 정도 늦게 터진 결과로 좀비기업의 시장 퇴출이 상대적으로 늦어져서 미국보다 비율이 조금 높은 상태이다. 그러나 조금 더 지나면 미국 수준으로 좀비기업이 정리될 것이다. 아프리카의 경우는 경제 성장이 막 시작됐기 때문에 좀비기업의 비율이 점점 늘어나는 단계에서 나타난 비율이 7%이다.

다른 나라의 상황을 이해한다면, 한국에서 좀비기업 비율이 15%나 되는 이유를 쉽게 알 수 있다. 대체적으로 한 국가에서 저금리를 통해 유동성을 공급하는 시기가 지나거나 오랫동안 부채를 기반으로 사업을 하던 기업이 어느 순간 경쟁력이 하락하면서 매출과 순이익이 줄어드는 단계에 이르면 좀비기업이 될 확률이 높아진다. 한국은 2008년 금융위기 전후로 막대한 유동성과 저금리를 기반으로 좀비기업의 규모가 증가했고, 본격적인 구조조정이 지연된 덕택에 생존 기간을 늘려 왔다. 2008년에 미국, 2010년에 유럽에서 발발한 금융위기가 글로벌 위기로 확장되자, 한국은 기업의 줄도산을 막기 위해 회생 가능성이 희박한 중소기업이나 대기업 계열사들에까지 일괄적으로 긴급자금을 지원했다. 2009년 한국개발연구원KDI의 분석 자료에 따르면, 3년 연속 이자보상배율이 1배 미만인 좀비기업이 전체 기업의 14.8%에 달했다. 이자보상배율이 1배 미만이라는 것은 영업이익으로 이자 비용도 감당하기 어려운 상황을 의미한다. 이런 기업은 시장원리에 따라 퇴출돼야 하지만, 정부가 대규모 실업사태와 기업파산이 몰고올 금융권 부실과 내수시장의 충격을 줄이기 위해 자금을 계속 수혈하며 생명을 연장시켜 왔다. 하지만 좀비기업이 정부나 채권단의 지원금을 축내며 연명하는 동안 정작 도움이 필요한 잠재력 있는 기업에게 지원되어야 할 자금이 그만큼 줄게 되므로 한국경제에 악영향을 준다. 근본적으로 경쟁력이 떨어져서 좀비기업이 되었기 때문에 정부가 이런 식으로 연명을 시켜도 소생하기는 힘들다. 정부의 자금 지원과 역사상 유례가 없는 저금리라는 두 개의 산소호흡기가 제거되면 좀비기업은 곧바로 사망에 이른다. 결국 시간 문제일 뿐이다. 한국에 금융위기가 발발하고 오랫동안 높은 수준의 금리가 지속되면 미국, 유럽, 일본처럼 대부분의 좀비기업이 파산에 이를 것이다. 즉 한국의 좀비기업은 앞으로 15~20년 동안 80~90%가 파산하게 된다.

시스템 위기를
넘어설 수 있는가?

일부에서는 지금 한국경제가 겪고 있는 문제가 문재인 정부가 실시한 급격한 최저임금 인상이 만들어낸 참사라고 주장한다. 사실 최저임금의 급격한 인상이 경제 전반에 심리적으로 부담을 주고, 일부 영역에서는 직접적인 타격을 주기도 했다. 하지만 지금 표면으로 드러나고 있는 한국경제의 문제의 근원은 최저임금 문제가 아니라 성장의 한계에 부딪힌 시스템과 구조와 관련된 문제다. 그렇기에 정부가 최저임금 인상 속도를 늦추더라도 현재 상황이 급격히 좋아지지는 않을 것이다. 그렇게 되면 다시 현 정부가 부동산 정책을 너무 강하게 밀어붙여서 경제가 나빠지고 있다고 비판할 것이다. 그러나 부동산 규제를 풀어서 부동산 시장에 돈이 돌게 하여 투기 바람을 다시 살리면, 일시적으로는 통증이 완화되겠지만, 근본적인 문제는 더 악화될 것이다.

국가가 성장하려면 먼저 성장 시스템을 잘 만들어야 한다. 지속 가능한 성장을 위해서는 시스템의 지속적인 진화가 필수다. 예를 들어 내가 창업했다고 하자. 창업하면 돈을 벌기 전에 이미 기본적으로 성장의 한계가 정해진다. 그것을 시스템의 태생적 한계라고 한다. 시스템의 한계는 그 시스템 내에 있는 사람, 자본, 기술, 사업모델 등과 맞물려 있다. 사업을 시작할 때 열심히 일하면 대략 10억원 정도의 매출을 달성할 가능성이 있는 시스템을 만들었다고 하면 이런 시스템 안에서 열심히 하면 매출 10억원까지 성공적으로 갈 수 있다. 그러나 어느 지점 이후로는 아무리 열심히 해도 매출이 10억원 이상으로 성장하지 않는다. 시스템의 한계에 도달했기 때문이다.

이럴 때 CEO들은 고민에 빠진다. "어떻게 해야 매출 10억원에서 100억원으로 도약할 수 있을까?" 고민 끝에 새로운 멋진 비전을 만들어 선포한다. 한국의 기업들이 지금 이런 상황이다. 거의 모든 기업이 미래 비전을 강조하지만, 대개 실질적인 내용은 주인의식을 가지고 더 열심히 일하자는 것이다. 그런데 안타깝게도 열 배의 노력을 한다고 매출이 10억원에서 100억원으로 올라가지는 않는다. 오히려 10억원 매출이 한계인 시스템에서 열 배의 노력을 하면 기업은 망가진다. 직원들은 힘들어서 떠나고 CEO는 병든다.

가장 먼저 해야 할 일은, 10억원 매출의 한계를 가지고 있는 기존 시스템을 100억원 매출을 올릴 수 있는 시스템으로 혁신하는 것이다. 100억원을 올릴 수 있는 시스템을 만들려면 100억원 매출에 걸맞은 조직 문화로 바꾸고, 그것에 맞게 직원 역량을 키우는 등 유무형의 요소들을 먼저 고쳐야 한다. 시스템을 혁신한 후 열심히 일해야 비로소 100억원 매출이 가능하다. 다시 1천억원 매출로 도약하기 위해서도 같은 과정을 거쳐야 한다. 국가도 마찬가지다. 지속해서 성장하려면 성장을 가능케 한 국가 시스템을 지속적으로 바꿔야 한다. 그렇지 않으면 성장이 멈추게 된다.

50~60년 전에는 필리핀, 북한, 러시아, 브라질, 아르헨티나 등이 한국보다 훨씬 잘 살았다. 그런데 지금은 왜 우리보다 못 살까? 이 나라들은 기존의 성장 시스템이 한계에 부딪쳐서 새로운 시스템으로 전환해야 할 때 강력한 개혁과 변화를 이루는 데 실패했기 때문이다. 반면, 한국은 지난 50년 동안 몇 번의 시스템 변혁을 성공적으로 이루어냈다. 이제 다시 한번 시스템을 변혁해야 할 시기를 맞았다. 1990년대 말부터 지금까지 20년 동안 사용했던 기존의 시스템을 고쳐야 하는 상황, 새로운 성장 시스템을 만들어야 하는 상황에 직면했다. 다시 한번 변혁에 성공한다면 새로운 성장 국면으로 진입할 것이다. 그러나 실패하면 장기 침체의 늪에 빠질 것이다. 제조업은 2단계의 발전 한계에 도달했다. 경영 시스템부터 산업 영역까지 제조업 3단계로 빠르게 전환해야 한다. 정치 시스템도 바꿔야 한다. 현재의 정치 시스템으로는 4~5만달러 소득 수준으로 진입할 수 없다. 사회 시스템 역시 한 단계 업그레이드해야 한다. 사회 안전망에서부터 남녀노소를 바라보는 관점까지 선진국에 걸맞게 바꾸어야 사회적 갈등으로 낭비되는 비용을 줄일 수 있고 선진국형 서비스 산업을 만들 수 있다.

5장

금융위기 이후의
대한민국 20년

01
중산층 붕괴의
심화

소비의 허리인 중산층의 붕괴가 심화한다
수출 기업 경쟁력 하락 → 일자리 문제 → 중산층 비중 감소
→ 소비능력 약화, 자산버블 의존도 강화 → 국내 소비시장 성장 둔화
→ 내수 기업, 서비스업 출혈경쟁 심화 → 부의 불균형 분배 악화

앞으로 20년 동안 계속 진행될 또 다른 위험은 내수소비의 허리인 중산층의 붕괴가 점점 심해지는 것이다. 수출 기업의 경쟁력 하락은 일자리 문제를 악화시키고, 이는 다시 중산층 비중의 감소로 이어진다. 중산층 비중이 줄면 국가 전체 GDP가 증가하더라도 내수 소비는 준다. 소비능력이 약화하면 서비스 산업과 제조업의 내수 판매가 부진에 빠지게 되어 소득효과는 더욱 줄고 자산효과(투자에 의한 자산 증식)에 더 집착하게 된다. 결국 내수 기업과 서비스업에서 과도한 출혈경쟁이 오래 지속되며, 그럴수록 부의 불균등 분배는 더 심각해진다. 다음 도표는 2015년 이후 가구주 연령에 따른 가구 소득 증가율을 보여준다. 2015년 3분기에 가구주가 39세 이하인 가구의 소득이 줄기 시작하더니, 2016년 3분기에는 40대 가구주의 가구 소득이 처음으로 감소했다.

가구주 연령별 가구 소득 증가율

전체평균이 2015년부터 급감 (%)

40대 가구 사상
첫 소득 감소
(전년동기대비)

가구주 연령별	2016/3	2016/2	2016/1	2015/4	2015/3	2015/2	2015/1
전체평균	0.66	0.84	0.84	0.88	0.66	2.85	2.59
29세 이하	2.73	-0.30	10.51	2.21	-6.21	3.30	-19.76
30~39세	4.73	1.55	0.67	-3.34	-1.32	1.01	1.88
40~49세	-0.03	0.20	2.37	1.63	3.32	5.09	4.52
50~59세	1.33	5.20	3.81	2.01	0.86	1.70	1.26
60세 이상	0.96	-1.19	-3.11	6.84	0.42	6.17	9.14

출처: 통계청, 연합뉴스 2016.11.27.

월평균 소비지출 계층 구성

300~400만원, 200~300만원 수준 소비지출 계층은 감소하고 있고,
200만원 미만 소비지출 계층은 증가 중이다. (전체 민간소비 질 악화 중)

2012~2013년 이상징후 시작   미국 위기발발

소비지출 계층별	2016 3/4	2015 3/4	2014 3/4	2013 3/4	2012 3/4	2011 3/4	2010 3/4	2009 3/4
100만원 미만	13.01	11.97	11.75	11.70	9.71 증가	11.38	12.87	14.04
100~200 만원 미만	36.10	36.70	36.53	36.12	32.42 증가	34.87	35.39	37.96
200~300 만원 미만	28.87	28.75	29.30	30.30	32.10 감소	31.19	29.34	27.47
300~400 만원 미만	12.12 하락	13.32	13.29	13.42	15.87 감소	13.65	13.72	12.11
400만원 이상	9.90	9.26	9.14	8.46	9.91	8.91	8.67	8.43

출처: 통계청, 연합뉴스 2016.12.19. 재인용

소비 지출 계층별로 분석을 하면, 월평균 소비지출액이 200~300만원 및 300~400만원 구간에 속하는 가구의 숫자는 2012년부터 계속 감소하는 반면, 200만원 미만을 소비지출하는 숫자는 계속해서 증가하고 있다.

앞의 도표에서 한 가지 특이한 점을 발견할 수 있다. 전체로 400만원 미만 계층의 중산층이 해체되고 있는데 반해, 400만원 이상 소비지출 계층의 숫자는 꾸준히 늘고 있다. 바로 빈부격차의 심화를 의심해볼 수 있다. 실제로 2018년 한국 가계의 빈부격차는 11년 만에 최악이었다. 통계청이 발표한 자료에 따르면, 소득 상위 20%와 하위 20%의 격차는 5.52배로 2014년의 4.73배보다 높아졌다. 부의 불균등 분배, 양극화 현상이 심해지고 있다는 증거다. 상위 20% 계층은 평균 소득 973만 6천원으로 소득이 전년 동기 대비 8.8% 증가했다. 물가상승률을 네 배 이상 초과한 성장률이다. 반면에 하위 20% 계층은 평균 소득 131만 8천원으로 전년 동기 대비 성장률이 -7.0%로 소득이 감소했다. 2분위 계층의 평균소득도 284만 3천원으로 전년 동기 대비 -0.5% 감소했다. 평균소득 414만 8천원을 기록한 3분위는 전년 동기 대비 2.1% 증가했지만, 겨우 물가상승률을 상쇄할 정도이기에 사실상 소득이 정체된 상태이다.

소득 하위 20% 계층의 소득 종류별 증감을 살펴보면, 근로소득이 -22.6%로 가장 많이 하락했다. 사업 소득도 2018년 전분기에 마이너스를 기록했다. 반면에 세금, 이자, 사회보험 등 비소비지출은 23% 증가했다. 실질소비 여력이 임금감소 비율보다 더 줄어든 이유다. 경기 둔화가 계속되면서 40~50대 실업자는 외환위기 이후 최대치를 기록했다. 월평균 실업자 수는 110만 명을 넘었고, 이 중에서 장기 실업자

민간소비 증감률

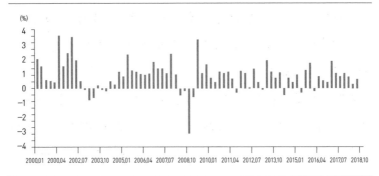

출처: 한국은행

는 15만 3천 명에 이른다.[1] 아예 구직을 포기한 구직 단념자도 51만 6천 명이다. 이들 역시 계속 증가 중이다. 덩달아 2018년 실업급여 지급액은 5조원을 훌쩍 넘어서 전년 대비 23% 이상 증가했다.[2] 이런 상황은 곧바로 경제 지표상으로도 소비 지출의 위축과 감소로 나타났다. 위 그림은 근래 한국의 민간소비 증감률을 보여주는 그래프다. 2000년 이후부터 서서히 소비증가율이 줄어드는 추세다.

사실 지금의 한국 내수시장은 고용 위기, 은퇴 위기, 자산 위기(부동산, 주식가치 하락)에 몰린 중산층들이 장렬하게 전사하며 내놓는 돈으로 움직이는 형편이다. 많은 사람이 직관적으로 느끼는 두려움이 있다. 수명은 늘어났는데 중산층으로서 자신의 노후가 어떻게 추락할지 모르는 시대, 중산층의 자녀가 중산층으로 재생산되기 힘든 시대로 가고 있다는 두려움 말이다. 2018년 기준 한국 중산층의 평균 월급여는 450만원이다. 이것을 한 푼도 쓰지 않고 30년을 모은다고 할 때 총 15억원이 된다. 이 중에서 집값 5억원, 자녀 두 명의 사교육에 4억원(2억원×두 명)을 지출하면, 나머지 6억원으로 은퇴 후 30년을 살아야 한다. 이제 한국의 중산층은 은퇴 후 30~40년의 미래를 다시 생각해야 할 시점에 이르렀다.

자영업자의 절반이
파산한다

중산층 붕괴를 심화시키는 요인으로 작용

이제까지 말한 문제가 해결되지 않은 채 장기간 지속되면, 그다음에 일어날 일은 자영업자의 파산이다. 필자의 예측으로는 앞으로 15~20년 이내에 자영업자의 절반이 파산할 수 있다. 지금도 한국에서 자영업자의 절반은 절대 빈곤층으로서 (중산층과 서민층 가계의 실질 경제력 하락의 악순환으로 인한) 매출 감소, 임대료 상승 부담, 과도한 빚으로 인한 금융비용 위험에 노출되어 있다. 자영업자의 51.8%는 연 매출이 4,600만원 미만이다.(21.2% 1,200만원 미만, 30.6% 1,200~4,600만 원 미만)[3] 경제활동(취업자) 인구 중, 자영업 비중은 한국이 25.4%로, 경제적 어려움을 겪고 있는 칠레(27.4%), 멕시코 (31.5%), 터키(32.7%), 브라질(32.9%), 그리스(34.1%) 정도가 한국보다 높은 수준이다. 선진국인 일본(10.4%), 미국(6.3%)과 비교하면 2.5~4배나 많다. 더욱이 이들 자영업자 중에서 무급 가족 종사자가 117만 명이나 된다.[4]

그런데 자영업자 규모가 어느 순간부터 자연스럽게 줄기 시작했다. 통계청 발표에 따르면 2018년 8월 기준으로 한국의 자영업자 수는 568만 1천 명이다. 2007년의 612만 명보다 43만 9천 명이 줄었다. 이 감소는 자영업자가 생존의 한계를 넘어 붕괴 단계에 접어 들었다는 신호다. 하지만 붕괴 속도보다 자영업자가 망한 자리에 또 다른 자영업자가 들어와 그 자리를 채우는 속도가 더 빠르기 때문에 감소 속도가 눈에 띄게 빨라 보이지는 않는다. 실제로 통계청의 발표 자료를 보면 50대 미만에서는 자영업자 수가 모두 줄었지만, 60세 이상 자영업자는 2007년 132만 5천 명에서 2018년 166만 8천 명으로 증가했다.[5] 자영업자 감소 추세에도 불구하고 60세 이상의 고령 자영업자는 증가했다. 이들의 대부분은 종업원 없는 나홀로 자영업자로서, 은퇴 후 국민연금만으로는 생활이 불가능해 자영업에 뛰어든 사람들이다. 앞으로 5~10년 동안은 여전히 2차 베이비부머 세대가 은퇴 후 1차 베이비부머가 포기한 자영업 시장에 뛰어들 것이다. 이들에게 창업할 여력이 남아 있을 때까지는 전체 자영업자의 수가 줄어드는 속도가 빨라지지 않을 것이다. 하지만 2차 베이비부머 세대의 은퇴가 끝나고, 그들이 3~5년 이내에 자영업을 포기하는 단계로 넘어가는 10년 후부터는 전체 자영업자의 수가 줄어드는 속도가 2~3배 정도 빨라질 것이다. 결국 앞으로 15~20년 이내에 자영업자의 절반이 파산하는 시나리오가 현실이 될 수 있다.

세계 2차 대전후부터 출생.
1차 baby 부머 - 1955-63년生 (1946-1965)
2차 〃 1965-

(03)

인구구조,
3대 변화의 충격

저출산, 고령화, 평균수명 연장의 3대 인구구조 변화:
새로운 시장 창출, 환경 개선, 그리고 장기적으로 청년 일자리 수급에 숨통을 터주는 등 몇 가지 기회를 창출할 것이다. 그러나 더 큰 부작용을 낳게 된다.
세대, 지역, 산업간 일자리 갈등 심화, 자영업 경쟁 심화 및 파산 증가,
내수시장 성장 둔화(중장기), 부동산 가격 하락(중장기),
국가 재정 위기 가능성 증가(장기), 국민연금 위기 가능성 증가

3대 인구구조 변화에 따른 부작용의 심화도 우리를 기다리는 미래가 될 것이다. 저출산, 고령화, 평균수명 연장이라는 3대 인구구조의 변화는 앞으로 10~20년 동안 지속되고 심화될 사안이다. 2018년 3분기 한국의 합계출산율이 0.95를 기록하며 1.0의 마지노선마저 깨졌다. OECD 35개 회원국 평균 1.68명을 크게 밑도는 세계 최하위 수준이다.[6] 저출산으로 인해 사회 활력이 떨어지고 내수시장이 침체하는 등 '저출산의 저주'를 우리보다 앞서서 겪은 일본의 2008년 출산율도 1.34명이다. 일본은 저출산 여파로 소매업, 교육업, 출판업, 물류업, 소규모 서비스업, 자영업 등이 줄줄이 매출 하락의 폭탄을 맞았다. 한국도 2010년에 6~21세의 학령인구가 990만 명으로 1천만 명 밑으로 떨어졌다. 2020년에는 743만 명으로 추가 하락하고, 2050년이면 2010년 대비 절반 이하인 460만 명으로 줄어든다.

인구 통계를 세부적으로 보면 2002년부터 신생아 출산이 연간 40만 명 선으로 줄었다. 2017년부터는 신생아 출산 숫자가 추가로 10만 명이 줄었다(25% 하락). 앞으로 몇 년이 지나면 10만 명이 더 준다(33% 하락). 2002년부터 10년 정도가 저출산으로 인한 영유아 시장의 1차 충격기였다면 지금은 2차 충격기로 접어들었다. 자연스럽게 2030년까지 학령인구가 가장 가파르게 감소하는 시기를 맞는다. 따라서 학령인구를 대상으로 한 소매업, 의료서비스, 학원 및 교육업, 출판업 등은 앞으로 10년 안에 시장 재편이 일어날 가능성이 크다.

한국 사회의 한쪽에서는 저출산 문제가 갈수록 심각해지고, 다른 한쪽에서는 매우 빠른 속도로 초고령 사회로 접어들고 있다. 평균 수명이 연장되는 추세를 견고히 뒷받침해주는 새로운 기술과 사회 시스템의 등장은 겨우 시작에 불과하다. 앞으로도 계속해서 세상을 놀라게 할 새로운 생명 연장 기술이 등장할 것이다. 이는 새로운 시장을 창출하고 환경을 개선하고 청년 일자리 부족 문제를 자연스럽게 해결해주는 장기적 유익이 있다. 하지만 이런 몇 가지 새로운 기회 창출이나 장기적 이익에도 불구하고 커다란 사회적 위험의 가능성 또한 갖고 있다. 특히 세대, 지역, 산업 간의 일자리 갈등을 심화시킬 수 있다. 일자리 갈등에 외국인 노동자와 탈북민까지 가세하여 사회적 갈등을 심화하는 쪽으로 작용할 가능성이 크다.

2010년에 필자는 한 방송사가 제작한 '미리 가 본 2050년 저출산 고령사회'라는 특별 프로그램에 대해 자문해준 적이 있다. 당시에 필자는 2050년이 되면 '미래노인당'이라는 노인 중심 정당이 전체 인구의 40%가 넘는 노인의 지지를 등에 업고 의석의 절반 이상을 석권하여 국회 제1당이 될 것이라는 시나리오를 소개했다. 선거의 이슈는 단 한 가지 '노인 세대와 젊은 세대의 대결'뿐이었다. 이들의 갈등을 증폭시킨 결정적 이유는 일자리와 소득, 국민연금 부담 문제였다. 앞으로 노인 인구가 점점 늘어나면서 일자리를 둘러싼 청년층과의 사회적 갈등은 더욱 심해질 것이다. 이미 젊은이나 대학생들이 차지해야 할 일자리의 상당수가 은퇴자들에게 넘어가고 있다. 2050년이 되면 노인들의 불만도 커질 것이다. 그들의 가장 큰 불만은 국민연금의 수령 문제다. 국민연금은 2036년이면 적자로 돌아서고 2047년이면 완전히 고갈된다. 이를 막는 유일한 길은 연금 수령 시기를 늦추고 연금수령액도 대폭 삭감하는 것뿐이다. 젊은이들의 일자리를 빼앗아 노인들에게 주고, 하나의 일자리를 여러 개로 쪼개서 나누어 일하는 다양한 단축 근무 형태를 양산함으로써 일을 하는 노인은 연금을 수령하지 못하도록 하는 방법도 동원될 것이다. 연금 문제를 해결하려는 이런 꼼수 정치는 거꾸로 젊은이들의 일자리 문제를 심화시켜 청년층과 노인층 모두에게 비난을 받게 된다. 하지만 다른 방법이 없다. 그마저도 하지 않으면 정부의 재정부담이 지나치게 커지면서 또 다른 경제위기의 가능성을 만들기 때문이다. 2030년이 넘어가면서 정치인들이 앞다투어 노인들에게 주었던 다양한 복지 혜택이 재정부담을 감당하지 못해 폐지될 것이다. 반대로 건강보험료와 세금 등의 부담은 늘릴 것이다. 2008년 기준, 한국의 건강보험 가입자 4,800만 명 중 65세 이상이 9.6%에 불과했음에도 이들의 진료비 총액은 8조 1,021억원이었다. 국민건강보험공단이 지출한 전체 비용 25조 5,819억원 중 무려 3분의 1(31.7%) 가까이 된다. 건강보험정책연구원의 예측에 의하면 저출산 고령화 현상으로 2030년에는 매년 28조원의 적자가 발생하고, 2040년에는 65조 6천억원, 2050년에는 102조 2천억원,

65세 이상이 전체 인구의 40.1%가 되는 2060년에는 132조원의 적자가 발생할 가능성이 크다.[7]

눈덩이처럼 불어나는 재정 적자를 감당하기 어려워진 정부가 할 수 있는 방법은 결국 의료비 혜택의 축소와 증세뿐이다. 그 부담은 노인들뿐만 아니라 젊은이들도 나누어 져야 한다. 결국 젊은이는 젊은이대로, 노인은 노인대로 불만이 폭발할 수밖에 없다. 이런 불만이 정치적 행동으로 나타나면서 세대 간 갈등을 증폭시킬 것이다. 이렇게 되면 아마도 의학기술의 발달로 암 등의 질병은 정복되고, 바이오·사이보그 기술 덕분에 질병에 의한 사망률은 줄어드는 반면, 생계 유지 비용이 없어서 자살하는 사람의 숫자가 늘 것이다. 그래서 2050년 한국인 사망 원인 1위는 질병이 아니라, 생계형 자살이 될 것이다.

이 시나리오는 이미 현실에서 시작되고 있다. 다음의 그래프들은 필자의 아시아미래인재연구소에서 2010년 통계청의 인구조사 자료를 기초로 2045년까지의 인구 변화를 시뮬레이션한 결과다.

먼저, 한국의 총인구 감소는 2030~2035년 사이에 시작될 듯하다. 일부에서는 인구 감소가 국가 GDP 감소로 직결되지는 않는다고 주장하면서 인구 감소가 가져올 미래 위기를 애써 부정하려고 한다. 물론 다른 모든 조건이 변하지 않은 상태에서 인구 감소라는 단 하나의 변수만 움직인다면 맞는 말이다. GDP 성장에 직접 연관된 변수는 국가 전체의 생산성과 한국 기업이 내수를 포함한 글로벌 시장에서 가지는 판매 경쟁력이다. 생산성 향상으로 근로자 1인이 시간당 생산하는 제품 수가 증가하면 제품 가격을 낮출 수 있고, 제품 가격이 하락하면 판매가 늘어 GDP 증가와 임금 상승이 가능해진다. 임금이 상승하면 내수시장과 자산시장이 그만큼 안정적으로 성장한다.

한국 인구 변화 추세

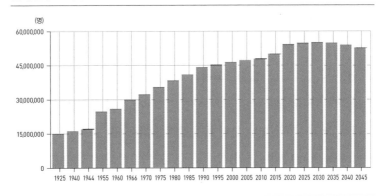

생산성은 제도와 기술이 좌우한다. 한국은 기술력으로 성장해온 나라다. 문제가 되는 것은 제도와 글로벌 판매 경쟁력이다. 규제가 많을수록 생산성 향상 속도가 낮아진다. 생산성 향상 속도가 느려서 한국 기업의 글로벌 제품 판매가 줄 경우, 그 감소분을 국내시장에서 보충해야 한다. 이때 저출산 고령화가 영향을 준다. 인구 감소나 인구

한국 연령별 인구 변화

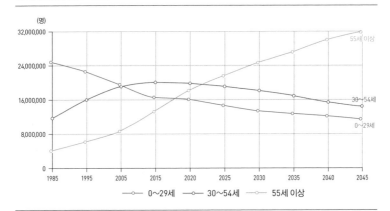

구조 변화가 GDP 감소로 직결되지는 않지만, 글로벌 경쟁력의 하락과 겹쳐서 발생할 경우에는 경제 충격을 증가시키는 시너지 변수로 돌변한다. 여기에 자산시장 충격이 겹치면 일본처럼 GDP 역성장도 일어날 수 있다.

한국은 총인구 감소는 아직 시작되지 않았다. 하지만 앞 그래프에서 보듯이 2022년을 기점으로 55세 이상의 은퇴자(기업의 실질 은퇴 연령)가 30~54세의 인구층보다 많아지면서 가파르게 증가하고 2045년이 되면 54세 미만 인구의 전체 숫자보다 많아질 것이다. 분석해보면 저출산, 고령화, 평균수명 연장이라는 3대 인구구조 변화는 내수시장

지역별 55세 이상 인구

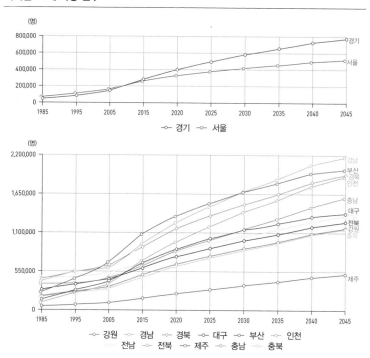

에서 소비능력의 감소에 영향을 주는 변수로 이미 작동하기 시작했다. 그런데 아직 그 충격이 잘 드러나지 않고 있다. 원인은 두 가지다. 첫째는 2008년 글로벌 금융위기로 인한 경기 침체가 소비 침체를 이끄는 주원인으로 보이는 착시 현상 때문이다. 둘째는 고령인구가 서서히 늘고 있지만, 그동안 소비능력이 큰 30~54세의 인구도 2000년 1,844만 명에서 2017년 2,059만 명으로 계속 늘었기 때문이다.

55세 이상 인구의 증가 추세와 규모를 각 도별로 시뮬레이션을 하면 앞의 그림과 같다. 그림을 살펴보면 상대적으로 55세 이상의 은퇴자 수의 증가가 가파른 곳은 경남, 부산, 경북, 인천 순이다.

지역별 30~54세 인구

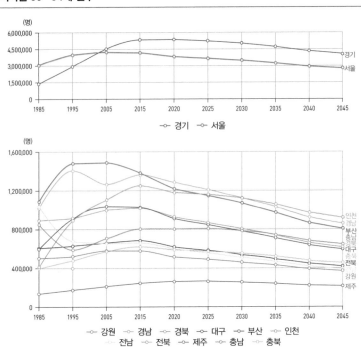

지역별 29세 이하 인구

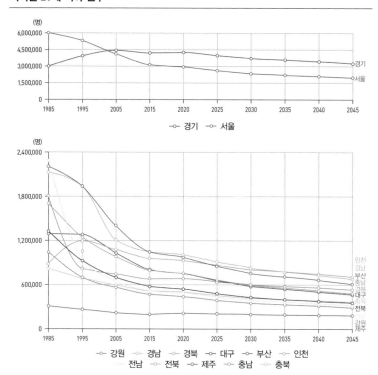

아래는 자치단체별로 30~54세 인구 변화를 보여주는 그래프다. 소비 여력이 상대적으로 풍부한 30~54세 집단의 감소 속도가 빠른 곳은 부산, 경남, 대구 순이다.

위의 29세 이하 인구의 변화를 보여 주는 그래프를 보면 부산, 경남, 경북, 대구 순으로 감소율이 상대적으로 높다.

앞의 세 가지 그래프(55세 이상 은퇴자 증가 속도, 30~54세 집단의 감소 속도, 29세 미만 인구의 감소 속도)를 종합하면 3대 인구구조 변화의 영향을 경기권보다 서울시가 더 크게 받고, 나머지 지역에서는 경남, 부산, 경북, 대구 등 동남권이 상대적으로 충격을 좀 더 빨리 그리고 크게 받을 것으로 예측할 수 있다. 이런 지역은 일자리와 연금 문제뿐만 아니라 다른 문제들도 상대적으로 더 빠르게 그리고 좀 더 큰 충격으로 와닿을 수 있다.

일례로 3대 인구구조의 변화는 자영업 경쟁을 심화시켜 파산 가능성을 지속적으로 높인다. 중장기적으로는 내수시장 성장 둔화의 직접적 원인이 된다. 필자의 예측으로는 저출산 고령화의 영향으로 2050년경이면 2010년 대비 내수시장 규모가 3분의 2로 준다. 아마 2050년에 다다르기 전에 문제가 심각하게 불거질 것이다.

한국은 2023~2026년경에 전체 인구의 20%가 65세 이상이 되는 초고령 사회에 진입하고, 2030년경이 되면 전체 인구의 24.3%인 1,181만 명이 노인이 되어 노인 인구 비중에서 일본, 독일, 이탈리아 다음으로 세계 4위가 된다. 2050년에는 65세 이상 노인인구가 46%를 넘는다. 65세 이상 노인인구가 늘고 젊은이는 부족하고 소비 주체는 주는데다 높은 인건비에 비해 노동의 질은 낮은 환경이 만들어지면 시장 역동성이 떨어지고 잠재성장률이 낮아져 기업 활동을 제대로 하기 어려워진다. 일자리의 양뿐만 아니라 질도 나빠질 수 있다는 의미다. 이런 상황이 지속되고 단기간에 돌이키기 힘들 것이라는 여론이 형성되면 중장기적으로 부동산 가격 하락을 추동한다. 그 결과 50대 이상이 보유한 자산 가격의 하락도 재촉하여 은퇴자의 경제력을 더욱 악화시킬 것이다.

전문가들은 고령화 문제를 집을 갉아먹는 흰개미에 비유한다. 경제 발전의 기반이 무너지기 직전까지도 침식의 원인이 눈에 잘 드러나지 않기 때문이다. 노인 증가는 한편에서 실버시장 규모를 확대시킨다. 2020년경 한국의 실버시장 규모는 148조원 정도로 크게 성장한다. 하지만 전체 시장의 확대에는 큰 도움이 되지 않는다. 어린아이와 장년층 시장의 축소분이 실버시장으로 이전한 것일 뿐 새로운 시장이 아니기 때문이다. 일본은 고령화 직격탄을 맞으며 자동차 내수 판매량이 2004년 585만 대에서 2008년 470만 대로 4년 사이 무려 25%나 감소했다.

고령화를 연구하는 선진국들의 연구 발표를 종합하면, 한 나라의 인구 전체에서 65세 이상 인구가 25%가 되면 그 나라의 평균 생활 수준이 18% 정도 하락한다. 우리나라도 2030년경이 되면 지금과 비교해서 평균 18% 생활 수준이 하락할 수 있다. 그럴 날이 앞으로 10년 정도 밖에 남지 않았다. 일본은 인구가 1억 2천만 명이나 된다. 인구가 절반에도 미치지 못하는 우리는 일본과 비슷한 속도로 고령화가 진행되어도 충격이 훨씬 더 클 수 있다. 그런데 고령화 사회(65세 이상 인구가 7% 이상)에서 고령 사회(65세 이상 인구가 14% 이상)로 진입하는 속도를 비교해도 프랑스는 154년, 미국 94년, 독일 77년, 일본 36년이 걸렸지만 한국은 26년밖에 되지 않는다. 속도만큼 부작용도 빠르게 나타날 것이다.

2013년 한국 노인들의 가처분소득은 국민 전체 평균소득의 62% 수준으로 OECD 34개 회원국의 평균치 90%와 비교해서 턱없이 낮다.[8] 세부적으로 보면 한국의 65세 이상 노인의 상대적 빈곤율(중위소득의 50% 미만 비율)은 49.6%이다.[9] 노인의 절반이 빈곤층이란 뜻으로 OECD 평균인 12.1%의 네 배를 넘는다. 앞으로 얼마나 더 많은 노인이 빈곤층으로 전락할지 예측하기 어렵다. 노인층이 늘수록, 노인층의 경제력이 약화될수록 젊은층의 부모 부양 부담도 커진다. 2013년 서울대학교 노화고령사회연구소의 조사에 따르면, 베이비붐 세대의 71%는 부모가 생존해 있고, 80%는 성인 자녀와 함께 산다. 함께 사는 자녀의 65%는 취업하지 않았다. 시간이 갈수록 부모의 의료비와 자녀 교육비와 결혼비용은 증가한다. 수입은 점점 주는데 반해 부양비용과 의료 비용은 점점 늘기 때문에 시간이 갈수록 베이비붐 세대의 위기는 커질 것이다.[10] 조세연구원의 분석에 따르면, 공적연금에 가입한 국민은 전체의 30%밖에 되지 않고, 우리나라 국민의 40%는 공적이든 사적이든 연금에 전혀 가입하지 않았다. 공적연금과 개인연금 등에 모두 가입해서 상대적으로 안락한 노후를 준비한 국민은 3.9%에 불과하다.[11]

일본의 노무라 연구소나 한국의 경제연구소들의 발표 자료를 종합하면, 한 사람이 일생에서 가장 많은 돈을 벌어들이는 시기가 40대 후반에서 50대 초반이다. 그때를 100으로 기준했을 때 65세가 되어 은퇴하면, 소비의 40%를 줄인다. 40대 후반에서 50대 초반에 한 달 평균 300만원 정도를 소비했다면, 은퇴하면서 직장도 없고 자녀도 다 출가하고 두 부부만 남게 되면 평균 소비를 180만원 정도로 줄인다는 말이다. 앞에서 한국 국민의 소비지출을 계층별로 분석한 자료를 보면, 월평균 소비지출이 300만원 미만인 인구가 80%에 가깝다. 심지어 한국은 은퇴 준비가 일본, 미국, 독일 등 선진국과 비교해서 턱없이 부족하기 때문에 은퇴자들의 평균소비성향은 미국의 3분의 2수준에 불과하다.[12] 평균소비성향이란 수입에서 세금이나 보험료를 빼고 지출할 수 있는 가처분소득에서 소비지출이 차지하는 비율이다.

2018년 국회예산정책처의 '2019년 및 중기 경제전망' 보고서에 따르면, 2017년 한국의 60세 이상 고령층의 월평균 처분가능소득은

264만 5천원으로 전체 가구의 처분가능소득 411만 8천원의 64.2%에 불과하다. 이 처분가능소득 중에서도 67.2%만 실질적으로 소비하는 것으로 조사되었다. 미국의 경우 60세 이상의 평균소비성향은 가처분소득의 104.0%, 일본은 88.6%이다. 독일의 65세 이상 인구의 평균소비성향은 88.3%, 프랑스와 룩셈부르크는 100%를 넘는다.[13]

이제까지 노인 인구의 통계에서 중요한 기준이 되었던 65세라는 은퇴 연령은 산업주의 시대의 기준이었다. 현재 평균수명은 증가하는 반면 기업에서 실질적으로 은퇴하는 시기는 50~55세로 빨라졌다. 그러니 은퇴 후 생계에 대한 부담은 선진국보다 훨씬 크다. 그러니 평균소비성향을 높이기가 아주 어렵다. 결국 고령화가 가져올 경제 충격은 선진국보다 10년 정도 더 빠르게 시작될 가능성이 높다.

2050년이 되면 젊은이 1.2명이 노인 1명을 부양해야 하는 시대가 된다. 현재는 엄마, 아빠, 친할아버지, 친할머니, 외할아버지, 외할머니 등 여섯 명이 아이 하나를 키우는 셈이지만 이대로 20~30년이 가면 거꾸로 아이 한 명이 엄마, 아빠, 친할아버지, 친할머니, 외할아버지, 외할머니까지 여섯 명을 부양해야 한다. 이것이 지금 가장 활발한 경제활동을 하는 30~40대의 미래다. 이들은 저성장의 그늘과 부동산 버블이라는 폭탄까지 짊어지고 있다. 동시에 과도한 자녀 양육비로 자신들의 은퇴 후를 준비할 만큼의 경제적 여유도 없다.

저출산과 고령화, 프리터Freeter[14]의 증가는 국가 재정에 큰 영향을 준다. 미혼과 만혼의 일상화, 저출산, 저수입으로 인해 세금은 줄고 사회복지 비용은 크게 는다. 인구구조의 변화는 산업경쟁력을 악화시켜 기업으로부터 걷는 세금도 준다. 주택시장이 하향 평준화되면서 부동산 관련 세수도 준다. 자유로운 노동자 한국은 특히 앞으로 더욱더 많은 복지비용을 지출해야 한다. 복지 제도가 잘 갖춰진 핀란드는 교육 지출의 거의 전부를 공공비용에서 충당하지만, 우리나라는 20%에 불과하다. 공공 의료 지출도 핀란드는 GDP 대비 6%를 넘는 데 반해 우리나라는 3.5%이다. 공공 사회복지 지출도 핀란드는 25%를 넘지만 우리나라는 핀란드의 3분의 1 수준에 불과하다.[15] 이처럼 앞으로 한국은 곳곳에서 복지비용이 증가할 요인이 생길 것이다. 미래 어느 시점에 정부가 이런 상황에 직면하면, 젊은이들의 세금 부담을 빠르게 늘리는 것밖에 다른 방법이 없다. 그러나 개인의 세금을 과도하게 인상하면 노동 기피 현상이 생기고, 높은 세금을 보전하기 위한 세전 임금 인상 요구가 커질 것이다. 이 때문에 기업의 임금 비용이 상승해서 기업 경쟁력은 떨어진다. 기업과 국가의 경쟁력이 하락하면 (지금 정부가 아무리 그런 일은 없을 것이라고 발표를 해도) 연금수령 시작일을 늦출 수밖에 없고, 받는 액수도 현저히 줄 수밖에 없다. 이미 유럽의 대부분 국가는 연금수령액을 낮추고 연금수령 시작 시기도 몇 년씩 늦추는 법안을 속속 통과시키고 있다. 물론 지금 우리나라의 국민연금이 엄청난 보유액을 자랑하지만 2030년만 되어도 연금수령액이 연 110조 5,579억원이 넘는다는 점을 인식해야 한다.

(04)

국민연금의
배신

━━━

노년층 삶의 질 저하와 재정 위기를 심화시키는 요인으로 작용

필자의 아시아미래인재연구소에서는 통계청 사회통계국 인구동향과
의 자료를 가지고 기초노령연금과 국민연금 지출이 정부예산에서 차
지하는 비중의 증가 추세를 예측해 보았다. 2013년 기초노령연금 지
급액을 20만원으로 하고, 2060년경이 되면 연금수령자가 전체 인
구의 40%가 되리라는 가정하에서 연도별 지불비용을 계산한 결과
는 충격적이었다. 2050년에는 정부예산의 59%, 2055년에는 68%,
2060년에는 77%를 고스란히 두 개의 연금을 지급하는 데만 사용해
야 할 것으로 예측되었다. 여기에는 건강보험비용이나 기타 수많은 복
지비용이 포함되어 있지 않다.

65세 이상의 노인 중에서 소득 하위 70%에 해당하는 이들에게 지
급하는 기초노령연금은 현재 월지급액이 25만원까지 올랐다. 이 복
지 정책은 어떤 미래를 만들까? 국민연금 적립금이 고갈되기 전까지

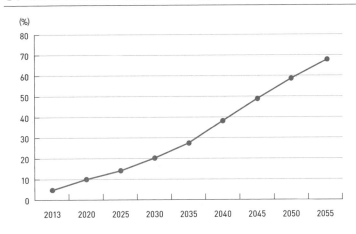

연도	2013	2020	2025	2030	2035	2040	2045	2050	2055
65세 이상 인구(만명)	614	808	1,003	1,270	1,475	1,650	1,747	1,799	1,771
기초노령연금 지급	2.6	3.5	4.5	5.6	6.6	6.8	7.2	7.4	7.3
연급지급액	14.5	33.9	56.3	90.0	138.9	213.8	306.8	414.0	525.4
기초노령연금+ 국민연금(a)	17.1	37.4	60.8	95.5	145.4	220.5	314.0	421.5	532.6
정부예산(2%씩 상승)	342.5	393.4	434.4	479.6	529.5	584.6	645.5	712.6	786.8
정부총세입(2013년)	288.1	330.9	365.3	403.3	445.3	491.7	542.8	599.3	661.7
(노령연금+연금지급액)/ 정부예산	5%	10%	14%	20%	27%	38%	49%	59%	68%

(금액 단위: 조원)

급격히 증가

는 현 정책의 무서움이 잘 드러나지 않는다. 하지만 적립금이 완전히 고갈된다고 예측되는 시점(2047~2057년 사이)부터는 정부가 그 당시에 일을 하는 세대에게서 거둬들인 국민연금 전액을 곧바로 기초노령연금 및 국민연금 수령자에게 지급하는 위험한 줄타기를 해야 한다. 이렇게 일하는 사람에게 거둬들인 돈으로 연금 수령자에게 지급하는 것을 '부과방식'이라고 한다. (참고로 현재는 일정 금액을 매월 적립한 후 은퇴 이후에 확정된 금액을 받는 적립식, 확정급부형 방식이다) 세계 최초로 국민연금 제도를 시행한 독일은 국민연금 적립금이 고갈되어서 부과방식으로 연금을 지급하고 있는데 그 규모가 매년 GDP의 11% 정도에 이른다. 독일의 국민연금 보험료율은 소득의 19.3%로 근로자와 사용자가 절반씩 부담한다. (참고로 한국은 2018년 기준으로 국민연금 보험료율이 9%이며 근로자와 사용자가 절반씩 부담한다) 2007년 3월 9일, 독일의 연방하원은 국민연금 수령 연령을 2012년부터 2029년까지 단계적으로 67세까지 상향 조정하는 개혁법안을 의결하였다. 연금액은 평균적으로 임금의 70%(향후 67% 유지) 수준이다. 독일 근로자는 의료보험료도 임금의 15%를 내는데, 이 역시 반은 사용자와 근로자가 절반씩 부담한다.

GDP의 34.4%를 사회복지 비용으로 지출하는 독일은 정부가 직접 담당하는 복지 비용도 많기 때문에 2013년 3월부터 개인소득세 최저 세율을 14%로 상향했다. 연 소득 8,130유로(세전) 이하는 세금을 납부하지 않지만, 연 소득이 많을수록 소득세가 높아져서 연 소득이 250,731유로(세전)를 초과하는 사람은 개인소득세 최고 세율인 45%를 내야 한다. 독일에서는 부동산 매각에 따른 양도차익과 부동산 임대소득은 독일 법인세 과세 대상에 속해서 15%의 세금을 납부해야 한다. 그리고 2007년 이후 독일의 부가가치 세율은 19%로 높아졌고, 서적과 신문 및 식료품(음료수 제외) 등의 특정 재화 및 서비스에는 7%의 세율을 적용하고 있다. 한마디로 한국보다 모든 부문에서 세율이 높다. 저출산, 고령화, 평균수명 연장으로 인해 발생하는 다양한 사회 문제를 해결하기 위한 고육지책이다. 그런데 한국이 독일처럼 높아질 세금 부담을 감당할 수 있을 정도로 경제 체력을 키울 수 있을까?

앞으로 한국의 국민연금 적립금 추세는 어떨까? 국민연금의 투자 수익률이 들쑥날쑥해서 적립금 고갈 시점이 고무줄처럼 늘었다 줄었다 하지만 십 수년의 차이가 나는 것은 아니다. 국민연금 적립금이 2043년 2,561조원까지 증가한 이후 급감하기 시작해 2057년에 고갈된다고 예측하는 견해부터, 훨씬 앞당겨서 2047년 무렵에 고갈될 것으로 보는 견해도 있다. 보수적인 예측인 2057년 고갈을 기준으로 삼아도 정부가 5년 전에 고갈 시점으로 예측한 2060년보다 3년이나 빨라진다.

은퇴 후 매달 수령하는 금액은 어느 정도 될까? 현재 계산으로는 2017년부터 20년간 국민연금을 낸 사람의 경우 은퇴 후부터 남은 평생, 납부액의 1.9~2.5배를 연금으로 받는 것으로 계획되어 있다. 국민연금 가입자 수는 저출산에 따른 경제활동인구 감소로 시간이 갈수록 준다. 2016년 2,125만 명, 2030년 1,747만 명, 2060년 1,162만 명으로 감소할 전망이다. 반대로 국민연금 수급자 수는 고령화와 평균 수명 연장으로 시간이 갈수록 증가한다. 2016년 439만 명, 2030년 840만 명, 2050년 1,538만 명, 2060년 1,699만 명으로 급증할 것으로 추정된다.

이 조건들을 종합하면 국민연금 적립금이 완전히 고갈될 2060년 이후부터는 연금 납부자 1,162만 명이 연금 수령자 1,699만 명의 매달 연금을 30년 이상 책임져야 한다. 여기에 노령연금 지급액도 추가해야 한다. 정부는 적립금이 고갈되어도 부과식으로 연금지급 방식을 바꿔 연금지급 불이행 사태를 막는다고 한다. 그럴 경우 2060년 국민연금 가입자의 연금납부 부담액은 연금 납부액과 연금 수령액을 조정하지 않는다면 2016년에 비해 7.36배가 된다. 2016년 연금 납부자 6.2명이 은퇴자 한 명의 연금을 책임지던 구조가 2060년이면 연금 납부자 한 명이 1.18명의 은퇴자를 책임져야 하는 구조로 바뀌기 때문이다.[16]

국민연금을 적립식에서 부과식으로 전환하는 시기는 늦어도 2042년에서 최대 2052년 사이에는 시작해야 한다. 그래야 적립배율 5배를 유지할 수 있다. 현재 조건으로 지속될 경우 적립배율 1배가 무너지는 시점은 2034년이다. 적립배율이란 연금보험료를 추가로 한 푼도 거두지 않더라도 연금을 지급할 수 있는 기간을 의미한다. 적립배율이 5라는 것은 어떤 문제가 생겨도 최소한 5년 동안은 연금을 지급할 수 있다는 뜻이다. 참고로 캐나다 국민연금의 적립배율은 4.4배이고, 일본의 경우 후생연금의 적립배율이 3.8배, 국민연금은 2.8배다. 미국은 국민연금의 적립배율이 3.3배이고, 독일은 1.5배, 스위스는 1배에 불과하다.[17] 한국의 경우도 적립배율 최소 1배를 목표로 하는 연금개혁안을 검토 중인데, 그럴 경우 2060년이면 매년 655조원, 2070년에는 944조원, 2080년에는 1,257조원이 매년 필요하다.[18] 이런 추세라면 한국은 2050년부터는 GDP의 10~15%를 매년 국민연금 지급액으로 사용해야 할 수도 있다.

국민연금 소득대체율도 계속 낮춰야 한다. 1988년 정부가 약속했던 국민연금 소득대체율은 가입자의 생애 평균소득의 70%였다. 하지만 1998년 60%로 낮춰졌고, 2008년에는 다시 50%로 낮췄다. 그리고 현재는 45%를 보장한다고 약속하고 있다. 하지만 이 약속조차도 미래에는 바뀔 것이 분명하다.(이 책을 읽는 우리 세대는 연금 걱정을 하지 않아도 된다. 정부가 우리를 대신해서 우리의 아이들 세대로부터 더 많이 거둬서 확실하게 국민연금을 보장해줄 테니까!)

이런 미래가 저 멀리에서 우리를 향해 오고 있는데, 정치인들은 한 표라도 더 얻기 위해 국민에게 달콤한 공약을 속삭인다. 그런데 사회가 한번 포퓰리즘의 늪에 빠진 다음에는 스스로의 힘으로 빠져나오기가 매우 힘들다. 포퓰리즘 정치세력을 이기는 가장 쉬운 길은 더 강하고 달콤한 포퓰리즘의 깃발을 드는 것이기 때문이다.

다음 그림은 인구구조 변화가 복지비용, 소비, 고용, 기업의 투자, 경제성장률 등에 영향을 미치는 시스템 구조를 보여주는 그림이다.

인구구조가 복지, 소비, 투자 등에 미치는 영향

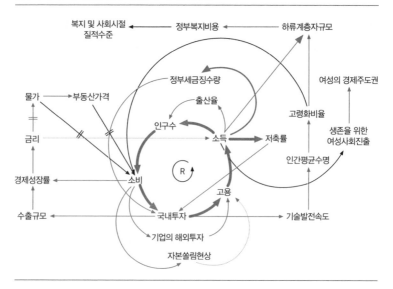

⑤ 시간이
없다

"한국경제는 여전히 물이 끓는 냄비 속 개구리 상태다. 5년 전보다 물 온도는 더 올라갔다"[19]

5년 전 '한국경제 보고서'를 작성했던 맥킨지글로벌연구소MGI의 조너선 웨츨 소장이 2018년 8월, 한국의 신문과 인터뷰에서 한 말이다. 같은 시기에 미국의 파이낸셜타임스FT도 한국이 중국의 추격과 급속한 고령화로 일본처럼 장기불황에 빠질 가능성이 커지고 있다고 평가했다.[20]

지금 우리가 직면한 시스템적 문제들은 단기간에 극복할 수 있는 것들이 아니다. 또 한국만 겪는 특수한 문제도 아니다. 우리보다 앞서서 경제 발전을 이룬 선진국들도 모두 똑같이 겪은 문제다. 그리고 우리를 추격하는 중국 등도 앞으로 겪을 문제다. 그러니 우리가 왜 이런 문제를 겪어야 하느냐고 항변할 일이 아니다.

다만 한국과 선진국 사이에는 크게 다른 점이 있다. 선진국도 비슷한 문제를 안고 있지만, EU는 덩치가 크고 미국은 기축통화를 가지고 있으며, 일본은 자국 내에서 문제를 소화할 능력이 있어서 문제 해결에 필요한 시간을 벌 수 있다. 그래서 이들 선진국은 문제가 생겨도 외환위기로까지 비화되지 않고 국가 신용도도 크게 떨어지지 않는다.

하지만 한국은 EU처럼 인구가 5억 명이 넘을 정도로 덩치가 크지도 않고, 미국처럼 제1 기축통화를 갖고 있지도 못하며, 일본처럼 자국 내에서 국채를 소화할 능력도 없다. 그래서 비슷한 문제가 발생하면 위기의 폭발을 늦추거나, 세계를 상대로 협박(?)하여 문제를 우회할 수도 없다. 한국은 선제적으로 대응하지 못해서 금융위기가 발생하면 충격을 더 크게 받는다. 방향이 잘못되거나 타이밍을 놓치고 늦게 대응하면 위기가 순식간에 커지면서 1997년의 IMF 구제금융 신청 당시처럼 기업 구조조정, 강제적인 경제 긴축, 우량자산의 헐값 매각, 막대한 금융 비용, 국민의 희생을 요구하는 글로벌 금융자본의 압박에 굴복하는 치욕을 당하게 된다.

IMF 외환위기를 겪었던 한국이 2010년 G20 의장국이 되었다. G20에 들어가고 의장국이 되었다는 것은 우리도 선진국 문턱까지 올라왔다는 말이다. G20의 GDP를 합치면 전 세계 GDP의 85%를 차지한다. 나머지 15%는 180여 개 국가의 몫이다. 전 세계 지분의 80~85%를 가진 20여 개 국가가 모여서 국제적 기준을 결정하면 전 세계의 방향이 결정된다.

그런데 한국이 마지막 문턱을 치고 올라갈 힘이 달린다는 데 문제가 있다. 한국의 명목 GDP 순위는 2003년 11위에서 2009년에는

15위로 하락했다가 2018년에 다시 11위로 복귀했다. 앞으로 20년, 한국이 G20의 지위를 계속 유지하려면 한계에 도달한 현재의 국가 시스템(이머징 국가 시스템)을 고쳐야 한다. 선진국으로 올라서려면 새로운 시스템이 필요하다. 우리 힘으로 문제를 미리 풀기 위한 노력을 하지 못하고 향후 5~10년을 지난 10년처럼 흘려 보낸다면 낡은 시스템의 부작용이 더 커지고 서로 중첩되어 위기가 크게 증폭될 것이다. 자체 힘으로 문제를 해결하지 못하면 외부로부터 해결을 강제받게 된다. 1997년 IMF 외환위기 때의 한국이나 2010년 이후의 그리스처럼 문제를 해결하기 위한 모든 정책을 외부로부터 강요당하면서 일시적으로 경제 주권을 빼앗기게 된다. 그러는 사이 중국 등의 후발주자들에게 그나마 경쟁력을 유지하고 있는 주력 산업에서마저 추월을 허용하게 된다. 위기에서 가까스로 벗어나 경제 회복에 성공하더라도 1~2%대의 저성장 상태로 추락하게 된다. 최악의 경우 G20에서도 탈락하게 된다.

이미 위기는 우리 코 앞까지 다가왔다. 시간이 많지 않다. 각 분야의 지도자들은 미래 통찰력을 높여야 한다. 의사결정을 빠르고 정확하게 해야 한다. 그렇지 않으면 생각보다 더 크고 무서운 미래가 한국을 덮칠 것이다.

20년 후,
제3의 금융위기 가능성

2040~2050년에 한국은 다시 금융위기에 빠질 수도 있다

다가올 한국의 금융위기 혹은 제2의 외환위기 가능성을 분석하고 예측하면서 이런 위기가 반복되어 일어나는 시스템적 구조에 대해 설명했다. 앞으로 5년, 금융위기 또는 제2의 외환위기가 발발한다면 가계 영역의 부채가 도화선이 되고, 가계 영역의 막대한 부채는 부동산과 필연적으로 연결되어 있기 때문에 실물경제 전반과 중산층에 직접적인 타격을 줄 것이라 예측했다. 위기가 발발하면 그 결과 한국의 수출기업은 글로벌 경쟁력을 당분간 회복하기 힘들고 글로벌 시장의 더 많은 부분을 빼앗길 가능성이 크기 때문에, 일자리와 소득 문제가 더 심각해질 것이다. 이런 상황에서 부동산 시장마저 장기간 침체에 빠진다면 가계 영역의 금융 건전성은 크게 훼손되고 고령화의 저주가 맞물리면서 한국 내수경제를 장기간 침체의 늪에 빠뜨릴 가능성이 크다.

금융위기의 후폭풍은 끝나지 않는다. 한국이 금융위기를 빠져나오는 과정에서 가계 영역이 직접 타격을 받겠지만, 정부 부문 역시 가계 영역에서 발생한 부실채권을 은행권과 나눠 담당하게 되면서 국가부채가 크게 증가할 것이다. 내수시장이 흔들리는 상황에서 대규모 실업자와 조기 은퇴자가 사회로 흘러나오면서 국가가 담당해야 할 사회복지 비용도 큰 폭으로 증가하게 된다. 엎친 데 덮친 격으로 한국 기업의 경쟁력 하락과 인구구조의 3대 변화로 2050년까지 국내 소비시장의 실질적 규모가 3분의 1로 줄면 세수가 감소한다. 앞에서 분석한 대로 2030년 이후부터 국민연금과 기초노령연금 등 이미 확정된 복지비용 지출의 급격한 증가도 정부와 국민의 부담을 가중시킨다.

시간이 흐르면서 이런 모든 부작용들이 돌고 돌아 결국 한 지점으로 모인다. 바로 국가 부채다. 한국의 정부 부채는 2018년 현재 GDP 대비 38%로 안정적인 수준이다. 정부 부채의 건전도를 GDP 대비 몇 퍼센트를 기준으로 할지에 대해서는 논란이 있는데, 세계은행은 외채 비중을 기준으로 국가의 건전도를 세 개의 등급으로 나눈다. 문제가 없는 나라(GDP 대비 외채 비중 30% 미만), 외채 상환에 문제가 없는 경輕채무국(30~50%), 가장 위험한 수준인 중重채무국(50% 초과) 등 세 등급으로 국가를 분류한다. 이 중에서 중간 단계에 해당하는 경輕 채무국의 기준은 다음과 같다.[21]

- 경상 GDP 대비 총 외채 비율 30~50% 이하
- 경상 외환 수입액(상품 수출액 + 서비스 제공 수입액)에 대한 총 외채 비율 165~275% 이하
- 외채 원리금 상환 비율debt service ratio 18~30% 이하

- 이자 상환 비율interest service ratio 12~20% 이하

앞의 네 가지 지표가 위험 수준을 넘어서면 곧바로 외채 상환에 심각한 문제가 있는 국가로 의심받기 시작한다. 1997년 IMF 외환위기의 직접적인 원인으로 한보의 부도, 기아그룹의 부도 유예, 금융기관의 부실채권 증가와 대외신인도 하락, 태국 등 동남아시아의 외환위기 발생 등을 꼽을 수 있다. 그러나 세계은행이 지적한 것처럼 외환위기 가능성은 근본적으로 외채를 갚을 수 있는 수준의 견실한 경제성장을 이루지 못하면 스멀스멀 피어오른다.[22] 외채의 이자를 감당하고, 원금을 줄이려면 경상수지 흑자와 재정수지 흑자를 내야 한다. 앞에서 설명했듯이 정부의 수입, 즉 세수는 줄고, 복지비용 등 지출은 늘어날 가능성이 매우 크다. 그래서 정부의 재정적자가 누적되는 상황에서 경상수지 적자마저 누적되는 일이 이어지면 외채 규모가 빠르게 늘 것이다. 이런 조건에서 높은 기준금리가 오래 지속될 경우 높은 이자 부담이 가중될 수 있다. 아래 그림은 한국 정부의 GDP 대비 부

한국 GDP와 정부 부채 비율

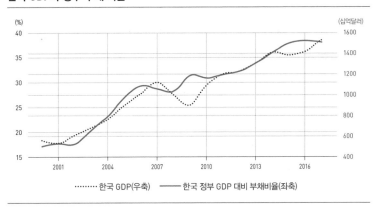

········ 한국 GDP(우축) ——— 한국 정부 GDP 대비 부채비율(좌축)

채비율과 GDP를 비교한 그래프다.

그래프에서 보듯이, GDP 성장이 정체될 때마다 정부 부채가 증가했다. 결국 한국의 제3의 금융위기 혹은 외환위기를 맞을 가능성은 한국 기업의 수출경쟁력을 중심으로 한 경상수지의 추세, 그리고 내수시장의 성장에 의존할 세수와 정부의 지출 증가 속도 및 규모에 따라 결정될 것이다.

다음 그림은 2048년 한국의 인구구조와 정부 세수 및 내수시장을

2048년 한국의 인구구조와 정부 세수 및 내수시장

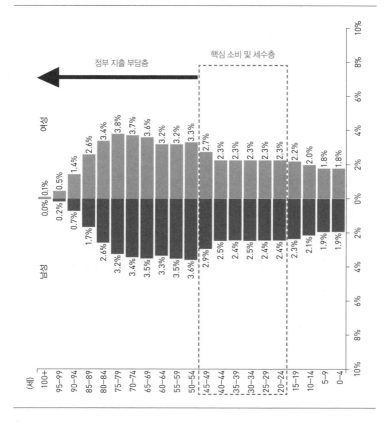

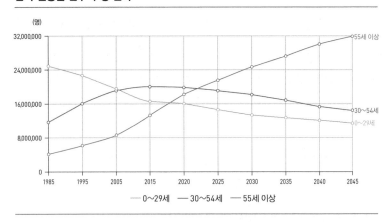

견인할 핵심층 규모를 보여주는 그래프다. 한눈으로 봐도 정부 재정이 적자일 가능성이 크다.

앞에서 설명했던 55세 이상의 은퇴자(기업의 실질 은퇴 연령)의 비율과 규모를 다시 살펴보자. 위의 그림처럼 2045년에는 55세 이상의 은퇴자 규모가 54세 이하의 인구 전체보다 더 커질 것이다.

한국은 2030년에 전체 인구의 24.3%인 1,181만 명이 노인이 되어 노인 인구 비율에서 일본, 독일, 이탈리아 다음의 세계 4위가 된다. 2050년에는 65세 이상 노인 인구가 46%를 넘는다. 65세 이상 인구의 비중이 25%를 넘으면 그 나라의 평균 생활 수준이 18% 정도 하락한다고 했는데 한국에서는 2030년경에 이런 일이 생긴다. 명목 GDP가 인플레이션율 이상으로 상승하면 고령인구의 증가로 인한 내수시장 축소 중 일부를 상쇄할 수는 있다. 그러나 지난 10여 년 동안 은퇴자들이 보여준 평균적인 소비 성향을 고려하면 2030년경의 내수시장 축소 충격이 평균적인 고령화 충격보다 더 클 수도 있다.

한국의 65세 이상 노인의 소득은 국민 전체 평균 가처분소득의 64.2% 수준이었다. 쉽게 말해 은퇴하면 소비력이 절반 가까이 떨어진다는 의미다. 은퇴자 증가에 따른 내수 감소분을 보충해주어야 할 젊은층의 숫자는 현저히 줄고 있다. 2050년이 되면 젊은이 1.2명이 노인 1명을 세금과 연금으로 부양해야 한다. 더욱이 지금의 청년 세대는 그 아버지 세대보다 더 빨리 은퇴 준비를 시작해서 소비를 더 줄인다.

이것이 필자가 2050년경이면 2010년 대비 내수시장 규모가 3분의 2로 줄어든다는 예측에 도달한 이유다. 이런 비관적 상황에서 정부와 정치권이 먼 미래를 대비하기보다 당장 눈앞의 선거 승리만을 목표로 한 정책으로 일관한다면 2040~2050년경 급증한 정부 부채를 원인으로 하는 제3의 금융위기나 외환위기 시나리오가 현실이 될 가능성도 매우 높아진다.

저출산, 초고령화 → 내수시장 축소 초래(2050년)

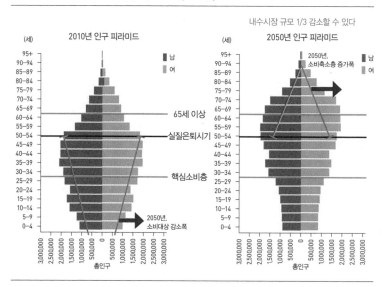

ARE YOU READY IN
FINANCIAL
CRISIS

PART 3

•

한국 자산시장의 미래

6장

주식시장과
환율의 미래예측

외국 자본 이탈의
미래 징후

2018년 10월에 주식시장이 받은 충격은
다가올 미래를 보여주는 징후다

2018년 11월 30일 한국은행은 마지막 금융통화위원회 회의에서 기준금리 인상을 결정했다. 12월 미국의 추가 기준금리 인상을 앞두고 깊은 고심 끝에 내린 결단이었다. 중앙은행의 가장 중요한 책무는 고용을 증진시키고 물가를 잡는 것이다. 현재 한국은 고용이 불안한 데다 물가도 지표상으로는 2% 근처에서 안정적으로 움직인다. 이 사실만 본다면 중앙은행이 기준금리를 올릴 이유가 없다. 오히려 물가가 안정적이기 때문에 고용을 진작시키기 위해 금리를 내리는 완화적 금융 정책을 펴서 시중에 돈을 풀어야 한다. 그런데 한국의 중앙은행이 책무를 저버리고(?) 기준금리를 인상했다. 미국과의 금리 차가 크게 벌어질 것에 대한 부담을 해소하고, 눈덩이처럼 불어나는 가계 부채 문제를 조절하는 문제가 그만큼 절박했기 때문이다.

2019년이 되면 한국은행은 한국과 미국의 기준금리 차이가 벌어지는 데 따른 외국인 자본의 이탈의 위험, 그리고 감당하기 어려운 수준으로 커지고 있는 가계 부채에 의한 신용 붕괴의 위험에 대해 심각하게 걱정하게 될 것이다. 결국 한국 내부의 경제 상황과 상관없이 기준금리를 계속 올릴 수밖에 없게 된다.

필자가 2013년에 〈2030 대담한 미래〉를 통해서 발표했던 예측 내용이다. 많은 이들이 한국의 기준금리가 미국보다 2% 이상 낮아도 국내에 들어온 외국인 자본의 이탈은 없으리라고 반박했다. 한국의 경제 펀더멘털이 너무 좋고, 외환보유액이 충분하기 때문이라는 것이 반박의 주요 근거였다. 한국과 미국의 기준금리가 2% 이상 차이로 역전되어도 외국인 자본이 이탈하지 않은 경우가 있었다는 역사적 증거를 강조했다.

아래 두 개의 그림을 보자. 한국과 미국의 기준금리의 역사를 보여

1990~2013년 한국과 미국의 기준금리

출처: TRADINGECONOMICS.COM

주는 자료다. 2000년 이전까지는 한국 기준금리가 미국 기준금리보다 훨씬 높았다. 당시의 한국과 미국의 경제적 역량 차이, 한국이 글로벌 경제에서 차지하는 위상의 차이를 고려하면 당연한 현상이었다. 하지만 그림에서 보듯이 21세기 들어서 두 번 미국의 기준금리가 한국보다 높았거나 같았을 때가 있었다. 바로 2001년과 2007년이다.

한 발 더 들어가보자. 2001년에 미국은 기준금리를 6% 이상으로 올렸다. IT 버블로 시중에 유동성이 과도하게 풀리면서 인플레이션율이 4%를 향해 빠르게 상승했기 때문이다. 1999년부터 2018년까지 미국의 기준금리와 인플레이션율을 비교한 아래의 그림을 통해서 상관관계를 확인할 수 있다. 2007년에도 미국은 기준금리를 5% 이상으로 올렸다. 부동산 버블로 시중에 유동성이 과도하게 풀리면서 인플레이션율이 4%를 넘었기 때문이다. 무섭게 치솟던 미국의 인플레이션율은 2008년 6%에 육박할 수준까지 높아졌다.(참고로 최근 미국의 인플레이션율은 2%대에서 움직인다)

미국의 기준금리와 인플레이션율

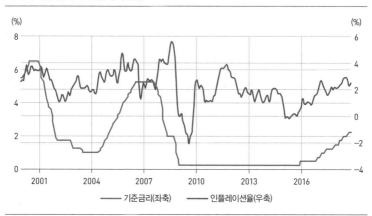

출처: TRADINGECONOMICS.COM

2001년과 2007년에 미국 기준금리가 한국 기준금리보다 높았는데도 한국에서 외국자본이 이탈하지 않은 이유가 있다. 미국 내 기준금리 인상이 경기 과열을 잡기 위한 고육지책이었고, 같은 해 한국의 기준금리 역시 미국보다는 낮았지만 계속 인상 추세였기 때문에 한미간 금리 차이로 오는 리스크가 적었다. 또한 한국을 포함한 신흥국의 주식과 부동산시장에서 자산버블이 더 크게 일었기 때문에 수익률에서도 미국에 비해 손해가 없었다. 단순히 표면적인 현상만으로 판단할 것이 아니라 그런 현상을 만든 이치를 알아야 미래의 변화를 정확히 통찰할 수 있다.

2001년부터 현재까지 한국과 미국의 기준금리 차이를 보여주는 다음 그래프를 보자. 21세기 들어서도 대부분의 시기에 한국은 미국보다 기준금리가 높다. 그런데 다시 2016년 이후부터 미국의 기준금리가 한국을 크게 추월했다. 여기서 중요한 것은 미국의 기준금리 인상 국면이 끝나지 않았다는 점이다. 그에 따라 달러의 순환에 의한 신흥국의 경제 위기도 여전히 진행중이다. 여러 번 강조했듯이, 위기를 겪는 불안정한 신흥국에서 빠져나온 자금이 상대적으로 경제 규모가 크고 안정된 한국 등으로 일시 들어올 수 있다는 뜻이다. 그러므로 한국의 기준금리가 미국의 기준금리보다 낮아도 외국자본이 대거 이탈하지 않는 현재의 예외적인 상황이 '진행 중'이지 '종결된' 것이 아니라고 보아야 한다. 상황 전개를 더 지켜보아야 한다.

크게 보아 2000년 이전은 물론이고 2000년 이후에도 한국의 기준금리가 미국보다 최소 1~2% 더 높아야 자본 이탈에 대한 우려를 확실히 낮출 수 있다. 결국 한국의 기준금리를 최소 미국의 기준금리와 같은 수준으로 올리거나 최악의 경우 미국의 기준금리보다 최소 2%

한국과 미국의 기준금리

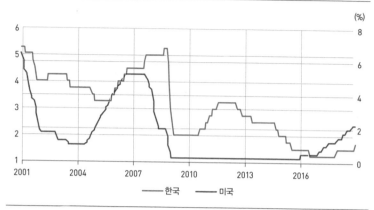

출처: TRADINGECONOMICS.COM

더 높은 수준까지 상승시켜야 할 상황이 올 가능성이 크다는 것이 필자의 예측이다. 그렇지 않으면 외국인의 대규모 자본 이탈을 막기 힘들 것이다.

2018년 10월에 경험한 한국 주식시장의 충격은 그런 미래를 보여주는 징후futures signals다. 2600선까지 거침없이 올라가던 한국 코스피

코스피지수 추이

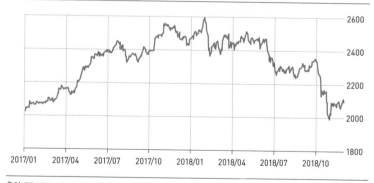

출처: TRADINGECONOMICS.COM | OTC/CFD

지수는 2018년 10월 들어 미국 시장이 한 번 기침을 하자 속절없이 2000선까지 무너졌다. 외국 자본의 이탈이 결정적 원인이었다. 이것이 한국의 현실이다.

한국 기준금리 5%의
시대가 온다

2018년 11월 30일에 한국은행이 0.25%p 올려서 기준금리는 1.5%에서 1.75%로 인상되었다. 한국은행이 기준금리를 인상하지 않고 해를 넘길 경우 12월에 기준금리를 2.25~2.50%로 높인 미국과의 금리 차이가 1.0%p 차이까지 벌어진다. 그 부담 때문에 한국은행은 고용이 무너지고 체감 경기가 깊은 수렁에 빠져있는, 금리를 인상하기에는 매우 안 좋은 국내적 조건에도 불구하고 기준금리를 올릴 수밖에 없었다. 이러한 한국은행의 의사결정에서 우리가 파악해야 할 중요한 것이 있다.

"한국은행은 앞으로도 비슷한 의사결정을 할 것이다."

한국은행은 앞으로도 한국경제의 침체를 방어하거나 회복을 이끌어야 한다는 국내의 단기적인 미래 요청을 희생하더라도 기준금리 인상을 계속할 가능성이 크다. 더 큰 위기를 막기 위해서 한국은행은 비슷한 선택을 할 수밖에 없다. 더 큰 위기란 금융위기, 나아가 금융위기 이후 정치권이 적절한 대응에 실패할 경우 촉발될 수 있는 제2의 외환위기 가능성이다. 그러나 한국은행이 기준금리를 올리더라도 금융위기를 막기에는 역부족일 것이다.

이제 우리는 한국은행이 기준금리를 5% 이상까지 빠르게 인상할 미래 가능성에 대해 준비해야 한다. 현재 미국 연준의 가이드라인은 2019년에 세 번의 추가 인상으로 기준금리를 3.0~3.25%까지 올리는 것이다. 필자는 2019년 말에 한국이 금융위기의 시작 문턱을 넘을 가능성이 크다고 예측했다. 만약 미국이 2020년에 한 번 더 기준금리를 인상하여 3.25%~3.5%까지 높이면 한국은행은 2020~2022년에 기준금리를 5% 이상으로 급격하게 인상해야 한다. 그렇지 않으면 외국 자본의 급격한 대규모 이탈 사태가 한국 주식시장을 강타하게 될 것이다.

지금으로서는 상상할 수 없는 일같이 보일 수 있다. 그러나 우리는 '생각의 관성'을 경계해야 한다. 물리적 세계에만 관성의 법칙이 적용되는 것이 아니다. 우리는 고통이나 위기가 닥쳐오면 이대로 끝났다고 생각하기 쉽다. 지금의 위기는 영원히 끝나지 않을 것 같고, 인생도 이대로 끝났다는 생각이야말로 감정의 관성에서 나오는 착각이다. 반대로 나를 둘러싼 상황이 좋아지면 과거의 어려움을 잊고 지금의 상황이 모든 생각의 기준이 된다. 이것 역시 생각의 관성에서 나온 착각이다.

한국의 기준금리 5% 시나리오에 선뜻 동의하기 어렵고, 반발심마저 생기는가? 생각의 관성을 걷어내고 그래프를 보자. 한국의 정상적

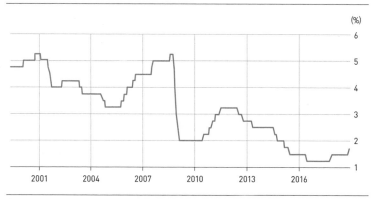

출처: TRADINGECONOMICS.COM | THE BANK OF KOREA

인 기준금리는 5% 수준이었다. 낮게 봐줘도 4%였다. 그러니까 오히려 지금의 저금리가 2008년 이후의 위기 상황에서 경험하는 예외적인 현상인 것이다.

한국은행의 기준금리는 머지않은 미래에 정상으로 되돌아가게 되어 있다. 4~5% 수준의 기준금리로 되돌아갈 수 있는 것도 2000년 이후 한국경제가 G20에 진입할 정도로 아주 좋아진 덕분이다. 그 이전에는 평균 10%를 넘었다. 다음 그래프를 보라. 한국보다 경제력이 한 단계 낮은 나라들은 정상적인 기준금리가 5% 이상이고 위기 때는 10%를 쉽게 넘는다. 심지어 한국보다 GDP 순위가 세 단계 위에 있는 브라질도 기준금리가 10%를 쉽게 넘나든다. 4~5% 밑에 머무는 지금의 한국 기준금리가 당연하다는 착각에서 빨리 벗어나야 한다.

한국보다 기준금리가 낮거나 비슷한 추이를 보이는 나라는 강대국이거나 사우디아라비아처럼 오일머니로 무장한 나라, 혹은 스웨덴처럼 북유럽에서 1인당 GDP가 아주 높은 나라들이다. 하지만 이들조

각국의 기준금리 추이 비교-한국(세계 GDP 12위)보다 낮은 국가

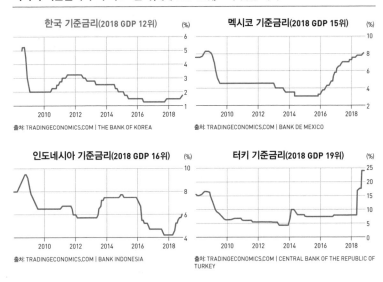

한국 기준금리(2018 GDP 12위)

출처: TRADINGECONOMICS.COM | THE BANK OF KOREA

멕시코 기준금리(2018 GDP 15위)

출처: TRADINGECONOMICS.COM | BANK DE MEXICO

인도네시아 기준금리(2018 GDP 16위)

출처: TRADINGECONOMICS.COM | BANK INDONESIA

터키 기준금리(2018 GDP 19위)

출처: TRADINGECONOMICS.COM | CENTRAL BANK OF THE REPUBLIC OF TURKEY

각국의 기준금리 추이 비교-한국(12위)보다 높은 국가

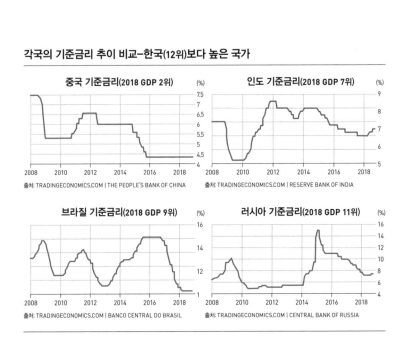

중국 기준금리(2018 GDP 2위)

출처: TRADINGECONOMICS.COM | THE PEOPLE'S BANK OF CHINA

인도 기준금리(2018 GDP 7위)

출처: TRADINGECONOMICS.COM | RESERVE BANK OF INDIA

브라질 기준금리(2018 GDP 9위)

출처: TRADINGECONOMICS.COM | BANCO CENTRAL DO BRASIL

러시아 기준금리(2018 GDP 11위)

출처: TRADINGECONOMICS.COM | CENTRAL BANK OF RUSSIA

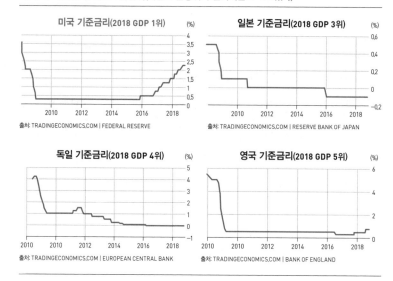

각국의 기준금리 비교-선진국(이들도 금융위기 전까지는 4~5%였다)

미국 기준금리(2018 GDP 1위) (%)

출처: TRADINGECONOMICS.COM | FEDERAL RESERVE

일본 기준금리(2018 GDP 3위) (%)

출처: TRADINGECONOMICS.COM | RESERVE BANK OF JAPAN

독일 기준금리(2018 GDP 4위) (%)

출처: TRADINGECONOMICS.COM | EUROPEAN CENTRAL BANK

영국 기준금리(2018 GDP 5위) (%)

출처: TRADINGECONOMICS.COM | BANK OF ENGLAND

차도 2008년 글로벌 금융위기 이전에는 기준금리가 4~5%대였다.

만약 미국이 2020년에 기준금리를 3.25~3.5%까지 올리면 그 다음은 어떻게 될까? 그 수준을 오랫동안 유지할까, 다시 제로금리까지 내릴까, 아니면 추가로 더 인상할까? 3.5%까지 기준금리를 올린 후에 다시 제로금리까지 내린다는 것은 미국 경제가 막대한 돈을 풀어서라도 경제를 부양시켜야 할 수준의 최악의 위기가 다시 발발할 것이라는 의미이다. 현재로서는 그 가능성이 작다. 2020년 이후에 미국 경제가 하락할 가능성은 충분히 있지만 그렇다고 2008년처럼 붕괴할 가능성은 아주 작다.

미국이 상당 기간 기준금리를 3.0~3.5% 사이로 유지할 가능성이 가장 크다. 낮춘다 해도 2.5~2.75% 수준이 될 것이다. 그리고 미국 연준이 기준금리를 추가로 인상해서 대응할 정도로 인플레이션율이 높아지는 시나리오도 충분히 가능하다. 바로 중국이 금융위기를 겪고 구조조정을 마침으로써 금융시장에서 가장 큰 불확실성이 해소되고, 미국을 중심으로 미래 산업에서 새로운 기술 버블이 일어서 인플레이션 대책이 필요해지는 시나리오를 말한다.

다음의 도표들은 각각 1970년 이후부터 지금까지 경제성장률 및 인플레이션율(물가 변화)과 미국의 기준금리를 보여주는 그래프다. 미국의 기준금리 하락 추세를 고려하더라도 앞으로 미국과 같은 경제 선진국의 경우 정상적인 기준금리는 3~4% 수준이다. 그림에서 보듯이 급격한 경제 붕괴 사태가 발생하지 않는다면 정상적인 수준 이상에서 기준금리가 유지되는 기간이 최소 5~6년이고, 최대는 10년 정도까지 연장될 수 있다.

최근의 기준금리 인상 국면에서 미국 경제가 다시 급격히 붕괴하지 않는다면 연준이 기준금리를 급하게 내릴 가능성은 아주 작다. 연

경제성장률 변화와 관련한 미국의 기준금리 하락 추이를 감안해도
앞으로 미국의 정상 기준금리는 3~4%

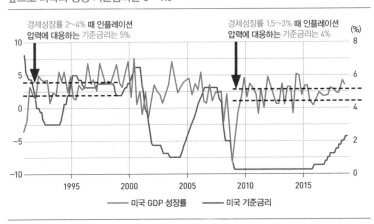

출처: TRADINGECONOMICS.COM

물가 변화와 관련한 미국의 기준금리 하락 추이를 감안해도
앞으로 미국의 정상 기준금리는 **3~4%**, 유지기간은 최소 5년~최대 10년

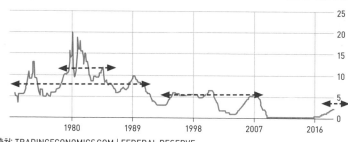

출처: TRADINGECONOMICS.COM | FEDERAL RESERVE

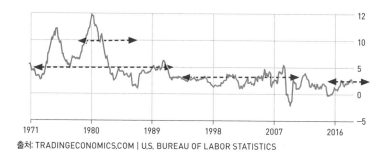

출처: TRADINGECONOMICS.COM | U.S. BUREAU OF LABOR STATISTICS

준은 상황과 추이를 보면서 가능하면 오랫동안 유지하려고 할 가능성이 훨씬 크다.

이런 미래 가능성을 고려할 때, 한국은행이 미국의 기준금리 인상에 대해 잘못 대응한다면 심각한 부작용이 한국경제의 미래를 강타할 것이다. 가계 영역 발 금융위기가 발발하면 사태는 걷잡을 수 없게 된다. 불똥이 어디로 어떻게 튈지는 누구도 짐작하기가 어렵다. 금융권과 기업으로 위기가 전이되어 대규모 금융부실과 대량해고 사태로 실물경제에 강력한 충격이 가해지면, 한국은행은 제2의 외환위기 가능성을 차단하기 위해 기준금리를 추가로 인상해야 하는 절박한 상

황으로 몰리게 될 수도 있다. 그때의 기준금리는 어디까지 치솟을까? 1997년 외환위기 당시 한국은행의 기준금리가 20%를 넘었다는 것을 기억하라.

03

'한국은 다르다'는
신화

누군가는 한국경제에 대한 마지막 미련을 버리지 못할 수도 있다. 한국은 멕시코 같은 나라와 다르다고 생각하겠지만 멕시코는 한국처럼 자동차 공장도 갖고 있고 우리처럼 미국과 유럽 등 선진국에 수출해서 먹고 사는 나라다. 또한 트럼프가 무역전쟁을 벌일 만큼 경제력을 갖춘 나라로 세계 GDP 순위 15위를 차지하고 있다.

주요 경제 지표를 중심으로 한국과 멕시코를 구체적으로 비교해보자.

경제의 거의 모든 영역에서 한국과 비슷한 멕시코가 기준금리에 있어서 한국보다 높은 이유는 무엇일까? 다음의 그림은 멕시코와 한국의 기준금리 차이를 비교한 그래프다. 멕시코의 기준금리는 한국보다 네 배 이상 높다. 특히 멕시코는 2016년 이후 기준금리를 빠르게 인상했다.

멕시코의 기준금리가 높은 가장 큰 원인은 두 가지다. 멕시코는 무

한국과 멕시코 비교-경제성장률 비슷

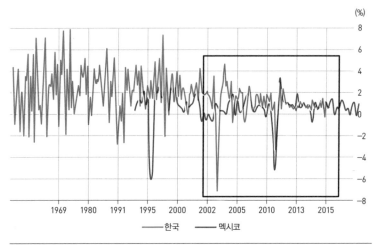

출처: TRADINGECONOMICS.COM

한국과 멕시코 비교-국내총생산 비슷

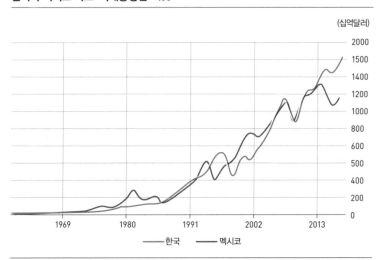

출처: TRADINGECONOMICS.COM | WORLD BANK

한국과 멕시코 비교-실업률 비슷

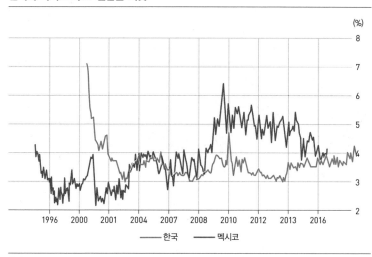

출처: TRADINGECONOMICS.COM

한국과 멕시코 비교-정부 부채 비슷

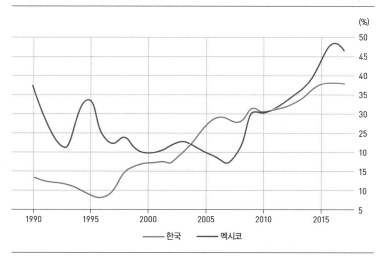

출처: TRADINGECONOMICS.COM

한국과 멕시코 비교-주식시장 비슷

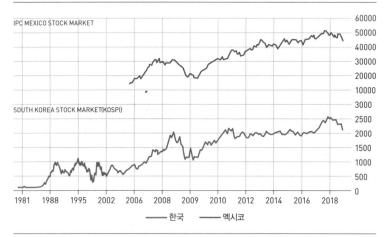

IPC MEXICO STOCK MARKET

SOUTH KOREA STOCK MARKET(KOSPI)

——— 한국   ——— 멕시코

출처: TRADINGECONOMICS.COM | OTC/CFD

한국과 멕시코 비교-외국인 직접투자 비슷

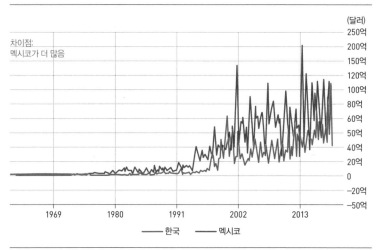

차이점:
멕시코가 더 많음

(달러)

——— 한국   ——— 멕시코

출처: TRADINGECONOMICS.COM

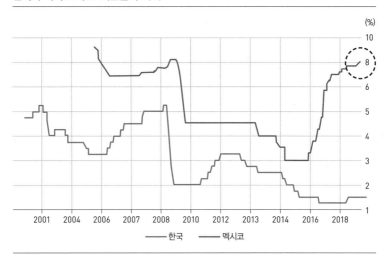

출처: TRADINGECONOMICS.COM

역수지 적자를 기록하고 있으며, 한국보다 물가상승률(인플레이션율)
이 높기 때문이다. 다음 그림은 멕시코와 한국의 무역수지 추세와 인
플레이션율의 차이를 보여주는 그래프다. 그림에서 볼 수 있듯이, 멕
시코는 2000년대 이후가 되면서 무역수지 적자 빈도가 현저히 높아
졌다. 이런 추세는 최근에도 마찬가지였다. 반면 한국은 2000년 이후
무역수지 흑자 빈도가 확실히 높다. 최근에는 무역수지 흑자 기간 신
기록을 계속 갱신 중이다. 한편, 물가는 움직이는 추세가 멕시코와 비
슷하지만, 평균적으로 절반 정도 낮은 수준에서 안정적으로 움직이
고 있다.

  이 두 가지 경제 지표의 차이는 한국경제에 대해 마지막 미련을 못
버리고 있는 사람에게 중요한 논리적 근거를 마련해준다. 한국은 계
속 무역수지 흑자를 내면서 물가가 안정적이기 때문에 미국과 기준금

한국과 멕시코 비교-무역수지 차이

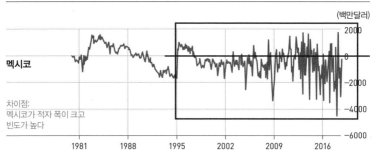

멕시코

차이점:
멕시코가 적자 폭이 크고
빈도가 높다

(백만달러)

출처: TRADINGECONOMICS.COM | INSTITUTO NACIONAL DE ESTADISTICA Y GEOGRAFIA(INEGI)

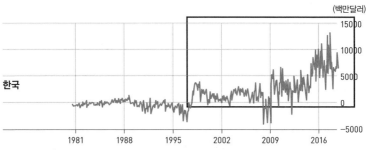

한국

(백만달러)

출처: TRADINGECONOMICS.COM | MINISTRY OF TRADE, INDUSTRY & ENERGY(MOTIE)

한국과 멕시코 비교-물가상승률 차이

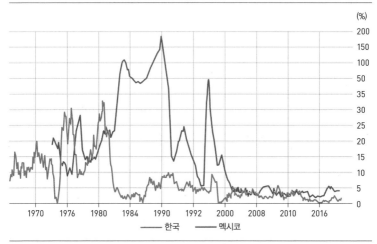

한국 ──── 멕시코

출처: TRADINGECONOMICS.COM

한국과 멕시코 비교—최근 5년 물가상승률 차이

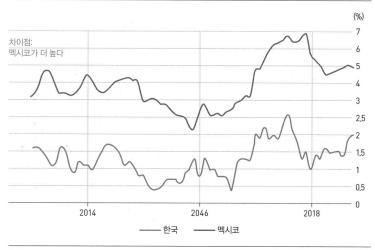

차이점:
멕시코가 더 높다

한국 — 멕시코

리 차이가 나더라도 큰 문제가 없다는 주장, 그리고 한국은행이 기준
금리를 올리더라도 4~5%까지 인상할 가능성은 작다는 주장의 배경
이 되는 것이다.

　필자도 한국은 분명 멕시코와 다르다고 생각한다. 결정적으로 무역
수지와 외환보유액 규모가 다르다. 필자도 이 부분이 앞으로 한국은
행이 기준금리를 올리는 폭과 속도에 영향을 줄 요소라고 생각한다.
그러나 필자의 예측 시나리오에는 두 가지 중요한 차이가 반영되어
있다. 그렇지 않았으면 한국은 2019년에 이미 멕시코처럼 기준금리
를 8%까지 올리든가 아니면 한국과 비슷한 다른 나라들처럼 최소한
4~6%까지 올려야 했을 것이다.

한국경제에 대한 마지막 미련

'한국경제에 대한 마지막 미련'이라며 비판하는 것은 한국의 미래 희망이 완전히 사라졌다는 의미가 아니다. 한국은행이 다가오는 위기에 선제적으로 대응하지 않아도 충분히 금융위기를 막을 수 있으며, 특단의 구조조정과 시스템 혁신을 거치지 않고도 '시간이 지나면' 2008년 위기 이전의 경쟁력을 회복하리라는 희망은 헛된 것이라고 말하는 것이다. 이제까지 세계가 놀랄 만한 성장을 해왔던 저력이 있으니 앞으로도 헤쳐나갈 것이라는 관성적인 사고, 낡은 성장 시스템이 가진 능력을 여전히 맹신하는 오류에서 나온 주장에 대한 반박일 뿐이다.

아직도 미련을 버리지 못한 사람들은 한국과 비슷한 나라 혹은 한국보다 GDP가 큰 나라들 중에서 한국보다 기준금리가 높은 사례는 무시한다. 한국은 저들과 다르다고들 한다. 그리고 제1 기축통화국인 미국, 한때 미국을 경제적으로 위협했으며 여전히 경제력 세계 3위인 일본, G1 자리를 두고 미국과 맞서 패권을 노리는 중국, 1인당 GDP가 우리보다 2~3배 높은 북유럽 국가들의 사례만 거론한다.

코스피지수 1000이
무너지는 날

**금융위기가 발발하면
코스피지수는 1000을 깨고 내려갈 것이다**

10년 이내에 한국 주식시장은 3000을 돌파할 가능성이 아주 작다.
한국에 금융위기가 발발하면 코스피는 1000선 밑으로 폭락할 수 있다.

위 문장은 필자가 〈2030 대담한 미래 2〉에서 발표한 주식시장에 대한 두 가지 중요한 미래 가능성을 예측한 것이다. 두 가지 예측 시나리오는 아직도 변함이 없다.

앞에서 설명한 국내외의 위기 요인과 잠재적 두려움이 결합하면서 금융위기가 발발하면, 코스피지수는 1000포인트가 붕괴될 것이다. 최악의 경우 일시적으로 900~700선까지 밀릴 수도 있다.

지난 몇 십년 동안 각국의 주가 변화를 분석해 보면, 외부에서 글로벌 위기가 발생하는 경우 주식시장은 50% 정도 폭락한다. 하지만 금융위기의 원인이 그 나라의 내부에 있는 경우에는 70~75%까지 폭락

금융위기 발발 시, 각국의 주식시장 하락폭

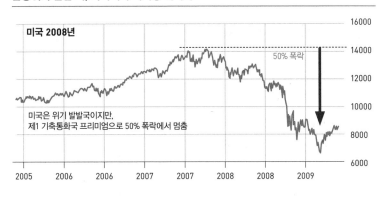

미국 2008년

50% 폭락

미국은 위기 발발국이지만,
제1 기축통화국 프리미엄으로 50% 폭락에서 멈춤

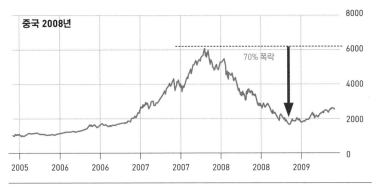

중국 2008년

70% 폭락

출처: TRADINGECONOMICS.COM | OTC/CFD

한다. 참고로 2008년의 미국은 금융위기를 촉발한 책임국가임에도 불구하고 제1 기축통화국의 프리미엄 덕택에 50% 폭락에서 멈췄다. 하지만 유럽의 그리스나 이탈리아 등 2010년 유럽 위기의 책임국가는 70~75% 폭락하고, 때로 후폭풍으로 2012년까지 추가로 폭락하기도 했다. 하지만 2010년 유럽 금융위기 때 책임국가가 아니었던 독일이나 영국 등은 추가 폭락 없이 약한 충격으로 선방했다.

이런 패턴을 한국 주식시장에 적용하면, 한국에서 금융위기가 발

금융위기 발발 시, 각국의 주식시장 하락폭

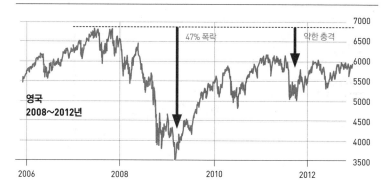

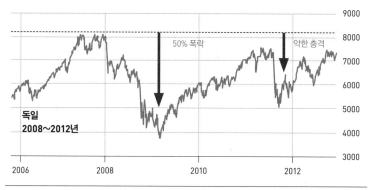

출처: TRADINGECONOMICS.COM | OTC/CFD

발할 경우 코스피지수가 70~75% 폭락하는 최악의 상황을 맞을 가
능성이 충분하다. 최고점 2500을 기준으로 계산하면 최악의 경우
750선까지 폭락할 수 있다. 최근의 박스권 중심선인 2000을 기준으
로 계산할 경우 50% 하락으로 선방할 경우조차 1000선이 붕괴된다.
다음은 한국의 코스피지수 차트다.

그림에서 보듯이 한국의 외부에서 금융위기가 발발했던 2008년에
는 50% 폭락했다. 하지만 1997년 외환위기 때처럼 한국이 위기의 책

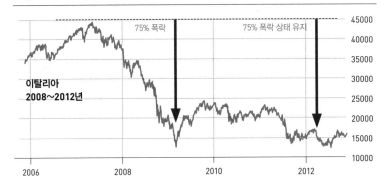

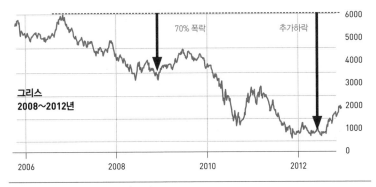

출처: TRADINGECONOMICS.COM | OTC/CFD

임국가인 경우에는 75% 폭락했다. 따라서 앞으로 한국에서 금융위기가 발발할 것을 가정하면, 투자자들은 코스피지수가 70~75% 폭락하면서 1000~750까지 내려갈 가능성을 대비해야 한다.

코스피지수가 1000 포인트에 진입한 시기는 1988년 이후다. 88올림픽을 계기로 한국경제는 한 단계 성장했고 외국 투자자들의 관심도 높아졌다. 그로부터 2005년까지 18년 동안 한국의 1인당 명목 GDP는 6천달러대에서 1만 7천달러대로 거의 세 배가량 높아졌다. 여

금융위기 발발 시, 한국 주식시장 하락폭

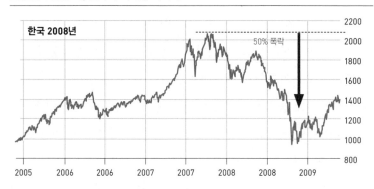

한국 2008년

50% 폭락

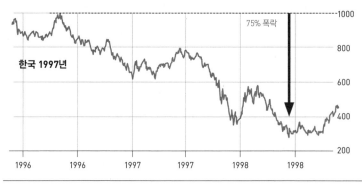

한국 1997년

75% 폭락

출처: TRADINGECONOMICS.COM | OTC/CFD

기서 한 가지 질문이 떠오른다.

"1988~2005년 사이에 한국경제가 세 배 가까이 성장할 때, 코스피지 수는 몇 배 성장했나?"

다음 그림에서 보듯이 1988년에서 2005년까지 코스피지수는 1000포인트대에 머물렀다. 정확하게 분석하면 평균 700대를 중심으로 오르락내리락했다.

필자는 주가가 펀더멘털을 완전히 반영한다고는 생각하지 않는다. 주가가 펀더멘털을 충실히 반영한다면 한국경제가 세 배 성장했을 때 2005년의 코스피지수도 3000대로 올라야 했다. 물론 주가가 펀더멘털과 무관하게 움직이는 것은 아니다. 필자가 생각하는 펀더멘털과 주가의 상관관계는 두 가지다. 하나는 펀더멘털이 좋은 종목은 본선에서 뛸 수 있는 기회를 얻는다. 다른 하나는 펀더멘털이 좋다는 것은 해당 주가가 갑자기 상승할 때 수많은 사람이 따라붙게 만드는 심리적 요인을 제공한다. "드디어 펀더멘털이 반영되었다"는 말이 통할 수 있는 심리적 근거를 제공한다는 말이다. 그래서 18년 동안 지지부진했던 코스피지수가 2005년 말~2008년까지 단 3년만에 2000포인트로 급등했을 때 사람들이 달려들었다. 2008년 폭락 이후 2018년에 2500선을 돌파했을 때도 마찬가지였다. "드디어 한국경제가 재평가를 받기 시작했다"는 말이 설득력을 얻었다.

코스피지수: 1981~2005년

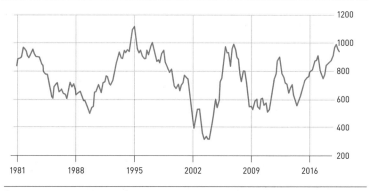

출처: TRADINGECONOMICS.COM | OTC/CFD

그러나 냉정히 상황을 분석해보자. 코스피지수가 2000을 돌파하고, 다시 2500을 돌파한 시기는 모두 미국과 유럽에서 막대하게 풀린 유동성이 신흥국 자산시장에서 밀려 들어오며 엄청난 버블을 키운 시기였다. 1990년대 후반부터 미국, 유럽, 아시아에서 풀리기 시작한 엄청난 돈이 각국의 자산시장으로 들어와 본격적으로 버블을 일으킨 시기는 2004~2008년이다. 돈은 낮은 곳(저금리)에서 높은 곳(고금리)로 이동한다. 다시 말해 투자 수익이 낮은 곳에서 높은 곳으로 이동한다. 막대한 유동성은 미국과 유럽에서 아시아로 이동했다. 아시아도 금리를 내려 돈을 풀었지만 미국이나 유럽보다 아시아의 경제성장률이 훨씬 높았기 때문이다.

이렇게 돈의 힘이 한국 주식시장을 밀어 올렸고, 한국의 펀더멘털은 개인들이 추격 매수를 하도록 돕는 심리적 근거가 되었다. 한국의 부동산시장 역시 2004년부터 61개월 연속 상승하는 기염을 토했다. 18년 동안 꼼짝하지 않던 코스피가 2005년 말부터 단 3년 만에 2000포인트로 급등한 것 역시 마찬가지다. 펀더멘털이 좋다는 명분을 쥐고 투기 자본이 한국으로 더욱 몰려 들었고, 한국도 자체적으로 엄청난 돈을 풀었다. 그 후 2008년 미국 발 금융위기가 발발하자 곧바로 코스피지수가 1000포인트까지 폭락했다. 물론 다시 2000선을 재탈환했다. 이런 급락과 급등의 과정을 펀더멘털의 변화로 설명할 수 있을까? 주식시장에 가장 크게 영향을 미치는 요소는 펀더멘털이 아니라 돈의 양과 심리적 모멘텀이다.

2008년 이후의 코스피지수 상승은 이런 특징을 더욱 잘 보여준다. 2008년 이후에는 한국의 수출 기업이 서서히 경쟁력을 잃으며 추락하는 과정이었다. 그런데도 코스피지수는 역사적 신고점을 기록하며 상승했다. 거의 전부 유동성의 힘이었다. 2008년의 주가 폭락 이후 아시아에는 돈이 넘쳐 흘렀다. 미국과 유럽이 경제 회복을 위해 2008년 이후 5년 동안 일찍이 경험한 적 없는 규모의 막대한 돈을 풀었고, 중국도 자국의 경제 위기를 극복하기 위해 엄청나게 유동성을 공급했다. 일본의 아베 정부도 돈을 쏟아부으며 경제 회복을 도모했다. 이런 돈의 일부가 한국 주식시장에 쏟아져 들어온 결과였다.

만약 2020~2021년 사이에 수출 기업의 추락이 계속되고, 반도체 수퍼 사이클이 끝나고 삼성전자의 반도체 생산이 위축되면서 현대기아차의 위기가 겹친다면 어떻게 될까? 이런 상황에서 기준금리가 추가 인상되어 가계 부채에 불이 붙고, 외국인 투자자본이 대거 한국 주식시장에서 빠져나가면 코스피지수는 어디까지 하락할까?

⑤

위기 이후,
한국 주식시장의 미래예측

주식시장이 폭락한 이후에 회복하기까지 얼마나 걸릴까? 1997년과 2008년의 위기 때에는 폭락분을 완전히 회복하는 데 1~2년이면 충분했다. 다가올 금융위기의 충격에서 벗어나는 데도 그 정도 기간이면 충분할까? 그럴 수도 있고 아닐 수도 있다. 폭락에 대한 기술적 반등은 1997년과 2008년 때와 비슷할 것으로 예측한다. 그러나 과거 두 번의 위기 때에는 폭락분을 회복하고 추가로 상승했다. 하지만 이번에는 추가 상승까지는 어려울 가능성이 크다.

금융위기 발발 이후 최소 3~5년, 길게는 10년 정도 코스피지수가 3000선에 도달하지 못할 가능성도 있다. 최악의 경우 기술적 반등을 한 후 다시 계속 하락하면서 깊은 침체에 빠질 가능성도 있다.

일본의 사례를 참고해서 한 가지 가설을 세워보자. 다음은 일본 주식시장의 지난 30년간의 추이다.

금융위기 발발 시, 일본의 주식시장 하락폭

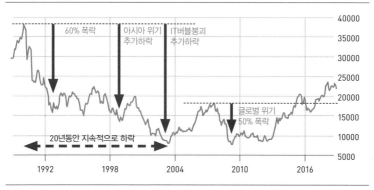

출처: TRADINGECONOMICS.COM | BANK OF KOREA

일본은 1991년에 부동산 버블 붕괴가 시작된 이후 13년 동안 주택은 60%, 상업용 부동산은 85% 하락했다. 4만 포인트 가까이 올랐던 니케이지수도 순식간에 60% 폭락했다. 기술적 반등과 하락을 반복하던 니케이지수는 1990년대 아시아 금융위기가 발발하자 추가로 하락하며 15000선을 내주었다. 그 후 다시 한번 기술적 반등을 시도했지만, IT버블 붕괴의 충격으로 10000선마저 무너졌다. 이렇게 일본의 주식시장은 자국의 경제 성장 동력 상실과 외부 충격이 겹치면서 부동산 버블 붕괴 이후 20년 동안 계속 하락했다.

한국 주식시장은 어떻게 될까? 필자가 예측하는 금융위기 이후 한국 주식시장의 미래 시나리오는 크게 네 가지다.

첫 번째, 1991년 부동산 버블 붕괴와 기업 경쟁력 상실을 동시에 맞으면서 20년간 지속적으로 하락한 일본을 그대로 따라가는 시나리오다.

두 번째, 금융위기를 맞아 폭락을 경험하지만 코스피지수가 지지부진한 등락을 반복하는 시나리오다. 이는 한국의 수출 기업이 글로벌 기업 경쟁력을 회복하거나 혹은 중국이 금융위기를 맞는 어부지리 상황을 맞아 수출 기업의 글로벌 경쟁력 상실 충격이 지연되어 나타나는 경우이다. 이 시나리오는 1997년 외환위기 이후 한국의 주식시장에 나타난 상황과 비슷하다.

그 밖에 2008년 위기 이후 한국 주식시장에서 나타났던 것과 비슷한 상황을 제3의 시나리오로 상정해 볼 수 있다. 기술적으로 반등한 뒤에 대규모 유동성이 국내외에서 주식시장으로 유입되면서 2000선을 회복하거나 2500선까지 계속해서 상승하는 시나리오다. 제4의 시나리오는 3000선을 돌파하는 시나리오인데, 확률적 가능성이 아주 낮다.

네 개의 시나리오 중에서 필자는 첫 번째와 두 번째 시나리오가 가장 확률적 가능성이 크다고 본다. 단기적으로는 두 번째 시나리오로 진행되다가 (필자가 책의 뒷부분에서 분석할 부동산시장의 변화 추이에 따라) 첫 번째 시나리오로 전환될 가능성이 크다고 예측한다.

주식시장의 두 가지 시나리오

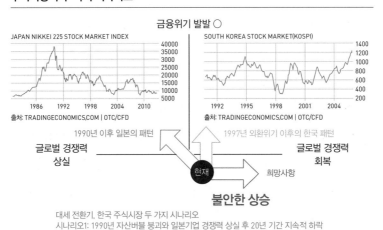

대세 전환기, 한국 주식시장 두 가지 시나리오
시나리오1: 1990년 자산버블 붕괴와 일본기업 경쟁력 상실 후 20년 기간 지속적 하락
시나리오2: 글로벌 기업 경쟁력을 회복할 경우, 지지부진한 등락을 반복

원–달러 환율
1,500원 이상

금융위기가 발발하여 코스피지수가 1000을 뚫고 폭락하면 외환시장에서 원달러 환율은 1,500원을 넘어 급등(원화 가치 폭락)할 수도 있다. 금융위기가 발발하면서 한국 내 가계 부채와 좀비기업에 대한 강제적 구조조정을 피할 수 없다고 시장이 인식하기 시작하면 가장 먼저 외국계 투자자본의 한국 이탈이 시작될 것이다. 외국 자본이 한국의 자산시장에서 빠르게 빠져나가는 과정에서 주식과 채권 가격이 급격히 하락한다. 자산시장에서 이탈한 자본은 곧바로 외환시장으로 건너가 달러로 환전을 시도할 것이다. 이렇게 외환시장에서 원화 매도 주문이 늘어나고 원화 가치가 하락하면, 달러 자금을 빌려 쓴 기업의 달러화 이자 비용이 커지고 단기 달러화 부채에 대한 만기 원금 상환 압박이 커진다. 그에 따라 원화를 달러로 환전해서 달러화 외채를 갚으려는 흐름이 강화된다. 이에 따른 심리적 충격이 시장을 지배하면 원화 가치는 추가 하락할 수 있다. 이런 악순환 고리가 형성되어 작동하기 시작하면 한국에 들어온 외국계 투자금이 환차손을 줄이기 위해 한국을 이탈할 동기가 더욱 커진다.

외국인 투자자금이 한국에서 수익을 얻는 방법은 세 가지이다.

* 미국에서 한국으로 들어오고 나갈 때 발생하는 환차익
* 미국과 한국의 금리 차이에 의한 예대 마진
* 한국의 주식, 채권, 부동산에서 얻는 투자 수익

한국의 금융위기가 현실로 나타나면 외국인 투자자금은 위의 세 가지 수익 영역에서 모두 손실을 볼 수 있다. 외국인 이탈 움직임에 국내 자금까지 동참하면 최악의 상황이 벌어진다. 한국은 중국처럼 정부 당국이 자본을 강압적으로 통제할 수 없기 때문에 위기가 발발하면 질서 있는 원화 가치의 하락을 유도할 수 없다. 유일한 방법은 정부가 직접 외환시장에 개입해 달러를 공급하여 원화 가치의 급격한 하락을 막는 것이다. 정부가 외환시장에 개입하다 보면 외환보유액이 빠르게 줄게 된다. 이는 다시 한국의 외채 상환 능력에 대한 의심을 높여서 원화의 가치 하락(원달러 환율 상승)을 더욱 부추기는 악순환을 만들 것이다.

다음 그림은 1997년 외환위기 때부터 2008년 위기 이후 미국이 긴축으로 돌아서며 긴축 발작이 일어나던 시기까지 원달러 환율의 변동폭을 정리한 것이다. 그림에서 보듯이 1997년 한국 내부에서 금융위기가 발발하여 주식시장은 70~75% 폭락하고, 폭락을 이끈 외국계 자본이 대거 외환시장에서 이탈하면서 원달러 환율은 1,600원 선이

금융위기 발발 시, 한국의 외환시장 하락폭

1997년 외환위기
원달러 1,600원 돌파

IT 버블 붕괴, 카드대란
원달러 1,300원 돌파

2008년 금융위기
원달러 1,400원 돌파

2016년 미국긴축
원달러 1,200원 돌파

2010년 유럽위기
원달러 1,200원 돌파

코스피지수 ——— 원달러 환율

출처: TRADINGECONOMICS.COM

붕괴되었다. 다가오는 가계 영역 발 금융위기 발발 때에도 이런 일이 재연되지 않으리라는 보장이 없다.

원달러 환율 1,600원 선 붕괴는 최악의 시나리오다. 필자가 예측하는 충격의 최소치는 달러당 1,400원 선이다. 아래는 거시적 측면에서 원달러 환율이 외국인 자금 움직임과 직접 관계가 있다는 것을 보여주는 그래프이다.

원달러 환율 변화와 외국인 주식 매매

거시적 측면에서 원달러 환율이
외국인 자금 움직임과 직접관계

1183.10

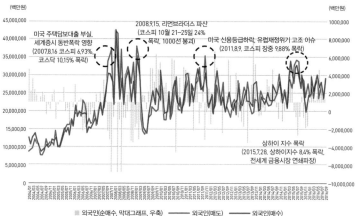

미국 주택담보대출 부실,
세계증시 동반폭락 영향
(2007.8.16 코스피 6.93%,
코스닥 10.15% 폭락)

2008.9.15, 리먼브라더스 파산
(코스피 10월 21~25일 24%
폭락, 1000선 붕괴)

미국 신용등급하락, 유럽재정위기 고조 이슈
(2011.8.9. 코스피 장중 9.88% 폭락)

상하이 지수 폭락
(2015.7.28. 상하이지수 8.4% 폭락,
전세계 금융시장 연쇄파장)

■ 외국인(순매수, 막대그래프, 우축) ── 외국인(매도) ── 외국인(매수)

출처: WWW.TRADINGECONOMICS.COM

7장

한국 부동산의
미래예측

부동산 가격
정상화 국면

한국 부동산은 이미 가격 정상화 국면으로 진입 중이다.
현재를 부동산 가격 재상승기로 오해하지 말라

부동산 가격은 단기적으로는 유동성이나 투기심리에 크게 영향을 받지만, 장기적으로는 국내 경제·정치의 총체적 역량과 연동해서 움직인다. 한국경제를 향해 다가오는 내외부적 위기 요인과 점점 악화되고 있는 한국경제의 펀더멘털을 고려한다면, 현재 한국의 일부 지역에서 일고 있는 청약 열풍이나 가격 상승 움직임이 부동산 가격의 대세 상승이 다시 시작되는 신호가 전혀 아니라는 점을 직감적으로 알수 있을 것이다.

현재 수도권과 일부 지방 대도시에 부는 부동산 투자 열풍은 가격을 올릴 수 있는 조건(개발 호재, 편리한 주거환경, 좋은 학군이나 일자리 상황, 부자들이 선호할 만한 곳)을 갖고 있으면서 규제가 허술한 곳만을 노리는 투기세력이 조장한 '그들만의 리그'일뿐이다. 일부 아파트 주민들은 이런 흐름에 편승해 가격 담합으로 집값 상승을 유도하고 있다.

몇몇 지역을 제외하면, 전국은 이미 부동산 가격 정상화 국면에 진입해 있다.

부동산 시장에 영향을 미치는 신용 사이클과 한국의 현재 위치

다음은 부동산 시장에 영향을 미치는 다양한 요인들 중에서 '신용 사이클'만으로 현재 한국 부동산 시장의 상황을 분석한 내용이다. 한국은 현재 14단계에 있다.

- 1단계 중앙은행이 화폐 공급량 '확대' 정책으로 전환하여 시중 유동성을 늘린다.
- 2단계 경제가 번영의 시기로 진입한다.
- 3단계 악재가 거의 사라졌기 때문에 대출과 투자에 수반된 위험도 함께 감소한 것으로 인식된다.
- 4단계 시장금리가 먼저 하락한다.
- 5단계 위험회피 성향이 사라진다.
- 6단계 금융기관이 사업 확장과 시장점유율 경쟁을 위해 대출 규제 '완화' 정책(금리 인하, 신용기준 약화, 계약 조건 약화 등)을 실시한다.
- 7단계 시장이 과열되고, 자본 비용이 자본 수익을 초과하는 위험한 프로젝트에 자본 투자가 몰린다.
- 8단계 자본 회수가 불가능한 부실 채권 발생이 빈번해지면서 자본 파괴가 일어난다.
- 9단계 위험도가 높아지면서 시장금리가 먼저 상승한다.
- 10단계 중앙은행은 화폐공급량 '축소' 정책으로 전환하여 시중 유동성을 줄인다.
- 11단계 위험회피 성향이 증가한다.
- 12단계 중앙은행의 통화 축소 정책과 자본 투자 손실 때문에 대출기

관도 의욕을 잃고 투자를 회피하기 시작한다.

- 13단계 금융기관의 위험회피 성향이 증가하면서 규제 '완화' 정책(금리 인상, 신용기준 강화, 계약 조건 강화 등)을 실시한다.
- 14단계 신용 사이클이 저점에 진입하면서 이용 가능한 자금이 줄어 가장 안전한 자격 조건을 갖춘 대출자에게만 대출이 이루어진다.
  → 현재 한국의 상황
- 15단계 시중에서 자금 기갈이 일어나면서, 대출자가 채무를 롤오버할 수 없게 되고 채무 불이행과 파산이 일어나기 시작한다.
- 16단계 시중의 신용 경색은 경기 위축과 시장 악화 요인으로 작용한다.
- 17단계 극단적인 상황이 전개되지만, 대출을 일으키려는 경쟁이 아주 낮기 때문에 높은 신용도와 고수익이 보장되는 기회가 발생한다. 이 시점에서 역투자자가 자본을 이용하여 고수익을 얻는 시도를 하면서 시장에 자본 유입 숨통이 트인다.[1]

부동산 가격에 대한 판단은 시장의 성장과 쇠퇴 시기에 따라 달라진다. 부동산 시장의 성장 초기에는 가격 상승이나 하락에 대한 판단이 어렵다. 버려진 땅이라 여겼던 곳이 많기 때문에 "설마 이런 지역의 땅값이 오르고 아파트가 들어설까?"하는 의구심이 크게 들기 때문이다. 하지만 초기 단계를 지나서 부동산 가격이 본격적으로 상승하는 시기에는 판단이 쉽다. 다시 말해 부동산 '성장기'에는 판단에 대한 리스크가 적다. 거의 대부분의 지역에서 땅값이 뛰고 아파트는 분양하는 족족 가격이 상승하며, 기존 주택의 매매도 활성화되어 사고파는 과정에서 큰 손해가 발생하지 않기 때문이다.

하지만 이 단계를 지나서 부동산 가격의 '성숙기'에 들어서면 부동산 시장에 대한 판단이 쉽지 않고 투자 실패율도 높아진다. 내가 살

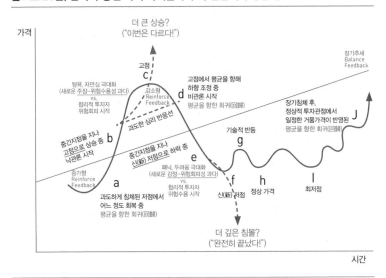

앞으로 20년, 한국 부동산 가격 사이클과 투자 판단력과의 관계

때는 분명 가격이 상승했는데, 팔려고 내놓으니 가격이 하락하는 일이 비일비재해진다. 매우 보수적으로 본다면 한국의 부동산 시장이 지금 이런 시기에 들어섰다.

이 시기에 부동산을 사려고 대기하는 실수요자나 부동산에 투자하려는 일반인은 신중하고 또 신중해야 한다. 투자를 행동으로 옮기기 전에 주변 환경의 변화부터 글로벌 정세까지 많은 공부를 해야 한다. 한국의 부동산은 거시적으로 보면 글로벌 경제 변화에까지 연결되어 있다. 쉽게 말해, 미국의 기준금리 인상이 한국의 시골 부동산 가격에까지도 영향을 미칠 수 있다는 뜻이다.

부동산 시장에 대한 판단이 쉽지 않은 시점이 또 있는데 바로 대세 하락의 초입이다. 본격적 비관론이 시장을 강타하기 전까지는 더 큰 상승을 위한 일시적인 조정인지 대세 하락인지를 둘러싸고 의견이 팽

팽하기 때문이다. 만약 현재 한국의 부동산 시장을 매우 비판적으로 본다면, 여기에 해당할지도 모른다. 이 시기가 지나면 오히려 판단이 쉬워진다. 부동산 불패 신화가 사라지고, 부동산 또한 상식에 따라 가격이 결정된다는 생각이 지배하는 시기가 도래하기 때문이다. 이 시기에는 누구나 저 땅이 혹은 이 건물의 가격이 어느 정도가 상식적으로 합당한 수준인지 알게 된다. 필자는 이때를 부동산의 가격 정상화 시기라고 부른다.

부동산 대세 하락이 시작된 이후에는 (앞의 그림처럼) 신저점 형성과 기술적 반등이 반복되면서 서서히 가격이 하락한다. 대세 하락기에 형성되는 최저점은 하락에 대한 두려움과 시장 교체가 맞물려 정상 가격보다 낮은 가격이 된다. 그리고 대부분의 지역에서 정상 가격 혹은 최저점까지 하락하는 단계를 거친 뒤에 부동산은 다시 서서히 상승하여 버블이 끼면서 '정상적 투자 관점에서 평균 가격'을 향해 전진하기 시작한다.

한국 부동산,
일본형 폭락은 없다?

한국 부동산 시장이 선진국과 다른 점이 있다. 정부의 일관성 없는 포퓰리즘 정책, 독특한 투기 방법(부동산 강좌와 투기 자본의 버스 투어 행태, 부녀회 담합 등)이다. 이런 요소들이 대한민국 건국 이래 초유의 저금리 시대와 맞물려서 가계 부채 발 금융위기의 발발 시점을 늦추고 있다. 하지만 금융위기가 발발하면 이런 요소들도 무용지물이 되어 한국 부동산의 대세 하락이 공식화될 것이다.

'한국 부동산 시장에서 일본형 폭락은 없다'는 주장에 대해 살펴보자. 다음은 '일본형 부동산 폭락은 없다'는 주장을 담은 신문기사의 발췌문이다.

"(일본의 부동산 가격 폭락에는) 인구절벽보다 중요한 요인이 있었다. 정책과 공급이다. 추세를 정하는 건 결국 이 두 가지다. 2008년 서브프라임 모기지 사태로 미국 부동산 시장의 버블이 꺼졌다. 운이 좋게 전망이 맞긴 했다. 하지만 미국은 일본과 달리 일시적 불황에 그쳤다. 미국은 정부가 주택 공급을 급격히 줄이고 금융기관 정상화 등에 주력하면서 주택시장 균형이 회복될 만한 여건을 마련한 까닭에 장기불황으로 이어지진 않았다. 결과적으로 인구가 감소하거나 경제활동인구가 줄어드는 나라 가운데 장기불황에 빠진 나라는 일본이 유일했다. 역대급 실수 때문이었다. 버블 붕괴 이후 집값이 폭락했음에도 공급을 줄이지 않았다. 오히려 (떨어지는 경기를 부양하기 위해) 정부가 주택 공급 확대 정책을 폈다.(이게 잃어버린 20년으로 이어졌다. 더 나아가 일본은 기업이 부동산 버블의 주범이라서 한국과는 다르다는 해석도 있다)

결론적으로 베이비부머 세대의 은퇴를 계기로 자산시장이 붕괴하고 일본형 장기불황에 접어들 것이란 가설은 틀렸다. 일본의 장기간 경기 침체는 인구 감소 하나 때문에 일어난 일이 아니다.

미국과 독일, 영국, 캐나다, 오스트레일리아 등 인구가 감소한 나라 가운데 일본처럼 장기불황을 겪은 나라가 없다. 독일도 일본처럼 1990년대에 인구가 감소세로 돌아섰으나 20년 전보다 경제가 30% 커졌고 부동산 가격은 1.1배, 주가는 5.2배 상승했다. 일본 자산시장 붕괴도 인구 감소보다는 '거품'과 당국의 연이은 정책 실패가 직접적인 원인이다. 한국 부동산은 아주 일부 지역을 빼고는 거품이 없어 일본처럼 붕괴할 염려가 없다. 인구절벽론 같은 미신에 속지 말고 마음 편하게 투자해도 된다."

"금리를 인상한다는 건 경기가 좋다는 의미이기도 하다. 금리인상 속도보다 소득증가 속도가 빠르다면 주택 가격은 더욱 오르기도 한다. 지난 2005~2008년과 2010~2012년 두 차례에 걸친 금리인상기 때

초반에도 부동산 가격은 상승했다."

"가계 부채는 경제 규모가 커지는 동안 늘어날 수밖에 없다. 최근 인구 주택총조사에선 임차가구의 70%가 월세로 거주하는 것으로 나타났다. 20년 전엔 전세 비중이 70%였던 것과 정반대다. 그만큼 전체 임대 시장에서 전세보증금이 줄어들고 있다는 의미이기도 하다. 보증금이 줄어들면 집주인들의 부동산담보대출로 전이된다. 사금융이 공적인 분야로 노출되는 셈이다. 더욱 규모가 큰 대출이지만 연체율은 낮다는 특징이 있다. 반면 부동산임대업을 하는 자영업자들의 부채는 가계 부채로 둔갑했다. 가계 부채 규모가 과장된 측면이 있다."[2]

일본형 폭락이 없을 것이라는 위의 주장은 매우 설득력이 있다. 일본의 부동산 버블 붕괴의 원인을 아주 정확하게 진단하고 분석했다. 부동산 투자자라면 귀 기울여볼 만하다. 그리고 일본과 한국은 다르다는 말에도 필자 역시 동의한다. 한국의 부동산은 가격 정상화 과정이 진행되더라도 70~80%의 가격 대폭락이나 일본과 같은 부동산 시장의 전멸 상황까지 가지는 않는다. 하지만 이를 근거로 한국의 부동산 가격이 정상화 단계로 되돌아 갈 것이라는 점까지 부정하는 데는 동의하기 어렵다. (노파심에서 말하는데 이들 전문가의 논리를 한국 부동산 가격이 앞으로도 계속 오를 것이니, 한국 주변에서 일어나는 모든 위기 상황에도 불구하고 지금이라도 부동산에 투자하면 큰 수익률을 기대할 수 있다는 주장으로 확대해석하는 사람이 없기를 바란다. 일본과 한국의 부동산 시장이 다르다는 점을 비교 분석해서 발표한 전문가들도 과도한 부동산 가격 하락에 대한 공포에서 벗어나 이성적이고 객관적으로 대응하자는 뜻이 더 강할 것이라고 생각한다)

다음은 '일본형 폭락은 없다'는 주장의 핵심 논리를 필자가 간단히 정리한 내용이다.

- 일본 부동산 버블 붕괴의 원인은 인구 문제(베이비부머의 은퇴)가 아니다.
- 투기 심리:

1985년 플라자합의 이후 일본 기업들이 저금리를 이용해서 부동산 투자에 나서면서 상업용지 가격이 폭등했다. 최고 상업지구였던 치요다구에 있는 오피스빌딩의 경우 3.3m²당 1억엔(10억원)에 이르렀다. 당시 일본의 은행들은 부동산 가격 상승이 계속될 것으로 예상해 담보인정비율(LTV)을 90%까지 인정했다. 한국은 투기 지역의 경우 LTV 40%를 적용하고 있다. 도쿄 내 핵심지역 주택 가격도 1985년 PIR 6배에서 1988년에는 PIR 16배가 되었다. *가구소득대비 주택가격비율*

- 일본 정부의 잘못된 정책:

1. 유동성 정책 실패 – 1990년 부동산 시장이 붕괴할 때 일본 중앙은행은 기준금리를 연 2.5%에서 6%까지 올렸다. 걸프전이 발발해 유가가 배럴당 13달러에서 38달러로 세 배 가까이 오르자 인플레이션이 발발했기 때문이다. 그 여파로 상업용 빌딩은 가격이 최고 89%까지 하락했다.

2. 공급 정책 실패 – 일본은 1990년 무렵 인구가 정체하기 시작했지만, 내수경기를 진작하고 GDP 상승을 견인하기 위해 부동산 버블 막바지인 1980년대 후반부터 버블 붕괴가 시작된 1990년대 초반까지 필요 공급량(연간 100만 호)의 두 배가 되는 200만 호를 공급했다.

- 글로벌 정세 위기:

아시아 금융위기 발발로 위기 국가에 대출을 많이 해준 은행의 대규모 부실이 발생하고 일본 내 부동산 폭락을 동시에 맞으며 무너졌다.

한국 부동산의 미래는
가격 정상화

필자가 오래 전부터 예측하고 강조했던 한국 부동산의 미래는 '가격 정상화'다. 가격 정상화는 두 가지 의미를 내포한다. 하나는 하루하루 성실하게 살아가는 보통의 직장인들이 부지런하기만 하면 살 수 있는 수준으로 부동산 가격이 되돌아 가는 것이다. 구체적으로 말해 평범한 직장인이 최소 10년, 길어도 20년 정도 착실히 저축하면 집을 살 수 있는 가격으로 낮아지는 것이다. 또 하나는 정상적인 가격에 약간의 거품 가격이 더해져 중장기적으로 투기가 아닌 '정상적' 투자 대상으로서 매력을 느낄 만한 가격으로 점진적으로 상승하는 것이다. 필자는 한국의 부동산 가격이 이런 정상 가격으로 회귀하는 대세적 흐름이 곧 시작되리라고 예측한다. 어쩌면 상당수의 지역에서는 가격 정상화를 향한 대세적 흐름으로의 전환이 이미 시작되고 있는지도 모른다.

한국 부동산이 일본처럼 되지 않을 것은 분명하다. 일본처럼 오르지 않았기 때문이다. 일본처럼 20년간 부동산 장기 불황이 발생한 나라가 없다는 다른 전문가의 주장에도 동의한다. 일본은 예외적인 사례다. 하지만 각 나라의 개인소득, 은퇴 준비 수준, 일자리 상황, 미래 전망, 국가 매력도 등에 맞춰 적정 가격으로 정상화되는 과정을 거친 나라는 많다. 한국도 개인의 현재 및 미래 소득, 한국 국민의 은퇴 준비 상황, 한국 젊은이들의 현재와 미래 일자리 상황, 국가 전체의 중장기 미래 전망, 향후 10~20년간 한국의 국가 매력도 등에 맞는 수준으로 가격이 정상화될 것이다. 이것이 모든 상품의 가격이 결정되는 경제학의 기본 원리이다.

이런 기준으로 각 요소를 하나하나 따져 본 후, 분석 결과에 기초해서 앞으로 10년 동안의 한국 부동산 가격을 예측해 본다면 최소한 지난 십 수년처럼 부동산 가격이 몇 배씩 오르는 폭등은 '절대로' 일어나지 않을 것이다. 물가상승률을 이기는 수준에서 10년 이상 가격이 계속 오를 가능성도 점점 줄어든다.

일본처럼 오르지 않았기 때문에 일본과 같은 대폭락 가능성이 작다는 것일 뿐, 한국 부동산의 미래는 '한국식 가격 정상화' 시나리오가 펼쳐질 가능성이 확률적으로 매우 높다.

한국 부동산의 다양한 미래 가능성을 시나리오로 정리하면 다음과 같다.

- 시나리오 1: (지난 십 수년처럼) 앞으로도 몇 배씩의 가격 상승 흐름이 중장기적으로 이어진다. (수백 퍼센트의 투자 수익을 기대할 수 있다)
- 시나리오 2: 앞으로 10년 이상, 물가상승률을 이기는 수준(매년

5~8% 이상)으로 계속 상승한다. (실질 가격이 상승한다)

- 시나리오 3: 현재 가격을 유지하면서 물가상승률(2~4%) 수준에서 명목 가격이 상승한다. (실질 가격은 제자리 걸음이다)
- 시나리오 4: 일본식으로 대폭락(60~80% 가격 하락)한다.
- 시나리오 5: 한국식 가격 정상화 과정이 진행된다.

필자는 2011년 발간한 〈부의 정석〉과 2013년 발간한 〈2030 대담한 미래〉에서 한국 부동산의 미래 시나리오를 차례로 제시했다. 다음은 필자가 당시 예측한 한국 부동산의 기본 미래 시나리오다. 당시 필자는 한국 부동산 시장은 세 번의 조정을 거치면서 부동산 가격 정상화의 대세 전환 흐름이 시작되리라고 예측했다.

한국 부동산의 기본 미래

- 1단계 조정: 2010~2011년(부동산 스태그플레이션)
  - 글로벌 경제 위기로 인한 작은 불황들, 부동산 담보대출 부담
- 2단계 조정: 2014~2016년(부동산 디플레이션)
  - 베이비부머 세대의 경제력 약화가 표면화하면서 중대형 아파트 본격 매도
  - 중국의 자산 버블 붕괴 여파 가능성
  - 부동산 공급량 초과 표면화(아파트, 상업용 부동산)
- 3단계 조정: 2020년 무렵(부동산 뉴노멀 시작)
  - 기존 주력 산업들의 넛크래커 현상
  - 저출산 고령화로 인한 내수시장 축소 추세 표면화

- 경제 성장 과실의 불균등 분배 심화, 고용 없는 성장으로 개인 구매력 저하
- 정부와 가계의 부채 증가 문제 표면화

세 번의 커다란 조정 후 부동산 가격은 정상화될 것이다. 그러나 이 과정에서 자칫 잘못 대응하면 2차 외환위기가 발발하고 장기불황에 빠질 수 있다.

한국 부동산의 기본 미래 시나리오

필자가 쓴 〈부의 정석〉에서 밝혔던 3단계에 걸친 부동산 가격 정상화 시나리오 중 핵심 내용을 발췌하여 정리하면 다음과 같다.

- 1단계: 부동산 스태그플레이션 ~~경제물량속에서 물가상승이 동시에 발생하는 상태~~

부동산 스태그플레이션 국면에서 나타나는 가장 확실한 현상은 부동산 가격의 폭등이 올려 놓은 별것 아닌 것 같았던 물가 상승에 대한 부담을 피부로 느끼고, 흥청망청 소비했던 소비 규모에 대한 미련과 부담이 교차하며 0.25% 정도의 금리 인상에도 이자 부담이 커져서 심장이 뛰고 곧 다가올 원금 상환에 대한 두려움이 엄습하면서 늘지 않은 월급과 기타 소득을 생각하면 한숨만 나오게 된다. 그러다가 이런 고통을 버티지 못하는 사람들이 손해를 보더라도 집을 팔아 심리적 고통에서나마 벗어나고자 하는 행동을 연달아 시작하게 된다. 이런 분위기가 감지되면 정부는 경기 침체에 대한 공포 때문에 투기를 장려해서라도 부동산 가격을 붙들고 싶어 안달이 나게 된다. 그러면 그럴수록 집을 사고자 하는 사람들은 "좀 더 기다려보자. 시간은

우리 편이다! 서두를 것 없다. 전세금이 올라서 화는 나지만 지금 집을 사면 오른 전세금 피하려다 더 큰 위험에 몰리게 된다"는 생각에 버티기에 들어간다. 그렇기 때문에 부동산 급매물이 나오더라도 시장에서는 거래가 급격하게 준다. 결국 부동산 거래 중지에서 시작된 소비의 축소가 시장경제에까지 영향을 미쳐서 내수시장 전반에서 소비가 크게 위축된다. 결국 부동산 스태그플레이션이 실물경제의 스태그플레이션으로 번지기 시작한다. 일각에서는 장기적인 경제 침체에 대한 우려가 나오고, 정부나 부동산을 소유한 개인들의 마음은 더욱더 공포로 가득 차며 다급해진다. 지금 집을 못 사면 영원히 집을 못 살 수 있다는 다급한 마음이 아니라, 지금 못 팔면 영원히 집을 못 팔 수도 있다는 식의 조급한 마음이 독버섯처럼 전국으로 퍼진다. 물론 이 과정에서 반짝하는 이슈가 등장하거나 정부가 무리하게 새로운 개발계획을 발표하면 국지적으로는 마지막 투기장이 서게 된다.

• 2단계: 부동산 디플레이션
정부는 선거나 지지도 때문에 부동산 스태그플레이션이라도 길게 끌고 가려고 할 것이다. 다음 선거에서 이기고자 정부는 최선을 다해서 부동산 경기를 살리거나 최소한 더 이상은 나빠지지 않도록 노력할 것이다. 부동산 가격이 떨어지는 만큼 표도 떨어지기 때문이다. 그래서 각종 대책을 쏟아내고, 이런 정부의 대응에 마지막 희망을 걸어보기로 하는 부동산 보유자들이 생기면서 부동산 시장에 잠시 광명이 비치는 듯 보일 것이다. 하지만 곧 반짝했던 부동산 가격 회복의 기대감이 무너지면서 더는 이자와 원금 상환 부담을 견디지 못한 200만 명의 '집 가진 가난뱅이'들이 매물을 시장에 토해 내고, 2010년부터 은퇴를 시작한 베이비부머 세대가 몰락하는 모습이 방송에 자주 비춰지면서 부동산 가격이 빠른 속도로 하락하기 시작할 것이다. 하지만 이런 상황이 심화될수록 잠재적 실 구매자들은 추가적인 가격 하락을 더욱더 기대하게 되어 실제 거래량은 크게 개선되지 않을 가능성이 크다. 부동산 가격은 드디어 눈에 띄게 하락하기 시작하겠지만 거래는 좀처럼 살아나지 않는 디플레이션 현상이다."

- **3단계: 부동산 뉴노멀의 시작**
부동산 버블 붕괴가 상식이 되고 부동산에 대한 뉴노멀이 형성되는 단계가 마지막 3단계다. 2020년 무렵이 되면 마지막 3단계에 진입할 가능성이 매우 크고 2020년 이후에는 부동산의 뉴노멀이 만들어지기 시작할 것이다. 즉 한국의 부동산은 완전히 거품이 빠진 이후에도 절대로 2007년 이전의 환경이나 규칙으로는 되돌아 갈 수 없다는 말이다. 물론 3단계로 가는 경로에는 기존 주력 산업의 넉크래커 탈출의 유무, 저출산 고령화로 인한 내수시장 축소에 대한 선제적 대응의 정도, 부의 불균등 분배의 해결 능력, 고용 없는 성장의 문제 해결 정도, 정부 부채의 증가세, 전 세계의 저성장 지속 기간 등 몇 가지 내외부적인 요인들이 얼마나 작용하는지에 따라 약간은 시차가 생길 수 있다. 하지만 이런 요인들에 대해서 최고의 대응을 하더라도 3단계 과정의 진행을 막기에는 역부족이 될 가능성이 크다. 다른 요인들은 어떻게든 선제적으로 대응해서 그 피해를 줄이거나 피해 시점을 늦출 가능성이 있지만, 인구 감소와 베이비부머의 은퇴, 세계에서 가장 빠른 초고령 사회로의 진입과 평균 수명 100세 시대로의 진입은 우리가 막거나 늦추기에는 완전히 때를 놓친 물리적인 요인이기 때문이다.

5년 전에 발표했던 필자의 예측 시나리오 중 일부는 현실이 되었고, 일부는 아직 일어나지 않은 미래로 남아 있다. 일부는 예측 시점에서 차이가 생겼다. 다른 예측과 마찬가지로 브렉시트로 인해 미국 연준의 기준금리 인상 속도가 늦춰지고, 그에 따라 한국의 금융위기 발발 가능성에 영향을 미치는 요소들의 운동 속도도 함께 늦춰진 것이 차이가 생긴 가장 큰 요인이다. 다음은 이런 변수를 감안해서 재조정한 필자의 한국 부동산 미래 시나리오이다.

한국 부동산 시나리오: 가격 재조정

- 1차 조정: 2010~2011년(부동산 스테그플레이션)
  – 글로벌 경제 위기로 인한 작은 불황들, 부동산 담보대출 부담

- 2차 조정: 2014~2016년(부동산 디플레이션)
  – 베이비부머 세대들의 경제력 상실 표면화되면서 중대형 아파트 본격 매도
  – 중국의 자산버블 붕괴 여파 가능성 대두
  – 부동산 공급량 초과 표면화(아파트, 상업용 부동산)

박근혜 정부의 인위적
부동산 부양과 브렉시트 영향으로
2차 조정기 지연

- 3차 조정: 2020년 무렵(부동산 뉴노멀 시작)
  – 기존 산업들의 넛크래커 현상
  – 저출산 고령화로 내수시장 축소 추세 표면화
  – 정부와 가계의 부채 증가 문제 표면화

한국의 부동산 버블은
어느 정도일까?

한국 부동산의 미래에 대한 통찰력을 높이기 위해, 현재의 시장 상황을 먼저 분석해 보자. 다음 그림은 2018년 기준 한국의 주택가격 지수다. 하나는 명목가격 기준 지수이고, 다른 하나는 물가를 반영해서 보정한 실질가격 기준 지수다.(지수는 2010년을 기준점 100으로 삼아 가격의 변화를 산정했다) 그림에서 보듯이 한국 주택의 명목가격은 1998년 외환위기 전후로 하락한 이후부터는 다시 꾸준히 상승하고 있다. 명목가격이 지속적으로 상승하는 데 비해, 물가를 보정하여 재산정한 실질가격 지수는 1990년 최고점을 찍은 이후 2000년까지 계속 하락하다가 몇 년간 상승 추세로 전환했지만, 2007년 무렵부터는 약간의 하락 혹은 보합세를 유지했다. 그러다가 2016년부터 다시 서서히 상승 추세를 보인다.

명목가격은 계속 상승해서 버블이 낀 것처럼 보이지만, 실질가격으

한국 주택가격지수-명목가격

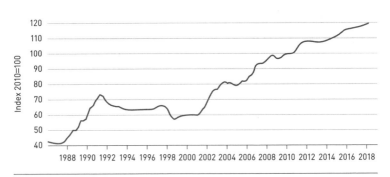

출처: FRED

한국 주택가격지수-물가보정 실질가격

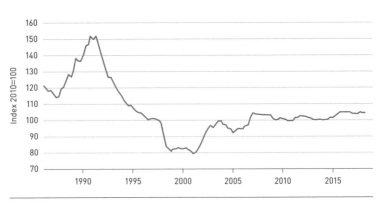

출처: FRED

로 다시 계산한 주택 가격은 거품이 거의 없는 정상적인 가격대를 형성하고 있는 듯 보인다. 무언가 체감하는 부동산 시장과는 다르다. 청년들이 체감하는 주택 가격은 결혼을 미루거나 포기할 정도로 높다. 보통의 직장인들에게도 월급만으로는 평생 살 수 없을 것처럼 부동

각국의 주택가격지수-물가보정 실질가격 국가별 비교

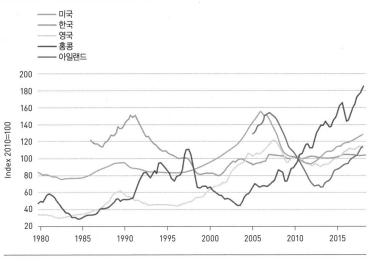

출처: FRED

산 가격이 올라 있다. 그런데 주택지수가 하는 말은 다르다. '한국의 주택 가격은 비싸지 않다. 이렇게 좋은 정상적 가격에도 주택을 못 사는 것은 전적으로 당신의 경제적 무능력 때문이다.' 이것이 지표가 하는 말이다. 둘 중 하나다. 진짜로 우리가 무능력하든지 아니면 지표가 현실을 반영하고 있지 못하든지. 어쩌면 지표 해석에 문제가 있을 수도 있다. 어느 쪽이 진실일까? 답을 찾으려면 한국의 주택가격 지표를 다른 나라의 것과 비교해서 살펴볼 필요가 있다. 위의 그림은 5개 나라의 (물가를 보정하여 산정한) 실질가격지수 비교 그래프이다. 모두 2010년을 기준(100)으로 산정하여 실질가격을 산출한 값이다.

이들 국가는 2008년을 전후로 해서 부동산 가격이 크게 상승해서 버블 붕괴를 겪었거나(미국, 영국, 아일랜드) 곧 부동산 버블 붕괴가 일어날 수 있다는 경고를 받고 있는 국가(홍콩, 한국)다. 2008년 미국 발 부동산 버블 붕괴 이후 가장 크게 하락한 나라는 아일랜드다. 아일랜드는 유럽에서 부동산 버블이 가장 심했던 나라다. 미국도 2000년부터 끌어 올렸던 버블분을 2008년 위기 이후 거의 모두 반납한 후 재상승 중이다. 영국의 경우는 생각보다 부동산 가격 하락폭이 적었으며, 다시 회복세로 돌아섰다. 놀랍게도 전 세계적으로 부동산 버블이 치솟던 시기인 2000~2007년 사이에 홍콩은 부동산의 실질가격이 하락했고, 한국은 상승세가 낮았다.

한국의 부동산을 미국, 영국, 아일랜드 등과 비교한 이 그래프를 봤을 때 무언가 이상하다는 느낌이 들지 않는가? 한 발 더 들어가보자. 다음 그림은 각 국가별로 명목주택가격지수와 실질주택가격지수, 그리고 해당 나라의 인플레인션율(물가지수)를 직접 비교한 것이다. 먼저 미국과 영국을 보자.

두 나라의 그래프를 보면 공통적인 패턴이 보인다. 하나는 부동산 버블이 가장 컸던 2008년 직전의 시기에 명목가격지수와 실질가격지수의 차이가 그다지 크지 않다는 점이다. 다른 하나는 명목가격지수가 물가지수 선보다 아래 있는 경우가 많다는 점이다.

명목가격지수가 물가지수 선보다 높다는 것은 초과 이익이 발생한다는 의미이고, 물가지수 선보다 낮다는 것은 그와 반대로 부동산 투자 수익이 물가상승률보다 낮다는 의미다. 미국의 경우 명목가격지수가 물가지수보다 높았던 적은 2000년 이후 본격적인 버블 상승기다.

영국도 마찬가지다. 영국은 명목가격지수가 물가지수 선보다 훨씬 아래에 있는 경우가 많기 때문에 실질가격지수도 물가지수 선보다 아래 있는 경우가 많다. 이 말은 영국보다 미국이 더 버블이 컸다는 의미이다.

미국

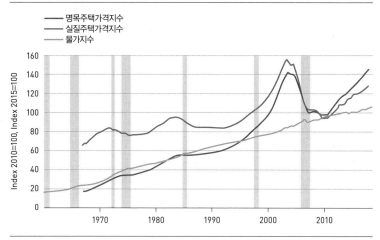

출처: FRED

영국

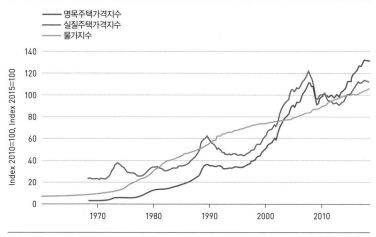

출처: FRED

참고로 물가지수 선 아래에서 명목주택가격지수가 움직이는 것이
일반적이고, 물가지수를 상회하는 경우에는 버블이라고 해석할 수 있

홍콩

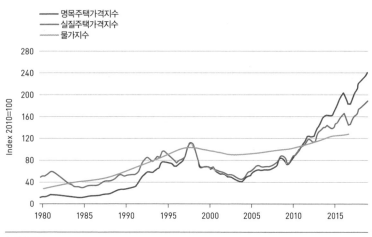

명목주택가격지수
실질주택가격지수
물가지수

Index 2010=100

280
240
200
160
120
80
40
0

1980 1985 1990 1995 2000 2005 2010 2015

출처: FRED

다. 하지만 영국은 2010년 이후로는 명목가격지수와 실질가격지수 둘다 물가지수 선 위로 올라갔고, 심지어 명목가격지수는 미국보다 높으며, 부동산 버블이 최고점을 형성했던 2007년보다도 높다. 그 이유는 무엇일까? 2008년 버블 붕괴 이후 중국계 부동산 투기자금이 미국보다 더 많이 유입된 나라가 영국이다.

홍콩의 경우 1998년 아시아 외환위기 전까지 부동산 가격의 1차상승이 진행되었다. 하지만 물가상승률도 높아서 대체적으로 명목가격과 실질가격이 물가상승선 아래에 있다. 그리고 2002년 아시아가위기에서 탈출한 이후부터 다시 상승하기 시작했다. 하지만 이전보다상승률이 높지 않았기 때문에 2008년 부동산 버블 붕괴 때에도 큰폭의 하락을 겪지 않았다. 대신 2010년부터 미국과 유럽, 중국에서풀린 투기자금이 홍콩 부동산 시장으로 밀려들면서 역사상 가장 높은 가격 상승폭을 보이고 있다.

한국

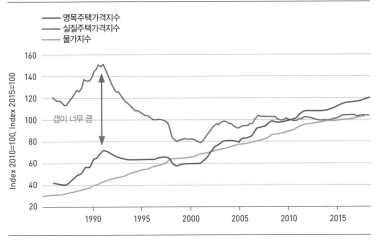

명목주택가격지수
실질주택가격지수
물가지수

출처: FRED

이제 한국을 보자. 한국은 미국, 영국, 홍콩과는 아주 다른 패턴을 보인다. 첫째, 명목 주택가격지수는 대체적으로 물가지수 아래에서 움직이는 것이 일반적이다. 그래서 물가지수를 상회하는 경우는 버블이라 해석할 수 있다. 하지만 한국은 2000년 전후를 제외하고 거의 모든 시기에 명목가격지수가 물가지수를 상회하고 있다. 즉 1980년 이후 계속해서 버블이 끼어 있다는 의미다. 둘째, 한국은 1990년의 명목가격지수와 실질가격지수 갭이 예외적으로 크다. 앞의 세 나라와 비교할 때도 완전히 이례적이다.

또한 1990년 실질가격 지수가 2008년 미국만큼 높았다. 그 이유가 무엇일까? 1990년 당시로 돌아가 보자. 아래는 당시 신문기사 중 하나다.

"아파트 값이 가장 많이 오른 해는 1990년으로 전국 32.28%, 서울

37.62%, 강남 38.85% 올랐다. 세계적으로 유례를 찾기 힘들 정도의 수치다. 이에 정부는 '200만 호 건설' 카드를 꺼내 들었다. 당시 총 주택수가 700만 호 정도였으니 200만 호는 엄청난 규모였다. 1991년, 200만 호 입주가 시작되면서 서울과 강남 아파트 값은 4.50%, 5.11% 씩 하락했다. 전년까지 이어진 폭등세가 드디어 하락세로 돌아섰다."[3]

기사의 설명처럼 1990년은 한국 부동산의 1차 폭등기였다. 그것도 세계에서 유례를 찾아보기 힘들 정도의 상승폭을 기록했다. 한국감정원의 발표에 따르면, 2018년 수도권의 부동산 가격 상승률은 3.16%p였고, 가장 높은 상승률을 보인 광주가 3.69%p를 기록했다.[4] 이를 기준으로 본다면 1990년의 전국 32.28%, 서울 37.62%, 강남 38.85%의 상승률이 얼마나 높은 것인지 알 수 있다. 이것이 다른 나라에서는 찾아보기 힘든 1990년 한국의 명목가격지수와 실질가격지수의 엄청난 차이를 만들어낸 이유다. 또한 1990년 실질가격지수가 2008년 미국만큼 높았다는 말은 물가를 감안하더라도 실질가격 상승폭이 살인적 수준이었음을 추정케 한다.

다음의 그래프는 한국의 소비자물가 상승률을 보여준다. 앞에서 주택가격지수와 비교하였던 물가지수는 2010년을 기준(100)으로 삼아 재정렬했기 때문에 우상향하는 모습이었다. 하지만 이 그래프는 온전히 소비자물가 상승률만 보여 주기 때문에 우하향하는 추세를 보인다. 1970년대 중반부터 1980년대 초까지는 1, 2차 오일쇼크로 인한 예외적인 물가 폭등이 있었던 시기다. 이 시기를 제외하면 1980년대 이후에 물가상승률이 높았던 시기는 1990년 전후, 1997년 외환위기 직전 그리고 2008년 금융위기 이후 미국, 유럽, 중국 등에서 엄청

소비자물가 상승률

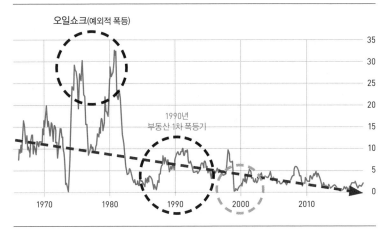

출처: TRADINGECONOMICS.COM | STATISTICS KOREA

난 유동성이 신흥국 자산시장에 유입되던 시기다.

소비자물가 상승률 그래프를 다시 한국의 주택가격지수 그래프와 비교하면 유일하게 명목가격지수가 물가지수보다 낮았던 2000년 전후가 1990년 이후 가장 크게 물가상승률이 낮아졌던 시기와 겹친다. 그리고 2008년 금융위기 이후 명목가격지수가 다시 상승하던 시기에 한국의 소비자물가 상승률도 크게 높아졌다.

이제 마지막 의문이 하나 남는다. 2010년 이후 명목가격지수가 물가지수 선을 높은 수준으로 상회하면서 그 격차를 더 넓히고 있는데, 실질가격지수는 오히려 물가지수 선을 향해 내려가는 이해할 수 없는 상황은 무엇인가? 미국, 영국, 아일랜드, 홍콩의 사례를 보더라도 명목가격지수가 실질가격지수보다 위에 있는 것이 상식적이다. 하지만 이들 나라는 명목가격지수가 상승하면 실질가격지수도 함께 상승을 한다. 하지만 한국은 특이하게도 명목가격지수가 상승함에도 불구

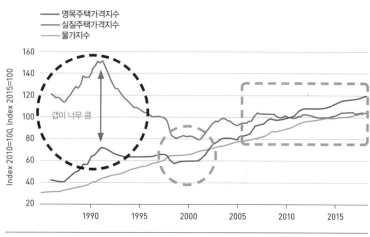

출처: FRED

하고 실질가격지수가 하락하거나 제 자리를 유지한 채 상승하지 않았다. 심지어 2018년의 물가지수와 명목가격지수의 차이는 1990년의 부동산 가격 폭등기 이후 가장 크다. 명목가격지수와 실질가격지수의 동조화가 일어나지 않고 반대로 움직이는 것을 설명할 수 있는 유일한 요인은 '부(소득)의 불균형 분배'다. 주택의 명목가격은 계속 오르지만 물가상승률이 더 높으니, 물가로 보정하여 산출한 주택실질가격지수가 제자리걸음이거나 심지어 하락하는 것이다. 실제로 그래프에서 물가상승률 선의 기울기를 보면 2008년 금융위기 이후가 이전 시기에 비해 가파르다.

경제가 정상적으로 성장하는 시기라면 물가가 높다는 것이 소득이 높아져서 소비가 늘어나고 돈이 풍부해서 돈의 가치가 하락했다는 것을 의미한다. 하지만 경제가 무너지고 있는 상황에서 물가가 높다는 것은 돈이 풍부해서 돈의 가치는 하락했지만, 소득상승률이 물

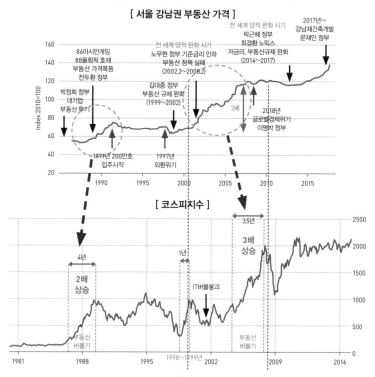

한국 부동산 버블기와 주식시장 상승기

[서울 강남권 부동산 가격]

전 세계 양적 완화 시기
박근혜 정부
최경환 노믹스
저금리, 부동산규제 완화
(2014~2017)

2017년~
강남재건축개발
문재인 정부

86아시안게임
88올림픽 호재
부동산 가격폭등
전두환 정부

전 세계 양적 완화 서기
노무현 정부 기준금리 인하
부동산 정책 실패
(2002.2~2008.2)

박정희 정부
대기업
부동산 투기

김대중 정부
부동산 규제 완화
(1999~2002)

2배

2018년
글로벌경제위기
이명박 정부

1991년 200만호
입주시작

1997년
외환위기

[코스피지수]

3.5년

3배
상승

4년

1년

IT버블붕괴

2배
상승

부동산
버블기

1998년~1999년

부동산
버블기

'낮은 금리'와 '유동성'은 강남 부동산 가격을 밀어 올린 중요한 힘이다.
이는 주식시장을 밀어올리는 힘이기도 하므로 부동산 버블기와 주식시장 대세상승기가 겹칠 가능성이 크다.

출처: FRED

가상승률을 따라가지 못하니 소득의 불균등 분배가 더 커지고 있다
는 의미다. 소득상승률이 물가상승률을 못 따라가는 상황에서 시중
에 돈이 많아졌다면 그 돈은 어디에 있을까? 돈이 갈 곳은 부자의 지
갑이나 부동산과 주식 등 자산시장뿐이다. 이것이 경제 지표와 우리
가 실제로 체감하는 부동산 시장이 다른 이유다.

지금 한국의 부동산에는 버블이 끼어 있다. 부동산 버블이 아니라

한국, 전국과 서울 강남권 명목주택가격 비교

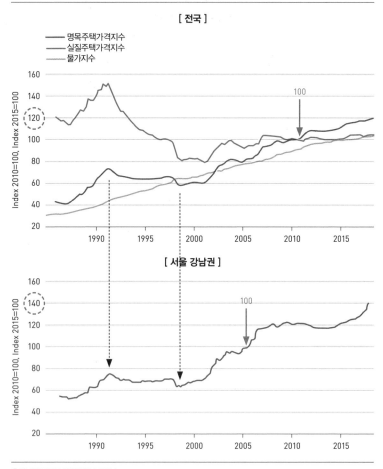

출처: TRADECONOMICS.COM

고 생각한다면 지표들을 좀 더 들여다보자.

앞의 그림은 전국과 서울 강남권의 명목주택가격을 비교한 그래프다. 필자가 전국 평균으로 명목가격지수를 산출한 방식을 서울 강남권만 따로 뽑아낸 수치에 적용했다. 그랬더니 전국 평균을 산출할 때 100으로 삼았던 기준점(2010년의 값)이 서울 강남권에서는 2005년 무

서울 강남권과 미국 명목주택가격 상승률 비교

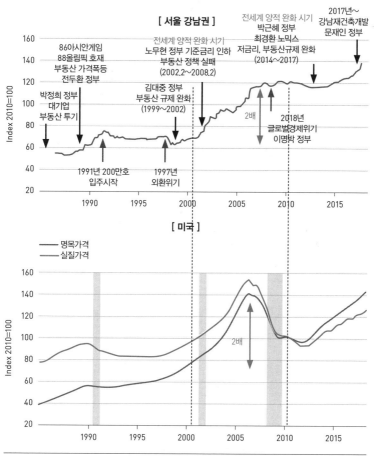

출처: FRED

렵으로 5년 정도 앞당겨졌다. 그래프에서 서울 강남권은 전국 평균값
보다 명목가격지수가 더 높게 상승하는 것을 볼 수 있다. 눈여겨볼 것
은 2012년부터 일시적으로 서울 강남권의 명목가격지수가 하락했다
는 점이다. 그 시기는 수도권 부동산 가격이 하락하고 지방 부동산으
로 버블이 이동하던 때였다. 하지만 서울 강남권의 부동산은 2015년

미국과 일본 부동산 버블기의 가격 상승

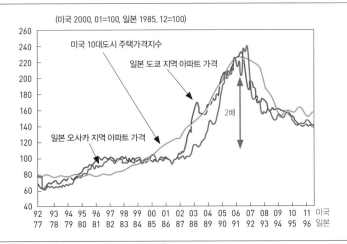

(미국 2000. 01=100, 일본 1985. 12=100)

미국 10대도시 주택가격지수

일본 도쿄 지역 아파트 가격

일본 오사카 지역 아파트 가격

2배

```
'92 93 94 95 96 97 98 99 00 01 02 03 04 05 06 07 08 09 10 11   미국
 77 78 79 80 81 82 83 84 85 86 87 88 89 90 91 92 93 94 95 96   일본
```

주: m², 5개월 이동평균
출처: Bloomberg, Real Estate Economic Institute, Japan, S&P/Case-Shiller Home Price Indices,
as of Oct. 5, 2011

부터 다시 빠르게 상승하기 시작한다. 우리가 알고 있던 2000년 이후 서울 강남권에서 벌어진 부동산 가격의 등락을 지표가 그대로 보여 준다.

2018년 기준으로 전국의 명목가격지수가 120에 도달한 반면, 서울 강남권은 140으로 전국 평균보다 20포인트나 높다. 이것은 2008년 부동산 버블 붕괴 당시의 미국의 명목가격지수와 같은 수준이며, 금융위기 이후 가장 많이 상승한 나라 중 한 곳인 영국보다도 높다.

앞에서 서울 강남권의 상승률을 미국의 2007년 버블 붕괴 직전의 상승폭과 비교한 그래프를 보면, 서울 강남권은 미국의 버블 증가 비율과 거의 비슷하게 상승했음을 알 수 있다. 다른 점은 미국은 명목가격지수 140선이 무너졌다가 다시 140선으로 상승한 반면에 한국의 강남권은 버블 상승분을 거의 유지한 채 140선까지 추가 상승했다는 것이다. 서울 강남권의 버블이 어느 정도 심각한 수준인지를 그래프를 통해 확인해보자. 앞의 그림은 2008년 미국의 버블 붕괴, 1991년 일본의 버블 붕괴 당시의 상승분을 보여준다. 모두 약 두 배 상승했다. 서울 강남권은 두 배를 넘어 상승했다. 이 수치를 보면 한국은 부동산 버블이 더 심각하다고 봐야 옳은 판단이다.

이제 일본의 사례를 검토해보자. 일본의 부동산 버블 규모와 하락폭을 보여주는 그래프를 보라. 일본 토지연구소가 발표한 이 자료에서 보면 일본의 상업용, 주거용, 산업용 부동산의 상승과 하락폭이 다르다. 주거용이 가장 적게 상승했다. 산업용 부동산은 주거용에 비해 조금 더 올랐다. 그리고 상업용 부동산은 397% 폭등했다. 이 부분이 바로 앞서 살펴본 전문가들의 주장 중에서 일본 기업들이 저금리를 이용해서 상업용 부동산에 엄청나게 투자해서 버블을 만들었다가 폭

부동산 버블 붕괴-일본의 사례

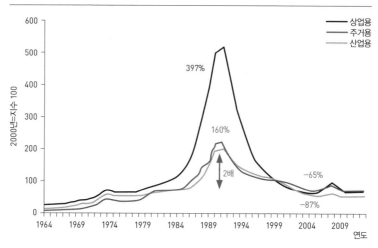

출처: 일본 토지연구소

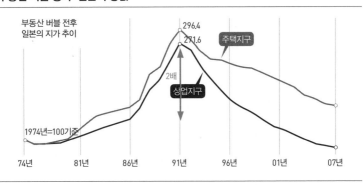

부동산 버블 전후
일본의 지가 추이

296.4
271.6

주택지구

2배

상업지구

1974년=100기준

74년　　81년　　86년　　91년　　96년　　01년　　07년

출처: 일본 국토교통성

락한 '일본의 상업용 부동산 대폭락'의 실체다.

한국의 기업들은 일본과 달리 저금리 시대라고 해서 상업용 부동산에 대한 투기를 일삼지 않았다. 그래서 한국은 일본처럼 상업용 부동산에서 대폭락은 없다. 이것이 일본과 다른 점이다. 하지만 상업용 부동산만큼은 아니었지만, 일본의 주거용 부동산도 두 배가량 가격이 상승했다. 이 부분은 한국과 크게 다르지 않다.

앞의 그림은 일본의 땅값 추이를 보여주는 그래프다.

일본의 땅값은 상업지구보다 주택지구가 더 올랐는데 약 두 배 정도 올랐다. 두 배라는 수치에 주목할 필요가 있다. 2008년 미국, 1991년 일본, 1990년 한국의 주택가격지수가 두 배 혹은 그 이상 상승했을 때마다 부동산 가격은 더 이상 추가 상승할 동력을 잃고 버블이 붕괴했다.

한 가지 지표를 더 보자. 위 그림은 한국, 중국, 일본, 미국의 부동산 가격 변동률이다.

그래프에서 한국의 부동산 가격 변동률은 시간이 지날수록 변동

국가별 부동산 가격 변동률

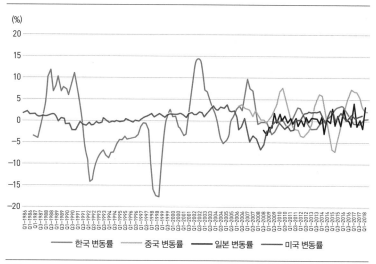

(%)

한국 변동률　　중국 변동률　　일본 변동률　　미국 변동률

출처: TRADINGECONOMICS.COM

의 폭이 줄고 있다. 이것은 부동산 가격이 안정적이라는 의미가 아니라 점점 상승 고점에 다다르고 있다는 의미다. 미국의 변동률을 보라. 1991년부터 2004년까지 변동률이 매우 낮다. 계속해서 큰 하락 없이 상승했다는 의미다. 그러다가 2005년부터 2007년까지 큰 변동률을 보이면서 하락한다. 그 이후에 다시 상승하다가 최근에 변동폭이 다시 줄고 있다. 최근의 미국 부동산 가격은 거의 2008년 버블 붕괴 직전 수준까지 도달한 상태다. 일본은 반대로 최근 들어서 부동산 변동의 폭과 횟수가 커지고 있다. 지금 일본은 30년 만에 부동산 경기가 회복 중이다.

이것이 한국과 일본
부동산 시장의 차이

한국의 부동산은 일본, 미국, 유럽과 다르다. 무엇이 어떻게 다를까?

선진국과의 생산가능인구 비율 비교

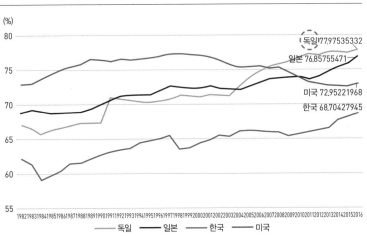

출처: TRADINGECONOMICS.COM

먼저 독일과 비교해 보자. 앞의 그림을 보자.

앞에서 '한국 부동산 일본형 폭락은 없다'는 주장을 소개한 글에 독일에 대한 이야기가 이렇게 나온다.

"독일도 일본처럼 1990년대에 인구가 감소세로 돌아섰으나 20년 전보다 경제가 30% 커졌고 부동산 가격은 1.1배, 주가는 5.2배 상승했다."

앞의 그림에서 보듯이 1990년 이전부터 독일은 전체 인구가 감소세로 돌아섰다. 그러나 1990년 10월 3일 극적으로 동서독이 통일되면서 서독과 동독의 생산가능인구가 합쳐지자 독일 전체의 생산가능인구 비율이 증가세로 돌아섰다. 생산가능인구는 주택을 구매할 의사와 능력을 갖춘 주요 소비층이다. 2003년부터 독일의 생산가능인

아시아 국가의 생산가능인구 비율

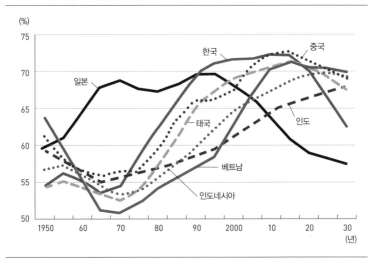

출처: United Nations, World Population Prospects: The 2010

구는 한 단계 더 상승한다. 이 시기는 독일이 통일의 후유증으로 유럽의 병자로 전락할 위기에 처했다가 본격적으로 회복하기 시작하던 시기다. 20년 전보다 경제가 30% 커지고, 주가는 5.2배 상승하는 것이 당연하다. 오히려 이런 경제 확장 시기에 부동산 가격이 1.1배밖에 상승하지 못한 것이 의아할 정도이다.

독일과 비교할 때 한국의 미래는 어떨까? 북미 핵협상이 일정 성과를 내기 시작하면 통일은 더욱 멀어진다. 필자는 한국의 통일 시점이 최소 30년은 미뤄질 것으로 예측한다. 앞의 그림은 아시아 주요 국가의 생산가능인구 비율의 변화 추세를 나타낸다. 한국은 앞으로 20년 정도 이 비율이 계속 하락한다. 통일이 돼야만 독일처럼 생산가능인구 비율을 높일 수 있다.

한국은 생산가능인구의 감소도 문제지만 당장 전체 인구에서 은퇴자와 노인의 비율이 빠르게 증가하는 것이 문제다. 다음의 그림을 보

각국 노인인구 비율

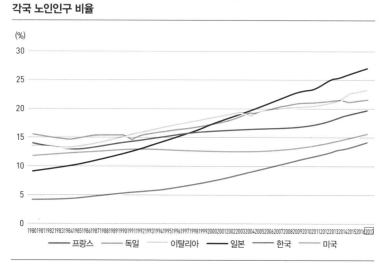

출처: TRADINGECONOMICS.COM

면, 2017년 기준으로 노인 인구 비율이 가장 빠르게 높아지는 나라가 바로 일본과 한국이다. 독일과 프랑스는 완만하게 상승 중이다. 미국도 최근 노인 인구 비율이 조금씩 증가 중이다. 이런 나라들과 한국의 처지는 같지 않다.

아래는 한국의 장래인구 변화에서 부동산과 관련해서 주목해야 할 내용이다. 한국이 전체 인구 감소세로 들어서기까지는 아직 멀었지만, 주요 경제활동인구 감소는 2015년 이전에 시작되었다. 2035년이 되면 주요 경제활동인구의 비중이 2015년 기준으로 20% 감소한다. 주요 경제활동인구는 부동산 시장에서 수요층을 구성하는 결정적인 인구 계층이다.

그리고 가구수의 증가로 부동산 거래가 계속해서 일어나지만, 1인 가구의 급격한 증가가 가구수 증가의 주된 요인이기 때문에 주택의 매매 활동은 유지되더라도 주택가격은 하락하는 것이 맞다.

한국 인구 변화 예측

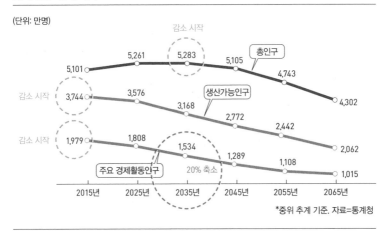

(단위: 만명)

자료: 통계청, 장래 인구 추계
출처: 매일경제, 2016.12.08. 재인용

가구 규모별 비중 추이

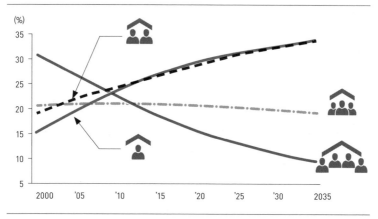

자료: 통계청, 장래 인구 추계
출처: 매일경제, 2016.12.08. 재인용

일부 선진국이 인구절벽에 부딪쳐도 부동산 가격이 상대적으로 안정적이거나 상승 추세를 유지하고 있는데 이는 나라별로 그럴 만한 이유가 몇 가지 더 있다. 그런 나라는 모두 세금이 높다. 세금이 높다는 말은 은퇴 후 복지 수준이 한국과 다르다는 말이다. 복지 수준이 높기 때문에 젊어서는 자식에게 들어가는 교육비용이 적고, 은퇴해서는 생계를 유지하거나 병원 비용을 감당하기 위해서 집을 팔아야 할 이유가 한국보다 적다. 복지 선진국들의 소득 대비 세금 비율을 나타내는 다음의 도표를 참조하기 바란다.

한국의 은퇴자나 은퇴 준비자들의 금융 상황도 다르다. 한국, 미국, 일본의 베이비부머 세대를 비교한 다음 도표에서 박스를 친 부분을 주목하라. 한국은 2010년부터 베이비부머 세대의 은퇴가 시작되었다. 그런데 이들 세대의 인구 규모가 한국은 2010년 인구추계를 기준으로 712만 명으로 전체 인구의 14.6%다. 반면에 일본은 680만 명으

국가별 세금 부담률

2014년 개인소득세율 상위 15개국

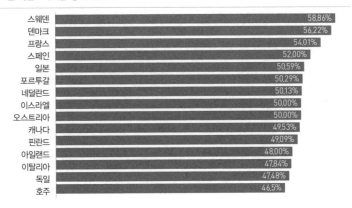

출처: Reuters, OECD, KPMG, Statistics Office

로 절대 규모도 한국에 미치지 못하고, 인구에서 차지하는 비율도 5%로 한국의 3분의 1밖에 되지 않는다. 더불어 한국은 2차 베이비부머

한·미·일 베이비부머 세대 비교

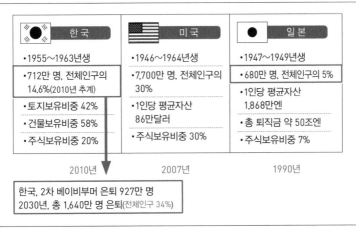

출처: 현대경제연구원

세대가 더 많다. 927만 명이나 되는 이들이 2030년이면 완전히 은퇴한다. 1, 2차 베이비부머를 합친 총인구의 34%에 해당하는 1,640만 명이 2030년까지 은퇴를 완료한다. 기본적으로 한국의 은퇴자 비율이 일본을 비롯해서 다른 선진국보다 현격하게 높다는 점을 고려해야 한다.

한국의 상황이 일본과 유럽의 선진국과 전혀 다른 것은 이것만이 아니다. 다음의 그림을 보라.

한국은 1,2차 베이비부머 세대의 규모와 비중만이 문제가 아니다. 전 세대에 문제가 있다. 한국의 합계출산율은 OECD 최저인데, 2018년에는 1.0선마저 깨졌다. 출산율 그래프를 보면, 한국의 출산율은 저출산국의 대명사로 불렸던 일본보다도 더 낮다.

한국의 청년실업률은 2018년 기준으로 10~12%인데, 실질적인 실업률은 여기에서 두세 배 더 높을 것으로 추정된다. 노인 세대의 빈곤

2017년 한국 인구 구성

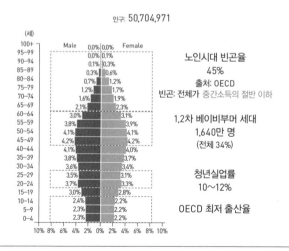

인구: 50,704,971

노인시대 빈곤율
45%
출처: OECD
빈곤: 전체가 중간소득의 절반 이하

1,2차 베이비부머 세대
1,640만 명
(전체 34%)

청년실업률
10~12%

OECD 최저 출산율

자료: 통계청

한국 출산율

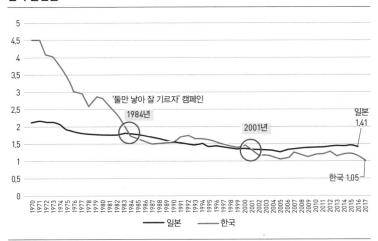

'둘만 낳아 잘 기르자' 캠페인
1984년

2001년

일본
1.41

한국 1.05

일본 ── 한국

출처: TRADINGECONOMICS.COM

율도 45%로 OECD 최고 수준이다.

한국의 베이비부머 세대는 자산의 83%가 부동산에 잠겨 있고 보유 금융자산은 평균 2,827만원에 불과하다. 국민연금 가입자 비율이 48%에 불과하고, 그나마 월 평균 수령액이 36만 8천원밖에 안된다. 반면에 일본은 생활비의 57.4%를 연금으로 충당할 수 있고, 금융자산이 전체 보유자산의 45%에 이른다. 미국의 경우 베이비부머의 보유자산 중 금융자산이 63%이고 고령자는 소득의 55.8%가 연금으로 충당된다.

일본의 부동산 버블 붕괴를 연구한 전문가들은 일본의 부동산 버블 붕괴가 인구 문제(베이비부머의 은퇴)가 직접 원인이 아니라고 평가한다. 투기 심리, 정부의 잘못된 정책, 글로벌 정세 위기를 원인으로 꼽는다.

먼저 투기 심리는, 1985년 플라자합의 이후 일본 기업들이 앞다투어 저금리를 이용해서 부동산 투자에 나섰던 당시 상황을 압축적으로 정리해준다. 최고의 상업지구였던 치요다구에 있는 오피스빌딩의 가격이 3.3m²당 1억엔(10억원)까지 올랐던 점을 근거로 든다. 당시 일본의 은행들도 부동산 가격 상승이 계속되리라 보고 담보인정비율(LTV)을 90%까지 인정하면서 대폭락을 맞았다. 여기까지는 합리적이다. 그러나 필자가 앞에서 분석했듯이 일본 기업들이 사들인 상업용 부동산은 주택이 두 배 정도 상승할 때 거의 네 배 이상 폭등했다. 당시 일본 도쿄 내 핵심지역의 주택가격은 1985년 PIR 6배에서 1988년 PIR 16배 수준까지 올랐다.

앞에서 분석했듯 한국은 일본만큼은 아니지만 부동산 시장에 버블이 크게 낀 것이 맞다. 물론 한국의 은행들은 투기 지역의 경우 LTV를 40%까지만 인정하는 안전핀도 마련했다. 문제는 투기지역 지정이 버블이 한창 낀 이후에야 지정된다는 것이다. 이것을 거꾸로 보면 한국은 투기지역의 담보인정비율을 일본의 반도 안되는 40%로 지정했는데도 부동산 가격이 두 배 이상 상승했다는 의미가 된다.

두번째 원인으로 꼽는 정책 실패는, 1991년에 부동산 버블이 붕괴하기 시작하자 일본 정부가 두 가지 큰 실수를 했다는 주장을 담고 있다. 하나는 유동성 정책의 실패이고, 다른 하나는 부동산 공급 정책의 실패다. 부동산 버블이 붕괴하자 일본 중앙은행은 돈을 풀어 시장에 유동성을 공급한 것이 아니라 거꾸로 기준금리를 2.5%에서 6%로 크게 올렸다. 당시에 걸프전의 발발로 유가가 세 배 이상 오르면서 촉발된 인플레이션을 잡기 위한 일본은행의 금리 인상이 부동산 가격을 과도하게 하락시킨 이유라는 것이다. 한국은 일본과 다르다고 말하는 전문가는 한국은 이런 실수를 하지 않을 것이라고 주장한다.

필자의 질문은 이것이다. "과연 한국은 똑같은 실수를 안할까?" 필자가 예측하기로는 한국 정부도 부동산 가격이 본격적으로 하락하는 시기에 다다르면 일본처럼 기준금리를 올릴 가능성이 크다. 일본은 걸프전으로 인한 유가 상승이 이유였지만, 한국은 미국의 기준금리 인상과 맞물려 외국자금의 대규모 이탈을 막기 위해 기준금리를 올릴 가능성이 크다. 앞에서 예측했듯 한국도 5~6%까지 기준금리를 올릴 가능성이 충분히 있다.

일본의 잘못된 부동산 공급 정책은 어떤가? 일본은 내수경기를 진작하고 GDP 상승을 견인하기 위해 1980년대 후반부터 1990년대 초반까지 필요 공급량인 연간 100만 호의 두 배나 되는 200만 호씩을 초과 공급함으로써 주택가격 하락을 부추겼다는 주장이다. 필자는 같은 질문을 다시 하고 싶다. "과연 한국은 똑같은 실수를 안할까?" 필자의 예측으로는 이 점에서도 한국 정부가 비슷한 실수를 할 것 같다. 금융위기가 발발하여 부동산 가격의 하락이 내수시장을 강타하는 시기에 한국의 수출마저 지금보다 더 위축되면 정부는 둘 중 하나를 선택해야 한다.

선택 1: 시장에 맡기고 인위적으로 개입하지 않는다. 고통은 크겠지만 근본적인 구조조정의 계기가 마련될 수 있다.
선택 2: 국민의 원망에서 벗어나고, 다음 선거에서 승리하기 위해 정부가 나서서 경기 부양을 위한 부동산 정책을 구사한다.

필자는 한국 정부와 정치권이 두 가지 선택안 중에서 후자를 선택할 가능성이 매우 크다고 본다.

세 번째 원인으로 공교롭게도 아시아 금융위기가 겹친 점을 꼽는다. 당시 위기 국가에 많이 대출해준 은행들에서 대규모 부실이 발생해 부동산 하락을 더 키웠다는 주장이다. 그러면 "한국은 부동산 버블의 붕괴가 발생할 때 외부에서 이런 일이 일어나지 않을 정도로 운이 좋을까?" 한국에 금융위기가 발생하여 부동산 버블 붕괴가 시작될 때, 중국마저 금융위기에 빠져 한국을 포함한 아시아 금융시장 전체에 거대한 충격을 주는 일이 생길 가능성은 없을까?

06

한국의 가계 부채,
절대 안전하지 않다

인구절벽 현상이 부동산 가격 하락의 결정적 원인은 아니지만, 가격 하락을 만드는 중요한 요인은 된다. 한국경제가 좋을 때 기준금리가 인상되는 것은 부동산 시장에 호재이다. 하지만 한국경제가 나빠지는 상황에서 기준금리 인상은 부동산 시장에 치명적이다. 금리 인상 속도보다 소득 증가 속도가 빠르면 주택 가격은 더욱 오른다. 하지만 소득은 상위 20%의 계층에서만 빠르고 늘고 나머지 80%는 소득이 감소 중이다. 이런 상황에서 기준금리가 계속 오른다.

경제 규모가 커지는 동안 가계 부채가 늘어나는 것은 당연하다. 하지만 지나치게 많다. 과도한 가계 부채에도 연체율이 낮은 이유는 저금리 때문이다. 부동산임대업을 하는 자영업자들의 부채까지 가계 부채에 포함되었다는 사정을 감안해도 한국의 가계 부채 규모와 질은 양호하지 않다. 한국의 가계 부채는 절대 안전하지 않다.

가계 부채의 양적 규모는 역대 최고치를 계속 갱신 중이다. 필자는 한국의 금융위기와 부동산 버블 붕괴의 도화선이 될 가계 부채 문제를 분석하면서 실질적 가계 부채의 규모는 은행권에 잡힌 부채만을 계산하면 안 되고 자영업자, 비영리단체, 전세자금 등을 모두 포함해야 한다고 주장했다. 필자의 주장은 대단한 이론적 배경에서 나온 것이 아니라 지극히 상식적인 이야기일 뿐이다. 가계 부채의 위험도를 그렇게 계산하지 않은 것이 문제였을 뿐이다. 집주인이 대출금을 갚지 못해 파산하게 되면, 당연히 담보물인 주택이 경매에 넘어가게 되고, 위기 때는 경매로 나온 담보 물건이 최소 세 번은 유찰되어 40% 이상 가격이 할인되어 처리된다. 할인된 금액 안에는 세입자의 전세자금이나 반전세 자금이 포함되어 있다. 공공이나 민간보증사가 전세보증을 해주더라도 손실이 없어지지는 않는다. 게다가 상당히 많은 사람들이 현실적으로 집주인의 눈치를 보느라 전세보증의 우산 아래로 피신하지 못한다. 위기가 발생할 때 부실이 발생하는 채권은 바로 그런 취약 영역에서 발생한다.

2018년 2분기 기준으로 한국은행이 발표한 한국 가계 부채만도 1,500조원을 돌파했다. 하지만 전세나 반전세 보증금 등 개인 간 부채, 임대사업자 및 자영업자 부채까지 포함하면 실질 가계 부채 규모는 2018년 1분기 기준으로 2,340조원을 넘을 것으로 추정된다.[5]

가계 부채의 질은 어떨까? 박근혜 정부 때부터 기준금리가 인상되는 시기에 가계 부채의 위험이 커지는 것을 막기 위해 정부가 나서서 변동금리를 고정금리로 바꾸라고 권유했다. 하지만 한국 가계 부채의 73%는 아직도 변동금리다. 그 이유는 은행을 찾아가 보면 쉽게 안다. 변동금리를 고정금리로 바꾸려면 당장 전에 내던 이자율보다 더 높게 내야 한다. 지금 당장 한 푼이 아쉬운 가계로서는 미래의 위기를 막자고 지금 당장 이자율을 높이면서 변동금리를 고정금리로 바꾸기란 쉽지 않다. 기준금리가 계속 오르므로 대출 상환 기간 전체로 보면 고정금리가 유리할 것이라고 계산할 정도의 대출자는 처음부터 고위험 대출자가 아닐 가능성이 크다.

한국 가계 부채 1,500조원 중 73%의 변동금리 채권은 기준금리가 0.25%p 오를 때마다 2조 3천억원의 추가 이자를 발생시킨다. 만약 최악의 상황이 발발해서 2021~2022년경에 한국은행이 기준금리를 5%까지 올린다면 (2019년 1월 1.75% 기준) 금리가 3.25% 상승하고, 그에 따른 이자 부담 증가액은 약 7조 4,750억원에 이른다. 2017년 기준으로 한국의 명목GDP 1,730조원 0.43%다. 한국의 2019년 경제성장률 예측치가 2.6%인 것을 감안하면 한 해 경제성장률의 약 6분의 1에 해당되는 금액을 추가 이자로 내야 한다는 뜻이다.

2018년 한국은행은 가계 대출 중 취약차주의 대출 규모를 85조 1천억원으로 추정했다. 전체 가계 대출의 6%다.[6] 취약차주란 다중채무자이면서 하위 30%에 해당하는 저소득 혹은 저신용(7~10등급) 계층의 차주를 말한다. 필자가 보기에 이 기준은 경제 위기 상황이 아니라 평상시의 금융 상황을 바탕으로 평가한 취약차주 구분 기준이다. 실제로는 기준금리가 한 번 오를 때마다 취약차주의 구분 기준선은 올라갈 것이다. 만약 기준금리가 현재보다 두 배 이상 상승하거나 금융위기가 발발한다면 취약차주는 최소한 한국은행 추산치보다 두세 배는 될 것이다.

한국의 금융위기 가능성을 오랫동안 모니터링해 온 필자는 2015년 말, 한계가구의 빚 규모를 400조원으로 추정했다. 2015년 말 기준으로 한국은행의 분석에 의하면, 한계가구는 최소 152만에서 최대 248만 가구였다. 이들의 부채 규모는 당시 전체 금융부채의 최소 19.3%에서 최대 32.7%(약 400조원)였다. 한국은행은 가처분소득 대비 금융부채 비율이 평균 507%(비한계가구 평균 77%의 6배), 가처분소득 대비 원리금 상환액 비율$_{DSR}$이 109%(비한계가구 평균 15%)에 해당하는 152만 가구를 최소 규모로 규정했다.[7] 2017~2018년 2년 동안 한계가구 비율은 줄지 않았다. 미국 기준금리 인상의 여파로, 시중 은행들이 한국은행의 정책금리보다 빠르게 이자비용을 올리고 있다. 2018년 기준으로 한국 가계의 이자비용은 전년 동기 대비 30.9%가 늘었다.[8] (한계가구는 저신용 군에게 붙는 '리스크 프리미엄(빚을 떼일 위험에 붙는 가산금리)'도 가산된다)

일단 최소치로 분석해 보자. 한국은행이 2015년 6월 말에 발표한 금융안정보고서에 따르면, 2015년 6월 기준으로 최소 위험가구 비중은 10.3%, 위험부채 비중은 19.3%였다. 만약 한국은행의 기준금리가 1%p 오르면 위험가구 비중은 11.2%, 위험부채 비중은 21.6%로 오른다. 기준금리가 2% 오르면 각각 12.7%, 27.0%로 증가한다. 한국의 기준금리가 2%p 오른 상태에서 주택가격이 10% 하락하는 복합충격이 발생하면 가계의 위험부채 비율이 19.3%에서 32.3%로 13.0%p나 상승할 것으로 예측했다.[9]

한국의 가계 부채가 가지고 있는 몇 가지 위험성을 좀 더 자세하게 분석해 보자.

첫째, 총량의 증가가 불안하다. 2002~2014년까지 국가 경제 규모는 1.9배 커졌는데, 같은 기간에 가계 부채는 2.4배 증가했다.[10] 2018년에는 가계 부채 총규모가 1,500조원을 돌파했다. GDP 대비 세계에서 가장 높은 수준이다. 국제결제은행$_{BIS}$이 수행한 48개 주요국을 대상으로 한 분석에서는 127.8%를 기록한 1위 국가 스위스에 0.8% 낮은 수치로 세계 2위였다. 지금 속도라면 2019년에는 세계 1위로 올라설 가능성이 크다.[11]

둘째, 2012년 이후 가계 부채 증가율이 한국의 명목경제성장률을 상회하고 있다. 소득이 증가하는 속도보다 부채 증가 속도가 빠르다는 뜻이다. 처분가능소득 대비 가계 부채 비율은 185%까지 증가해서 OECD 국가 중 7위를 기록했다. 그런데 지난 4년 동안 이 수치가 25%p 증가해서 증가 속도로는 세계 최고 수준이다.[12]

셋째, 2008년 당시 한국 가계의 채무부담능력을 나타내는 가계 부채/가처분소득 배율은 1.43으로 미국 1.29보다 높았다.[13] 즉, GDP 대비 가계 부채 비율은 미국보다 낮지만, 가처분소득 대비 비율은 미국보다 상태가 좋지 않다. 이는 중산층이나 서민층의 부채 상환 능력이 미국보다 훨씬 좋지 않다는 의미다. 겉모양은 낫지만, 속은 더 부실하다는 말이다. 예를 들어, 한국의 다중채무자 수는 2015년 6월 기준 344만 명으로 전체 채무자의 19.0%다. 이들의 평균부채는 2014년 말 9,920만원을 넘었고, 전체 규모는 341조원을 넘는다. 현재 이들 중 73.4%(248조원)가 추가 대출로 이자를 돌려 막으며 버티지만 스스로 원금을 갚을 수 없는 한계 상황에 처한 것으로 추정한다.[14] 참고로, 2018년 한국은행이 발표한 다중채무자의 1인당 평균부채는 1억 1,880만원까지 치솟았다.[15]

넷째, 숨겨진 부채까지 합하면 상태가 좀 더 심각해진다. 2015년 자영업자의 신규 대출도 전년 대비 34% 증가한 52조원을 기록했고 매달 신규 대출의 규모가 커지는 추세다. 같은 기간 가계 대출 증가율 9.1%과 비교해도 큰 수치다. 자영업자 신규대출은 50대 이상의 은퇴

층이 61%를 차지할 정도로 압도적이다. 채무불이행자도 2014년 말 15만 5,486명에서 43% 늘어난 22만 2,971명이다.[16] 총량이 220조원을 넘어선 국내은행 개인사업자 대출의 일부가 가계 부채 부실일 가능성이 크다. 하지만, 개인사업자 대출 220조원을 더하면 GDP 대비 91%에 이른다. 만약 전세자금 500조원 정도를 추가하면 GDP 대비 125%에 육박한다. 참고로, 전세보증금은 최소 450조원에서 최대 600조원까지 추정된다. 통계청의 '가계금융복지조사' 자료에 따르면, 전세난으로 지난 5년간 전세보증금 총액이 135조원 불어났는데,[17] 이 돈은 전세보증금의 비정상적 증가이기 때문에 몇 년 후에는 집주인이 세입자에게 다시 돌려주어야 할 금액이다.

다섯째, 금융 압박을 견디는 체력도 좋지 않다. 2013년 기준으로 미국 가계의 금융자산은 70.1%, 일본은 61.6%, 영국은 52.2%이지만, 한국의 가계 금융자산은 26.8%에 불과하다. 대신 부동산은 67.8%에 이른다.[18]

여섯째, 한국의 가계 부채는 내용도 안전하지 않다. 가계 부채에서 위험한 1차 대상은 저축은행, 신협, 상호신용금고, 파이낸스사, 생명사 등의 제2금융권에서 LTV, DTI 비율 70%를 넘겨서 대출을 받은 서브프라임 대출, 제1금융권에서 대출을 받았지만 나머지 금액을 전세자금을 받아 충당한 대출 및 장기간 경기침체, 소비부진, 전세난, 메르스 등의 악재가 겹치면서 생계비 마련을 목적으로 한 저소득·저신용 계층의 제2, 3 금융권 무담보 고금리 신용대출 등이다. 2015년 9월 6일 한국은행의 분석에 따르면, 2015년 2분기 비은행예금기관에서 대출된 무담보 고금리 신용대출은 전분기보다 5조원 증가한 138조원을 기록했다. 이는 분기 기준 사상 최대치로 한국은행 통계

작성 이래 최초다.[19] 본래 2분기는 상대적으로 자금수요가 크지 않지만, 장기간 경기 침체, 월세 부담 증가, 자금사정 압박 등이 겹치면서 저소득층이나 개인사업들이 마이너스 대출, 카드론, 현금서비스 등을 빠른 속도로 늘리고 있다는 분석이다. 유동금리 적용 대상인 이런 대출들은 앞으로 기준금리가 인상되고, 더 나아가 한국 내에서 금융위기가 발생하면 저소득, 저신용 계층에게 직접적으로 경제 타격을 준다. 또한 제2금융권의 가계 대출의 60%가 무담보 신용대출이기 때문에 금융권의 위기도 피하기 어려울 가능성이 아주 크다.[20] 무담보 신용대출, 제2금융권에서 LTV, DTI 비율이 70%를 넘겨서 대출을 받은 서브프라임 대출, 제1금융권 대출 위에 전세자금을 추가해서 주택구입자금을 마련한 주택투자자들, 개인사업자 및 소호사업자들의 대출금은 사실상 정부의 관리 범위를 넘어간 가계 대출이다. 자영업자 대출도 2012년 197조원에서 2014년 237조원으로 3년 사이 20% 넘게 증가했다.[21] 창업 후 3~5년 이내에 80%가 문을 닫는 한국 자영업 상황을 고려할 때, 증가분의 상당량이 생계형 대출이다. 위기에 대응하는 엄격한 기준으로 평가하자면, 제1금융권의 주택담보 대출 중에서 LTV, DTI 60%를 넘어서는 부분도 위험하다. 또한 LTV, DTI 60%를 넘지 않는 범위에서 대출을 받은 프라임모기지론도 대출자가 실직을 하거나, 폐업을 하면 곧바로 서브프라임모기지론으로 전락할 수 있다. 실제로 새정치민주연합의 홍종학 의원이 금융감독원 자료를 분석한 결과, 2015년 6월 기준으로 수도권 주택담보대출 총잔액은 100조 2천억원이다. 이 중에서 LTV(주택담보인정비율)가 60%를 넘은 규모는 42조 5천억원으로 전체의 42%에 해당했다. LTV가 60%를 넘으면, 금융위기가 발생해서 집값이 40% 넘게 하락하면 대출금 전액 회수가 불가능해진다. 수도권 주택담보대출 총액에서 DTI(총부채상환비율)가 50%를 넘는 대출액은 19조 7천억원으로 전체의 20% 가까이 된다. 이들은 연간 소득의 절반 이상을 대출금 상환에 쓰고 있는 사람들이다.[22]

상업용 부동산도 숨어 있는 위험요소다. 한국감정원의 분석에 따르면, 2015년 상반기 전국 사무실 건물 공실률은 13.1%다. 2008년 공실률 5.4%의 2.5배다. 서울의 공실률은 11.1%다. 2008년 3.8%와 비교하면 2.9배가 넘는다. 서울권에서 중소형 건물의 공실률은 10%이고, 대형은 13.1%로 전국 공실률을 넘는다. 부산과 대구는 공실률이 15~16%이고, 인천과 광주는 18%대로 초위험군에 속한다. 하지만, 임대료를 낮출 수 없기 때문에 공실률을 숨기는 경우도 비일비재하기에 실질 공실률은 더 높을 것으로 추정한다.[23] 3년이 지난 2018년에도 이런 상황은 별반 나아지지 않았다. 현재의 공실률이 2008년보다 늘어난 원인은 지속적인 내수경제 위축과 기업실적 하락, 그리고 상업용 부동산의 과잉 공급 때문이다. 2010년부터 2014년까지 5년간 서울과 분당권에서만 총 900만m^2(273만 평) 사무실이 공급됐다. 연평균 180만m^2(54만 평)으로 63빌딩(5만 평)의 약 11개 규모다. 2001~2009년의 연평균 공급량의 두 배를 넘는다. 이런 상황인데도 전국에서 대규모 개발 프로젝트가 진행 중이다. 상암DMC, 판교 제2테크노밸리, 강동첨단업무지구, 마곡산업단지, 105층짜리 현대기아자동차 신사옥, 85층짜리 제2롯데월드타워 등이 추가된다.[24]

하나 더, 소득 상위 20% 가구가 전체 가계빚의 46.5%를 가지고 있어서 상대적으로 안전하다고 평가하기도 한다. 과연 그럴까? 여기에도 숨은 함정이 있다. 첫째, 이들 중 상당수가 베이비부머 세대다. 앞으로 5년 안에 은퇴하거나 은퇴를 준비해야 한다. 이들은 은퇴 후 소득이 절반 이하로 줄어도 계속해서 이자와 원금을 갚아야 한다. 둘째, 소득 상위 20% 중에서 일부는 부채 레버리지를 사용해서 세 채 이상의 주택을 보유하고 있다. 따라서 기준금리 인상과 집값 하락에 취약하다. 미국의 경우 저소득층이 무리하게 집을 사서 문제가 발생했다. 때문에 한국은 안전하다고 평가한다. 한국의 경우 저소득층이 집을 살 수 없다. 하지만 한국은 고소득층이 더 무리해서 집을 샀다. 참고로, 2018년 문재인 정부가 집을 팔라고 강력한 압박을 취했지만 88만 명이 팔고 147만 명이 사는 일이 벌어졌다. 2018년 기준으로 2주택 보유자는 166만 명, 3주택자는 27만 2천 명, 4주택자는 7만 2천 명, 5주택 이상자는 11만 5천 명으로 꾸준히 늘고 있다. 전체 주택 소유자 중에서 다주택자 비율은 2018년 15.5%로 증가했다. 집이 없던 사람이 집을 사서 유주택자가 된 사람도 1년 동안 53만 6천 명이나 되었다. 다주택자는 1년 새 14만 명이 늘어 총 212만 명이 되었다.[25] 심지어 현 정부의 관료를 포함해서 정치인 중에서도 다주택 보유자가 많다. 국민건강보험공단의 분석에 따르면, 2015년 기준 서울시에서만 한 사람이 보유한 가장 많은 주택 수는 277채이며, 상위 100명이 9,314채를 갖고 있다.[26] 셋째, 2015년 한국은행이 국정감사에 제출한 자료에 따르면, 2014년 소득 5분위(상위 20%) 367만 9천 가구 가운데 265만 가구(72.0%)가 부채를 갖고 있다. 가계 부채 전체에서 1분위는 27.4%, 2분위 56.7%, 3분위 67.6%, 4분위 71.9%, 5분위 72%가 부채를 지고 있는 것으로 나타났다. 즉, 1분위에 해당하는 저소득층은 10가구 중 2~3가구가 빚이 있고, 5분위에 해당하는 고소득층은 10가구 중 7가구가 빚이 있다.[27] 그리고 소득 상위 20% 가구가 전체 가계빚의 46.5%(500조원 정도)를 갖고 있다. 하지만, 국정감사에서 지적된 것처럼, 고소득층이라도 빚을 내서 집을 산 사람들은 소유 자산의 76%가 부동산이어서 금융자산이 평균 1억 7,298만원에 불과(?)했다. 부채가 없는 가구의 평균 금융자산 2억 8,666만원보다 1억원 정도가 적었다. 결국 5분위 계층이라도 빚을 내서 부동산을 구입한 가구는 금융자산 대비 부채비율이 74.7%에 달했다. 5분위 전체 계층의 자산 대비부채비율 45.5%로 안정적이라는 해석도 빚내서 부동산을 구입하지않은 가구들을 합산하여 평가할 때의 해석에 불과하다. 국회 예산정책처의 분석에 따르면, 금융위기 발발 전인 2007년 미국의 소득 5분위 부채 집중도는 50.2%로 한국의 46.5%와 비슷했다.[28] 넷째, 신흥국위기 및 아시아 위기가 발발하여 한국 내수경제와 기업 경영 상황에직접적인 위기가 발생하면 일부 기업이 파산하고 구조조정을 해야 한다. 이 가운데 소득 상위 20% 중 일부는 직장을 잃게 된다. 이들이 보유한 주택들은 곧바로 서브프라임 모기지론이 된다.

한국 가계 부채 문제의 핵심은 총량이 아닐 수 있다. 규모가 크더라도 미국처럼 추가 상승 여력이 있을 경우에는 문제가 되지 않기 때문이다. 하지만 1990년대 일본처럼 추가 상승 여력이 없을 경우에는 문제가 된다. 일본보다 빠른 세계 최고 속도의 저출산 고령화 타격, 일본을 추격할 때의 한국보다 더 재빠르고 강력한 중국의 추격에 대처해야 하는 상황에서, 향후 5년 정도 더 지속될 신흥국과 아시아의 경제위기와 후유증을 이겨내고 기준금리 인상 후폭풍을 최소 4~5년 이상 버텨낼 수 있을까. 과연 이런 상황에서 한국 집값이 현재 가격을유지할 수 있을까.

금융위기가 발생하면 단기간에
주택가격은 얼마나 떨어질까?

금융위기가 발생하면 단기간에 주택가격은 얼마나 떨어질까? 필자가 지금까지 분석한 모든 자료를 종합적으로 고려할 때, 만약 미국의 기준금리 인상이 가계 부채라는 도화선에 불을 붙여 한국에 금융위기가 발생하면 주택가격은 단기적으로 5~10% 하락할 수 있고, 외환위기에 준하는 수준으로 경제 위기가 심화되면 4~5년 안에 20~30%까지 하락할 가능성도 있다. 미국은 금융위기가 발발한 후 2014년 1분기에 가계 부채가 GDP 대비 107.3%까지 감소했다. 2008년 133.7%에 비교하면 20% 정도 감소한 셈이다. 즉, 5년 동안 가계 부채의 20%가 파산이나 일부 부실채권으로 정리된 것이다.

기준금리가 인상되면 부동산 가격 하락 충격만 오는 것이 아니다. 추가적인 금리 부담으로 소비도 준다. 2015년 기준으로 가계 및 비영리단체를 합한 가계의 총금융부채 1,344조 685억원, 정부 부채

645조원, 공기업 부채 204조원, 민간기업 부채 2,350조 9천억원을 합치면 한국의 총부채는 4,544조원이다. 한국은행이 발표한 2014년 한국의 명목 국내총생산(GDP)는 1,485조원을 기준으로 하면 GDP 대비 306%. 문제는 지난 3년 동안 부채가 더 늘었다는 점이다. 가계부채가 1,500조원까지 상승한 것과 숨어 있는 부채격인 전세·반전세 자금 등을 합하면 2018년 기준으로 한국의 총부채는 대략 5천조원을 훌쩍 넘었을 것이다. 총부채 5천조원 중에서 70%를 유동금리로 추정한다면, 기준금리가 1% 오르면 대략 35조원 정도(GDP 2%)의 추가 이자부담이 발생한다. 2% 오르면 70조원(GDP 4%), 3% 오르면 105조원(GDP 6%)이다. 그만큼 소비는 줄어든다. 외환위기로 인해 1998년 한국경제는 5% 정도 위축되었다.[29] 즉, 한국경제가 금융위기 상황으로 치달으면 국내외 상황과 가계 및 기업의 단기적 역량으로 볼 때 1998년보다 더 위축될 가능성도 있다. 이런 경기 위축의 여파가 길면 길수록 주택가격 하락의 폭은 커질 수도 있다. 물론, 한없이 하락하기만 하는 것은 아니다. 주택가격이 하락한다고 국가 경제가 파탄나는 것도 아니다. 경제 주체별 순금융자산(금융자산-금융부채)은 2015년 기준으로 가계 및 비영리단체 1,712조 5천억원, 기업 −43조 7천억원, 정부 467조 8천억원이다.[30] 금융위기 또는 최악의 경우 제2의 외환위기에 이를지는 몰라도 나라가 망할 정도의 상황은 아니다. 2015년 9월 23일 한국은행이 발표한 '2015년 2분기 자금순환(잠정)' 통계에 의하면 잉여자금 규모도 24조 9천억원이었다.[31] 잉여자금이란 예금, 보험, 주식투자 등 운용자금에서 금융기관에서 빌린 부채를 뺀 금액이다. 여기에 저금리 시대에 투자처를 찾지 못한 자금까지 합치면 대략 800조원이 시장회복을 기다리고 있다. 즉, 위기 후에 다시 일

주택가격과 부채 위험도의 연관관계

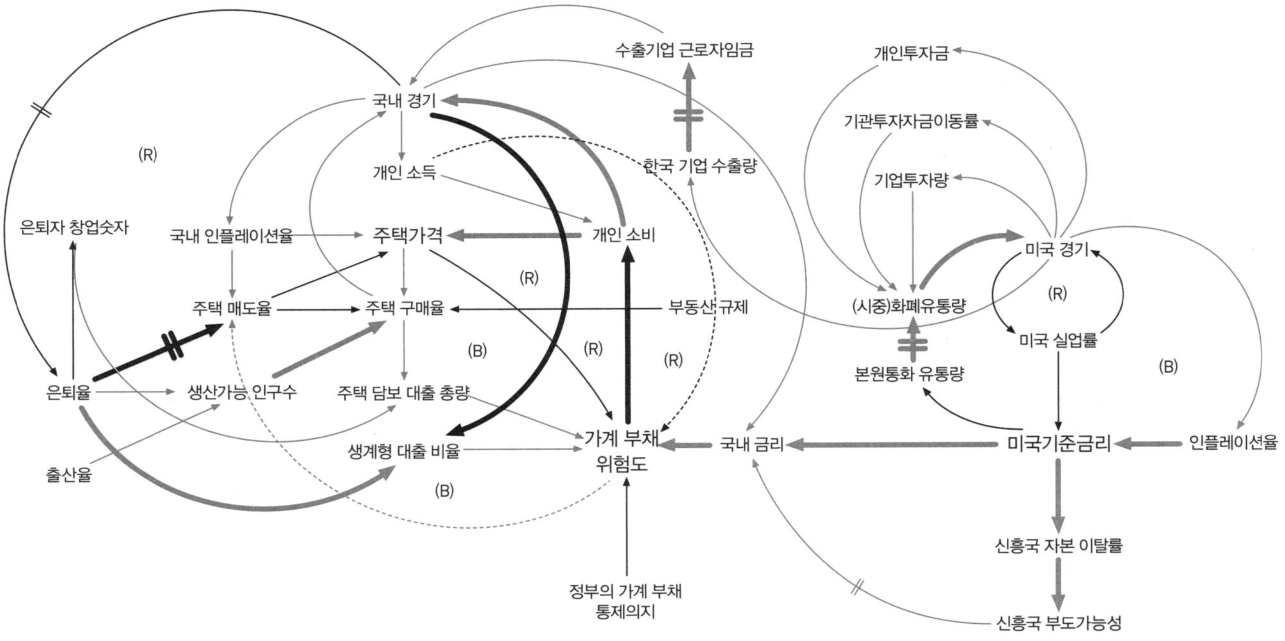

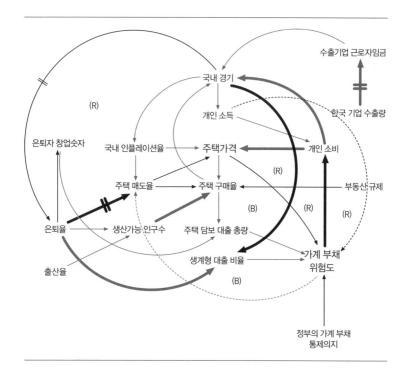

어서는 데 도움이 되는 돈도 있다. 하지만 이런 돈들은 내수 상황이 좋아지지 않으면 절대로 시장에 진입하지 않는다. 한국경제가 어렵다고 살신성인의 자세로 경제 구원투수 역할을 하지 않는다. 참고로, 주택가격에 영향을 주는 주요소는 '(투자 측면에서) 미래 가치'와 '수요 공급의 차이'다. 위의 그림은 주택가격과 가계 부채 위험도 간의 복잡한 시스템적 관계를 보여주는 그림System Map이다.

먼저, 국내 상황을 그린 시스템 맵의 왼쪽 부분을 떼어내 분석해 보자. 그림을 읽는 방법은 다음과 같다. 검은색 화살표는 변수의 양이 반대로 움직이는 것을 나타낸다. 파란색 화살표는 변수의 양이 같이 움직이는 것을 나타낸다. 예를 들어 가계 부채 위험도가 증가하면 개인 소비량은 (반대로) 감소한다. 개인 소비량이 줄면 (같이) 국내 경기도 침체된다는 식이다.

이는 몇 개의 피드백으로 나눠볼 수 있다. 즉 가계 부채 위험도가 증가하면 개인 소비는 감소하고, (개인 소비가 감소하면) 국내 경기는 침체하고, (국내 경기가 침체되면) 개인 소득은 감소하고, (개인 소득이 감소하면) 다시 개인 소비를 감소시켜 주택가격 하락에 영향을 미치게 된다. 그리고 주택가격이 하락하면 가계 부채 위험도는 더욱 증가하는 순환고리feedback loop를 만든다.

(개인 소비가 감소하여) 국내 경기가 침체에서 빠져나오지 못하면 생계형 대출 비율이 높아져서 다시 가계 부채 (질적) 위험도를 높인다. 주택 담보 대출 총량이 느는 것도 가계 부채 위험도를 높이는 위험을

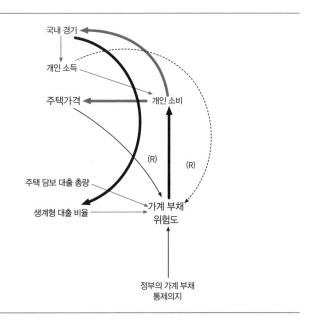

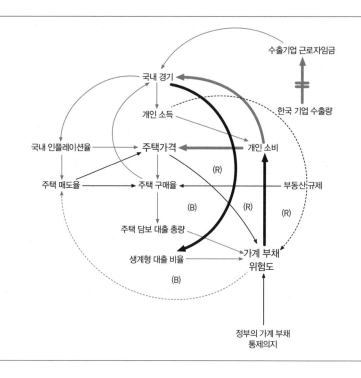

가중시키는 순환고리를 만든다. 금융위기 발발로 주택 구매율이 낮아지면 국내 경기를 하락시키고, (국내 경기를 하락시키면) 개인 소득이 감소하여 개인 소비를 감소시키고, (개인 소비가 감소하면) 국내 경기를 재차 하락시켜서 (주택 담보 대출 총량이 줄더라도) 가계 부채 위험도가 높아지거나 낮아지지 않는 악순환 고리가 만들어진다.

이런 상황에서 한국 기업 수출량이 줄면 수출 기업 근로자 임금이 하락하여 국내 경기가 하락하고, (국내 경기가 하락하면) 인플레이션율이 내려가면서 주택가격을 다시 하락시키는 요인으로 작용한다. 또한 가계 부채 위험도가 증가하면 주택 매도율이 증가하여 주택가격 하락을 부추기고 주택 매도율을 더욱 상승시킨다. 결국 '수출 경기'와

'국내 경기'의 회복 여부에서 주택가격 하락 지점이 결정된다. 만약 회복이 쉽지 않다면, 그 당시의 수출과 국내 경기의 수준에 맞는 수준으로 주택가격이 하락할 수 있다.

부동산 구매, 대출 부담은 어느 정도일까?

직장인의 경우 자기 연봉의 5배 정도 되는 가격이 실거주 목적으로 집을 구매하여 대출을 상환할 수 있는 합리적인 최대치다. 예를 들어 연봉 5천만원을 받는 직장인의 경우라면 연봉의 5배인 2억 5천만원의 주택을 구매하는 것이 합리적인 수준이다. 이때 제1금융권에서 60%의 대출을 받는다고 가정하면, 자기 부담금 1억원과 대출 원금 1억 5천만원으로 집을 살 수 있다. 대출금에 대한 연 5%의 이자비용을 가정하면 상환 기간이 20년일 경우 원금의 100%에 해당하는 이자 비용이 발생한다. 결국 20년 동안 원금과 이자 비용 상환에 3억원을 지출해야 하므로 연봉의 30%인 연간 1,500만원을 대출금 상환에 쓰는 셈이다. 전문가들은 이 정도를 개인이 적정하게 감당할 수 있는 최대 금액으로 본다. 만약 자기 연봉의 7배 정도 되는 가격의 주택(3억 5천만원)을 구입한다면, 자기 부담금은 1억 4천만원으로 늘어나고, 대출 금액은 2억 1천만원이 된다. 이 경우 20년 동안 매년 연봉의 42%(2,100만원)를 주택 구입에 대한 금융비용(이자, 원금)으로 지출해야 한다. 이 수준이면 의식주와 자녀교육에 들어가는 절대비용을 제외하고 추가로 소비할 여력이 거의 없다. 만약 직장인이 자기 연봉의 10배를 넘는 금액의 주택을 구매하면 퇴직할 때까지 원금을 완전히 상환할 수 없다. 참고로 2018년 기준으로 서울의 평균주택 가격은 도시 지역 3분위(상위 40~60%) 가구의 연소득 대비 14배를 넘어섰다.

물론 연봉이 순조롭게 오른다면 연봉의 5배를 넘는 금액에 투자할 여력이 생길 것이다. 그러나 금융감독원의 '2018 가계금융·복지조사 결과'에 따르면 2018년 3월 현재 한국의 가구당 연 평균 소득은 5,705만원, 가구당 부채는 7,531만원으로 집계됐다. 전년 대비 소득은 4.1% 부채는 6.1% 증가한 수치다. 그리고 국세청의 연말정산 자료를 기준으로 한 직장인의 2017년 평균 연봉은 3,519만원이었다. 더욱이 앞으로의 경제 전망을 생각하면 한국의 평균적인 직장인이 획기적으로 연봉을 올리기는 쉽지 않다.

(08)

2020년 이후,
한국의 부동산 가격

중장기적으로 한국 부동산 가격의 미래를 예측해 보자. 대전제를 먼저 생각하자. 버블 가격에도 정해진 이치가 있다. 많이 오르면 많이 떨어진다.

2020년 이후, 한국 부동산 가격의 미래와 관련된 가장 중요한 변화는 실질 구매자 숫자와 그들의 구매력(소득과 부채 동원력)이다. 필자의 예측으로 가장 확률이 높은 미래는 구매자 숫자와 구매력의 동시 하락 가능성이다. 이 말은 갑자기 실수요자 숫자가 급격히 줄어든다는 말이 아니다. 대세 전환점을 맞게 된다는 의미다.

실수요자의 숫자는 인구구조 변화와 한국의 국가 매력도의 변화에 따른 외국 투자자의 구매 의사와 관련된다. 실수요자의 구매력은 개인소득, 은퇴준비, 일자리 상황, 미래전망 등에 영향을 받는다. 이것을 기준으로 필자의 예측을 먼저 밝힌다면, 한국 부동산 가격의 최종점 즉, 정상 가격의 수준은 미국과 일본의 '중간쯤'이 될 듯하다. 중간이란 가격 하락이 중간 수준이란 말이 아니다. 전체 부동산의 50% 정도는 일본의 (상업용이 아닌) 주택가격 변화처럼 가격 대조정을 받게 되고, 30~40%는 그보다는 나은 수준에서 가격 정상화가 이루어질 것이고, 나머지 10~20%는 독일처럼 큰 하락없이 기술적 반등을 한 후에 지난 몇 년의 평균 물가상승률(2~4%)보다 적거나 만약 금융위기 이후에 한국에 디플레이션이 발생하면 아주 낮은 평균물가 수준에서 미미한 상승을 하는 수준이 될 수 있다.

대세 전환기(뉴노멀)의 가장 빠른 시점은 금융위기 시작점이고, 가장 늦은 시점은 소득감소 시작점(금융위기 이후 1% 성장률 시점)일 수 있다. 부동산 버블 붕괴가 일어나는 '너무 높은 가격'은 각 나라마다 다르다. 하지만 하나의 공통점이 있다. 투기 자금이 끌고 가는 가격 상승을 추격해주어야 할 실구매자의 경제력 하락(기업 임금, 자영업 매출, 미래 일자리 확신, 금융비용 부담)이 방아쇠로 작용한다는 사실이다. 부동산 버블 붕괴 가능성을 가격이나 유동성 규모로만 판단해서는 안 된다.

가격의 대세 하락 이전에는 대체 투자상품과 비교해서 부동산 수익률이 낮아지는 시점이 먼저 온다. 수익률이 낮아지지만 과거 패턴에 의존해서 막연한 미래 기대감이 여전한 시점이다. 상당수 지역에서 부동산이 가치 재조정에 들어가지만 여전히 일부 부동산 상품은 풍부한 유동성으로 기대값 상승이 지속된다(지금이 바로 이 시점이다). 앞으로 한국 부동산은 강남 일부 재건축이나 수도권 최적 입지권 가격 상승액(액면 금액은 커도 비율로 하면 적은 수준이지만)을 제외하고는 부채에 대한 이자비용과 주택 관리에 들어가는 비용(세금, 보험, 유지비, 감가상각비 등)을 감안할 때 대체 투자(예: 다우지수 인덱스 등) 상품 수익률에 현저하게 밀리게 될 것이다.

그 다음은 (금융위기 발발 여부와 별개로) 인구 변곡점이 시장 참여자의 심리에 크게 반영되어 지속적으로 투기 수요가 줄고 수익률이 낮아지면서 부동산에 대한 생각의 변화가 일어나는 시기다.

그다음은 장기침체기가 확실해지는 때, 즉 디플레이션으로 실물가격 하락이 시작되는 시기로, 유동성이 충분해도 대체 투자상품으로 이탈하면서 소수 지역을 제외한 대부분 지역이 장기적으로 부동산 가치 재조정기(가격 정상화 구간)에 들어간다.

2020년 이후, 한국 부동산 가격에 관한 미래예측은 현재 15~34세 인구층의 욕구 및 현실과 밀접한 관련이 있다. 다음의 그림은 향후 20년의 한국 부동산 가격에 가장 큰 영향을 미칠 현재 15~34세 인구층의 상황이다. 이들의 주택 구매욕구는 본능이지만 주위 상황이 여

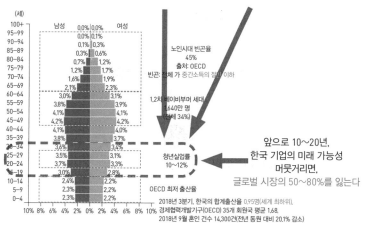

주택 구매욕구는 본능이다. 하지만,
앞으로 20년 한국 부동산의 문제는 인구감소뿐만 아니라, 다음 세대 구매자들의 소득 불안정이다.

의치 않다. 물론 이들을 포함한 다른 층들도 주택 구매를 본능적으로 원할 것이다. 또한 단기투기 심리도 여전할 것이다. 하지만 실구매자들은 자신의 미래 소득에 기반한 장기부채 조달 역량이 예전만 못하다는 결정적 현실을 마주해야 한다. 이런 상황에서 한국 금융업체들이 국내 투자에서 큰 수익을 올릴 수 없는 새로운 국면을 맞아 글로벌 투자를 통해 돌파구를 마련하기 시작하면 국내 부동산 투자에 대한 관심은 더욱 하락할 것이다. 사실 한국 부자들은 부동산 투자의 위험성에도 불구하고 대체 투자 대상이 마땅치 않아 부동산에서 발을 빼지 못하고 있다. 이것이 투기 지역 부동산 가격 하락을 막고 있는 결정적 이유 중 하나다. 만약 이들에게 새로운 대체 투자처가 증가하면 한국의 부동산 가격 정상화의 확률은 더 높아질 것이다. 다음 그림은 필자가 지금까지 예측한 한국 부동산 가격의 미래 시나리오를 하나의 도표로 정리한 것이다.

한국 부동산 가격의 미래

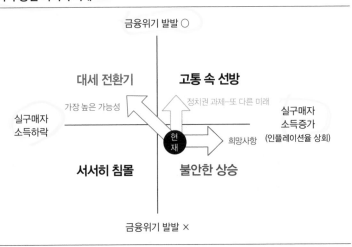

8장

부동산 이후,
어디에 투자할 것인가?

세 가지 질문(1)
무엇을 사야 하나?

이제 우리에게 남는 질문은 이것이다. "부동산 이후, 우리는 어디에 투자해야 하는가?" 두 가지 방법을 추천하고 싶다. 단기적으로는 지금까지 분석하고 예측한 위기에 투자하는 역발상 투자, 장기적으로는 한국의 부동산보다는 글로벌 주식시장에 투자하는 것이다.

지금은 트럼프 대통령의 좌충우돌식 언행과 정책 때문에 글로벌 투자시장의 변동성이 매우 크다. 그럼에도 불구하고 글로벌 투자시장은 크게 보면 우상향하는 상승곡선을 따라 차근차근 전진하고 있다. 미국 주식시장이나 유럽 주식시장이 큰 폭의 대조정을 겪더라도 장기적으로 우상향하며 상승하는 추세는 막을 수 없다. 금융위기가 발생하더라도 중국의 주식시장은 다시 회복하여 이전보다 더 높은 주가지수를 향해 계속 전진할 것이다. 트럼프가 일으키고 있는 소음도 중장기적으로 보면 하나의 에피소드에 불과하다. 앞으로 10~15년은

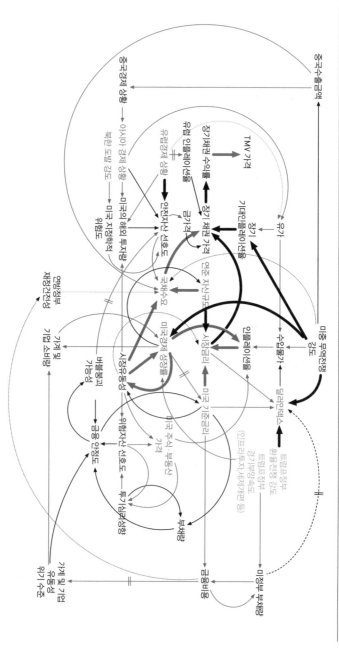

460

우리 인생에서 한두 번 찾아올 최고의 글로벌 투자 기회가 열리는 시간이다. 이 기회를 잡아야 한다.(왜 최고의 투자 기회이고 어떻게 투자해야 하는지에 대한 분석과 투자 시나리오의 자세한 내용은 2018년 초에 출간한 필자의 책 〈부자의 시간〉을 참조하라)

다가오는 최고의 기회에 만족할 만한 투자 결과를 얻으려면 세 가지가 중요하다. 첫 번째는 '무엇을 사야 하나?'이다. 불확실성이 큰 시기에는 무엇을 사는지가 매우 중요하다. 핵심은 망하지 않을 투자 대상을 골라 사는 것이다. 필자는 '국가'를 사라고 권한다. 국가야말로 지구상에서 망할 가능성이 가장 적은 확실한 투자 대상이다. 애플이나 구글보다 더 오래 살아남을 것은 '미국'이라는 국가다. 삼성이나 현대기아차보다 더 오래 살아남을 것은 '한국'이라는 국가다. 여러 국가 중에서도 필자가 추천하는 가장 확실한 투자 대상 국가는 미국, 중국, 인도다. 이들 국가를 사는 방법은 간단하다. 해당 국가의 주가지수 즉, '인덱스'를 사는 것이다.

필자가 추천하는 세 나라는 앞으로 30년 동안 전 세계 국가들 중에서도 살아남을 가능성이 가장 크고, 성장 가능성도 가장 큰 국가이다. 이 세 나라만 구매해도 은퇴 후 생활에 필요한 자본의 상당 부분을 마련할 수 있다. 물론 다른 나라를 살 수도 있다. 단 해당 국가의 안정성이 미국, 중국, 인도 못지않고, 발전 가능성 면에서는 더 크다는 사실을 확인하고 확신할 수 있는 수준까지 반드시 학습한 후에 판단해야 한다.

02

세 가지 질문(2)
얼마에 사야 하나?

무엇을 살지를 정한 다음에 두 번째 질문에 대해 자기 원칙을 세워야한다. 바로 '얼마에 사야 하나?'이다. '무엇을 살지'보다 더 중요한 것이 '얼마에 사는지'이다.

답은 간단하다. 가장 낮은 가격에 사야 한다. 가장 낮은 가격은 언제 형성되는가? 바로 최고의 위기의 시기에 형성된다. 21세기에 미국의 지수를 가장 낮은 가격에 살 수 있는 기회는 2008년이었다. 그 기회는 지나갔다. 그렇지만 미국을 그다음으로 낮은 가격으로 살 수 있는 기회가 아직 우리에게 있다. 앞에서 분석하고 예측한 미국 주식시장의 대조정기다.

또 하나의 대안이 있다. 미국이라는 나라를 가장 낮은 가격에 살 기회는 놓쳤지만, 앞으로 중국과 인도를 가장 낮은 가격에 살 기회가 남아 있다. 그 시기는 중국에 금융위기가 발발하는 시기다. 물론 중

중국 상해종합지수

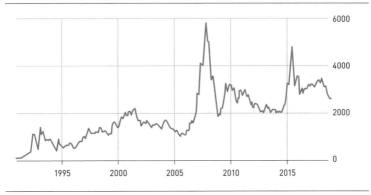

출처: TRADINGECONOMICS.COM | OTC/CFD

국의 금융위기까지 기다리지 않고 지금 중국이라는 나라를 사는 것도 나쁘지 않다. 중국의 상해종합지수 그래프를 보라.

2018년 12월 현재 중국의 주가지수는 2,500포인트 부근으로 떨어졌다. 1990년대를 기준으로 보면 높아 보이지만 앞으로 최소 10~15년 동안 상승할 미래를 기준으로 보면 바닥권이다. 중국에서 금융위기가 발발하기를 기다리지 않고 사도 될 만큼 낮다. 만약 필자의 예측대로 중국에서 금융위기가 발발하면 현재 지수보다 더 하락해서 2000선이 무너지는 것은 기본이고, 1500선도 깨고 내려갈 수 있다. 중국의 금융위기 가능성은 확률적 가능성이 가장 높은 미래이긴 하지만, 백 퍼센트 확실한 것은 아니다.(백 퍼센트의 정확성은 인간의 능력을 넘어서는 신의 영역이다) 중국 미래와 관련해서 확실한 것은 설령 중국의 상해종합지수가 1500선이 무너져도 반드시 회복된다는 사실이다. 회복되어 지수 2500을 넘어 장기적으로 최소한 1만 포인트를 넘을 것이 확실하다. 최대 2만 포인트 이상으로 올라갈 수도 있다.

금융위기 후, 중국 주식시장 수익률 예측

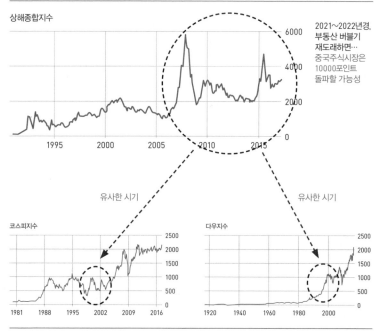

출처: WWW.TRADINGECONOMICS.COM

다음 그림은 한국 주식시장의 성장기를 분석한 그래프다. 그림에서 보듯이 한국은 경제성장률이 10%를 넘는 고도성장기에 주식시장의 1단계 성장기가 나타났다. 88올림픽 이후로 한국의 국가 브랜드가 강력해지고 제조업 1단계의 강력한 글로벌 플레이어로 등장하면서 한국 기업들이 글로벌 시장에서 본격적으로 자리를 잡아가기 시작하던 시점이다. 이때는 밑바닥에서 지수가 상승하기 때문에 '가장 높은 배수 상승률'을 기록하는 단계다.

그리고 1997년의 아시아 금융위기와 외환위기를 겪은 후 대규모 구조조정을 거친 한국 기업들이 중후장대형 산업에서 일본을 빠르게

한국 GDP 성장률과 주식시장 비교 1980~2018

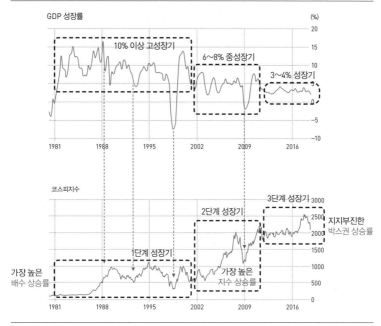

GDP 성장률

- 10% 이상 고성장기
- 6~8% 중성장기
- 3~4% 성장기

코스피지수

- 3단계 성장기
- 2단계 성장기
- 1단계 성장기
- 가장 높은 배수 상승률
- 가장 높은 지수 상승률
- 지지부진한 박스권 상승률

출처: TRADINGECONOMICS.COM

추격하며 제조업 2단계의 강자로 부상하던 시기가 나타났다. 이때 한국은 연 6~8%의 중성장기로 접어들었다. 이 시기에 한국 주식시장도 2단계 성장기로 진입했다. 이 단계는 '가장 높은 지수 상승률'을 기록하는 단계다.

현재 한국경제는 연 3~4%의 성장기로 접어 들었고, 주식시장도 그에 상응하는 3단계 성장기 초반에 있다. 주식시장의 3단계 성장기에 큰 폭의 상승을 하려면 한국 기업들이 제조업 3단계와 미래산업에서 글로벌 수준에서 최고의 플레이어로 도약해야 한다.

필자는 중국경제가 한국의 성장 추세와 비슷한 곡선을 보일 확률이 높다고 본다. 즉 한국이 1997년 상업 영역 발 금융위기를 맞은 이후 대규모 구조조정을 겪은 다음에 2단계 성장기로 진입하는 데 성공했듯이, 중국도 상업 영역 발 금융위기를 겪은 후 2단계 성장기에 안착할 것이다. 이 시기에 중국의 주식시장도 가장 높은 지수 상승률을 기록할 것이라는 점은 확실성의 영역에 있다. 시간이 얼마나 걸릴지의 문제만이 불확실성의 영역에 속할 뿐이다. 금융위기 이후 상해종합지수가 1만 포인트까지 가는데 5년이 걸릴 수도 있고 10년이 걸릴 수도 있다. 2만 포인트까지 가는데 7~8년이 걸릴 수도 있고 10~15년이 걸릴 수도 있다. 하지만 반드시 간다. 이런 시간적 불확실성의 가장 긴 쪽으로 잡아도, 지금부터 은퇴 후의 삶을 준비하거나 자녀의 미래를 위해 준비하기에 충분한 시간이다. 문제는 그런 시간적 불확실성을 관리할 수 있는 투자 방법, 즉 여유 자금을 가지고 긴 호흡으로 투자한다는 원칙을 지킬 수 있느냐이다. 이렇게만 한다면 불확실한 시간을 확실한 내 편으로 만들 수 있다.

인도 주가지수(SENSEX)

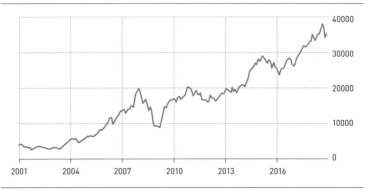

출처: TRADINGECONOMICS.COM | OTC/CFD

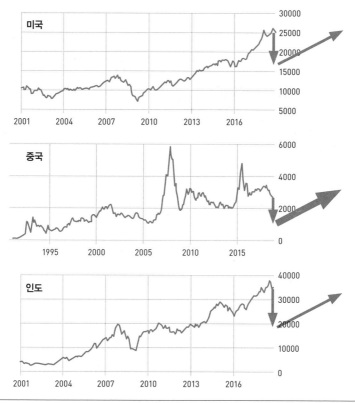

출처: TRADINGECONOMICS.COM | OTC/CFD

다음으로 인도를 분석해 보자. 인도 주식시장은 2008년에 20000포인트를 찍은 직후 50% 넘게 폭락했다. 그리고 폭락 후 네 배 가까이 상승했다. 아시아 투자시장에 미국, 유럽, 중국 자본이 엄청난 유동성을 공급할 때 최대 수혜국 중의 하나가 인도였기 때문이다. 인도 주식시장도 중국에 금융위기가 발발하면 큰 폭으로 하락할 가능성이 크다. 최소 50%는 폭락할 것을 예상해야 한다. 그때 인도 주식시장의

출처: TRADINGECONOMICS.COM | OTC/CFD

인덱스는 매우 매력적인 가격이 될 것이다. 인도는 중국보다 더 장기적으로 보유하고 가야 한다. 인도는 중국을 대체할 최고의 미래 시장이기 때문이다.

한국 주식시장은 어떻게 해야 할까? 한국 주식시장 투자에 대해 필자는 금융위기 이후의 기술적 반등기만을 활용하고, 그다음은 신중할 것을 권한다. (한국 주식시장에 대한 자세한 예측은 〈부자의 시간〉을 참고하라. 여기서는 가장 기본적인 원리만을 간단히 정리해서 소개한다)

앞에서 한국 주식시장은 두 번의 대세 상승기를 지났다고 설명했다. 이제 한국경제가 한 단계 더 도약하기 위해서는 제조업 3단계로 진입해야 할 시점에 놓여 있다. 한국의 산업이 3단계에 안착하고 그에 따라 주식시장도 3차 대세 상승장을 만들 수 있을지 여부는 앞으로 우리가 어떻게 하느냐에 달려 있다. 필자의 예측은 이렇다. 한국 기업들은 제조업 3단계와 미래형 산업에서 중요한 글로벌 플레이어의 한 자리를 차지하고 지속적인 국가 성장에 기여할 것은 분명하다. 그러나

10~15년 정도 한국 기업들과 국가 전체가 고통과 인내의 시기를 거치게 될 것이다. (한국 기업의 미래에 대한 더 자세한 분석과 예측은 필자의 다음 책 〈앞으로 5년, 한국 기업의 미래 시나리오(가제, 2019년 6월 발간 예정)〉에서 다룰 예정이다) 이 고통의 시간이 한국의 주식시장에도 영향을 미칠 가능성이 크다. 그래서 금융위기 이후 10년 정도는 한국 주식시장에 중장기적으로 투자할 경우 신중을 기해야 한다고 조언하는 것이다.

단기적으로는 금융위기 직후 한 번 정도 중요한 투자 기회가 있을 것이다. 금융위기 직후 한국 주식시장에 투자한다면 아래의 기준을 꼭 기억하자.

- 경제 사이클, 화폐 유동성 심리에 민감하지 않은 영역:
  생활필수품(식품, 음료, 의약품, 일상의류 등)
  저가의 소비성 품목(일상복, 신문 등)
  저렴한 일상 서비스(대중교통, 이발 서비스 등)

- 경제 사이클, 화폐 유동성 심리에 민감한 영역:
  고가 사치품과 외식, 휴가 여행 관련 수요
  산업 원자재 및 부품
  고가의 내구소비재(자동차, 집, 산업장비 등)
  고가의 소비성 품목(스마트폰, 고가의 가전제품, 고가 의류, 고가 서비스 등)
  대체 가능한 소비성 품목(휘발유 등)

만약 한국에 금융위기가 발발한다면 코스피지수는 1천 포인트가 붕괴될 수도 있다. 하지만 기술적 반등의 기회는 충분하다. 바로 그때 한 번의 투자 기회가 만들어질 것이다. 중요한 것은 투자의 순서다.

다음의 도표는 2008년 금융위기가 발발했을 때 한국 기업들의 반등 순서와 폭, 그리고 다시 침체로 들어가는 시점과 순서를 분석해 그림으로 정리한 것이다.(이 역시 자세한 설명은 필자의 저서 〈부자의 시간〉을 참고하라) 단, 아래의 분석은 2008년 당시의 상황이다. 앞으로 금융위기 발발 시 2008년 당시 상황과 정확하게 같은 순서로 움직인다는 보장은 없으니, 투자의 참고자료로만 활용해야 한다.

한국 주식시장 붕괴 후, 회복기간과 수익률

금융위기 후 가장 빠른 반등 후, 재침체되는 산업-식품

롯데제과 | 2017.03.28　[시] 195,500　[고] 202,500　[저] 192,500　[종] 202,500　▲ 7,000　3.58%　[거] 54,482
2008.05.30　시: 119,095　고: 119,595　저: 114,691　종: 116,093　▲ −3,202　−2.68%　거: 10,699

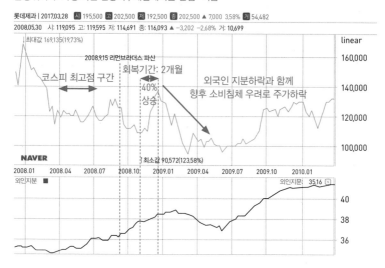

농심 | 2017.03.28　[시] 303,500　[고] 303,500　[저] 297,500　[종] 298,500　▲ −4,000　−1.32%　[거] 35,556
2009.02.27　시: 203,500　고: 229,000　저: 202,000　종: 227,000　▲ 21,500　10.46%　거: 116,203

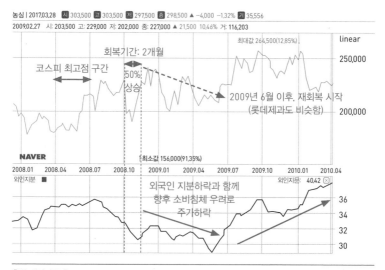

출처: 네이버 금융

한국 주식시장 붕괴 후, 회복기간과 수익률

금융위기 후, 무난한 회복추세를 보이는 산업–생필품, 전자, 철강, 자동차
(이 세 가지는 한국 기업 국제 경쟁력 때문에 회복기간 빨랐음, 미래는?)

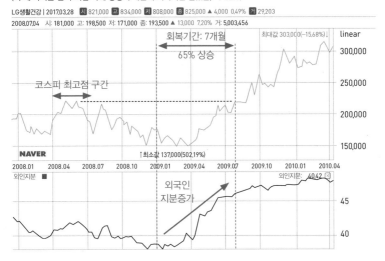

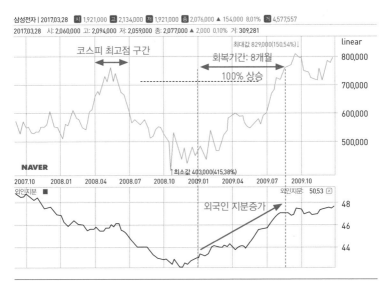

출처: 네이버 금융

한국 주식시장 붕괴 후, 회복기간과 수익률

현대차 | 2017.03.28 시 162,000 고 163,000 저 159,000 종 160,500 ▲ -3,500 -2,13% 거 750,239
2009.06.12 시: 71,600 고: 73,700 저: 67,700 종: 72,300 ▲ 200 0.28% 거: 7,044,437

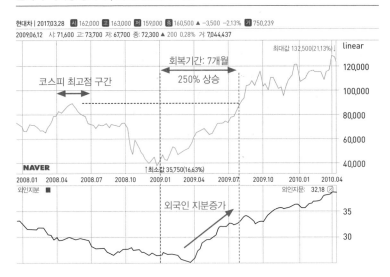

금융위기 후, 회복이 느린 산업-이동통신 서비스업

SK텔레콤 | 2017.03.28 시 233,000 고 266,000 저 229,500 종 255,500 ▲ 24,000 10.37% 거 4,421,500
2013.04.30 시: 181,000 고: 198,500 저: 171,000 종: 193,500 ▲ 13,000 7.20% 거: 5,003,456

출처: 네이버 금융

한국 주식시장 붕괴 후, 회복기간과 수익률

금융위기 후, 외국인 지분이 가장 늦게 회복된 산업(원유가격 회복에 더 크게 의존)-석유화학

S-Oil | 2017.03.28 시 87,000 고 101,000 저 86,100 종 98,000 ▲ 11,600 13.43% 거 6,453,682
2010.09.30 시: 57,900 고: 71,500 저: 57,700 종: 70,500 ▲ 12,700 21.97% 거: 7,296,495

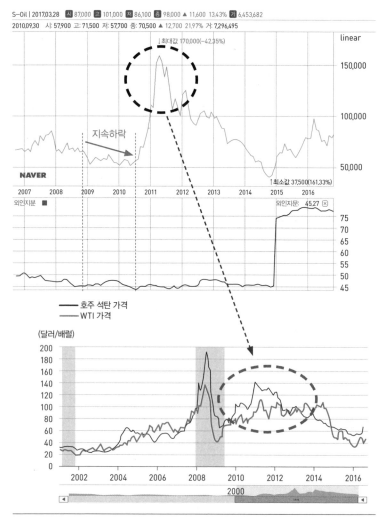

출처: 네이버 금융, IMF

한국 주식시장 붕괴 후, 회복기간과 수익률

가계 부채로 인한 금융위기 후 주의해야 할 산업-건설업

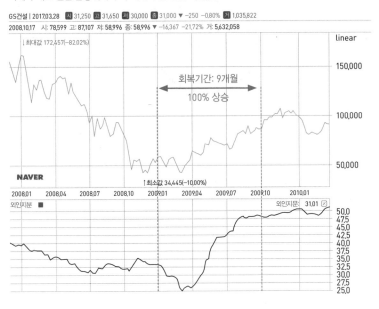

GS건설 | 2017.03.28 　시 31,250 　고 31,650 　저 30,000 　종 31,000 ▼ −250 −0.80% 　거 1,035,822
2008.10.17 　시: 78,599 　고: 87,107 　저: 58,996 　종: 58,996 ▼ −16,367 −21.72% 　거: 5,632,058

최대값 172,457(−82.02%)

linear

150,000

회복기간: 9개월
100% 상승

100,000

50,000

NAVER

↑최소값 34,445(−10.00%)

2008.01　2008.04　2008.07　2008.10　2009.01　2009.04　2009.07　2009.10　2010.01

외인지분 ■ 　　　　　　　　　　　　　　　　　　　　　외인지분: 31.01

50.0
47.5
45.0
42.5
40.0
37.5
35.0
32.5
30.0
27.5
25.0

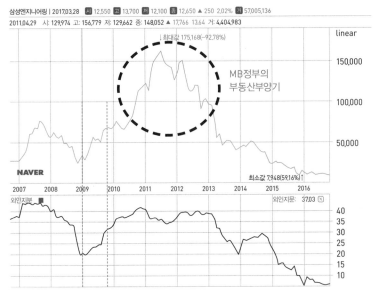

삼성엔지니어링 | 2017.03.28 　시 12,550 　고 13,700 　저 12,100 　종 12,650 ▲ 250 2.02% 　거 57,005,136
2011.04.29 　시: 129,974 　고: 156,779 　저: 129,662 　종: 148,052 ▲ 17,766 13.64 　거: 4,404,983

최대값 175,168(−92.78%)

linear

150,000

MB정부의
부동산부양기

100,000

50,000

NAVER

최소값 7,948(59.16%)↑

2007　2008　2009　2010　2011　2012　2013　2014　2015　2016

외인지분 ■ 　　　　　　　　　　　　　　　　　　　　　외인지분: 37.03

40
35
30
25
20
15
10

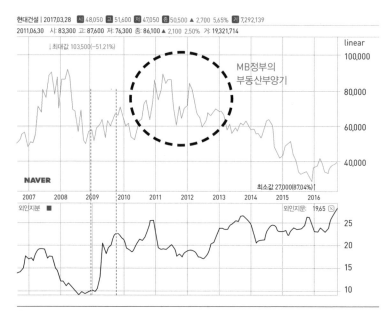

현대건설 | 2017.03.28   시 48,050 고 51,600 저 47,050 종 50,500 ▲ 2,700 5.65% 거 7,292,139
2011.06.30   시: 83,300 고: 87,600 저: 76,300 종: 86,100 ▲ 2,100 2.50% 거: 19,321,714

출처: 네이버 금융

한국 주식시장 회복기, ETF 수익률

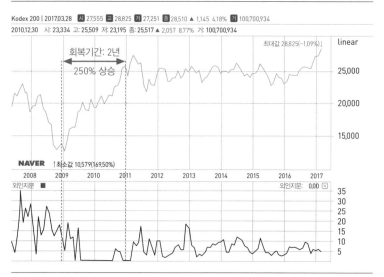

Kodex 200 | 2017.03.28   시 27,555 고 28,825 저 27,251 종 28,510 ▲ 1,145 4.18% 거 100,700,934
2010.12.30   시: 23,334 고: 25,509 저: 23,195 종: 25,517 ▲ 2,057 8.77% 거: 100,700,934

출처: 네이버 금융

03

세 가지 질문(3)
언제까지 보유해야 하나?

'무엇을 얼마에 사는지'보다 더 중요한 질문이 바로 '언제까지 보유해야 하나?'이다. 이것이 세 번째 질문이다.

필자가 권하는 미국, 중국, 인도의 인덱스를 사는 것은 해당 국가의 경제 성장과 그에 따른 주가지수의 대세 상승에 투자하는 전략이다. 예를 들어 지금 중국의 인덱스를 살 경우 '중국경제가 장기에 걸친 대세 상승의 흐름을 유지하고 있는지, 근본적인 성장 기조가 꺾였는지?'를 연구해야 한다. 경기가 정확히 언제 전환점을 지날지를 예측하는 것은 불가능하지만, 방향이 전환된 이후에 만들어지는 흐름이 대세의 변화인지 일시적 변동인지를 예측하는 것은 가능하다. 이것을 스스로 판단할 수 있으려면 필자의 예측 시나리오를 깊게 연구하고, 자기만의 통찰을 더해서 투자 시나리오를 만들어야 한다. 이 시나리오에는 대세를 판단하는 중요한 기준은 물론 그에 따른 매수와 매도의 기준이 포함되어야 한다. 시나리오를 만든 후에도 핵심적인 흐름과 연관관계를 꾸준히 모니터링해야 함은 물론이다.

계획과 전략을 세운 뒤 주식을 사는 대신, 몇 가지 소문이나 감에 의지해 주식을 먼저 산 뒤에 생각대로 오르지 않으면 그때 공부하는 개인 투자자들이 많다. 그렇게 해서는 결코 좋은 투자 성과를 거둘 수 없다.

또 하나 강조할 것은 장기투자의 중요성이다. 이제 장기투자의 장점과 필요성을 모르는 사람은 별로 없다. 그러나 장기투자를 굳게 결심하고 매수하더라도 예상치 못한 변수로 인한 주가의 변동에 몇 번 흔들리다 보면 끝까지 자기 원칙을 지켜 나가기가 쉽지 않다.

변동을 이겨내고 대세를 취하기 위해서는 주식시장의 속성을 충분히 공부해 두어야 한다. 그래야 내 앞에 밀려오는 물결이 일시적 변동인지 대세를 바꾸는 변화인지 구분할 수 있다. 즉 장기투자는 의지의 문제가 아니라 공부와 계획의 문제이다.

그런 면에서 〈부자의 시간〉 중에서 깊게 음미해 두면 좋을 내용을 발췌해서 소개한다.

다음 그림은 만약 1802년에 미국의 투자시장에서 각각 1만달러씩 투자금을 넣었을 경우, 그 이후에 발생하는 모든 배당을 재투자한다고 가정했을 때의 최종 투자수익을 보여주는 그림이다.

그림에서 보듯이 미국경제의 성장과 함께 미국의 주식과 채권시장도 성장했다. 미국경제가 매년 2.9~3.5%씩 성장할 때, 주식시장은 매년 7%씩 성장하며, 경제성장률보다 평균 3.5~4% 정도 높았다.

특히 미국 투자시장에서 주식, 장기채권, 단기채권, 금, 현금의 역사적 수익률을 비교하면 주식시장의 성장률은 압도적이다.[32]

최초 1만달러의 투자에 따른 총 실현 수익(1802~1997년)

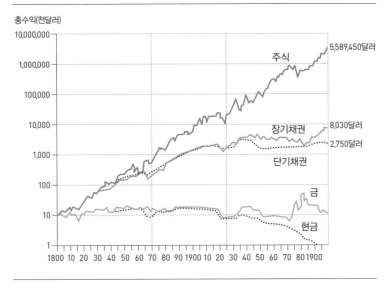

총수익(천달러)

주식 5,589,450달러

장기채권 8,030달러

2,750달러

단기채권

금

현금

출처: 존 보글, 승자의 게임, 황영기 역, p 32

1802~1870년까지 미국의 산업화시기, 1871~1925년까지 미국이 정치적 경제적으로 강대국으로 부상하던 시기, 1926~1997년까지 미국의 현대적 금융시장 발전을 거치는 동안 최초의 현금 1만달러의 가치는 (세금을 제외하고 물가상승률을 반영하여) 1997년에는 1,000달러 밑으로 떨어졌다. 금의 가치는 제자리를 겨우 유지했고, 단기채권과 장기채권은 각각 275만달러와 800만달러가 되었다. 반면에 주식은 56억달러쯤 되었다.[33] 물가상승률 대비 주식시장의 명목수익률과 실질수익률을 비교한 아래의 표에서 보는 바와 같이 미국의 주식시장은 매년 7%씩 실질수익률을 기록했다.

여기서 한 가지 더 중요하게 살펴볼 점이 있다. 단기투자의 경우 주식투자가 채권투자보다 변동성이 훨씬 크다. 예를 들어, 1802~1997년

주식시장의 수익률

연도	명목수익률(%)	물가상승률(%)	실질수익률(%)
1802~1870	7.1	0.1	7.0
1871~1925	7.2	0.6	6.6
1926~1997	10.6	3.1	7.2
1802~1997(전체)	8.4	1.3	7.0
1982~1997(근래 15년)	16.7	3.4	12.8

출처: 존 보글, 승자의 게임, p 35

까지 주식시장의 연간수익률의 최고치는 66.6%이었고, 최저치는 -38.6%였다. 최고와 최저의 수익률 차이가 100%를 넘을 정도다. 그러나 이러한 연간 수익률 변동은 투자 기간이 길어질수록 매우 안정적인 수준으로 감소한다. 1년의 단기 투자에서는 최고수익률과 최저수익률의 표준편차가 18.1%로 아주 높다. 하지만 투자기간을 5년으로 늘리면 최고수익률 그룹과 최저수익률 그룹의 격차가 7.5%로 감소하고, 10년으로 늘리면 4.4%로 감소한다. 그리고 50년까지 늘리면 최고수익률과 최저수익률의 표준편차는 1.0%까지 줄어든다. 즉, 50년간 장기투자를 한다면 최고수익률 그룹의 수익률이 연평균 7.7%이고, 최저수익률 그룹도 5.7%를 기록할 수 있다는 뜻이다.[34]

이제 우리는 투자시장의 미래에 대한 세 가지의 중요한 합리적 예측을 도출해 낼 수 있다.

첫째, 경제는 단기적으로 대공황이나 서브프라임모기지 부실 같은 뜻밖의 사태로 큰 충격을 받더라도 장기적으로 보면 그 충격을 회복하고 안정적인 추세를 유지한다.

둘째, 투자시장은 장기적으로 경제 성장을 추종한다.

셋째, 주식시장은 장기적으로 경제성장률보다 평균 3.5~4% 정도 높은 수익률을 기록한다.

지난 100년, 미국 주식시장 사이클

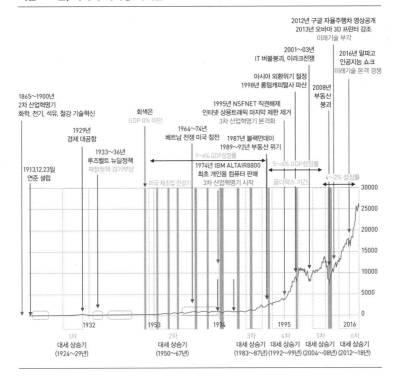

1865~1900년
2차 산업혁명기
화학, 전기, 석유, 철강 기술혁신

1929년
경제 대공황

1933~36년
루즈벨트 뉴딜정책
재정정책 경기부양

1913.12.23일
연준 설립

회색은
GDP 0% 미만

1964~74년
베트남 전쟁 미국 참전

미국 제조업 전성기

1974년 IBM ALTAIR8800
최초 개인용 컴퓨터 판매
3차 산업혁명기 시작

1995년 NSFNET 직권해제
인터넷 상용트래픽 마지막 제한 제거
3차 산업혁명기 본격화

1987년 블랙먼데이
1989~92년 부동산 위기

9~6% GDP성장률

아시아 외환위기 절정
1998년 롱텀캐피탈사 파산

2001~03년
IT 버블붕괴, 이라크전쟁

2012년 구글 자율주행차 영상공개
2013년 오바마 3D 프린터 강조
미래기술 부각

2016년 알파고
인공지능 쇼크
미래기술 본격 경쟁

2008년
부동산
붕괴

5~4% GDP성장률

골디락스 기간

4~2% 성장률

30000
25000
20000
10000
5000
0

1932
1953
1974
1995
2016

1차
대세 상승기
(1924~29년)

2차
대세 상승기
(1950~67년)

3차
대세 상승기
(1983~87년)

4차
대세 상승기
(1992~99년)

5차
대세 상승기
(2004~08년)

6차
대세 상승기
(2012~18년)

미주

PART 1 앞으로 5년, 한국의 미래

1장 외부환경, 신흥국과 아시아의 부채 위기

1 https://qz.com/1096237/deutsche-bank-analysis-on-the-frequency-of-financial-crises/

2 News1, 2015.12.18. 신기림, "WB, '저유가·IS 타격' 이라크에 12억달러 긴급 대출"

3 헤럴드경제, 2015.12.18. 김성훈, "美 금리인상, 원자재 폭락 '뇌관' 건드렸다…유가 20달러대까지 폭락"

4 서울경제, 2014.01.16. 최형욱, 이태규 기자, "벼랑끝 8개국 단기외채가 뇌관, 2년내 외환위기 올수도" 기사중에서.

5 월스트리트저널, Wayne Arnold, 2014.03.28. "아시아 수출엔진 꺼지고 있다" 기사 중에서

6 중앙일보, 2015.12.17. 강남규, "'양적 완화 파티' 9400조원, 자산시장 '숙취현상' 나타날까"

7 동아일보, 2015.12.18. 장윤정, 박형준. "부채-경기침체 시름 겪는 브라질-터키-러시아 위험"

8 조선일보, 2018.11.28. 연선옥, "과도한 달러 부채, 신흥국 위협"…BIS, 중국發 금융위기 경고"

9 연합뉴스, 2015.12.13. 홍덕화, 이율, "신흥국 기업 달러부채, 위기의 뇌관…'터키·말레이시아 위험'"

2장 한국 내부, 고장 난 성장 시스템의 위기

1 한국경제, 2018.11.15. 오형주, "반도체 착시 빼니, 상장사 영업이익 11.4% 급감"

2 중앙일보, 2018.11.13. "입증된 '정부주도성장', 일자리 62% 세금 쏟아 메웠다"

3 이데일리, 2018.11.13. 김무연, "무디스 '한국 내년 경제 성장률 2.9%에서 2.3% 하향"

4 한국경제, 2018.11.11. "식어가는 엔진, 공장 가동률 72.8%, 외환위기 이후 최저"

5 매일경제, 2018.10.22. 서찬동, 안병준, 양연호, "제조업 위기 현실로"

6 정운찬, 김영식, 거시경제론 제8판, 율곡출판사, 2009, p 698.

7 최윤식, 배동철, 2030년 부의 미래지도, 지식노마드, 2009, pp 24-26.

8 이면희, 경제학, 현실에 말을 걸다, 교보문고, 2009, p 96.

9   샹융이, 비얼리, 차혜정 역, 달러쇼크, 프롬북스, 2010, pp 78-81.

10 CCTV경제30분팀, 류방승 역, 화폐 전쟁 진실과 미래, 랜덤하우스, 2011, p 40.

11 CCTV경제30분팀, 류방승 역, 화폐 전쟁 진실과 미래, 랜덤하우스, 2011, p 57.

12 아담 스미스, 유인호 역, 국부론, 동서문화사, 2009, p 327.

13 Glyn Davis, History of Money from Ancient Times to The Present Day, University of Wales Press, 2002, p 239.

14 CCTV경제30분팀, 류방승 역, 화폐 전쟁 진실과 미래, 랜덤하우스, 2011, p 65.

15 CCTV경제30분팀, 류방승 역, 화폐 전쟁 진실과 미래, 랜덤하우스, 2011, p 66.

16 조선비즈, 201. 10.24. 김참, "사드 늦서 못나온 현대·기아차...보복 해제에도 中점유율·판매량 뒷걸음"

17 한국경제, 2018.11.05. 김정훈, "현대차 중국에서 25% 할인해도 닛산 판매량의 1/4"

18 중앙일보, 2018.10.26. 문희철, "현대차 영업이익 1/4토막, 자동차의 비명"

19 조선비즈, 2018.11.02. "현대차 급기야, 20년만에 신용등급마저 떨어졌다"

20 한국경제, 2018.08.05. 김동욱, 장창민, "도요타, 사상최대 순이익 냈는데… 현대車는 원高·재고에 발목 잡혀"

21 연합뉴스, 2017.3.26. "글로벌 車시장 삼키는 중국…'자동차 굴기' 가속화"

22 KOTRA 해외시장뉴스, 2018.01.30. 박소영, "독일, 전기차 공급 확대로 차세대 배터리 경쟁 확산"

23 TIME. 2018.11.09. "The roadmap for electric vehicle battery production in Europe"

24 EBN. 2018.05.15., 권영석, "중국·일본, 배터리 산업 전폭 지원…한국은?"

25 http://news.kbs.co.kr/news/view.do?ncd=4080861&ref=A

26 중앙일보. 2018.10.06, 정용환 기자] "中부동산 급랭, 트럼프에 노출된 중국의 급소"

27 https://m.news.naver.com/shareRankingRead.nhn?oid=015&aid=0003992878&sid1=001&rc=N

    https://news.joins.com/article/23066983?cloc=joongang|home|newslist1

28 https://m.news.naver.com/read.nhn?mode=LSD&sid1=104&sid2=231&oid=020&aid=0003176252

29 http://news.mk.co.kr/newsRead.php?sc=30000001&year=2018&no=661484&sID=303

30 https://news.naver.com/main/read.nhn?mode=LSD&mid=shm&sid1=104&oid=001&aid=0010418404

    https://m.news.naver.com/read.nhn?mode=LSD&mid=sec&sid1=104&oid=421&aid=0003654758

31 http://weekly.chosun.com/client/news/viw.asp?ctcd=C01&nNewsNumb=002512100001

3장 한국의 금융위기 가능성

1 한국은행 추정, 2016.10.04. 연합뉴스.

2 파이낸셜뉴스, 2018.11.16. 박지영, "번 돈 30% 빚 갚는데 쓴다"

3 중앙일보, 2018.11.26. "중국 내년 5%대 성장률, 29년 만에 최저 될 수도"

4 매일경제, 2016.10.24. 현문학, "7350조 저축해놓고도 내수 못 살리는 이유":

5 한국경제, 2016.12.22. 김동윤, "[미국·중국, 기업유치 전쟁] 중국 인건비 싸지 않다…미국과 임금격차 4% 불과"

6 중앙SUNDAY, 2018.12.01. 강남규, "'포치'오면 중국 금융위기 겪는다"

7 연합뉴스, 2018.11.16. 안승섭, "막대한 달러 부채, 중국에 금융위기 불러올 수 있어"

8 이코노미조선, 2018.11.12. "미국 10년물 국채 금리 5% 넘는다. 증시 침체 대비하라"

9 레이쓰하이, G2 전쟁, 허유영 역, (서울: 부키, 2014), 42-43.

10 김기수, 중국경제 추락에 대비하라, (서울: 살림, 2012), 191.

11 파이낸셜뉴스, 2015.12.04. 김홍재, "中, SDR 편입후 금융개혁 속도낸다"

12 이코노믹리뷰, 2015.08.19. 이성규, "중국경제, '통제력'과 교환하는 '개방'의 대가?"

13 레이쓰하이, G2 전쟁, 허유영 역, (서울: 부키, 2014), 268.

14 아시아경제, 2018.02.27. 김혜원, "중국 빠르게 '늙는다'…60세 이상 고령인구 2.4억명"

15 포스코경영연구원, 2017.04.06, POSRI 경영리포트 "중국에 다가오는 인구절벽 충격"

16 연합뉴스, 2018.11.16. "중국기업, 막대한 달러 부채로 위기 닥칠 수 있다'"

17 김기수, 중국경제 추락에 대비하라, (서울: 살림, 2012), 145.

18 연합뉴스, 2018.11.26. "중국은행들, 그림자금융 단속에 리스크 수준 완화"

19 이코노미조선, 2015.11.10. 백예리, "향후 2년 내 중국발 금융위기 발생할 가능성, 중국경제위기에서 투자 기회 찾아야"

20 NEWSIS, 안호균, 2018.04.22. "中상업은행들, 기준금리보다 30~40%↑ 예금금리 인상준비"

21 김기수, 중국경제 추락에 대비하라, (서울: 살림, 2012), 148.

22 김영익, 조용준, 안유화, 임상균, 중국발 금융위기, 어디로 갈 것인가, (서울: 한스미디어, 2015), 44.

23 랑셴핑, 쑨진, 벼랑 끝에선 중국경제, 이지은 역, (서울: 책이있는풍경, 2012), 49.

24 랑셴핑, 쑨진, 벼랑 끝에선 중국경제, 이지은 역, (서울: 책이있는풍경, 2012), 65.

25 김영익, 조용준, 안유화, 임상균, 중국발 금융위기, 어디로 갈 것인가, (서울: 한스미디어, 2015), 90, 176.

26 중앙일보, 2018.11.23. 황수연, "중국 일대일로 참여국들 폭발 '눈뜨니 빚 폭탄, 이건 약탈'"

27 네이버 지식백과, 핫머니 [hot money] (시사상식사전, 박문각)

28 아주경제, 2018.11.07. "중국도 소득주도 성장 안간힘"

29 아주경제, 2014.01.20. 배인선 기자, "중국 공식 지니계수 0.473" 기사 중에서.

30 연합뉴스, 2014.04.29. "중국 빈부격차, 미국보다 심하다" 기사 중에서

31 중앙일보, 2014.05.09. 강남규 기자, "2030년 톱 50 경제도시 중국이 17곳" 기사 중에서.

32 2012년 중국 주간지 '스다이저우바오'지 분석

33 최윤식, 2030 대담한 미래, (서울: 지식노마드, 2013), p 523–524.

34 연합뉴스, 2014.04.29. "중국 빈부격차, 미국보다 심하다" 기사 중에서

35 아주경제, 2018.11.25. 최예지, "중국 부자연구소 후론, '중국 억만장자 13만명 육박'"

36 조선비즈, 2018.09.05. 오광진, "중국 예금 증가율 개혁개방 이후 최저로 떨어진 이유"

37 중국사회과학원 예측 자료. 서울경제, 2014.2.20. 신경립 기자 "늙어가는 중국"기사에서 재인용

38 한국경제, 2018.10.29. 강동균, "중국도 '연금재정 파탄' 직면, 국유기업 지분 헐어 메운다"

39 연합뉴스, 2018.11.16. "중국기업, 막대한 달러 부채로 위기 닥칠 수 있다'"

40 매일경제, 2014.02.25. 안명원, 김강래 기자, "중국경제위기는 예고된 시한폭탄" 기사중에서.

41 글로벌이코노믹, 2018.10.23. "글로벌 마켓포커스, 글로벌 ELS는 중국과 이탈리아에녹인 될 위험 부각"

42 조선비즈, 2014.02.11. 유한빛 기자, "중국 기업부채 증가세가 성장속도보다 빨라, 줄도산 우려 도" 기사중에서.

43 조선비즈, 2014.05.13. 유한빛 기자, "최악은 세계 동반 침체, 중국 개혁이 관건" 기사중에서.

44 매일경제, 2013.01.21. 현문학 기자, "남의 닭 빌려다 계란장사 시작하더니" 칼럼 중에서.

45 연합뉴스, 2019.01.05. "파월 '통화정책 인내심 가질 것'…금리인상 속도조절 시사"

46 연합뉴스, 2019.01.05. "美 12월 일자리 31만2천개 ↑…경기둔화 우려 속 10개월來 최대"

47 https://www.ft.com/content/82097ea0–101e–11e9–a3aa–118c761d2745

PART 2 앞으로 20년, 한국의 미래

4장 금융위기 이후에 일어날 일들

1   내일신문, 2018.11.05. 백만호, "금융불안정 확대, 적정 외환보유액 논란"

2   신장섭, 금융전쟁. 한국경제의 기회와 위험, (서울: 청림출판, 2009), 116–120.

3   1997.9.6일자, 매일경제, "외환보유액 311억불로 줄어" 기사 중에서

4   전석담, 최윤규, 『근대조선 경제의 진로』, 263–268

5   김낙년, 『일제하 한국경제』, (서울: 해남, 2003) ,259

6   강만길, 『한국 자본주의의 역사』, 314

7   조선일보, 2013.3.19일자 '백년전쟁 대표적 5가지 왜곡' http://news.chosun.com/site/data/html_dir/2013/03/19/2013031900239.html?related_all

8   강만길, 『한국 자본주의의 역사』, 325–326

9   이병천 편, 『개발독재와 박정희 시대』, 109

10 강만길, 『한국 자본주의의 역사』, 345–348

11 문정인, 서승원, 일본은 지금 무엇을 생각하는가?, (서울: 삼성경제연구소, 2013), 7.

12 이규성, 『한국의 외환위기』, 54–67, 85, 91–97

13 강만길, 『한국 자본주의의 역사』, 25; 이병천 편, 『개발독재와 박정희 시대』, (서울: 창비, 2003), 91, 98, 122–126

14 이규성, 한국의 외환위기: 발생, 극복, 그 이후, (서울: 박영사, 2006), 76–82.

15 이규성, 한국의 외환위기: 발생, 극복, 그 이후, (서울: 박영사, 2006), 2–5, 64–65.

16 이규성, 한국의 외환위기: 발생, 극복, 그 이후, (서울: 박영사, 2006), 70.

17 이규성, 한국의 외환위기: 발생, 극복, 그 이후, (서울: 박영사, 2006), 6.

18 이규성, 한국의 외환위기: 발생, 극복, 그 이후, (서울: 박영사, 2006), 6–11, 175.

19 이규성, 한국의 외환위기: 발생, 극복, 그 이후, (서울: 박영사, 2006), 22–24, 62.

20 이규성, 한국의 외환위기: 발생, 극복, 그 이후, (서울: 박영사, 2006), 44–46.

21 이규성, 한국의 외환위기: 발생, 극복, 그 이후, (서울: 박영사, 2006), 294–325, 379, 437–446, 573–580, 679.

22 선대인, 프리라이더, (서울: 더팩트, 2010), 255.

23 SERI 경영노트, 21세기 한국기업 10년: 2000년 vs. 2010년, (서울: 삼성경제연구소, 2011, 제120호), 1–2.

24 서울경제, 2015.09.22. 이태규, "대기업 매출 12년만에 최악"

25 서울신문, 2017.08.22. 이은주, "車업계 높은 인건비 낮은 생산성에 역대급 부진"

26 한국경제, 2015. 06. 24. 정인설, "한국 자동차 인건비 세계 최고 수준"

27 서울신문, 2015.09.18. 이유미, "수출 휘청이는데, '트로이카' 임금 일본 추월"

28 서울신문, 2015.09.18. 이유미, "'샌드위치' 한국, 가격 경쟁력도 일본에 뒤져... 신흥국 수출 타격"

29 서울신문, 2015.09.18. 이유미, "'샌드위치' 한국, 가격 경쟁력도 일본에 뒤져... 신흥국 수출 타격"

30 연합뉴스, 2015.09.14. 심재훈, "위기맞은 한국 제조업, 내우외환에 경쟁력 흔들"

31 비즈니스포스트, 2018.11.12. "현대기아차, 미국과 중국에서 SUV 수요에 대응 못해 점유율 고전"

32 매일경제,2018.09.05. "CEO스코어 분석, 10대 기업 매출은 GDP 44%로 미국 4배 수준"

33 동아일보, 2018.12.01. "11월 수출 '역대 3위' 첫 7개월 연속 500억달러 돌파"

34 매일경제, 2018.11.30. 김규식, 이상덕, 전경운, "D램 반도체값 또 하락, 두달새 12% 빠졌다"

35 SBSCNBC, 2018.11.19. 정윤형, "삼성 스마트폰, 중국에서 3분기 60만대 판매 그쳐"

36 한국경제, 2018.08.06. "중국, 중저가 TV 시장 한국 첫 추월, 프리미엄 가전 추격도 만만찮다"

37 서울경제, 2018.11.06. 신희철, "중국발, 디스플레이 공급과잉 장기화, 한국 초격차만이 살 길"

38 중앙일보, 2016.10.19. 이동현, "사실상 회생 불능 좀비기업 비율, 일본 2% 우린 15%"

5장 금융위기 이후의 대한민국 20년

1 연합뉴스, 2018.11.14. "경기둔화속 40~50대 실업자 급증"

2 중앙일보, 2018.10.28. "일 안해도 주는 돈 5조 시대"

3 통계청, 2015 자영업 현황분석. sbs 스페셜, 2018.09.09. "자영업 공화국의 눈물"

4 OECD, sbs 스페셜, 자영업 공화국의 눈물 2018.09.09 재인용

5 파이낸셜뉴스, 2018.11.19. "국민연금 받아도 영세자영업 신세, 60세 이상 88만명"

6 중앙일보, 2018.11.28. "합계출산율 0명 시대, 인구절벽 더 가까워졌다"

7 연합뉴스, 2013년 2월 24일, "건강보험 적자, 2030년 28조원, 2060년 132조원 예상" 기사 중에서

8 동아일보, 2013년 5월 16일, "한국노인 절반이 빈곤층, OECD국가 중 가장 가난", 서울경제, 2013년 5월 13일, "허술한 노후보장체계" 기사 중에서

9 사회공공연구원 이슈페이퍼, 2015.10.01, 이재훈, " 한국의 노인, 왜 빈곤한가—국제비교로 본 우리나라 노후 빈곤 실태"

10 한겨레, 2013년 5월 2일, "끼인 세대, 베이비부머의 고달픔 부모,자녀 부양에 손주 양육까지" 기사 중에서

11 연합뉴스, 2013년 4월 28일, "공사적 연금 미가입 10명 중 4명꼴" 기사 중에서

12 연합뉴스, 2018.10.28. "지갑 못여는 한국 고령층, 평균소비성향 미국의 2/3수준"

13 연합뉴스, 2018.10.28. "지갑 못여는 한국 고령층, 평균소비성향 미국의 2/3수준"

14 영어의 Free와 독일어의 Arbeiter의 합성어. 학교를 졸업해도 경제적으로 자립하지 못하는 20-30대 젊은이들을 일컫는 말이다.

15 선대인, 세금혁명. (서울: 더팩트, 2011), 33.

16 2060년 필요한 연금지급액 655조원을 당시 가입자 1,162만 명이 1:1 부과방식으로 하면 1인당 연간 총 5,636만원을 감당해야 한다. 이 중에 절반을 회사가 부담하더라도 2,818만원이다. 이것을 12개월로 나누면 매월 234만원씩 연금을 납부해야 한다. 1978년 짜장면 한 그릇 가격이 200~300원이었고 도시 근로자 평균 월급은 21만원이었다. 40년이 지난 2018년 짜장면 한 그릇 가격은 5,000~6,000원이고 도시 근로자의 세금공제 전 평균 월급은 312만원이다.(2018년 5월 고용부 사업체노동력조사 결과) 40년만에 짜장면 값은 20배, 근로자 월급은 14.8배 올랐다. 40년 후의 월 234만원은 현재 근로자 부담율 하면 15만 8천원꼴이다. 2018년 기준 도시 근로자 평균 월급은 312만원(세전)의 5% 부담이다. 하지만, 이는 한국이 앞으로 40년 동안 지난 40년만큼 경제성장을 한다는 전제다. 앞으로 40년간의 경제성장률이 지난 40년간 경제성장률의 절반으로 하락하면 부담은 배가 된다. 31만 6천원이면 2018년 기준 도시 근로자 평균 월급은 312만원(세전)의 10% 부담이다. 현재 국민연금 요율 4.5%의 두배가 넘는다. 문제는 10년 후에는 944조원으로 289조원을 더 내야 한다. 연금 부담이 2060년 대비 45% 더 증가한다. 20년 후에는 2060년 대비 90% 추가 부담해야 한다. 2018년 대비로 하면 4배 가까이 납부비용이 늘어난 셈이다. 이것이 끝이 아니다. 저출산이 예상보다 더 오래 지속되고, 평균수명은 더 늘어나면 부담은 더욱 커진다. 앞으로 20년동안 일본처럼 장기 저성장에 빠지면 문제는 더 심각해진다. 지금처럼 형편없는 국민연금 운용 수익률이 계속 진행되면 사태는 건잡을 수 없게 된다. 결국, 국민연금이 현재의 적립식에서 부과식으로 전환되더라도 문제가 절대 해결되지 않는다. 일단, 가입자의 연금 요율은 더 상승하고, 은퇴자의 실질 연금수령액은 더 감소하는 것은 이미 확실해진 미래다.

17 연합뉴스, 2018.08.07. "국민연금 고갈 앞당겨진다는데, 바닥나면 연금 못 받나" 주간 경향, 2018.12.03. 원희복, "연금행동 집행위원장 정용건 '국민연금 위기, 재벌 공포 마케팅이다'"

18 국민염금연구회, 신경혜, "국민연금 급여지출 추이 및 전망" (제17호, 2014.12.01), 7.

19 매일경제, 2018.08.21. "한국경제 냄비 속 개구리, 생산성 5년전보다 악화"

20 한국경제, 2018.08.21. 유승호, "FT, '자영업자 등 반발, 문재인 정부 소득주도 성장 한계'"

21 이규성, 한국의 외환위기: 발생, 극복, 그 이후, (서울: 박영사, 2006), 59.

22 이규성, 「한국의 외환위기」, (서울: 박영사, 2006), 6-53

PART 3 한국 자산시장의 미래

7장 한국 부동산의 미래예측

1 Howard Marks, Mastering the Market Cycle(2018). p 201-202

2 한국경제, 2018.08.07. 전형진, ""일본형 부동산 폭락은 없다"

3 http://shindonga.donga.com/3/all/13/1506815/1

4 전남매일, 2018.11.27. "광주 아파트가격 급등 현상, 향후 지역 부동산 전망은?"

5 국민일보, 2018.10.16. 양민철, "가계 부채, 정부는 1500조라지만 개인간 빚 포함하면 2300조"

6 파이낸셜뉴스, 2018.11.30. "가계 대출 73%가 변동금리, 2조3천억 '이자폭탄' 현실로"

7 문화일보, 2015.12.18. 김충남, "(美 기준금리 인상 이후)한계가구 빚 400兆 금리인상 취약… 가산금리 높아 '눈덩이 이자' 위험"

8 한국일보, 2018.11.22. "소득 찔끔 늘었는데, 세금 이자 사회보험 등 비소비지출 23% 폭증"

9 연합뉴스, 2015.12.17. 이지헌, "美 금리인상, 한국 가계 부채 뇌관 건드릴까"

10 한겨레, 2015.09.25. 김경락, "빚 1130조원은 시한폭탄일까 암세포일까"

11 조선비즈, 2018.11.21. 연선옥, "가계 부채 1500조원 돌파"

12 문화일보, 2018.10.22. "빚의 속도로 빨리 늘어나는 가계 빚"

13 한국은행, 2009, 금융안정보고서

14 연합뉴스, 2015.09.15. 홍정규, "다중채무자 1인당 빚 1억원 돌파, 중간계층서 급증"

15 경향비즈, 2018.10.22. "다중채무자 1인 평균 부채 1억 1880만원으로"

16 조선일보, 2015.09.04. 박정엽, "자영업자 대출, 상반기 52조 급증, 채무불이행은 계속 늘어"

17 비즈라이프, 2015.09.13. 박병률, "전세보증금 총액, 5년간 135조 급증"

18 연합뉴스, 2015.09.02. 차대운, "부동산 올인 한국, 선진국보다 금융자산 비중 작아"

19 Newsis, 2015.09.06. "담보없는 신용대출 폭증 왜?" "빚 내는 가계1. 제2금융권 가계 신용대출 사상 최대… 2분기 5조 폭증"

20 Newsis, 2015.09.06. "담보없는 신용대출 폭증 왜?"

21 한국경제, 2015.09.22. 성태윤, "폭증하는 가계 부채, 저금리 아닌 경기침체 탓이다"

22 경향신문, 2015.09.07. 송윤경, "미국 금리인상, 당신의 삶은 괜찮을까요?"

23 중앙일보, 2015.09.17. 최영진, "여기저기, 빈 사무실 13% 금융위기 뒤 최악"

24 중앙일보, 2015.09.17. 최영진, "여기저기, 빈 사무실 13% 금융위기 뒤 최악"

25 조선비즈, 2018.11.17. "문정부 '집값 희비' 88만명 팔고 147만명 샀다"

26 연합뉴스, 2015.09.08. 서한기, "집 3채 이상 갖고도 건보료 안내는 피부양자 68만명" 헤럴드, 2015.08.27. "주택 최대 보유자 277가구, 2주택자도 20만 6,300명"

27 연합뉴스, 2015.09.08. 홍정규, "빚지고 사는 고소득층, 금융부채가 금융자산의 75%"

28 연합뉴스, 2015.09.08. 홍정규, "빚지고 사는 고소득층, 금융부채가 금융자산의 75%"

29 The Wall Street Journal, 2015.08.27. Greg Ip, "For Energing Markets, 2015 Isn't 1997"

30 머니투데이, 2015.09.23. 유엄식, "가계, 기업, 정부 금융부채 4544조원... 전기대비 48.4조원 증가"

31 머니투데이, 2015.09.23. 유엄식, "빚 늘려 집사고 지갑은 닫았다"

32 시드니 호머, 리처드 실라, 금리의 역사, 이은주 역, (서울: 리딩리더, 2011), 615-624. 제러미 시겔, 주식에 장기투자하라, 이건 역, (서울: 이레미디어, 2015), 29-30.

33 존 보글, 승자의 게임, 황영기 역, (서울: 연암사, 2010), 32-33.

34 존 보글, 승자의 게임, 황영기 역, (서울: 연암사, 2010), 36-37.

아시아미래인재연구소AFHI 미래학 Master 인증과정 소개

Overview "내가 배운 것이 나를 말해준다!"

이 과정은 최고 수준의 미래예측과 미래전략 수립 전문가를 양성하는 과정으로 현대 미래학이 사용하는 최고 수준의 정성적이고 정량적인 예측기법들, 복잡성이 증대되는 시대에 변화를 예측하는 데 적극적으로 도입되고 있는 컴퓨터 시뮬레이션 기법을 활용한 미래예측을 기업경영과 신산업 발굴에 접목하는 노하우를 배운다.

Master 과정 커리큘럼

미래 이슈 연구: 기술 예측 연구, 사회 예측 연구, 미래학 기초 연구
투자 통찰 훈련
미래예측 실습 훈련

과목 수업 순환 커리큘럼(6 Round)

1 Round: Foundation of Futures Studies(미래학 토대), 수학·철학과 미래예측
2 Round: 시스템 사고와 미래예측, 인공지능 기초
3 Round: 인공지능 고급, 빅데이터, 정성적 예측방법론
4 Round: 거시사와 미래예측, 시나리오 예측방법론 A
5 Round: 게임이론과 미래예측, 시나리오 예측방법론 B
6 Round: 복잡계와 미래예측, 정량적 예측방법론, Visioning(개인, 기업 미래 디자인과 전략)

'미래통찰 보고서' 구독 안내

2019년부터 가장 중요한 위기 국면이 시작됩니다.

미국과 중국의 패권전쟁은 아직 끝나지 않았으며 미국을 비롯한 글로벌 경제 상황은 여러 가지 위기 가능성들을 만들어낼 것입니다. 미국의 기준금리 인상으로 시작된 한국의 기준금리 인상은 가계부채라는 도화선을 뜨겁게 달구기 시작했습니다.

미래학자 최윤식 박사가 우리에게 다가올 금융위기의 가능성을 예측하고 부동산 가격 정상화와 한국 기업의 위기 등 다층적인 위기를 통찰할 수 있는 미래통찰 보고서를 발간합니다.

주 1~2회 발간하는 미래통찰 보고서는 최윤식 박사가 시시각각 변하는 상황을 가장 빠르게 추적하고, 현상 이면에 숨겨진 힘을 통찰하여 핵심을 전달합니다.

미래통찰 보고서는 환경 변화를 남보다 먼저 읽고, 위기가 오기 전에 미리 합리적인 대응책을 세울 수 있는 무기가 될 것입니다.

2019년부터 한국을 강타할 위기를 심층 추적하고 변화를 통찰할 수 있는 인사이트를 만나보십시오.

전화 문의: 010-3444-0910 (담당자: 염춘국 팀장)
이메일 문의: duacnszz@naver.com
홈페이지: cysinsight.com

2019. 5. 16 — 5/25